Esdras Heinrich Mutzenbecher

Ueber Homers Ilias

Eine von der Teylerschen Stiftung in Haarlem gekrönte Preisschrift des Herrn I. de Bosch

Esdras Heinrich Mutzenbecher

Ueber Homers Ilias
Eine von der Teylerschen Stiftung in Haarlem gekrönte Preisschrift des Herrn I. de Bosch

ISBN/EAN: 9783744701273

Hergestellt in Europa, USA, Kanada, Australien, Japan

Cover: Foto ©Thomas Meinert / pixelio.de

Weitere Bücher finden Sie auf **www.hansebooks.com**

Ueber
HOMERS
ILIAS

Eine von der Teylerschen Stiftung in Haarlem

gekrönte Preisschrift

des

Herrn I. de Bosch,

Ersten geheimen Kanzellisten der Stadt Amsterdam, Mitgliedes der Gesellschaften der Wissenschaften in Haarlem und der Niederländischen Litteratur in Leiden, wie auch Sekretairs der Gesellschaft zur Beförderung des Landbaues in Amsterdam.

Aus dem Holländischen übersetzt

von

E. H. Mutzenbecher.

Züllichau,

bey Nathanael Sigismund Frommanns Erben,

1788.

Vorbericht des Ueberſetzers.

Um Leſer dieſes Werks, deſſen deutſche Ueberſetzung ich hier liefre, in den Stand zu ſetzen, es richtig zu beurtheilen, muſs ich etwas von der Entſtehung deſſelben hier vorausſchicken.

Die zwote Geſellſchaft der Teylerſchen Stiftung in Haarlem, welche unter den jährlichen Preisfragen alle fünf Jahre eine die Dichtkunſt betreffende Preisfrage ausſchreibt, gab im Jahre 1780 die Frage auf: „Da es unläugbar iſt, daſs alle Arten von „Gedichten ihre Regeln ſowohl in der Materie als „Form haben, es aber auch zugleich wahr iſt, daſs „bey weitem die meiſten von dieſen Vorſchriften einem „lebhaften Dichtergenie Feſſeln anlegen können, ſo „fragt man: welches ſind die beſten und deutlichſten „Kennzeichen ſolcher Regeln, die, eben weil ſie in

„der

„der Art des Süjets zu finden, oder mit der Form der „erwählten Dichtungsart verknüpft sind, nicht vernach„lässigt oder übertreten werden können und dürfen? „Man erwartet die Erläuterung und Bestätigung dieser „Regeln durch Beyspiele aus den besten ältern und „neuern Dichtern.“

Die Antwort des Verfassers der gegenwärtigen Schrift erhielt den Preis und ward im Jahre 1783 gedruckt. Hr. de Bosch hatte darin unter andern bemerkt, dass man unsern heutigen Dichtern und insonderheit seinen Niederländischen Landesleuten keine nützlichere Vorschrift geben könne, als die, sich nach den besten Griechischen und Römischen Mustern zu bilden, und dass die vernünftige Befolgung dieser Vorschrift sie weiter bringen würde, als eine noch so genaue Beobachtung auch der besten Regeln. — Diess veranlasste die oben erwähnte Gesellschaft zur folgenden Preisaufgabe für 1785:

„Da in der Antwort auf unsre vorige Frage der „Nutzen und Vortheil der Nachahmung der alten Grie„chischen und Lateinischen Dichter bewiesen und durch „das grosse Exempel unsers Niederländischen Dichters „J. van Vondel erläutert ist; so bietet man itzt die „goldne Medaille dem an, der den Niederländischen „Dichtern, die der alten Sprachen nicht kundig sind,

„die

„die beſte Anleitung geben wird, das Schöne und Er„habne in den Werken der alten Dichter und inſon„derheit des Vaters derſelben, Homers, ſo kennen „zu lernen, daſs ſie dadurch in Stand geſetzt werden, „ſich dieſes Schönen und Erhabnen zu bedienen, und „ſelbſt, nach dem Muſter jener Dichter, neue dichte„riſche Zierrathen zu ſchaffen, um ihre Gedichte da„mit zu bereichern.“ — Man wird, ſetzte die Geſellſchaft in ihrem Program hinzu, die Antwort auch dann für hinlänglich halten, wenn jemand, der dieſe Aufgabe bearbeiten will, ſich aus guten Gründen allein auf den Homer einſchränken ſollte. —

Auch dieſe mit ſeiner erſten Schrift ſo genau zuſammenhängende oder vielmehr durch ſie ſelbſt veranlaſste Frage beantwortete mein Freund, und die Geſellſchaft erkannte ihm im Jahre 1786 auch dieſsmal den Preis zu. — Und dieſe ſeine Abhandlung, die erſt itzt, indem ich dieſs ſchreibe, im Original abgedruckt wird, liefre ich hier in einer deutſchen Ueberſetzung. Den rechten Geſichtspunkt dieſer Schrift werden verſtändige Leſer ſchon aus der Aufgabe ſelbſt, und noch mehr aus der gleich folgenden Vorrede des Verfaſſers erkennen können. Natürlich muſste ihr Verfaſſer manches darin ſagen, was ſeine beſondre Beziehung auf ſolche Dichter ſeiner Nation hatte, für die eigentlich ſeine Arbeit beſtimmt war, welche nämlich den Homer im

 Ori-

Original nicht lesen und durch Uebersetzungen seine nachahmungswürdigen Schönheiten nicht kennen und brauchen lernen können. Dieser besondern Beziehung ungeachtet schien mir die Schrift meines ganz mit dem Geiste der Alten genährten Freundes, der selbst ein vorzüglicher Lateinischer Dichter ist, so viel allgemein Interessantes zu enthalten, und die Schönheiten der Iliade oft so glücklich und auf eine Art zu entwickeln, wie, meines Wissens, bisher nicht geschehen ist, dass ich dem deutschen Publikum durch ihre Uebersetzung keinen Undienst zu thun glaubte. Auch unsre deutschen Dichter und Freunde der Dichtkunst sind doch nicht lauter Bürger, Stollberge und Vosse, die den Homer selbst lesen, seine Schönheiten selbst empfinden und sich selbst entwickeln können. Diese also werden mit Nutzen eine Schrift lesen, die ihnen dazu Anleitung giebt. Und auch manchem jungen Freunde der Griechischen Litteratur kann sie, wenn ich nicht irre, beym eignen Lesen Homers gute Dienste leisten.

Den Inhalt eines jeden Gesanges, der eigentlich den Text dieser Schrift ausmacht, habe ich, nach der Erzählung meines Freundes, doch mit Zuziehung des Griechischen Originals selbst, treu und simpel übersetzt, und darum auch, eben wie Hr. de Bosch, die bekanntern lateinischen Namen der Götter,

Helden

Helden und Völker beybehalten, weil mir das Gegentheil affektirt schien. In den Erläuterungen unter dem Text habe ich nur wenig Stellen zusammengezogen, und noch weniger, die allein die Niederländischen Dichter betrafen, weggelassen, die Homerischen Stellen selbst aber nach der vortreflichen Stollbergischen Uebersetzung der Ilias angeführt. Und hier war es Pflicht, auch die Schreibart dieser Uebersetzung beyzubehalten. Eben diess ist bey den einezlnen aus der Odyssee angeführten Stellen geschehn, wo ich, wie sich von selbst versteht, der Vossischen Uebersetzung gefolgt bin.

Die Besorgniss, dass diese Schrift, wenn sie erst eine Zeitlang im Original bekannt wär, irgend einem rüstigen Uebersetzer von Profession in die Hände gerathen möcht[illegible] noch mehr aber der innere Werth derselben, und meine in Heynens Schule mir tief und unauslöschlich eingeprägte Liebe zur alten Litteratur haben mich zu dieser Uebersetzung veranlasst. Ich habe sie grossentheils in den für unser Land so traurigen Tagen des verflossenen Jahrs gemacht, die in manchem Betracht noch trüber waren als die, in welchen mein Freund seine Abhandlung schrieb, und der Umstand mag mich entschuldigen, wenn vielleicht hie und da eine etwas steife Wendung im Ausdrucke vorkommen sollte, die zumal in Sprachen von so grosser Aehnlich-

keit

keit, wie die Deutsche und Holländische sind, den Uebersetzer leicht überrascht.

Dass ich bey den nicht wenigen Geschäften meines Berufs — wie vor einigen Jahren ein guter, aber flüchtig reisender und urtheilender Deutscher im Museum von mir — ich weiss nicht ob lobend oder tadelnd? — schrieb — sondern bey sehr vielen und ausgebreiteten, den Geist oft niederschlagenden Geschäften meine Erholung durch solche Arbeiten suche, wird hoffentlich kein Verständiger tadeln. Oder darf etwan ein Prediger sich eher mit allen andern Dingen, als mit dem Studium der Alten, dieser ächten Quelle des Schönen und Erhabnen, in seinen Nebenstunden beschäftigen? —

Amsterdam im Februar 1788.

Mutzenbecher.

Vor-

Vorrede des Verfassers.

An die Direktoren der Teylerschen Stiftung in Haarlem.

Meine Herren!

So bald die Frage, die ich mir zu beantworten vorgenommen habe, von Ihnen aufgegeben war, hörte ich verständige Leute sagen: das beste Mittel, um das Schöne und Erhabne in den alten Dichtern kennen zu lernen, sey das, die Sprachen, worin sie schrieben, selbst zu lernen, weil es unmöglich sey, den eigentlichen Sinn, die Kraft und den Nachdruck der Worte, wodurch die dichtrischen Schönheiten vorzüglich empfunden und erkannt werden, solchen, die die gelehrten Sprachen nicht kennen, hinlänglich zu erklären.

Doch von dieser Wahrheit sind auch Sie, m. H. völlig überzeugt. Da Sie aber zugleich wissen, wie sehr das rechte Studium der griechischen und lateinischen Sprache in unsern Zeiten vernachlässigt wird, und wie nothwendig es gleichwohl ist, dass die Bekanntschaft mit den Schriftstellern des Alterthums nicht verloren gehe, sondern alles, was sie zur Beförderung der Künste und Wissenschaften gethan haben, immer gemeinnütziger gemacht werde; so haben Sie sehr weise unsern Niederländischen, der alten Sprachen unkundigen Dichtern vorleuchten, und durch ihren ausgebotnen Preis die Probe machen wollen, ob es nicht möglich sey auch diesen, denen meistens ohne ihre Schuld die Kenntniss der alten Sprachen mangelt, wenigstens einigen Begrif von allem dem Schönen, Angenehmen und Entzückenden, von allem dem Nützlichen und Lehrreichen beyzubringen, was in den uns übrig gebliebnen Schriften der Alten uns so sehr mit sich fortreisst und den unterscheidenden Charakter ihrer Werke ausmacht. Den Nutzen, der hieraus entstehn würde, kann man mit Recht für beträchtlich erklären. Wir haben das grosse Beyspiel unsers Vaterländischen Dichters Vondel vor uns, der, wie aus seinen Uebersetzungen erhellt, die Kraft der Ausdrücke in beyden Sprachen nicht gefasst hat, und gleichwohl dadurch, dass er diesen oder jenen dichtrischen Zug im Virgil kennen lernte, und aus ihm einige mahlerische Beschreibungen und verschiedne auserlesene Vergleichungen, die alle vom Homer abstammen, in seine Gedichte brachte, alle andre Niederländische Dichter in diesem Stücke bisher hinter sich gelassen hat. Immerhin also sey es an der Einen Seite unmöglich, die Kunst der Alten in ihrem ganzen Umfange, und insonderheit alle Schönheiten der Sprache einem der alten Spra-

chen

chen unkundigen Leser zu erklären; so kann man gleichwohl nicht läugnen, dass es auch von der andern Seite sehr möglich und durch die Erfahrung selbst bestätiget ist, dass man die schönen und erhabnen Vorstellungen der Alten, die aus ihrer ausgebreiteten Kenntniss der Natur herflossen, und einen grossen Theil ihrer dichtrischen Kunst, wäre es auch nur von ferne, doch so weit wenigstens jenen Liebhabern und Freunden der Dichtkunst bekannt machen könne, um sie dadurch anzufeuern und in den Stand zu setzen, nicht nur solche dichtrische Schönheiten selbst, sondern zugleich auch neu erfundene in ihren Gedichten zu gebrauchen. Denn die Erfahrung lehrt doch, dass die erste Stuffe des Unterrichts uns zur zweyten führe, und, wenn man erst Einen wahren und grossen Gedanken recht gefasst hat, dieser uns auf andre erhabne Ideen von selbst leite.

Ihre Bemühungen, m. H. sind also sehr löblich, den Freunden der Dichtkunst unter uns eine geschickte Anleitung zu verschaffen, um sich in ihren Gedichten, so viel möglich, nach den besten und vortreflichsten Mustern zu richten, die das alte Griechenland und Rom hervorbrachten, insonderheit, da Sie diess zugleich als ein bequemes Mittel ansehn, um, statt allgemeine und bekannte Ideen zu brauchen, selbst neue und ungewohnte dichtrische Schönheiten zu schaffen, und damit ihre Gedichte zu bereichern. Es wird nur darauf

auf ankommen, auf welche Art man am besten Ihrer Absicht Gnüge thun kann. Eine blosse Uebersetzung der alten Dichter würde hier nicht helfen: denn es ist nur zu wahr, was der grosse Ernesti sagt, dass, wenn man aus Uebersetzungen das Original beurtheilen will, man eben so handelt, als wenn man den Glanz und die Pracht der Sonne aus einem Gemählde derselben beurtheilen wollte; oder wie es Riccius (Diss. x.) sehr treffend ausdrückt: die Vortreflichkeit eines Dichters nach der Uebersetzung seines Werkes abmessen, ist eben so viel, als ob man die schöne Gestalt und die ausnehmenden Reitze der noch lebenden blühenden Helena aus ihrem durch Krankheit gefolterten, abgezehrten und todten Leichname kennen lernen wollte.

Die Ausführung eines Unternehmnes, worin meines Wissens noch niemand vorgearbeitet hat, ist also unstreitig mit manchen Schwierigkeiten verknüpft nicht nur deswegen, weil die Bestimmung der besten Einrichtung einer solchen Anweisung nicht leicht ist, sondern noch mehr darum, weil man auch alsdann, wenn man hierin eine Probe macht und das eine oder andre, wie man glaubt, wohl ausgedachte Mittel würklich gebraucht, gemeiniglich bey den Menschen eine unangenehme Fühllosigkeit antrift, die aus keiner andern Ursache entsteht, als weil man nicht gewohnt ist, die Ideen der Griechen und Römer sich recht eigenthümlich zu machen. Daher kommt es, dass, wenn

man

man einem Menschen, welcher der alten Sprachen unkundig ist, einen erhabnen Gedanken auslegen und erklären will, dieser durchgängig an der Denkungsart und den Gewohnheiten seiner Zeit so stark hängen bleibt, dass man bey aller angewandten Mühe ihn davon nicht zurückbringen und zur deutlichen Einsicht jener schönen, gefälligen und erhabnen Vorstellung hinführen kann. —

Doch aller dieser Schwierigkeiten ungeachtet habe ich aus voller Ueberzeugung des Nutzens und der Nothwendigkeit eines solchen Unternehmens, wenigstens einen Versuch zu seiner Ausführung gewagt. Insonderheit munterte mich dazu Ihre im Programme angeführte Erklärung auf: „dass man es als hinlängliche „Beantwortung der Aufgabe ansehn würde, wenn je„mand, der um den Preis arbeiten wollte, im Homer „allein Ueberfluss von Materie oder auch andre Grün„de zu finden vermeynte, um sich allein auf diesen „Ersten unter den Dichtern einzuschränken.“ — Denn da die Grenzen einer Abhandlung nicht zulassen, bey allen Griechischen und Lateinischen Schriftstellern stille zu stehn, und ihre dichtrischen Schönheiten zu zeigen, so war es mir angenehm, dass ich mich allein auf diesem schönen, fruchtbaren, und mit Blumen des Witzes und der Wohlredenheit so reichlich bepflanzten Felde verweilen durfte, von welchem alle Dichter aller Zeiten das Beste ihrer Kunst gesammelt

haben.

haben. Zu geschweigen, dass es ein Werk von mehr Bänden ausmachen würde, wenn man sich auf andre alte Dichter einlassen wollte, bey denen man beständig den grossen Einfluss bemerken würde, den unser grosse Lehrer auf jeden von ihnen gehabt hat; und grade diess würde uns von unserm Hauptzweck abführen, den Dichter im Ganzen zu betrachten, und so viel möglich alle seine grossen Vortreflichkeiten in völliger Verbindung darzustellen. Es ist doch unläugbar, dass, um die Schönheit eines Gedanken recht zu ergründen und zu verstehn, man ihn in seinem vollen Zusammenhange und unter allen den Umständen, worin er gebraucht wird, vorgestellt sehn muss, falls man ihn nicht verkehrt fassen und seinen vorhabenden Zweck völlig verfehlen will. Ich habe mich daher allein auf den Homer eingeschränkt, und um diesen Dichter in der Nähe kennen zu lehren, und aus ihm den gewünschten Nutzen zu ziehn, habe ich für das beste Mittel gehalten, zuerst einen kurzen Inhalt alles dessen zu geben, was in der Ilias vorfällt, und dieser Erzählung meine Anmerkungen und Erläuterungen beyzufügen.

Ihrer Beurtheilung, M. H. übergebe ich diese Abhandlung. Diese falle aus, wie sie wolle, so bin ich Ihnen schon dafür vielen Dank schuldig, dass Sie durch diese Frage mir neue Gelegenheit gegeben haben, mich mit Homers Schriften zu beschäftigen, um daraus gute

Leh-

Lehren für mich zu ziehn und zugleich dazu beyzutragen, die dichtrischen Schönheiten Homers auch für andre zu entwickeln, und so den wahren Flor der Niederländischen Dichtkunst zu befördern, die so viel mehr der Anweisungen und Aufklärungen bedarf, je allgemeiner sie geworden ist.

So wie die Wissenschaften unstreitig unter allen Vorfällen des Lebens einen angenehmen Trost und Hülfe verschaffen; so macht es in der gegenwärtigen Zeit ein vorzügliches Vergnügen, sich auf dem weiten Felde der Gelehrsamkeit, der Kenntnisse und des Geschmacks, das uns Homers Schriften eröffnen, in stiller Einsamkeit zu belustigen. Denn wenn ich gleich nicht zu denen gehöre, die mit dem Herzog von Buckingham sagen:

Read Homer once, and you can read no more
For all Books else appear so mean, so poor,
Verse will seem prose: but still persist to read
And Homer will be all the books you need.

so will ich gleichwohl gern bekennen, dass dieser Dichter mir in verschiednen Umständen meines Lebens weise Lehren gegeben hat; und wenn ich einige Menschenkenntniss besitze, so danke ich sie grossentheils diesem grossen und geschickten Mahler der menschlichen Leidenschaften.

Ich hoffe, dass unsre heutigen Dichter durch meine Anmerkungen und Erläuterungen einige nähere Anleileitung erhalten sollen, die Leidenschaften der Menschen zwar verschieden, aber doch zugleich immer der Person gemäss, der sie sie beylegen, zu schildern; eine Sache die Homer so genau beobachtet hat, dass kein Mahler im Stande ist, uns mit der Gestalt eines Menschen durch das Mahlen seiner Gesichtszüge besser bekannt zu machen, als unser Dichter den einen Menschen von dem andern durch die Worte und Reden, die er ihnen in den Mund legt, unterschieden hat. So wie diess ein grosses und nützliches Talent für einen Schriftsteller ist, so wünsche ich, dass man die grosse erfindrische Kunst bemerke, worin Homer alle andre Schriftsteller weit übertroffen hat, wie Pope richtig bemerkt. Er stellt uns nicht nur eine Menge von Verwirrung und Schrecken erregenden Gefechten auf eine sehr abwechselnde Art und so vor, dass sie immer an Heftigkeit zunehmen; sondern auch die Beschreibung eines jeden Stücks der Waffenrüstung vergrössert unser Interesse. Der kleinste Pfeil bekommt Geist und Leben, indem er in der Hand des Bogenschützen ungeduldig wird, und sich mit dem Blute des Gegners zu sättigen wünscht; und um die Allegorie noch weiter zu führen, so liest man selbst die Schicksale des Pfeiles und Bogens, und der Dichter, immer geschäftig uns mahlerische Gegenstände vorzustellen, erzählt uns, dass der Bogen, womit Pandarus den Menelaus trift, von den Hörnern eines Bocks gemacht

war,

war, den, von den Hügeln herabhüpfend, der Held, einst sitzend in einem Hinterhalte, in die Brust getroffen hatte. Hier ist nichts leeres, nichts überflüssiges. Man wird zwar zuweilen mit einer Menge schöner Vorstellungen überhäuft, allein man findet sie immer treffend und an ihrer rechten Stelle. Homers Beschreibungen haben allezeit so wohl die gehörige Einfalt als eine wahre Erhabenheit. Man erkennt darin nicht nur eine genaue Bemerkung auch der kleinsten Vorfälle im gemeinen Leben, sondern man verwundert sich auch zugleich über die Grösse und Fruchtbarkeit der Einbildungskraft, womit der Dichter uns die Begebenheiten, nebst dem Orte, wo sie vorgefallen sind, lebendig vor Augen stellt. Und was soll ich von den Vergleichungen sagen, womit Homer beständig unsre Ideen aufzuklären und die wahre Beschaffenheit der Sachen uns darzustellen bemüht ist? Die ganze Natur öffnet sich seinem Blicke, und er dringt bis zu den kleinsten Gegenständen durch. Alles was in der Luft, auf der Erde und im Wasser ist, dient ihm zur Auslegung und Erklärung dessen was er sagt und erzählt. Und indem er uns die vorkommenden Sachen aufklärt, lernen wir zugleich die besondern Eigenschaften des Menschen, der Thiere des Feldes, der Vögel des Himmels, der Ströme, Berge, Blumen, Bäume, Gebüsche, Gesträuche, Wildnisse, u. s. f. kennen. Der Grund von Kenntnissen, auf welche Homer gebaut hat, ist unabsehlich gross, und die dichtrischen Schönheiten, womit er diese Kenntnisse ausgeschmückt und in seinem Gedichte vertheilt hat, sind unzählig. Unter andern hat er Eine Schönheit, die man keinem des Griechischen unkundigen Leser darstellen kann. Diese besteht in der Composition seiner Verse, die fast immer einen mit der Natur der darin vorkommenden Sachen so übereinstimmenden Gang haben, dass man beynahe aus dem Laut und Unterschied der Töne verstehn kann, was vorgeht. Das Sylbenmaass, statt ihm einen Zwang zu verursachen, ist vielmehr für seinen fruchtbaren Geist ein geschicktes Mittel das Gefühl und Feuer seiner Begeisterung durch lieblich fliessende Töne fortzuführen. Bey keinem andern Dichter findet man den Wohllaut zu der Stufe der Vollkommenheit gebracht; sein Gehör ist nicht minder scharf, als sein Urtheil. — Doch ich merke, dass ich unerwartet und gegen meine Absicht Homers Lobredner geworden bin; da ich doch nur die Freunde unsrer Dichtkunst darauf führen wollte, wie wichtig es sey, die grossen Vorzüge dieses Dichters näher kennen zu lernen. Wenn dazu einige meiner Erläuterungen etwas beytragen, so werde ich mich für doppelt belohnt halten. Alles anzuführen war mir unmöglich, und darum habe ich mich auf das dichtrische, verständige und witzige grösstentheils eingeschränkt, und insonderheit zu zeigen gesucht, dass ein Gedicht immer einen Schatz von Kenntnissen enthalten

müsse,

müsse, was auch der Gegenstand desselben seyn mag. — Hie und da habe ich die religiösen Begriffe unsers Dichters aufzuklären mich bestrebt. Denn der Anblick der ganzen Götterschaar, eines schmutzigen hinkenden Vulkan, eines vor Schmerzen schreyenden Mars, einer verwunderten Venus, eines Apollo mit dem Köcher auf seinem Rücken, eines Neptun mit seinem Dreyzack, einer blauäugigten Minerva, einer zänkischen Juno mit Ochsenaugen (wie man dies Wort schändlich übersetzt, statt: mit grossen schönen Augen) macht auf manche heutige Leser des Homer einen solchen Eindruck des Lächerlichen, dass sie darüber den Mahler solcher unschicklichen, immer zankenden und schändliche Thaten verübenden Götter und Göttinnen verachten. Allein zuvörderst muss man sich mit seinen Gedanken mehr als dreytausend Jahre zurücksetzen können, und bedenken, dass man hier ein angenehmes Gemählde von Dingen antrift, die sonst nirgends als in der alten Welt zu finden sind, da die Idee vom Daseyn viel mächtigerer Wesen, als die Menschen sind, und von ihrem unmittelbaren Einflusse auf die Thaten und Schicksale der Sterblichen sehr allgemein war. Weiter muss man sich aber auch hüten, bey der buchstäblichen Idee von Göttern und Göttinnen stehn zu bleiben, und anzunehmen, dass bey ihnen alle die anbetungswürdigen Eigenschaften nothwendig sich finden müssten, die wir dem höchsten Wesen beylegen. Diess würde eine unverzeihli-

 che

che Thorheit seyn. Homers Götter und Göttinnen handeln als Menschen, und werden als solche beschrieben, indem sie ihren Trieben folgen und ihren Leidenschaften Gnüge thun. Und gleichwohl entdeckt man unter diesen menschlichen Einkleidungen manchmal deutliche Kennzeichen des Begrifs, den sich der Dichter von einem einigen allmächtigen und unsichtbaren Wesen gemacht hat, wie man diess, um alle andre Stellen mit Stillschweigen zu übergehn, aus dem Anfange des achten Gesanges der Ilias und dem Schlusse des zehnten Gesanges der Odyssee deutlich sieht. Ein Umstand, den selbst die Alten nicht unbemerkt gelassen haben. Was Homer schreibt, sagt Pope, ist von der lebhaftesten, lebendigsten Beschaffenheit und Natur, die man sich denken kann, alles bewegt sich bey ihm, alles lebt, alles ist würksam. — Doch diess nicht allein; die Kraft und Wirkung der göttlichen Macht geht, wie Maximus Tyrius (Diss. 32.) bezeugt, hier durch jedes einzelne Ding und verbreitet sich allenthalben; nichts ist von dieser Wirkung ausgeschlossen; um diess zu sehn und zu begreifen muss man sein Werk oft und aufmerksam lesen. Ist man mit der Einkleidung nicht zufrieden, worunter diess verborgen liegt; nimmt man es dem Dichter übel, dass er sich für seine Einbildungskraft durch die Erfindung dichtrischer Fiktionen, — welche Aristoteles die Seele der Dichtkunst nennt, — eine

neue

neue Welt geschaffen hat; so muss man diess seinen eignen sehr eingeschränkten Begriffen zuschreiben, die allein bey den gegenwärtigen Gewohnheiten und Gebräuchen stehn bleiben und nicht in die Ideen des höchsten Alterthums einzudringen vermögen. —

Es ist eine von den berühmtesten Weltweisen anerkannte Wahrheit, dass es unsrer Seele und ihrer Denkkraft eigen ist, Dinge, die bekannt und deutlich sind, nicht zu achten, und hingegen solchen Dingen, die dunkel und verborgen sind, mit einer wunderbaren Neugier nachzuforschen und sie zu untersuchen, sich, so lange man nichts von ihnen gefunden hat, mit allerley Muthmassungen zu belustigen, und, hat man etwas entdeckt, diese Entdeckungen als das eigne Werk der Seele zu lieben. Diese natürliche Beschaffenheit der Menschen war auch den grossen Dichtern des Alterthums nicht unbekannt, sie bedienten sich ihrer, und setzten ihre Leser in die Mitte der Wahrheit und des Räthsels oder der Erdichtung, um dadurch ihre Wissbegier zu reizen und sie zum weitern Nachforschen zu leiten. Diess that eine sehr gute Wirkung. Man bekam das Gefühl von Tapferkeit und Tugend nicht durch trockne Beweise, sondern durch eigne Erfahrung, man entwickelte sich die bildliche Vorstellung, und je mühsamer die Untersuchung der abgezweckten Sache gewesen war, um so viel williger und eifriger nahm man sie an, wenn man sie erst einmal gefasst

 hatte,

hatte, grade wie ein Bergmann mit so viel mehr Freude eine Gold- oder Silbermine entdeckt, je mehr Mühe er darauf verwandt hat. — Wer Homers Schriften aus diesem Gesichtspunkte nicht ansieht, muss sie überall nicht lesen. Er hat für gefühlvolle lebhafte Seelen, nicht für demonstrirende Gottesgelehrte oder Weltweise geschrieben, und gleichwohl ist sein Endzweck sehr edel.

Die Anmerkung eines gewissen Schriftstellers, die mir neulich in die Hände fiel, dass kalte und seichte Denker in keiner Sache mehr irren, als im menschlichen Gefühl, finde ich sehr gegründet. Ich, wenigstens fühle beym Lesen unsers Dichters viel mehr, als ich einem philosophischen Kopfe auslegen kann. Indess kann ich meine Verwunderung nicht verbergen, warum doch, da es ein eigentliches Kennzeichen der ältesten Dichtkunst ausmacht, allerley Gegenstände zu personificiren, manche Leute, die gewohnt sind die Bücher des A. T. zu lesen oder erklären zu hören, auf diese metaphorische Art, in welcher Homer sich ausdrückt, so tief herabsehn, und alle seine Personificirungen, wodurch sein Gedicht gerade so interessant wird, gänzlich verwerfen. Denn die hebräische Dichtkunst bedient sich doch beständig ähnlicher Metaphern. Alles wird da, insonderheit in den ältesten Büchern, als Person vorgestellt. Das Licht, die Nacht, der Tod, die Vernichtung haben ihre verschlossenen Palläste, Häuser, Reiche, Grenzen, und herrschen wie mächtige Fürsten

ſten der Erde. Sonne, Mond und Sterne werden als lebend geſchildert, und bekommen jede ihren beſondern Aufenthalt und Wohnplatz, wie Menſchen. Gott fährt auf ſeinem Kriegswagen einher, um das Land zu erobern und auszutheilen; Sonne und Mond ſtehn mit Erſtaunen an der Thür ihrer Gezelte; ſeine Blitze ſtralen, ſeine Pfeile ſauſen, und jene verbergen ſich, beſchämt über ſeinen groſſen Glanz, in ihren Wohnungen. Der Ocean wird da geboren, und, wie ein Kind, in Windeln gewickelt; der Regen, der Thau, der Reif bekommen Mutter und Vater. Man darf nur jene heiligen Schriften aufſchlagen, und allenthalben findet man Gott als den Vater ſo wohl dieſer Bilder als aller lebendigen Geſchöpfe beſchrieben. Jedem giebt er ſeine Speiſe; aller Augen, die auf ihn warten, erfreut er. Dem jungen verächtlichen Raben giebt er Gehör; er iſt ſelbſt der Hausvater der Gemſen, bemerkt die Zeit ihrer Tracht, und hilft ihnen in ihrer einſamen Geburt. Er lebt mit jedem Thiere in deſſen beſondern Zirkel, er fühlt deſſen Noth, und erfüllt ſein Verlangen. Er brüllt mit den Löwen um Raub, und ſieht durch das Auge des Adlers von ſeiner Felſenwohnung hernieder. Einmal wird Er beſchrieben, als in Betrübniſs verſunken, dann wieder als von Zorn und Grimm entbrannt; bald iſt er mit Reue erfüllt, bald zieht er wiederum aus, ſich zu rächen. — Wundert man ſich, daſs der gerechte Zevs einen verführeriſchen,

ſchen Traum dem Agamemnon ſendet, ſo wundre man ſich auch, daſs das höchſte Weſen einen Lügengeiſt dem Könige von Iſrael Ahab ſendet, der faſt zu einer Zeit mit Homer lebte. Kurz, alles iſt hier lebendige Dichtkunſt, voll von Naturgefühl und erhabner Einbildungskraft. Wie man nun dieſs in jenen Büchern des A. T. will beobachtet wiſſen, ſo misgönne man auch dem Homer ſeine dichtriſchen Gleichniſſe nicht; hierin findet doch einmal die Dichtkunſt vorzüglich ihr Vergnügen. Es iſt ihr widerlich, die Sachen, ſo wie ſie vorfallen, immer nach Wahrheit zu erzählen, und ſie nur ganz einfach vorzuſtellen, ausgenommen da, wo es nöthig, und zugleich ein Beweis ihrer Kunſt iſt. Das Wunderbare, iſt eines ihrer liebſten Kleider, womit ſie ſich aufgeſchmückt ſieht. Doch eben dieſs Wunderbare ſteht ihr ſehr übel, wenn eine ungeſchickte Hand es ihr anlegt. Sie hat vornehmlich den älteſten Dichtern und ganz vorzüglich dem Homer dieſen ihr ſo wohl ſtehenden gefälligen Anzug zu verdanken. — Von ihm alſo mögen unſre heutigen Dichter lernen, Poeſie von Proſa nicht nur durch Sylbenmaaſs und Rhythmus, ſondern auch durch ſchickliche Allegorien uud mahleriſche Vorſtellungen zu unterſcheiden, und beſonders darauf zu achten, daſs ſie ihre Gedichte mit jenen erhabnen und wunderbaren Bildern bereichern, durch welche der menſchliche Verſtand aufgemuntert wird, Theil an ihren Werken zu nehmen und nach Wahrheit und Tugend, — dieſem vorzüglichen Zwecke auch meiner gegenwärtigen Abhandlung — zu ſtreben.

Erſte

Ueber
Homers Ilias.

Erste Abtheilung.

Inhalt der Ilias.

Erster Gesang.

1 Fast zehn Jahre von den Griechen belagert, hatten die Trojaner keinen Ausfall auf ihre Feinde wagen dürfen, aus Furcht vor dem tapfern Achilles. Indess hatten die Griechen einige Städte in Kleinasien verwüstet, und

Erläuterungen.

1 Quintilian macht die Bemerkung, dass Homer für alle Theile der Beredsamkeit Vorschrift und Muster gegeben, dass ihn nie jemand, wenn er grosse Sachen behandelt, an Erhabenheit, und wenn er kleine vorstellt, an Naivetät übertroffen, und dass er mit unbegreiflicher Kunst alle heftige und sanfte Affekten der Menschen geschildert hat. Und eben bey der Gelegenheit fragt er mit Recht, ob Homer nicht im Anfange seiner beyden grossen Gedichte in sehr wenig Versen, die Regeln, nach welchen ein Eingang eingerichtet seyn muss, nicht nur beobachtet, sondern auch festgesetzt habe. — Gleich im Anfange seiner Ilias herrscht eine edle und in der Natur gegründete Einfalt, wodurch Homer allen Heldendichtern ein Muster gegeben hat. Er hebt an:

 Singe,

und bey der Vertheilung der Beute war Chryſeis, die Tochter eines Prieſters des Apollo, dem Agamemnon, und Briſeis, auch eines Prieſters oder Königs Tochter, dem Achilles zu Theil worden. Der [2] Chryſeis Vater, den Verluſt ſeiner Tochter beklagend, kommt ins Lager der Griechen, fleht die Oberſten des Volks, in-

Singe, Göttin, die Wut des Päläiden Achilleus,
Welche verderbend den Griechen ſo vielen Jammer bereitet,
Viele ſtarke Seelen der Helden hinab zu den Schatten
Sandte, ihre Körper zur Beute den Hunden zurück lieſs,
Und dem Gevögel: —

Auf dieſe Worte läſst Homer ſo gleich den groſſen Gedanken folgen, daſs alles dieſs Unglück, und folglich alles, was in der Erzählung folgt, aus Zevs Rathſchluſſe flieſſe:

— — — ſo ward der Wille Kronions erfüllet,

ſagt er. — Dieſer einfache Eingang ſcheint auf dieſen ganzen Geſang Beziehung zu haben, worin der Dichter zwar dem Leſer die Urſache der Wut des Achilles bekannt machen will, doch dabey in keine dichteriſche Betrachtungen ſich zu weit auslāſst, indem er ſich faſt gar keiner Vergleichungen bedient, womit er ſonſt ſeine Ideen zu erläutern pflegt.

2 Die Bitte des Chryſes, des Prieſters Apolls, iſt merkwürdig.

Hört,

insonderheit Agamemnon und Menelaus, um die Zurückgabe seines Kindes, und bietet zum Lösegeld die herrlichsten Geschenke an. Aber die Häupter der Griechen schlagen seine Bitte ihm ab und senden unerhört ihn zurück. [3] Auf seinem Rückwege fleht er Apollo um Rache an. [4] Apollo erhört seinen Priester, steigt, mit Bogen

---

Hört, Atriden! hört, ihr wohlgepanzerten Griechen!
(Sieh, euch müssen die Götter, Bewohner des weiten Olümpos,
Priams Stadt zu zerstören und glückliche Heimkunft gewähren!)
Gebt mir meine Tochter zurück, und nehmt die Geschenke!
Scheut Kronions Sohn, den fernhertreffenden Foibos!

Alte Kunstrichter haben mit Recht bemerkt, dass in dieser kurzen Anrede alles enthalten ist, was man nach den Regeln der Beredsamkeit darin fodern kann.

3 Der Priester geht hin, ohne etwas zu sagen:

Schweigend ging er am Ufer des lautaufrauschenden Meeres

sagt der Dichter, und diess drückt in der That mehr Gefühl aus, als die treflichste Klage thun könnte.

4 Gross und mahlerisch ist die Beschreibung Apollons, der die Gebete seines Priesters erhört. Er steigt vom Gipfel des hohen Olympus herab, seinen schnellschiessenden Bogen und zugedeckten Köcher auf den Schultern. Mit jedem Tritte rasseln die Pfeile auf des Zornigen Rücken. Furchtbar und düster, wie Schrecken der Nächte, geht er durchs Lager ein-

gen und Köcher gerüstet, vom Olympus herab, und trift mit tödtlichen Pfeilen Menschen und Vieh im Lager der Griechen, die neun Tage lang durch verheerende Krankheiten elend umkommen. — Am zehnten Tage ruft Achilles, von Juno dazu ermuntert, die Oberhäupter des Lagers zusammen, stellt ihnen das Unheil vor, und räth, den vornehmsten Wahrsager zu befragen. Dieser ist Kalchas, [5] der anfangs die Wahrheit zu offenbaren sich scheut,

---

einher, und setzt, nicht fern von den Schiffen der Griechen, sich nieder.

5 Im Betragen des Kalchas, den Achilles ermuntert, die Ursachen zu sagen, warum die Griechen von so verderblichen Krankheiten angegriffen werden, zeigt sich eine ausnehmende Menschenkenntniss. Er steht auf in der Versammlung, und sagt:

O Achill, geliebt von Kronion, du willst, ich soll reden.
Nun so will ich den Zorn des fernhintreffenden Königs
Foibos Apollons erklären; du aber verheisse mit Eidschwur,
Mich mit Worten zu schützen und mit der That mir zu helfen;
Denn ich werd' erzürnen den Mann, der mächtiges Ansehns
Ueber Argos herrscht, und dem Achaia gehorchet.
Fürchterlich ist ein König, wenn er Geringeren zürnet!
Wenn er auch denselbigen Tag die Galle zurückhält,
Siehe so laurt doch heimlicher Groll ihm immer im Busen,
Bis er endlich ihn kühlt; — —

Auf

scheut, doch, da ihn Achilles versichert, dass um seiner Deutung willen keiner, träf sie auch Agamemnon selbst, ihm schaden soll, endlich erklärt, dass alles Unglück nur darum das Lager trift, weil man geweigert hat, die Tochter des Apollischen Priesters zurückzugeben. — 6 Agamemnon erzürnt sich darüber, doch, weil

Auf ähnliche Art sagt der Israelitische König Ahab zum Könige von Juda, der ihn fragt, ob nicht noch ein Prophet da sey, den man wegen des Krieges mit den Syrern befragen könne: es ist noch Einer, Micha da. Aber ich bin ihm gram, denn er weissagt mir kein Gutes, sondern eitel Böses. (1 B. d. Kön. 22, 8.) Die meisten durch Stand und Gewalt über andre erhabne Menschen gleichen Agamemnon und Ahab, und nehmen nicht gern andern Rath an, als solchen, der mit ihren besondern Absichten übereinstimmt.

6 Der Zorn des Agamemnon und Achilles werden hier auf eine verschiedene Weise beschrieben. Der Zorn des ersten ist mit viel mehr Misvergnügen, der des Achilles hingegen mit viel mehr Muth verbunden. Agamemnon, der wohl weiss, es sey besser, das Volk glücklich, als umkommen zu sehen, sieht sich gezwungen, Chryseis auszuliefern, wenn er sich nicht den schrecklichsten Vorwürfen aussetzen will. Doch, da es eine Sache von Wichtigkeit war, ein würdiges, ihm, aus Verdienst und Achtung vom ganzen Griechischen Lager zuerkanntes, Geschenk aufweisen zu können, so leidet sein Stolz nicht, sich eines solchen Vorzugs beraubt

weil ihm die Erhaltung des Volks zu Herzen geht, [7] ſendet er Chryſeis auf eine feyerliche Art unter des Ulyſſes Begleitung an ihren Vater zurück, und nun hören die verderblichen Krankheiten auf. Indeſs droht Agamemnon, der

raubt zu ſehn, zumal, da andre die weniger, als er, bedeuteten, ſich ſolcher Ehrenzeichen rühmen konnten. Er faſst alſo den Entſchluſs, ſich das Geſchenk des Achilles zuzueignen, und beantwortet deſſen Drohungen allein damit, daſs er ſeiner Hülfe nicht bedürfe, daſs ihn andre wohl ehren und ſchützen würden, ja daſs Zevs ſelbſt dieſs thun würde. Achilles hingegen, voll Gefühls ſeiner Kräfte und Verdienſte, bezeugt mit Nachdruck, daſs er blos um Agamemnon und Menelaus willen die Waffen gegen die Trojaner, die ihm ſelbſt nie etwas zu leide gethan, ergriffen habe; und durch den Undank, womit man ihn behandelt, und durch die Schande, womit er ſich überhäuft glaubt, wird er gegen Agamemnon ſo erbittert, daſs er ihm nicht nur die heftigſten Vorwürfe macht, ſondern ſelbſt im Begrif iſt, den Agamemnon mit ſeinem Schwerdte zu Boden zu ſchlagen. Doch indem ihn Minerva davon zurückhält, deren Befehl er gehorchen muſs, ſo verläſst er ſogleich die Verſammlung, entzieht ſich dem Lager und der Geſellſchaft, und verurſacht ſich ſelbſt viel gröſſern Seelenſchmerz, als dem, auf welchen er erzürnt iſt.

7 Die ganze Zurüſtung, womit Achilles zu Schiffe geht, die Feyerlichkeiten, womit er Chryſeis ihrem Vater zurückgiebt, die Zubereitung der Opfer und die Opfer ſelbſt beſchreibt der Dichter ſehr enau und treffend. — Da die Schiffe ankom-

der nun seiner Beute sich beraubt sieht, öffentlich, dem Achilles seine Briseis zu entführen. Achilles wird darüber so aufgebracht, dass, hätt ihn nicht Minerva zurückgehalten, er den Agamemnon mit seinem Schwerdt angefallen hätte. Doch von der Göttin gewarnt, zwar mit Worten aber nicht mit dem Schwerdte zu fechten, wirft Achilles dem Agamemnon seine Feigheit vor, und 9 schwört, dass er nie wie-

---

kommen, zieht man die Segel ein, holt den Mast mit Strikken herunter, legt ihn an seinen Platz, bringt das Schiff mit Rudern in den Hafen, wirft die Anker und bindet das Schif vest,

8 Horazens Bemerkung, dass Homer uns besser als Crantor oder Chrysip gelehrt hat, was schön oder schändlich, nützlich oder schädlich ist, findet besonders bey den kurzen Lehren und goldnen Sittensprüchen statt, die der Dichter hie und da häufig in sein Werk eingeflochten hat. Der wütende Achilles selbst, indem er sich dem Willen Minervens unterwirft, sagt sehr schön:

Wer den Göttern gehorcht, den hören wieder die Götter!

9 Der Eid, den Achill, seinen hölzernen mit Gold beschlagnen Zepter in der Hand haltend, schwört, ist dieser:

So wahr dieser Zepter nicht Laub noch Zweige mehr zeuget,
Ihm kein Sprössling blühet, seitdem er vom Stamm' im Gebürge

 Ward

wieder zum Streit ausziehn will. [10] Der bejahrte Nestor, dem Worte süsser als Honig vom Munde flossen, sucht die erbitterten Helden zu besänftigen, doch vergebens. — Tal-

Ward gehauen, das Erz ihm Laub und Rinde hinwegnahm,
Dass die Ersten der Griechen in ihren Rechten ihn trügen,
Welchen Zeus die Gesetze vertraute: (ein furchtbarer Eidschwur!)
Siehe so wahr wird Achilleus von allen Söhnen der Griechen
Bald mit Schmerzen vermisst; du wirst umsonst dich in Jammer
Winden, und helfen nicht können, wenn unter dem blutigen Hektor
Viele Sterbende fallen; es wird am Herzen der Gram dir
Nagen, dass du vorher den tapfersten Griechen nicht ehrtest.

10 Die vorzügliche Menschenkenntniss, die im ganzen Gedichte sich zeigt, bemerkt man auch besonders in der Schilderung des Charakters des Nestor. Dieser Greis, — „dessen „Munde die Stimme, wie süsser Honig, entgleitet" — fängt seinen weisen Rath mit der Anmerkung an, dass man den Trojanern keine grössere Freude machen könnte, als wenn sie hörten, dass die Häupter des Griechischen Lagers sich durch Zanken entzweyten, spricht viel von der alten Zeit, von seinen rühmlichen Thaten, und von dem Vermögen, das er vormals hatte, Männer, welche weit stärker waren, als die Helden der itzigen Zeit, mit einander auszusöhnen u. s. f. — Man sieht hier den natürlichen Hang des hohen Alters, viel zu erzählen und lange zu sprechen. Eben so lässt der Dichter auch in der Odyssee Gesang 3. V. 247 fgg. den Nestor handeln. Hier thut ihm der junge neugierige Telemachus eine Menge Fragen und unterhält dadurch die Sprechlust des Alten.

11 Talthybius und Eurybates werden vom Agamemnon ins Gezelt des Achilles geschickt, Briseis zu holen. Achilles befiehlt dem Patroclus, sie zu überantworten, und, traurig über ihren Verlust und das ihm zugefügte Unrecht, kehrt er seine Augen nach dem Ocean hin,
12 und fleht seine Mutter Thetis an, Zevs zu bewe-

---

11 Wie Agamemnons Herolde beym zornigen Achilles kommen, um Briseis zu holen, sprechen sie kein Wort, sondern bleiben still stehn, und tragen durch diess ihr Stillschweigen und ihre Gelassenheit für Agamemnons und Achillens Ehre, so wie für ihr eignes Wohl am besten Sorge. Achilles bemerkt gleich die Ursache ihrer Ankunft, grüsst sie, erklärt sie für unschuldig, und wirft alle Schuld auf Agamemnon allein, der weder auf die itzigen Umstände noch in die Zukunft schaue „wie er bey den Schiffen die streitenden Griechen errette.“ —

12 Strabo merkt an, dass Homer sein Gedicht nicht so wohl mit neuen von ihm selbst erfundnen Erdichtungen ausgeschmückt, als sich alter Ueberlieferungen dazu bedient habe, die er nach seinem eignen Gutdünken und zur Erreichung seiner besondern Absichten entweder etwas vergrössert, oder ganz verändert habe, so dass man durchgängig wahre und verblümte Geschichten unter einander gemengt bey ihm antreffe. Diess erhellt unter andern aus dieser Bitte des Achilles, der, um seine Mutter von ihrem Vermögen zu überzeugen, das sie natürlich über den Geist Jupiters haben musste, sie an den Dienst erinnert, den sie dem Wolken-ver-

bewegen, ihn am Agamemnon zu rächen, und die Griechen von den Trojanern besiegen zu lassen. Thetis verspricht ihm dieſs, so bald Zevs, der mit den übrigen Göttern zu den Aethiopiern auf ein Gastmahl gegangen ist, wie-

---

versammler geleistet, und dessen sie sich oft in seiner Gegenwart in seines Vaters Pallaste gerühmt hätte, da sie nämlich den starken Briareus in den Olymp gerufen hätte, um dem Jupiter zu helfen, den Juno, Neptun und Minerva hatten binden wollen. Wie dieser sich neben Zevs mit trotzender Stärke setzte;

> Da erschracken die Götter und durften Kronion nicht binden.

Unter dieser verblümten Erzählung liegt wahrscheinlich eine wahre Geschichte verhüllt, denn wie allgemein bekannt und berühmt die grossen Thaten dieses mächtigen Briareus bey den alten Völkern gewesen sind, kann man aus der Erzählung der Einwohner von Korinth abnehmen; (Pausanias C. II. Corinth. c. 1.) daſs Briareus den Streit Neptuns und der Sonne über ihr Grundgebiet geschlichtet habe. Man sieht daraus, daſs das Ansehn und die Macht dieses Helden schon in den ältesten Zeiten bekannt war, und daſs alle die Thaten der Götter und Göttinnen, wie sie Homer uns vorgestellt hat, nichts anders als Thaten solcher Menschen sind, die sich durch Geschicklichkeit und Macht vor andern auszeichneten, und um ihrer vorzüglichen Eigenschaften willen nach ihrem Tode nicht nur zu dem Rang der Götter erhoben, sondern selbst unter die Zahl ihrer Gegner und Beherrscher gesetzt wurden. — Aus dem Exempel des Briareus sieht man dieſs unläugbar.

wieder auf dem Olymp zurück gekommen seyn wird. Nachdem diess geschehen ist, geht [13] Thetis zum Jupiter, und erhält, [14] unter einer starken Betheurung seiner Zusage, sein Wort, den Trojanern so lange Hülfe zu leisten, bis Achilles in seine vorige Ehre hergestellt ist. — Juno, hierüber sehr misvergnügt, er-

13 Da der erzürnte Achill weder in die Heldenversammlung noch zur Schlacht geht, sondern auf seinem Schiffe bleibt, so erscheint Thetis, der ihrem Sohn gethanen Zusage sich erinnernd, im Olymp, so bald die Götter wieder dahin zurückgekommen sind, setzt sich nieder vor Jupiter, fasst mit der linken Hand seine Kniee und mit der rechten sein Kinn; womit der Dichter die Stellung einer Bittenden, nach der Gewohnheit der Alten sehr mahlerisch ausdrückt. Auf ähnliche Art lesen wir vom Joab, da er den Amasa verrätherisch mordete: Er fasste mit der rechten Hand den Bart des Amasa, um ihn zu küssen. (2 Sam. XX, 9.)

14 Zevs winkt mit dem Haupte der Thetis Gewährung ihrer Bitte zu:

Spricht's, und bewegt die schwarzen Braunen, und nickt mit dem Haupte,
Vorwärts wallt das ambrosiaduftende Haar des Beherrschers
Am unsterblichen Haupt, und erschüttert den grossen Olümpos.

Da der berühmte Phidias das göttliche Bild des Zevs Olympius haun sollte, und gefragt ward, nach welchem Muster er-

erhält vom Jupiter Verweise, und Vulcan ermahnt sie, Jupiter nachzugeben und sich seinem Zorn nicht auszusetzen. Hierauf vollbringen die Götter ihre Mahlzeit in Frieden, und endigen den Tag.

---

er diess thun wollte, antwortete er, dass er es nach der Beschreibung machen würde, die uns Homer hier vom Jupiter gegeben hat. So erzählt Strabo B. VIII. und Macrobius B. V. Cap. 3.

Inhalt

Inhalt des zweyten Gesanges.

Während die übrigen Götter und Helden durch einen angenehmen Schlaf sich erquicken, bringt Zevs die Nacht schlaflos durch, und überdenkt, wie er dem Wunsch der Thetis am besten Gnüge thun kann. Ihm dünkt das beste Mittel, dem Agamemnon einen betrüglichen Traum zu senden, und ihn unter dem Versprechen, dass er Troja erobern soll, zu ermahnen, die Griechen zum Streite zu waffnen. [1] Agamemnon, durch diesen Traum ermun-

Erläuterungen zum zweyten Gesange.

1 Alle, die nach dem Homer Heldengedichte geschrieben haben, sind viel mehr bemüht gewesen, ihm im Hohen und Erhabnen, als ob darin allein das dichterische Schöne zu finden wäre, als im Einfachen und Natürlichen nachzuahmen. Oft erzählt unser Dichter Dinge, die, wenn man sie nennt, wenig wichtig zu seyn scheinen, z. E. auf welche Art jemand seine Pferde an- oder ausgespannet, wie er das Mittag- oder Abendmahl gehalten hat, wie er zu Bette gegangen oder wieder aufgestanden ist. Und grade in diesen Erzählungen zeigt Homer eine gefällige, den Zeiten, worin er lebte, so eigenthümliche Einfalt, dass, wenn man gleich fast keine Kunst darin sichtbar verspürt, man doch grade diese

muntert, steht früh auf, ruft eine Versammlung der Aeltesten zusammen, und erzählt ihnen,

---

diese Einfalt für den Gipfel der Kunst ansehn muss, worin die Wahrheit und natürliche Beschreibung des Vorfalls uns entzückt und mit sich fortreisst. Das ist der Fall im Anfange dieses zweyten Gesanges. Agamemnon, im Traum vom Nestor erinnert, dass es dem nicht gezieme, die ganze Nacht durch zu schlafen, dessen Rath und Sorge die Völker sich anvertrauten, und dass Jupiter, der itzt günstig über die Griechen denke, ihm befehle, das Heer der Seinen eilend zu rüsten, erwacht plötzlich aus seinem Schlaf, richtet sich auf, die Stimme, die er im Traume gehört hat, schallt ihm noch in die Ohren, er steht auf, zieht ein neues weiches Gewand an, wirst darüber den grossen stattlichen Mantel, bindet schön gearbeitete Schuhe unter seine Füsse, hängt über die Schultern sein Schwerd mit silbernen Buckeln, nimmt in die Hand den nimmer alternden Zepter, der, wie man aus dem folgenden sieht, seit vielen Jahren bey seinem Geschlechte bewahrt und vom Vulkan selbst verfertigt war. Dieser hatt' ihn dem Jupiter gegeben, Jupiter hatt' ihn dem Merkur, Merkur dem Pelops, Pelops dem Atreus, Atreus dem Thyest und dieser dem Agamemnon nachgelassen. So wie man, bey der Erzählung der Schicksale dieses Zepters, auf eine angenehme Weise das Geschlecht des vom Jupiter herstammenden Agamemnon kennen lernt, so verdienen, wie es mir vorkommt, besonders die kleinen Umstände unsre Aufmerksamkeit, die nach der Erzählung des Dichters beym Erwachen, Aufstehn und Ankleiden des Agamemnons statt fanden, denn eben im Erzählen solcher so genannten Kleinigkeiten zeigt sich Homer als einen vortreflichen Dichter der Natur. Ich halt es der

nen, was ihm wiederfahren ist. Doch, um seine Absicht desto glücklicher zu erreichen, hält

der Mühe werth, noch ein paar ähnliche Exempel aus unserm Homer anzuführen, denn es liegt meiner Meinung nach unsern heutigen Dichtern daran, sich die Beschreibung solcher Vorfälle eigen zu machen. — Eben so natürlich und schön, wie diese, ist die Beschreibung, die uns der Dichter im ersten Gesange der Odyssee V. 425 fgg. vom zu Bette gehen des Telemachus giebt. Er geht die Treppen hinauf zu seinem hohen Schlafgemach, ihm folgt seine alte Dienstmagd, mit einem brennenden Lichte in der Hand. Sie öfnet dem jungen Telemachus die Thür. Er geht hinein, zieht seine Kleider aus, giebt sie der Magd, welche sie sorgfältig in Falten legt, und sein Gewand an den hölzernen Nagel zur Seite des zierlichen Bettes hängt, dann die Thüre mit dem silbernen Ringe hinter sich anzieht, und den Riegel mit dem Riemen vorzieht. — Welche gefällige Einfalt herrscht auch in dieser Beschreibung! — Und eben so im vierten Gesange V. 39 fgg. wo Telemachus mit Wagen und Pferden dem Menelaus einen Besuch macht. Der freundschaftliche Wirth, von der Ankunft seiner Freunde benachrichtigt, kommt sogleich aus dem Hause, geht seinen Gästen entgegen, und nachdem er sie bewillkommt hat, ruft er seine geschäftigen Diener zusammen, ihm zu folgen, und befiehlt ihnen, die Pferde auszuspannen, denen der weisse schäumende Schweiss von dem blanken Geschirr herabtröpfelt. Diese gehorchen dem Befehl ihres Herrn, führen die Pferde in den Stall, binden sie an die Krippen, schütten Haber hinein mit gelblicher Gerste gemenget, machen den Wagen rein, und stellen ihn umgekehrt an eine der schimmernden Wände des

hält er am besten, [2] vor dem Volk sich zu verstellen, und ihm zu rathen, das Vaterland wieder zu suchen. [3] Dieser Rath gefällt der in Eil

des Stalles. — Diese mit der edelsten Einfalt abgefassten Beschreibungen einem Gedicht einzuwoben, wo Zeit und Ort es erfodern, ist das Werk eines grossen Künstlers, wie Homerus war.

2 Da Agamemnon die einzige Ursache des Zorns des Achilles war, auf dessen Tapferkeit und Stärke das Volk ein vorzügliches Vertraun setzte, so sah dieser Fürst wohl ein, dass er durch diese That viel von seinem Ansehn verlohren hätte. Um also seine Absicht so viel besser zu erreichen, räth er der versammelten Menge grade das Gegentheil seiner wahren Meinung. Statt also zu sagen, bleibt und fechtet, ermahnt er sie, Troja zu verlassen und in ihr Vaterland zurück zu kehren, da er indess den Obersten und den weisen Rathgebern des Volks aufträgt, allenthalben umherzugehn, und jeden von dem Vorsatz abzuhalten, den sie vielleicht auf seinen Rath ausführen könnten. Man sieht in diesem Verfahren des Agamemnon eine weise Staatskunde, die auf die kleinsten Vorfälle, welche sich zutragen konnten, acht giebt, und sich weise nach den Vorstellungen der unwissenden Menge richtet, wodurch er auf die bestmöglichste Weise seinen Endzweck erreicht und das allgemeine Beste befördert.

3 Obgleich Agamemnon vorgiebt, seine Meinung sey, dass man das Lager aufbrechen und nach Griechenland zurückkehren müsse, so thut er gleichwohl diese Vorstellung ans Volk mit ungemeiner Klugheit. Seine Anrede ist so eingerichtet,

Eil [4] versammelten Menge; man geräth darüber in volle [5] Bewegung, alles stürzt zu den Schiffen,

---

gerichtet, dass er etwas ganz anders zu sagen und etwas ganz anders in der That anzurathen scheint. Er schiebt die ganze Schuld alles die Griechen drückenden Unglücks allein auf Jupiter, der, seinem ihm ehemals gethanen Versprechen zuwider, itzt verlangt, dass die Griechen, ob sie gleich zehnmal zahlreicher und stärker als die Trojaner sind, nachdem sie so viele Jahre Krieg geführt haben, unverrichteter Dinge wieder in ihr Vaterland zurückkehren sollen, worüber noch ihre Enkel, wenn sie es hörten, erröthen würden. Diess giebt dem Ulysses und Nestor wiederum Gelegenheit, Agamemnons Gründe desto besser zu widerlegen, und eben daher verwirft auch das Volk, durch die treflichen Reden dieser beyden Helden bewogen, den Rath Agamemnons, und beharrt muthig im Streit.

4 Diese in aller Eil und mit grossem Geräusch zusammenkommende Menge vergleicht der Dichter mit einem

— — dichten Schwarme des emsigen Bienengeschlechtes,
Welche sich immer erneuend der Hölung des Felsen entsummen,
Bald wie Beeren hangender Trauben zusammen sich häufen,
Bald aus einander fliegend die Blumen des Lenzes umschwärmen.

5 Das Geräusch der Füsse, wodurch die Erde bebt, und der schreckliche Ton der Stimmen der Griechen, wovon die Luft wiederschallt, wird mit dem Toben der ungestümen Wellen des rauschenden Meeres verglichen, die der Sturm ans hohe Ufer treibt und gegen steile Klippen sich brechen lässt. Und die Bewegung der aufgebrachten Menge beschreibt der Dichter unter diesem Bilde:

ſen, und macht ſich reiſefertig. Aber Juno, die dieſs bemerkt, bittet Minerva, es zu verhindern. Minerva ermahnt hierauf den Ulyſſes, die Griechen von dieſem Vorhaben zurückzubringen, welches dieſer, [6] mit Agamemnons

---

Wie wenn Zefüros über die hohen Saaten daher fährt
Und mit heftigem Windſtoſs beuget die wankenden Aehren;
Alſo ward die Verſammlung erregt. — —

6 Die Reden, welche Ulyſſes bey dieſer Gelegenheit hält, werden von alten und neuen Kunſtrichtern als vortrefliche Muſter der Beredſamkeit angeſehn, und Cicero (de Divinat. L. II. c. 30.) hat ſie groſſentheils in lateiniſche Verſe überſetzt. Mit der gröſsten Sanftmuth und Ruhe erinnert er die Fürſten und Edeln des Heers an Agamemnons eigentliche Abſicht, räth ihnen, in Ruhe zu bleiben, und die Völker zum Bleiben zu bewegen. Die ungeſtüme Menge hingegen bringt er theils durch Gründe, theils durch Gewalt, zu ihrer Pflicht, und ſtellt allen die Schande vor, womit Agamemnon unverrichteter Sachen wieder nach Hauſe kehren würde, und den Unwillen, womit ſie ſelbſt von den Ihrigen würden empfangen werden, da ſie nach ſo vielen ſchon überſtandnen Leiden itzt gleich kleinen Kindern und ſchwachen Weibern zu klagen anfingen, und nach Hauſe zu kehren begehrten, ohne etwas wichtiges ausgerichtet zu haben. Das ſchicke ſich wohl für Menſchen, die ſich mit Mühe einen einzigen Monat von ihren Weibern und Kindern trennen könnten, aber nicht für Männer, die ſchon neun Jahre lang ſo viele Gefahren erduldet hätten und nun leer zurückkehren wollten. Er erinnert ſie an das, was in Aulis beym Opfern vor-

memnons Scepter in der Hand, mit allem Eifer vollbringt. Doch, indem die übrigen gehorchen, erregt der häsliche Thersites allein Unruh, indem er den König Agamemnon schmäht. Ulysses aber bändigt ihn bald, fährt fort, den Griechen abzurathen, die Belagerung aufzuheben, und zeigt ihnen 7 aus Kalchas Weis-

---

vorgefallen sey, wo ihnen nämlich Zevs einen Drachen als ein Zeichen gesandt, woraus ihnen Kalchas geweissagt habe, dass sie im zehnten Jahr Troja gewinnen würden. Unter andern ist die Rede, wodurch er den am Körper so hässlichen als an der Seele boshaften Thersites zurechtweist, sehr nachdrücklich. Dieser bedient sich des allgemeinen Aufstandes der Griechen, um den Agamemnon beym grossen Haufen verdächtig zu machen, beschuldigt ihn des Geitzes, und sucht durch den Streit, den er mit Achilles hatte, das Volk zum Aufruhr gegen ihn zu bewegen. Allein der weise Ulyss bringt ihn durch harte Worte und Schläge zu seiner Pflicht zurück, und lehrt ihn und andre, dass nicht jeder zugleich befehlen, sondern der unverständige Haufe den Befehlen solcher Männer gehorsamen müsse, die gewohnt sind im Rath zu erscheinen und Einsicht und Erfahrung besitzen.

7 Wie die Griechen, um nach Troja zu ziehn, in Aulis versammelt waren, und an einer Quelle unter dem lieblichen Schatten eines breiten, blätterreichen Ahorns den Göttern opferten, war ein rothgesprenkelter Drache von unten aus dem Altare zum Vorschein gekommen, der sich dicht um den Ahorn wand, und erst acht junge Schwalben, die unter den dicken

Weiſſagungen an, daſs Troja im zehnten Jahr der Belagerung eingenommen werden ſoll. Neſtor unterſtützt ſeine Gründe mit Nachdruck, und Agamemnon, der ſich über ſeinen Streit mit Achilles beklagt, antwortet dem Neſtor freundlich. — [8] Hierauf befiehlt Agamemnon

---

dicken Blättern verſteckt lagen, und dann die Mutter, die ängſtlich klagend ihre Jungen umflatterte, verſchlang, worauf ihn Zevs verſteinerte. Wie die Griechen mit Verwunderung dieſs Abenthener anſchauten, weiſſagte ihnen Kalchas;

— wie dieſer Drache die Mutter und Kinder gefreſſen,
Acht an der Zahl, die Mutter die neunte, welche ſie nährte;
Alſo werden wir hier ſo viele Jahre noch kriegen,
Und im zehnten die Stadt mit ſchönen Straſſen gewinnen.

— So wunderbar auch dieſer Vorfall ſeyn mag, ſo ſchmückt ihn Homer gleichwohl dadurch mit einiger Wahrſcheinlichkeit, daſs er dem Ahorn, der bekanntermaſſen am Geſtade der Flüſſe, Bäche, flieſſenden Waſſer und Quellen am liebſten wächſt, auch hier, ſeiner Natur gemäſs, an eine flieſſende Quelle ſetzt.

8 Dieſer Befehl Agamemnons, der den weiſen Gründen Neſtors und Ulyſſens Gehör giebt, iſt voll Klugheit und Muth. Er befiehlt ſeinen Kriegsknechten:

— — nun gehet zum Mahl, dann ſoll das Treffen beginnen.
Jeder greiſe zum Schild, es ſchärfe jeder die Lanze,
Reiche jeder das Futter den ſchnellgeflügelten Roſſen,

mnon den Griechen, zum Streit sich zu wafnen, und opfernd fleht er Zevs um den Sieg an. Nestor spornt ihn zur Eilfertigkeit an, und nun geht er, unter Minervens Geleite, allenthalben umher, und ermahnt jeden zur Tapferkeit. 9 Die Griechen, unter welchen Agamemnon

---

Jeder erforsche den Wagen, es rüste sich jeder zur Feldschlacht:
Dass wir rastlos schlagen im rasselnden Waffengetümmel,
Bis die sinkende Nacht die streitenden Helden zurückruft.
Schweiss wird triefen herab von der Brust aufs Gehenke des Schildes,
Unter der Wucht des Speers ermüden die strebende Rechte;
Schweiss wird triefen herab vom Gespann des schimmernden Wagens.
Wen ich entfernt von der Schlacht, bey den Schiffen zaudernd, erblicke,
Traun! den Hunden entgehet er nicht, und nicht dem Gevögel!

9 Um dem Leser einigen Begrif von der Pracht des Griechischen Lagers, von der Bewegung und dem Getöse, womit es von allen Seiten zusammen fliesst, von der Menge der Kriegsknechte, von ihrem Eifer zu fechten, und von der Klugheit der Führer, um das Lager in gute Schlachtordnung zu stellen, zu machen, bedient sich unser Dichter fünf vortreflicher Gleichnisse. Die Pracht ihrer glänzenden Waffen vergleicht er einem verzehrenden Feuer, das

— im unermesslichen Walde
Lodert auf Gipfeln des Bergs, dass fernher schimmert die Flamme.

Die Bewegung und das Getöse war:

Wie die zahllosen Heere von schwebenden Kindern der Lüfte,
Kraniche, Gänse, Schwäne mit langgebogenen Hälsen,

memnon [10] vor allen sich auszeichnet, kommen in Menge zusammen und nun dünkt jedem die Schlacht

Ueber Asios Au und über Kaüstrische Fluten
Flattern hin und her, mit schlagenden Fittigen rauschen,
Dann mit tönendem Fluge sich lagern am hallenden Ufer.

Die Menge der Griechen steht an dem blumenvollen Gestade des schönen Skamander.

— — Zahllos, wie Laub und Blüthen des duftenden Lenzes.

Ihren Eifer zu fechten, vergleicht Homer so:

Wie die summenden Heere der Fliegen den Vorrat des Schäfers
Durstig umschwirren, wenn liebliche Milch die Bütten erfüllet,

und die Führer des Heers ordnen ihre Völker zum Treffen:

Wie gewandte Schäfer die grossen Heerden der Ziegen
Leichtlich sondern, wofern sie sich auf der Wiese vermischten.

10 Vom Agamemnon heisst es, dass er mit seinen feurigen Augen und seiner hohen Scheitel dem Zevs, mit seiner Waffenrüstung dem Mars, mit seiner breiten Brust dem Neptun glich, und durch sein schreckliches Ansehn sich auszeichnete:

Wie sich in brüllenden Heerden der Stier vor den Rindern hervorthut,
Denn er ist mächtig, mit furchtbarer Schöne vor allen geschmücket.

Wem die Vergleichung mit Zevs, Mars und Neptun zugleich mit der eines Stiers nicht passend gnug vorkommt, der nehme mit Clarke an, dass die drey ersten Vergleichungen sich mehr

Schlacht süsser, als die Rückkehr ins Vaterland. Bey dieser allgemeinen Versammlung der Griechen [11] nennt der Dichter alle Völker, ihre Häup-

---

mehr auf die Vorzüge der Seele, und die letzte mehr auf die schöne und hohe Gestalt des Körpers unsers Helden beziehe.

*

11 Da es sehr natürlich ist, dass wir, wenn man uns eine Geschichte erzählt, welche die Menschheit sehr interessirt, zu wissen wünschen, welche Völker, und vornehmlich, welche von ihren Führern darin verwickelt gewesen sind; so hat Homer hier sehr treffend nicht nur die Namen aller der Griechischen Helden die nach Troja gezogen waren, das dem Menelaus wiederfahrne Unrecht zu rächen, sondern auch die Einwohner der besondern Städte beygefügt, die unter der Führung jener Helden ausgezogen waren. Doch beym ersten Anblick scheint es, wo nicht unmöglich, wenigstens sehr schwer zu seyn, ein solches Verzeichniss von einer Menge auf einander folgender Namen in ein Gedicht zu bringen, worin man Lebhaftigkeit, Abwechslung und erhabne Ideen zu finden wünscht. Lasst uns indess aus einigen wenigen Zügen sehn, wie unser Dichter diess verrichtet hat. Er fängt mit einem Gebet an die Musen an:

Meldet mir nun, ihr Musen, die ihr den Olümpos bewohnet,
(Denn Göttinnen seyd ihr, ihr wart zugegen, und alles
Wisset ihr, wir nichts, wir lauschen der Stimme des Nachrufs;)
Meldet mir die Namen der Führer, die Namen der Fürsten.
Jeden Namen der Streiter zu nennen, vermöcht' ich nicht, so mir
Auch zehn rufende Kehlen die Götter, zehn redende Zungen,
Eine eherne Stimm' und gestählten Busen verliehen;

Häupter und Schiffe, die zur Belagerung und Einnahme Trojens versammelt waren. In-

---

> Wenn nicht die olümpischen Musen, die Töchter Kronions,
> Mir verkündeten, welche hinab gen Ilion zogen.

Unter dem Nennen der Städte und Namen der Helden macht er durchgängig Ausschweifungen, wobey er sich so wohl der zu seiner Zeit angenommnen Erdichtungen, als wahrer Geschichten bedient. So sagt er z. E. von den Athenern, deren Führer Menestheus war, dass sie die Stadt bewohnten, die der grosse Erechtheus gebaut hätte, ein Sohn der Erde, den die Tochter Kronions, Minerva, in ihrem heiligen Tempel erzogen:

> Wo mit Stieren und Schafen die Söhne der Athänaler
> Sie mit jedem rollenden Jahre feyerlich sühnen.

Und dabey setzt er hinzu, dass, den alten Nestor ausgenommen, niemand dem Menestheus in der Kunst glich, „die Geschildeten und die Reuter zu ordnen." — Eben so, wenn er von Dorion, einer Stadt im Peloponness, spricht, erzählt er die Geschichte des Thrazischen Sängers Thamyris, dem die Musen Gesicht, Harfe und Dichtkunst nahmen, weil er sich vermessen hatt', besser als sie singen zu wollen. Und indem er der streitgeübten Arkader erwähnt, setzt er sehr treffend hinzu, dass diese vom Agamemnon Schiffe empfangen hätten, die schwarzen Wogen des Meers zu befahren:

> Eigene hatten sie nicht, sie waren des Meeres nicht kundig.

Hiebey könnt ich noch fügen die Erzählung von Tlepolemus, der umher irren musste, weil er „seines Vaters grauenden Oheim, den Zögling des Kriegsgotts" ermordet hatte; vom Pro-

11 Indem sie im Anzuge sind geht Iris, in Gestalt des Polites, Priamus Sohn, dem die Wache an-

---

Protesilaus, den die Erde schon deckte, und der noch daheim von seiner Witwe beweint ward; vom Philoktetes, den die Griechen in Lemnos zurückgelassen hatten, weil er, von giftiger Natter gebissen, wütende Schmerzen litt; und vom Polypoetes, dessen Vater am Geburtstage seines Sohns sich an den Kentauren rächte und sie vom Berge Pelion vertrieb; denn alle diese und viele andre Fälle flicht der Dichter sehr treffend in seine Erzählung ein. Allein ich muss noch etwas vom Achilles sagen, dessen grosse geistige und körperliche Vorzüge der Dichter bey jeder Gelegenheit erhebt, z. E. wenn er vom Nireus spricht, den er den schönsten von allen nennt, die nach Troja gezogen waren, ausgenommen Achilles, oder vom Ajax, den er den vortreflichsten nennt, so lang Achilles abwesend war, wobey er zugleich auf eine mahlerische Weise uns beschreibt, wie, während das ganze Griechische Lager in Bewegung und im Anzuge war, die Gefährten des Achilles, die wegen seiner Verbitterung gegen den Agamemnon bey seinen Schiffen im Zelte ruhten, sich am Ufer des Meers mit Wurfscheiben, Spiessen und fliegenden Pfeilen ergötzten und

Ihre Rosse standen bey ihren Wagen, und frassen
Lotos und Eppich, es standen die Wagen bedeckt in den Zelten.
Seine traurigen Krieger vermissten den göttlichen Feldherrn,
Gingen im Lager hin und her, und durften nicht streiten.

12 Um dem Leser einigen Begrif von dem Glanz der Waffen, dem schrecklichen Getöse, dem grossen Muth und der unbegreiflichen Schnellheit zu geben, womit das ganze Griechische Lager anrückte, sagt der Dichter:

Jene

anvertraut iſt, zu den Trojanern, warnt Priamus und Hektor vor der Annäherung der Feinde, und räth inſonderheit Hektor, auch ſein Volk in Schlachtordnung zu ſtellen. Hektor thut dieſs ſo gleich, und nun werden auch
13 die Namen der Häupter der Trojaner und ihrer Bundsverwandten genannt.

Jene ſchritten ſtralend einher, als flammte die Erde;
Unter ihnen ſeufzte der Boden, als zürnte im Wetter
Zeus, als geiſſelte er mit flammenden Blitzen die Lande
Der Arimer, (dort ſagen ſie lieget Tüfos begraben;)
Alſo ſeufzte die bebende Erde unter den Füſſen
Der Argeier, ſie eilten, den Blicken entſchwanden die Fluren.

13 Beym Nennen der Hülfsvölker der Trojaner findet man wieder ähnliche Ausſchweifungen, wie bey den Griechen, doch inſonderheit zur Ehre des Achilles. So z. E. ſagt er vom Naſtes, der die Karer und die Bewohner der Stadt Miletus, und der hohen waldigten Gipfel der Gebürge anführte:

Dieſer ging in die Schlacht, mit Gold wie ein Mädchen geſchmücket,
Thor! ihn konnte kein Gold vom herben Tod befreyen.
Ach! er ward durch die Hände des ſchnellen Achilleus getödtet
Im Skamander, ihm raubte ſein Gold der Treffenerfahrne.

Inhalt des dritten Gesanges.

1 Die Lager der Griechen und Trojaner, beyde in Schlachtordnung, rücken an. Da sie sich nahe sind, fodert 2 Paris, der im Vordertreffen

Erläuterungen zum dritten Gesange.

1 Die Trojaner, welche mit grossem Lärm und Geschrey gegen die Griechen anziehn, vergleicht der Dichter mit Kranichen,

— — — — — — wenn sie
Dem unendlichen Regen und rauher Jahrszeit entfliehen;
Tönend fliegen sie über die Fluten des Ozeanes,
Tod und Untergang bringend dem kleinen Geschlecht der Pügmaien;
Schwebend in Lüften, bieten sie ihnen den tödtenden Kampf an.

Die Griechen hingegen gehen zwar schnell, aber sehr stille, jeder athmet Muth und Verlangen, einer dem andern treulich zu helfen. Die Staubwolken, die von den beyden Heeren bey ihrem Anzuge von der Erde zum Himmel aufsteigen, werden mit einem dicken Nebel verglichen, den auf Gebirgen der Südwind versammelt, unwillkommen dem Hirten, dem Räuber werther als Nächte, wo man eines Steinwurfs weit nur vor sich erblickt.

2 Sehr schön schildert hier Homer, nach Clarkens Bemerkung, einen Mann, der zwar nicht ganz feige, aber auch nicht ganz tapfer ist, der es fühlt, dass um seinetwillen allein

treffen der Trojaner ist, den tapfersten der Griechen zum Zweykampf heraus. Doch so bald [3] Menelaus erscheint, entfällt ihm der Muth, und er [4] weicht unter die Seinen zurück. Ueber diese Feigheit [5] tadelt Hektor ihn

---

allein der Krieg entstanden ist, und erst, ehe Hektor sich zeigt, sehr pralerisch den tapfersten der Feinde herausfodert, aber auch, so bald der Feind, den er beleidigt hat, gegen ihn anzieht, so gleich zurückweicht.

3 Menelaus, voll Muth und Tapferkeit, auf Paris Ausfoderung mit seinen Waffen vom Wagen springend und an die Spitze des Heers tretend, wird mit einem hungrigen Löwen verglichen, der sich freut, wenn ihm

Grosse Beute begegnet, der Hirsch mit stolzem Geweihe,
Oder die Gemse; er würgt und verschlingt sie begierig, der schnellen
Hunde achtet er nicht, und nicht der nervichten Jäger.

4 Paris wird mit einem zurückbebenden Wandrer verglichen,

— — — — — wenn im Thal des Gebürges
Ihm ein Drache begegnet, von unten erzittern die Glieder,
Rückwärts weichet er, Todesbläffe bedeckt seine Wangen;
Also wich in die Haufen der edelmüthigen Troer
Alexandros zurück, da er den Atriden erblickte.

5 Hektor redet ihn so an:

Unglückseliger Paris, mit reizender Schöne geschmücket,
Täuschender Jungfernknecht mit dieser göttlichen Bildung!

Wollte

ihn scharf. Durch die nachdrückliche Rede seines Bruders [6] gerührt, schlägt Paris vor, im Zweykampf mit Menelaus den ganzen Streit über Helena zu endigen. Mit Freuden nimmt Hektor diesen Vorschlag an, und tritt

---

Wollte Gott, du wärst nicht gebohren, oder gestorben,
Eh du um Helena buhltest! Das wäre dir wahrlich noch besser,
Als dir selber ein Schimpf zu seyn, und andern ein Schauspiel.
Nun verlachen dich laut die hauptumlockten Achaier,
Denn sie glaubten vordem, du seyst ein treflicher Streiter,
Wegen deiner Gestalt; doch bist du furchtsam und kraftlos.
Warst du so feige, da du in meerdurchwallenden Schiffen
Auf dem Ozean schwebtest, mit deinen erwählten Gesellen?
Als du fern im Apier Lande die Fremden besuchtest,
Und dein schönes Weib, die Gattin des Helden entführtest:
Deinem Vater zum Schaden, der Stadt, dem sämtlichen Volke;
Unsern Feinden zur Freude, dir selbst zur ewigen Schande?
Konntest du nicht bestehn den kriegrischen Menelaos?
Hättest erfahren, wie tapfer der Mann, dess Gattin du raubtest!
Siehe, dann hätten dir nicht die Gaben der Afroditä,
Deine Leyer nicht und die göttliche Bildung geholfen,
Und dein wallendes Haar, vom Griechen im Staube gezogen!
Traun! die Troer sind feige, sonst hätten sie längst schon mit Steinen
Dich bekleidet, wegen des Unheils, so du gestiftet!

6 Die Kraft und den Nachdruck der Gründe des Hektor vergleicht Paris mit der Kraft eines schneidenden Beils:

Welches, geführt von Künstlers Hand, die Balken zum Schiffbau
Spaltet, und durchs Gewicht die Kraft des Mannes verstärket.

7 tritt ſo gleich mit ſeinem Spieſſe in die Mitte beyder Heere, um dieſs zu verkündigen. Menelaus nimmt zwar den Vorſchlag an, 8 doch weil er den Trojanern nicht traut, verlangt er, daſs Priamus ſelbſt kommen und unter heiligen Opfern den Bund mit beſchwören ſoll. Hektor ſchickt ſo gleich zwey Herolde in die Stadt, um Lämmer herauszubringen und Priamus zu rufen, während Agamemnon auch den Talthybius zu den Schiffen ſchickt, um ein Opferlamm zu holen. 9 Helena erfährt dieſs von der

7 Sehr mahleriſch beſchreibt Homer dieſs Hervortreten des Hektor, auf welchen die Griechen ſo gleich ihre Pfeile abſchieſſen wollen, doch Agamemnon hält ſie zurück, weil er bemerkt, daſs Hektor etwas vorzuſtellen hat.

8 Unter den Gründen, die Menelaus anführt, weswegen er den Trojanern nicht traut, iſt auch der, daſs der Jünglinge Sinn flatternd und unbeſtändig iſt. Er verlangt alſo, daſs Priamus, der erfahrne Greis, „der die vergangne Zeit und die Zukunft erwägt" das Bündniſs beſchwören ſoll.

9 Iris findet bey ihrer Ankunft die Helena in ihrem Pallaſt webend:

Schimmernd ihr Tuch, mit Kämpfen der roſſebezähmenden Troer,
Und der erzgepanzerten Helden Achaia's durchwebet.
Ihrentwegen beſtanden die Völker des Krieges Gefahren.

der Iris, die ihr in Gestalt der Laodice, ihrer Schwägerin, erscheint, fühlt inniges Verlangen nach ihrem ersten Vermählten, ihrer Vaterstadt und ihren Eltern, begiebt sich, in einen weissen Schleier gehüllt, mit Thränen im Auge, nach dem Thurm am Skaeischen Thor, und erzählt [10] dem Priamus und andern vornehmen Tro-

10 Diese alten Leute, die bey einander sitzen und mit schwacher Stimme sich unterreden, verwundern sich aufs neue über die schöne Gestalt der Helena, und sagen, „dass es wohl der Mühe werth sey, um eines so schönen Weibes willen mehrere Jahre hindurch so viel zu leiden." Quinctilian (B. VIII. K. 4.) zählt diesen Ausspruch unter die Züge der Redner und Dichter, wodurch sie die Sachen in ihrer vollen Grösse darstellen. Indem er bemerkt, dass die Aeltesten der Trojaner es der Mühe werth halten, dass Griechen und Trojaner um des schönen Ansehns der Helena willen so viel Unglück mehr Jahre nach einander leiden; so fragt er mit Nachdruck, was man sich von diesem schönen Gesicht wohl für eine Vorstellung machen müsse? Es ist, sagt er, nicht Paris, der sie entführte, welcher diess bezeugt; es ist nicht der eine oder andre Jüngling, oder Einer aus dem grossen Haufen, der so spricht; es sind vielmehr alte, erfahrne und sehr verständige Männer, Rathsleute des Priamus, die diess grade zu gestehn; und Priamus selbst, dessen Schätze durch einen zehnjährigen Krieg erschöpft waren, der so viele Kinder verlohren hatte, und in einen so schlechten Zustand gebracht war, dass ihm die Person, die so viele Thrä-

Trojanern, die um ihres hohen Alters willen nicht mehr zu Felde ziehn konnten, sondern auf dem [11] Thurm sassen, um das Lager der Grie-

Thränen ihm verursacht hatte, verhasst und widerlich seyn musste, hört diess alles stillschweigend an, erkennt Helena für seine Tochter, lässt sie neben sich niedersitzen, entschuldigt sie und schiebt die Schuld seines Unglücks allein auf die Götter. Ohne diese Anmerkung des Römischen Kunstrichters zu tadeln, hätt' er doch, meines Bedünkens, dabey fügen müssen, dass diese Alten, so schön ihnen auch Helena vorkommen mag, dennoch herzlich wünschen, dass sie wieder nach Hause kehre:

Ehe unsern Kindern und uns ein Unfall begegnet!

11 Sehr treffend ist die Beschreibung dieser Alten, die an den Mauern der Stadt bey einander sitzen. Von Neugier und Lust zum Sprechen getrieben, zwey dem hohen Alter gewöhnliche Eigenschaften, kommen sie hier zusammen, und wählen dazu einen Ort, der, von den Sonnenstrahlen erleuchtet, nicht nur ihre von Alter entkräfteten Glieder stärkte, sondern von dem sie auch alles überschn konnten, was im Griechischen Lager vorging. Hier schwatzen sie mit einander und, sagt der Dichter:

— — — sie waren den Grillen zu gleichen,
Deren schwacher Gesang auf Bäumen des Haines ertönt.

Pope, der diese Vergleichung sehr treffend und natürlich findet, scheint mir gleichwohl mehr darin gesucht zu haben, als Homer selbst in ihr vorstellen wollte. Er meynt, dass er mit der Magerkeit der Grillen auf das hohe Alter dieser Män-

Griechen von da zu beschaun, [12] die Namen und Thaten derer, welche vor andern sich auszeich-

---

Männer anspiele. — Ein grosser Dichter kehrt sich an diese Kleinigkeiten nicht, und begehrt nicht, dass man seine Vergleichungen in allen einzelnen Theilen anwenden soll. Homer selbst im eilften Gesange der Ilias (V. 552 fgg.) vergleicht Ajax mit einem Esel, der in einem fetten Kornfelde sich sättigt, und sich an die Schläge der Knaben nicht kehrt, bis sein Hunger gestillt ist. Der Dichter will uns damit allein vorstellen, mit wie viel Ruhe, Standhaftigkeit und Muth Ajax allmählig aus dem Gefecht gewichen sey. Und eben so will auch hier uns der Dichter unter jenem Bilde nur die sanfte und sachte Sprache der Alten, wie es mir vorkommt, schildern.

12 Ausnehmend schön und mit vorzüglicher, für ihre Umstände sehr schicklicher Bescheidenheit fängt Helena diese Erzählung an. Sie beklagt sich, dass sie nicht nur so grosse Helden, sondern auch ihre Gespielen, ihre Brüder, ihren Mann, und ihre zarte Tochter verlassen hat, um Priamus Sohne zu folgen. Sie zeigt ihm erst, wer Agamemnon ist, nennt ihn einen guten König und treflichen Streiter im Kriege, scheut sich aber, ihn itzt noch ihren Schwager zu nennen. Wie Priamus darauf nach einem andern sie fragt, so sagt sie ihm, dass es Ulysses sey; Antenor, Einer der alten Trojaner erkennt ihn, und erinnert sich, dass Ulysses vormals mit Menelaus abgesandt war, um Helena wieder zu fodern, und beyde bey ihm gewohnt haben. Er vergleicht darauf beyder Beredsamkeit, und sagt, dass Menelaus mit gedrängten und wenigen Worten sprach, Ulysses hingegen die Gewohnheit hatte, mit niedergehefteten Augen

zeichneten. Priamus vernimmt den Vertrag der Griechen und Trojaner, und [13] begiebt sich

---

zur Erde zu schauen, und erst eine Zeitlang stille zu schweigen:

> Aber wenn er der Brust die starken Stimmen entsandte,
> Und die Fülle der Worte, wie Schneegestöber im Winter;
> Siehe dann hätte kein Sterblicher ihm den Vorzug bestritten.

Man merkt hier mit Recht an, dass der Dichter sehr schicklich und treffend den Antenor des Menelaus erwähnen läst, der itzt mit Paris kämpfen sollte, und also nicht vorbey gegangen werden konnte, da es hingegen für Helena sich nicht würde geschickt haben, seiner zu erwähnen. — Nachdem Helena den Alten, auch die übrigen Helden genannt hat, sucht sie nach ihren Brüdern, Kastor und Pollux, und glaubt, dass sie ihrer Schmach sich schämend und ihrer bleibenden Schande, entweder zurückgeblieben sind oder zu streiten sich weigern. Allein, setzt der Dichter hinzu:

> — Schon deckte die Brüder die allerhaltende Erde
> In Lakedaimon daheim, im vaterländischen Boden.

Und stillschweigend führt er uns damit auf die Unsicherheit der menschlichen Vermuthungen.

13 So bald Priamus, der den alten Antenor bey sich hat, zum Lager der Griechen und Trojaner gekommen ist, bringt man die Opfer, und schliesst den Bund. Hierauf entschuldigt Priamus sich so gleich, dass er nicht länger bleiben könne, weil er nicht vermöge, mit seinen Augen den Streit seines Sohnes mit Menelaus zu sehn. Er kehrt also mit seinem

sich ins Lager. Der Bund wird von beyden Seiten [14] feyerlich geschlossen. Nachdem Hektor und Ulysses erst den Kampfsplatz abgezeichnet und in einen ehernen Helm das Loos geworfen haben, wer zuerst den Speer auswerfen soll;

---

nem Freunde nach Troja zurück, und überläſst die Entscheidung dieser Sache dem Rathschluſs der Götter. — Man sieht in diesen edel einfältigen Zügen die Zärtlichkeit des väterlichen Herzens.

14 Nachdem der Becher mit Wein gefüllt, und den vornehmsten Führern Wasser über die Hände gegossen ist, nimmt Agamemnon das Messer:

Das ihm immer hing an der grossen Scheide des Schwertes,
Und schnitt Wolle vom Haupte der Lämmer; die Herolde theiltens
Unter die Fürsten von Ilion aus, und die Fürsten Achaias.

und nun erhebt er seine Hände zum Himmel, und fleht mit lauter Stimme, daſs die Götter den, der falsch schwört, strafen mögen, und andre beten:

Welche von beyden Theilen zuerst das Bündniſs verletzen,
Lasset deren Gehirn und ihrer Kinder zur Erde
Fliessen, wie diesen Wein, und andre der Weiber geniessen.

Man sieht hieraus, welch ein grosses Gewicht man allezeit auf heilige Zusagen legte, ohne deren Handhabung die menschliche Gesellschaft nicht bestehn kann.

soll; so fangen [15] Paris und [16] Menelaus den Kampf an, in welchem [17] Paris umgekommen seyn

---

15 Der Dichter beschreibt allhier alle die herrlichen Kleider und Waffen, womit diese zwey Helden geschmückt, sich zum Streit begeben. Diess erhöht die Erwartung und den Antheil nicht wenig, womit der Leser der Entscheidung dieses wichtigen Streites entgegen sieht.

16 Paris, der nach der Entscheidung des Looses, den ersten Anfall thut, wirft seinen Spies auf Menelaus, ohne die Götter um Beystand anzurufen. Menelaus hingegen fleht erst zum Zevs, dass Paris durch seine Hand möge überwunden werden:

> Dass die Enkel hinfort sich scheuen, das heilige Gastrecht
> Zu verletzen, und Wohlthat zu lohnen mit frevelndem Undank!

Man sieht aus dem unterschiednen Betragen der beyden Helden, dass der, dessen Sache gerecht ist, seine Augen zum Himmel erheben und die Götter um ihren Beystand bitten darf, da hingegen der Schuldige diess Zutraun nicht hat und allein auf seine eigne Kräfte und das veränderliche Glück sich verlässt.

17 Voll Muth und Vertraun ist der Anfall des Menelaus. Er treibt seine lange Lanze durch den Schild und Harnisch des Paris bis aufs Unterkleid, und hätte sicher seinen Feind gefällt, wenn dieser nicht sich vorsichtig gebückt hätte. Menelaus greift drauf zum Schwerte,

> Hub es, und hieb die Wölbung des Helms; in schimmernden Stücken
> Flog ihm über das Haupt und fiel zur Erde die Klinge.

Wie

seyn würde, hätt' ihn nicht Venus gerettet, die ihn sicher in sein Haus und Schlafgemach bringt und auch Helena, der sie in Gestalt einer betagten Alten erscheint, dahin zu kommen bewegt. Helena erkennt die Göttin, [18] und schmäht

---

Wie der Held diess sieht, hebt er seine Augen zum Himmel, und erkennt Zevs allein für die Ursach seiner mislungnen Unternehmung. Doch bey seinem Entschluss beharrend fasst er Paris bey seinem stark gefiederten Helm, und sucht ihn bey dem zierlichen Riemen, womit der Helm unter dem Kinn des Paris bevestigt ist, zu den Griechen hinüber zu schleifen, aber durch Venus Zwischenkunst zerreisst der Riemen, und der Held, der nur den ledigen Helm in seiner Hand behält, schleudert diesen den Griechen vor die Füsse. Darauf thut er wieder einen Anfall mit seinem Speer, heiss vor Begierde, seinem Feinde das Leben zu nehmen, doch Venus hüllt ihren Liebling in Nebel, und rettet ihn dadurch. — In allen diesen einzelnen Umständen sieht man das Betragen eines Mannes sehr lebhaft geschildert, der sich für beleidigt hält, und darüber, in gerechten Zorn entbrannt, auf alle Art an seinem Feind sich zu rächen sucht.

18 Helena, die uns der Dichter als durch höhere Kräfte getrieben, beschreibt, behält in allen ihren Handlungen die natürlichen Neigungen und Leidenschaften des weiblichen Geschlechts. Ehrsucht ist ihre Hauptleidenschaft. Da sie also für einen tapfern Krieger viele Achtung hat, so sieht sie itzt Paris, der sich mit seiner Tapferkeit vorhin so gebrüstet hatte, durch ihren vorigen Mann, den sie um seiner Rauheit willen verlassen hatte, in die Flucht getrieben.

schmäht anfangs auf sie. Doch da sie [19] ihren Zorn gewahr wird, läſst sie sich bereden, mit ihr

---

Dieſs schmerzt sie, sie bricht in Klagen und Vorwürfe gegen Venus aus, und sagt zu ihr mit viel Bitterkeit:

> Willst du mich führen in Frügiens oder Mäoniens Städte?
> Oder wo irgend ein neuer Freund dir wieder bekannt ist?
> Oder kommst du vielleicht, weil Menelaus den Paris
> Ueberwunden, und mich Verhaſste wiederum heimführt,
> Daſs du mit neuer und schädlicher List mich wieder beschleichest?
> Geh, und setze dich zu ihm! Verlaſs die Pfade der Götter!
> Kehre nimmer wieder zurück zum hohen Olümpos,
> Sondern dulde mit ihm und pflege des sterblichen Mannes,
> Bis er vielleicht zum Weibe dich aufnimmt, oder zur Dienstmagd.
> Traun! ich gehe nicht hin! Den Vorwurf will ich nicht hören,
> Daſs ich schmücke sein Bett, es würden die Troischen Weiber
> Deſs mich tadeln; und nun ist meine Seele voll Kummers.

Man sieht hieraus, daſs der Charakter der Helena nicht so sehr Wollust als Ehrsucht und Bestreben ist, die ansehnlichsten Männer durch ihre Annehmlichkeiten und Liebkosungen an sich zu ziehn. Doch ist sie in Ansehung des Betragens dieser Liebhaber nicht gleichgültig, aber bey dem allen auch sehr unbeständig, wie gleich daraus erhellt, daſs sie sich wieder bereden läſst, bey Paris zu bleiben, und man noch weiter aus der Folge ihres Lebens abnehmen kann, da sie sich zuletzt wieder zum Menelaus begab. Ovid hat in seinen Heldenbriefen diesen Charakter der Helena, wie ihn Homer uns beschreibt, meisterhaft beybehalten.

19 Venus, durch die bittre Rede der Helena, welcher sie viele Wohlthaten bewiesen hatte, aufgebracht, befiehlt ihr, zu

ihr zum Paris zu gehn. [20] Erst zwar [21] wirft sie ihm seine Feigheit vor, doch bald ver-

---

zu schweigen und zu gehorsamen, und droht, sie sonst zu verlassen, und sie eben so sehr zu hassen, als sie bisher sie geliebt hatte. Wenn man hier nicht auf das wunderbare und göttliche Vermögen sieht, das der Dichter allenthalben der Venus beylegt, so stimmt diese ganze Unterhandlung der Venus und Helena völlig überein mit dem Betragen zweyer Fraun von ungleichem Stande, von welchen die reichste und mächtigste die minder reiche und mächtige zu einem ansehnlichen Stande erhoben hat, worin die letztere ihre Wohlthäterin nicht ehe wieder achtet, bis sie bemerkt, dass diese ihre Wohlthaten wieder zurücknehmen kann und wird, wie Venus diejenigen, welche sie der Helena bewiesen hatte.

20 Obgleich Helena nichts wichtiger scheint, als ihre Schönheit und Annehmlichkeiten allenthalben zu zeigen, so ist sie doch auch eine sehr gute Haushälterin, die unter ihren Dienstboten und Hausgenossen vorzügliche Ordnung hält. Denn so bald sie nur die Schwelle des Pallastes des Paris betrat:

Wandten die Mägde des Hauses zu ihrer Arbeit sich eilend.

21 Helena setzt sich bey ihrer Ankunst ins Schlafgemach des Paris auf einen Sessel nieder, den Venus, deren Fussstapfen sie folgte, Paris grade gegenüber setzt. Sie wendet ihren Blick von ihm ab, und wünscht, dass, weil Paris den Kampf so feige verlassen hat, er durch die tapfre Hand ihres ersten Mannes gefallen wäre, da er sich nicht gescheut hätte,

22 verſöhnt ſie ſich wieder mit ihm, während
23 Menelaus wütend umher ſchwärmt, Paris zu
finden und zu tödten. — Agamemnon ent-
ſchei-

---

hätte, ſich an Stärke und Geſchicklichkeit im Fechten weit über den tapfern Menelaus zu erheben. Und zuletzt räth ſie ihm, ſich nie wieder mit dieſem in einen Kampf einzulaſſen, wenn er nicht endlich ſeinen Arm und ſeiner ſiegenden Lanze erliegen will.

22 Daſs Paris nach ſeinem mislungen Kampfe mit dem Menelaus und den empfindlichen Vorwürfen der Helena ſich gleich wieder nach ihren Umarmungen ſehnt, wird beym erſten Anblicke den heutigen Leſer Homers vielleicht befremden. Mich dünkt, daſs damit auf nichts anders gezielt wird, als auf die vom Plautus und Terenzius allgemein angenommene Wahrheit, daſs der Zorn der Liebenden unter einander nichts als Vermehrung und Anfeurung der Liebe iſt. Auch Plutarch ſagt ſehr recht: wie die Sonne, wenn ſie aus den Wolken, die ſie bedeckten, hervorkommt, ihre Strahlen ſo viel feuriger ſchieſst; ſo iſt auch die Liebe, wenn Mistraun und Zorn ſie eine Zeitlang gehemmt hat, nach der Verſöhnung ſo viel ſtärker und feuriger. Dieſs kommt hier ſo viel mehr in Betrachtung, wenn man erwägt, daſs Paris in ſeiner Antwort an Helena dieſen ſeinen Unfall allein dem Wechſel des Glücks zuſchreibt, und dabey verſichert, daſs er jetzt mehr als je von ihren Reitzungen entzückt iſt.

23 Dichtriſch iſt die Beſchreibung des Menelaus, der, allenthalben umherwandelnd, um Paris auszuſpähen und ſich an

ſcheidet den Kampf zum Vortheil des Menelaus, worüber die Griechen ihre Freude bezeugen.

---

an ihm zu rächen, mit einem wütenden Thier verglichen wird, das allenthalben mit ſeiner Schnautze umherſpäht, und nichts als Würgen athmet.

Inhalt des vierten Gesanges.

Die Götter, beym Zevs versammelt, bringen einander den köstlichen Nektar, von der reizenden Hebe eingeschenkt, in goldnen Pokälen zu, und schaun dabey auf Troja herab. Jupiter schlägt ihnen, als ob es ihm gleichgültig sey, vor, ob sie die Freundschaft zwischen den Trojanern und Griechen herstellen oder sie wieder gegen einander zum Streit anführen wollen. Minerva und Juno hören diesen Vorschlag mit Unwillen an. Minerva unterdrückt ihren Zorn und schweigt. Doch Juno bricht in heftige Klagen gegen Jupiter aus. Zevs missbilligt zwar sehr den unversöhnlichen Hass, den Juno gegen die Trojaner hegt, die ihn immer so vorzüglich verehrten; doch läst er sich von Juno bewegen, Minerva ins Lager zu schicken, und durch sie zu veranstalten, dass die Trojaner den geschlossenen Bund zuerst brechen. Minerva begiebt sich hierauf [1] aus dem Himmel

Erläuterungen zum vierten Gesange.

1 Die Geschwindigkeit, womit Minerva den Olymp verlässt, vergleicht der Dichter mit einem leuchtenden Stern, dem

mel ins Lager, und reizt Pandarus, den Menelaus mit einem [2] Bogen zu verwunden, des-

---

dem schweifende Funken in flammendem Zuge entfahren, und den Zevs den Schiffenden oder gewafneten Völkern zum Zeichen sendet, wie denn auch hier Griechen und Trojaner Einer den Andern ansehn, und aus diesem Zeichen schliessen, dass Zevs nun beschlossen habe, ob Krieg oder Friede seyn soll. — Man bemerke hier zugleich, wie Homer das Betragen der Götter immer den Umständen gemäss schildert, in welchen sie sich befinden. Hier, wo Minerva von Begierde brennt, die Griechen zu unterstützen, und die Trojaner zu vertilgen, kann der Dichter ihre Ankunft ins Lager dem Leser nicht schnell gnug vorstellen; hingegen im ersten Gesange der Odyssee (V. 96 fgg.) wo sie sich aus dem Olymp nach Ithaka begiebt, um Telemachus zur Aufsuchung seines Vaters zu ermuntern, bindet sie erst

— — — — — unter die Füsse die schönen
Goldnen ambrosischen Solen, womit sie über die Wasser
Und das unendliche Land im Hauche des Windes einherschwebt;
Fasste die mächtige Lanze mit scharfer eherner Spitze
Schwer und gross und stark, womit sie die Schaaren der Helden
Stürzt, wenn im Zorn sich erhebt die Tochter des schrecklichen Vaters.

Ein Anzug, der sich da für die Göttin vollkommen schickt, weil sie in den Pallast der Penelope gehn muss, wo unrechtmässige Freier die Güter des abwesenden Ulysses auf eine ungeziemende Art verschwendeten.

2 Dieser Bogen war mit einer goldnen Spitze versehn, sehr zierlich und glatt gearbeitet von den Hörnern eines Steinbocks,

3 dessen tödtlichen Pfeil sie gleichwohl so 4 wendet, daſs Menelaus nur eine 5 sehr leichte Wunde bekommt. Agamemnon glaubt, daſs sein Bruder eine schwere Wunde erhalten hat, nimmt ihn bey der Hand, beklagt sein Schicksal,

---

bocks, den Pandarus im Hinterhalt laurend vom Felsen kommen sah, und ihm so die Brust durchschoſs, daſs er rücklings vom Felsen herunter taumelte. — Solche Beschreibungen von der Gelegenheit, bey welcher jemand seinen Bogen, sein Schwert, seinen Helm oder andre Waffenrüstung bekommen hat, sind zwar vielleicht nicht nach dem itzigen Geschmack unsrer Heldendichter, indeſs geben sie, meines Bedünkens, dem Gedicht Annehmlichkeit und Abwechselung, und darum führe ich sie auch hie und da an.

3 Die Stellung des Pandarus ist mahlerisch. Nachdem er seinen Bogen gespannt hat, hält er ihn gegen die Erde

Niederbeugend, ihn deckten die Schilde der tapfren Genossen,
Daſs nicht gegen ihn stürmten die rüstigen Söhne der Griechen
Eh er träfe den Fürsten, den kriegrischen Menelaos.

4 Minerva wendet von Menelaus den Pfeil ab:

— — — — so treibt eine Mutter
Vom süſsschlummernden Kinde zurück die summende Fliege.

5 Um dem Leser eine Vorstellung von der schönen Kleidung und den weiſsen Gliedern des Menelaus zu geben, bedient sich der Dichter dieses glücklichen Bildes:

Wie,

sal, und über die Schändung des so feyerlich geschlossenen Bundes von Zorn entbrannt, weissagt [6] er Trojens Untergang. Menelaus tröstet zwar seinen Bruder durch die Nachricht, dass die empfangne Wunde nicht tödtlich ist; doch dieser lässt gleichwohl eilends durch Talthybius den Arzt Machaon rufen, um Menelaus zu heilen. [7] Diess geschieht mit aller Sorgfalt und Treue. — Inzwischen machen die Tro-

---

Wie, wenn eine der Töchter Mäoniens oder Karias
Helfenbein färbte mit Purpur, dem Haupte des Rosses zur Zierde;
In der Kammer liegt es, und viele Ritter begehren
Sein, sie aber verwahrt für einen König das Kleinod,
Beydes zum Schmucke des Rosses, und auch dem Helden zur Ehre:
Also rann, Menelaos, dein Blut von stattlichen Schenkeln
Ueber die Kniee hinab bis zu den zierlichen Knöcheln.

6 Die Gründe dieser Vorhersagung nimmt Agamemnon allein von der Gerechtigkeit der Jupiter her, der nie leiden kann, dass man so heilige Zusagen und so feyerliche Bündnisse schändet, und, wenn er auch nicht den Augenblick straft, dennoch spät und stark die Urheber jener gottlosen Thaten und ihre Weiber und Kinder seinen schrecklichen Zorn fühlen lässt.

7 Machaon, der seine Gefährten so gleich verlässt, geht mit Talthybius mitten durchs Lager, und findet den heldenmüthigen Menelaus von den edelsten Führern der Griechen umzingelt. Er zieht so gleich den Pfeil, dessen scharfe Spitzen

Trojaner sich wieder zum Gefecht fertig. Die Griechen hingegen ermuntert [8] Agamemnon, der allenthalben im Lager umhergeht, wo er die

---

Spitzen beym Ausziehn sich krümmen, aus dem Brustharnisch, löst

— — — — den Gürtel, und unter dem Panzer
Löst er die Bind' und das eherne Blech, die Arbeit der Schmiede.
Als der Arzt die Wunde des herben Pfeiles erblickte;
Sog er das Blut, und salbte den Helden mit heilendem Balsam,
Welchen Cheiron aus Freundschaft vordem dem Vater verehret.

Diese Beschreibung ist so lebhaft und glücklich, dass man bey dem ganzen Vorfall selbst gegenwärtig zu seyn glaubt. Unser Dichter versteht nämlich in einem hohen Grade die Kunst, seine Erzählungen durch Anführung auch der kleinsten Umstände so anschauend zu machen, dass dadurch die Aufmerksamkeit des Lesers nicht nur erregt, sondern er auch selbst auf den Gedanken gebracht wird, dass er statt Erdichtungen wahre Geschichte zu lesen glaubt, wie wir das an mehr als einer Stelle sehn werden.

8 Der Dichter, der uns den Unwillen Agamemnons gegen die Trojaner und seine Empfindungen über das seinem Bruder zugefügte Unrecht zu erkennen geben will, sagt beym Annähern des Trojanischen Heers hier allein von ihm:

Siehe nicht schlummernd hättest du nun Agamemnon den Edlen,
Zitternd nicht, und nicht unwillig zu streiten gesehen,
Sondern eilend und rüstig zur ehrekrönenden Feldschlacht.

Diese Worte geben uns das ganze Gefühl zu erkennen, das Agamemnon damals natürlich in seiner Sele haben musste.

die tapfern preist, und die furchtsamen schmäht, das meineidige Verfahren der Trojaner zu rächen. Wie er zum Idomeneus kommt, muntert er dessen Bereitwilligkeit durch Lobpreisungen auf, 9 sieht beyde Ajaxe ihr Volk zum Streit wafnen, und preist ihren Eifer. Er findet unter andern 10 Nestor, der die Seinen mit weisen

---

9 Der Anblick der unter der Anführung dieser Helden anrückenden Truppen war über die Massen schrecklich:

So erblickt vom Gipfel des hohen Felsen der Geishirt
Ueber dem Meer' eine Wolke, vom Hauche des Windes getragen,
Dunkel zieht sie und stürmebringend über die Wogen;
Schauernd sieht er's, und treibet das blökende Vieh in die Höhle:
Also zog in dichten Reihen die streitbare Jugend,
Unter den beyden Aias, heran zur wütenden Feldschlacht.

Agamemnon sagt bey diesem Anblick, dass, wenn alle übrigen mit dem Muthe beseelt wären, man bald Trojens Mauern würde einstürzen und die Stadt in Asche verkehrt sehn.

10 Der weise Nestor stellte sein Volk in die Ordnung, dass er die Reuter mit ihren Wagen voran, hinten das tapferste Fussvolk, und in der Mitten die Feigen stellte, auf dass er sie zwänge, zu fechten. Diesem Exempel sind Hannibal, Pyrrhus und andre berühmte Feldherrn gefolgt, wie man aus dem Livius (B. 30. K. 33.) Ammianus Marcellinus (B. 24. K. 6.) und Frontinus (B. 2. §. 21.) ersehn kann.

ſen Gründen zum Streit ermahnt, [11] welches ihm viel Freude verurſacht; doch da er zum Meneſtheus und Ulyſs kommt, [12] tadelt er ihre Trägheit. Ulyſſes, voll Unwillen, widerlegt ihn, worauf ſich Agamemnon gleich wieder mit

11 Indem Agamemnon klagt, daſs Neſtor nicht mehr die Stärke der Jugend beſitzt, und wünſcht, daſs andre die Laſt des Alters drücken und Neſtor noch in der Blüte ſeiner Jahre ſeyn mögte; antwortet ihm der Greis, daſs auch er der vorigen Zeiten Stärke ſich wünſche, da er den berühmten Ereuthalion überwand und tödtete. Und dann ſetzt er hinzu:

Siehe, nicht alles geben zugleich die Götter den Menſchen.
Damals war ich ein Jüngling, nun hat mich das Alter beſchlichen.
Aber ich will bey den Reiſigen bleiben, ich will ſie ermahnen,
Ihnen helfen mit Rath; das iſt die Ehre der Greiſe!
Jene ſchwingen die Lanze, die ihrer Stärke vertrauen!

12 Agamemnon, über der Trojaner Verfahren äuſſerſt erbittert, macht ſeinem Volke bey der kleinſten Vermuthung von Trägheit oder Feigheit die heftigſten Vorwürfe. So z. E. beſchuldigt er hier den Meneſtheus und beſonders den Ulyſſes ihres Undanks, die, da ſie bey den Mahlen der Griechen immer die beſten Speiſen und Weine erhielten, nun auch verpflichtet wären, die erſten im Gefechte zu ſeyn. — Auch dieſs Betragen des Agamemnon iſt ſehr natürlich, daſs er in Sachen von allgemeiner Wichtigkeit, inſonderheit von denen Unterſtützung fodert, die, wie er weiſs, beſondre Ehrenbezeugungen und Wohlthaten genieſſen.

mit ihm ausſöhnt. — Auch [13] dem Diomedes läſst er ſeinen Unwillen merken. Dieſer ſchweigt, doch nimmt Sthenelus das Wort, und beweiſt dem Agamemnon aus der Geſchichte, daſs ſie tapferer als ihre Väter wären. Dio-

13 Ob gleich wunderbare Vorſtellungen und faſt unglaubliche Handlungen in einem Heldengedicht ſtatt finden dürfen, ſo muſs gleichwohl der Dichter dafür ſorgen, daſs er bey der Schilderung der menſchlichen Leidenſchaften nicht nur die Wahrſcheinlichkeit, ſondern auch die Wahrheit beobachte. Er darf die Kräfte des Körpers vergröſſern, wie Homer hier den Agamemnon thun läſst, der, um den Diomedes zur Tapferkeit zu ermuntern, ihm das Exempel ſeines Vaters Tydeus vorhält, von dem er, ob er ihn gleich ſelbſt nicht gekannt, doch gehört hätte, daſs er allein funfzig Thebaniſche Männer, die auf ihn im Hinterhalt laurten, den einzigen Maion ausgenommen, den er freywillig losliefs, umgebracht habe. So unglaublich dieſs auch ſcheinen mag, ſo lieſt man gleichwohl mit Vergnügen die wunderbaren Thaten des ſtarken Tydeus, inſonderheit, wenn damit ſo viele beſondre und glaubwürdige Umſtände verbunden ſind, wie Homer hier anführt. — Doch, ſo erlaubt es auch dem Dichter iſt, unter ſolchen Umſtänden die Kräfte des Körpers zu vergröſſern, ſo muſs er doch die Kräfte der Seele immer ihrer natürlichen Wirkung gemäſs vorſtellen. Und ſo beſchreibt uns hier Homer das Betragen des Agamemnon, der äuſſerſt aufgebracht iſt, und eben daher die tapferſten Helden der Feigheit etwas zu voreilig beſchuldigt, und wenn ihn gleich einige vom Gegentheil überzeugen, doch wieder in ſeinem voreiligen Eifer fortgeht und beharrt.

[14] Diomedes misbilligt diess Widersprechen seines Freundes, und zeigt ihm, dass man Agamemnons Tadel mit Geduld anhören müsse, da ihn als Obersten des Volks es am nächsten angehe, wenn die Griechen überwinden und Troja erobern. Diomedes springt voll Muth von seinem Wagen, und die Waffen erklingen dadurch so stark um des Helden Brust, dass auch den tapfersten Schauder ergreift. [15] Die Heere der Griechen und Trojaner gehn dar-

14 Ausnehmend und für den Kriegsdienst exemplarisch ist das Betragen des Diomedes, der sich so aufmerksam, bescheiden, und dem höchsten Befehlshaber gehorsam beweist. Er, ein tapfrer Kriegsheld, wird nebst dem Sthenelus vom Agamemnon der Feigheit beschuldigt. Er schweigt, und indem der andre für beyde das Wort aufnimmt, sieht er diesen mit zornigem Blick an, und zeigt ihm, dass niemanden mehr an der Einnahme Trojens gelegen sey, als dem Agamemnon, der alles zu verantworten habe, und dem man keinen bessern Beweis einer edeln Denkungsart geben könne, als den, muthig zum Streit zu gehn. Doch ist er dabey nichts minder als gleichgültig gegen die Reden Agamemnons, denn nachher (Gesang IX. V. 34 fgg.) erinnert er ihn daran, nachdem er Proben seiner Tapferkeit abgelegt hatte, und der Streit geendigt war.

15 Homer beschreibt den muthigen Anzug des Griechischen Heers vortreflich so:

Wie

darauf beyde in regelmässiger Ordnung zum Streit.

Wie wenn am vielhallenden Ufer die Wogen des Meeres
Uebereinander sich thürmen, vom brausenden Winde gehoben;
Erst erheben sie sich im hohen Meere, dann rauschen
Sie ans Ufer, und brechen sich an die Vorgebürge;
Schwellen hoch empor, und speyen schäumendes Salz aus:
Also rückten hervor zur Schlacht der Danaer Schaaren.

Hingegen von den Trojanern sagt er:

— — wie in der Hürde des reichen Mannes die Schafe
Zahllos stehen, indem sie gemolken werden, und blöken
Sonder Unterlass, denn sie hören die Stimme der Lämmer;
Also erscholl durchs weite Heer das Geschrey der Troer.

Von ienen sagt er weiter:

— — Die Völker
Gingen mit schweigender Ehrfurcht; du hättest schwerlich geglaubet,
Diese grosse Menge des Heeres hab' eine Stimme.
Reihenweise zögen sie fort in schimmernder Rüstung.

Die Trojaner hingegen rückten mit verwirrtem Geschrey an:

Diese waren verschieden an Stimme, verschieden an Mundart,
Je nachdem sie aus mancherley Landen zusammen gekommen.
Sie erreget Aräs, und jene Pallas Athäna.
Schrecken und Furcht begleiten die Heer' und die grausame Zwietracht,
Schwester und treue Gefährtin des menschenvertilgenden Kriegsgotts.
Klein geht sie im Anfang einher, bald aber erhebt sie
In den Himmel ihr Haupt, und trit mit Füssen die Erde.

Man sieht hieraus, mit welch einer unendlichen Fruchtbarkeit des Geistes Homer seine Ideen aufzuklären versteht, da er

Streit. [16] Das Gefecht ist sehr heftig. [17] Von bey-

---

er bey dieser Beschreibung des Anzugs der beyden Läger unsre Phantasie mit Rührung, Bekümmernifs, Schrecken und Furcht vor dem nahen Kriege erfüllt.

16 Der Dichter, immer darauf bedacht, den Leser in Aufmerksamkeit und Theilnehmung an seinem Gegenstande zu erhalten, beschreibt das Gefecht so:

Da nun gegen einander rückten die Troer und Griechen,
Schwangen die erzgepanzerten Krieger mutig die Lanzen.
Fürchterlich tönte die Wölbung des Schildes am feindlichen Schilde,
Und vermischtes Getümmel erfüllte den hallenden Kampfplatz;
Röchelnd klagte der Sterbenden Winseln; der Mordenden Jauchzen
Scholl dazwischen, und blutige Ströme nezten die Erde.

Und vergleicht das Geschrey der Fechtenden auf diese Art:

Wie wenn rauschende Flüsse vom Gipfel des Berges sich wälzen,
Und im hallenden Thale die reissenden Wasser vermischen,
Grossen Quellen entstürzend durchdonnern sie felsigte Pfade;
Fernher hört im Gebürge der Schäfer das wilde Getöse:
So erscholl das Geschrey und der Lärm sich mischender Krieger.

17 Abwechselung, dichtrische Erfindung, und natürliche Züge findet man beständig in Homers Erzählungen. — In diesem Gefecht bringt Antilochus eine tödtliche Wunde dem Echepolus zu, er trift ihn durch die Stirn, so dass er niederfällt, wie ein hoher Thurm beym Bestürmen einer Stadt. Elepehnor ergreift den Gefallnen beym Fuss, um ihn den Pfeilen zu entziehn und ihm seine Waffen zu rauben; doch der muthige Agenor wirft einen Spiess dem Elephenor in die Seite, die, indem er sich niederbückt, unbeschildet ist, so dass

beyden Seiten fallen viele. Apollo reitzt die Trojaner an, und beschützt sie. Minerva un-

---

dass er todt zur Erde fällt. Hiedurch wird das Gefecht so wütend, dass Griechen und Trojaner wie Wölfe einander anfallen und sich würgen. — Der tapfre Ajax trift mit seinem Speer die Brust des Sohns des Anthemions, der noch in der Blüte seines Lebens war, so tief, dass die Spitze aus der Schulter wieder herauskommt. Er fällt in den Staub hin:

Also stürzet die Pappel, sie wuchs in gewässerter Aue
Glatt empor, die Scheitel mit hohen Zweigen gekrönet;
Aber es haut sie der Wagenkünstler mit schimmerndem Eisen,
Dass er sie beuge zur Krümmung des Rades am prächtigen Wagen;
Ach nun liegt sie, die Pappel, und dorrt am Ufer des Flusses.

Auf den Ajax wirft Antiphus, ein Sohn des Priamus, seinen Speer, trift aber den Leukus, einen Gefährten des Ulysses, der eben einen Todten zu sich zog, doch entseelt selbst auf ihn niederstürzt. Ulyss hierüber erzürnt, trift mit seinem Speere den Demokoon, einen natürlichen Sohn des Priamus. Indem die Wuth mehr überhand nimmt, wirft Pirus auf den Diores einen grossen Stein, der ihm Nerven und Knochen zerschmettert, so dass er in den Staub hinsinkt:

— und reichte noch sterbend die Hände den theuren Genossen!

Pirus eilt hinzu und stösst ihm die Lanze

Durch den Nabel; da fiel auf die Erde sein Eingeweide,
Und die Nacht des Todes umhüllte die Augen Diorās.

Wider den Pirus schwingt Thoas seinen Speer, der auf die Brust fliegt und in die Lunge dringt:

unterstützt die Griechen und spricht ihnen Muth ein.

Da kam der Aitolier näher, riss ihm die Lanze
Aus der Brust; und griff mit der Rechten zum schneidenden Schwerte,
Stach ihn in die Mitte des Bauches, und nahm ihm das Leben.

Gewöhnlich setzt hier der Dichter die Gelegenheit hinzu, bey welcher jemand verwundet oder getödtet ist, auf welche Art und an welcher Stelle er verwundet ist, die Stellung des Verwundeten, und dessen, der ihn verwundet. Auch das Getöse der Waffen, womit die Verwundeten zur Erde fallen, das Vaterland, das Geschlecht, den Charakter der Verwundeten beschreibt er so mannigfaltig und bald kürzer, bald umständlicher so glücklich, dass daraus eine Menge von Schilderungen entsteht, die die Seele des Lesers mit Mitleiden und Theilnehmung erfüllen.

Inhalt

Inhalt des fünften Gesanges.

[1] Diomedes zeichnet sich aus im Streit und
[2] erwirbt grossen Ruhm unter Minervens Beystand, die den alles verheerenden Mars aus dem La-

Erläuterungen zum fünften Gesange.

1 Minerva, um dem Diomedes Kraft und Muth zu geben, wodurch er alle Griechen übertreffen und sich ewigen Nachruhm erwerben sollte, entzündet auf seinem Helme und Schilde feurige Stralen, gleich dem Gestirne,

Welches zur Erntezeit, im Ozeane gewaschen,
Stralet; so stralete Feuer von seinen Schultern und Haupte.

2 Auch hier muss ich die am Ende des vorigen Gesanges gemachte Anmerkung wiederholen, welch eine glückliche Abwechselung Homer in seine Beschreibung der Gefechte zu bringen weiss. Indem sich Diomedes mit brennendem Eifer mitten ins Treffen begiebt, fallen ihn zwey im Kampfe geübte Jünglinge Phegeus und Idäus, die einzigen Söhne des reichen Dares, des Priesters Vulkans, an. Sie sitzen auf einem Wagen, Diomedes aber ist zu Fuss. Phegeus wirft zuerst seinen Speer auf ihn, doch dieser fliegt über die linke Schulter des Helden hin, ohne ihn zu verletzen. Darauf

— — — erhub sich mit dem ehernen Speere
Diomädäs, und nicht vergebens entflog er der Rechten;
Denn er erreichte Fägeus Brust und stiess ihn vom Wagen.

Lager führt, worauf die Trojaner von den Griechen zum Fliehn gebracht werden, und [3] ihrer viele das Leben verlieren. — [4] Diomedes ficht mit so viel Wuth, dass man nicht unter-

---

Nun springt Idaeus voll Furcht eilig vom Wagen herab und flieht zu Fusse,

Wäre selber auch nicht dem herben Schicksal entronnen,
Hätte Häfaistos ihn nicht in nächtliches Dunkel gehüllet,
Dass nicht trostlos wäre der Schmerz des grauenden Vaters.

Nicht bloss schöne Beschreibungen und Bilder machen ein Gedicht vortreflich, sondern dazu gehören auch solche Erzählungen, wodurch die Empfindungen eines Vaterherzen und andre edle Affekten uns lebhaft geschildert werden.

3 Diese werden alle mit Namen genannt, und ihre besondere Umstände werden beschrieben. Unter andern wird vom Merines Phereklus, Sohn des Künstlers Harmonides, niedergemacht, der dem Paris die Schiffe gebaut hatte, womit er zu seinem und Trojens Unglück Helena entführt hatte.

4 Den Muth, womit Diomedes ficht, und die Wuth, womit er in die Geschwader der Trojaner dringt, beschreibt der Dichter so:

Wie hochaufgeschwollene Wasser des reissenden Stromes,
Welcher Brücken verschwemmt und steinerne Dämme zertrümmert;
Ihre Mauren schützen nicht mehr die grünenden Felder,
Plözlich rauscht er dahin, von Gottes Regen geschwollen;
Unter ihm sinken die Früchte des Feldes, der Jünglinge Arbeit:

So

terſcheiden kann, ob er zu den Trojanern oder Griechen ſich hält, aber Pandarus trift ihn mit einem Pfeil in die Schulter. Sthenelus zieht den Pfeil aus der Wunde, und Diomedes fleht Minerven um Beyſtand. Sie erhört ſein Gebet, und [5] giebt ihm zugleich das Vermögen, Götter und Menſchen zu unterſcheiden,

---

So durchſtürmt Diomädäs die dichten Geſchwader der Troer,
Sie vermochten ihn nicht, ſo viel ihrer waren, zu beſtehen.

5 Diomedes, vom Pandarus verwundet, wird nicht nur von Minerva geheilt und bekommt neue Kräfte von ihr, ſondern ſie nimmt auch den Nebel von ſeinen Augen, der die Sterblichen zu umſchweben pflegt, damit er die Götter und ſterblichen Menſchen unterſcheiden lerne. — Es verdient Aufmerkſamkeit, daſs die Art des Ausdrucks beym Homer zuweilen viel Aehnlichkeit mit der des alten Teſtaments hat. So wird das eben vorhin beſchriebne glänzende Anſehn des Diomedes faſt eben ſo beſchrieben, wie das des Moſes, da er mit Gott geredet hatte und vom Berge herabkam. Und eben ſo kann man hier die Erzählung von der wunderbaren Erleuchtung der Augen des Diomedes mit dem vergleichen, was der vertriebnen Hagar geſchah, da der Herr ihr die Augen öfnete, um den Brunnen zu ſehn, oder mit der Geſchichte des Bileams, dem die Augen geöfnet wurden, daſs er den Engel des Herrn, der ihm im Wege ſtand, ſah. — Hiebey könnte man noch verſchiedne Ausdrücke und Arten zu handeln fügen, die ſehr viel ähnliches mit einander haben, ſo daſs ſehr oft dieſelben Metaphern vorkommen.

den, doch befiehlt sie ihm, alle Götter und Göttinnen zu schonen, Venus ausgenommen, wenn diese sich in den Kampf mischen sollte. [6] Voll Muth begiebt er sich wieder ins Gefecht, und tödtet [7] viel Trojaner

6 Nachdem der Dichter uns mit den lebhaftesten und stärksten Farben den Muth und die Gewalt abgemahlt hat, womit Diomedes die Trojaner anfiel, stellt er uns hier den verwundeten und eben dadurch noch mehr in Wuth gebrachten Held so vor:

Hatte sein Herz vordem sich gesehnt, mit den Troern zu streiten;
Siehe so war nun dreyfach sein Muth! So zürnet ein Löwe,
Welchen der Schäfer im Felde beym wolletragenden Viehe
Streifte mit fliegendem Pfeile, indem er über die Hürde
Sprang; nun kann er von dannen nicht mehr den Wütenden treiben;
Dieser gehet hinein zu den Schafen, sie fliehen verlassen,
Ach, nun liegen sie alle getödtet neben einander;
Und der Mörder springet nun wieder über die Hürde:
Also drang Diomädäs hinein in die Haufen der Troer.

Man weiss, wie oft diese Vergleichung von andern Dichtern auf allerley Art gebraucht ist, aber keiner ist meines Wissens dem ersten Erfinder, Homer, im Natürlichen, Starken und Zierlichen gleich gekommen.

7 Unter diesen erregen unser Mitleiden insonderheit Xanthus und Thoon, die einzigen Söhne des Phaenops, beyde von ihm im Alter gezeugt:

— — — — nun drückte den Greis das traurige Alter,
Ach! ihm blieb kein Sohn, die erworbnen Schätze zu erben;

Bey-

ner, unter welchen auch [8] zwey Söhne des Priamus sind. Aeneas ungeduldig über die Wuth und das Umherwürgen des Diomedes, ermahnt den geschickten Bogenschützen Pandarus, ihn zu treffen; doch dieser, verwundert, daſs Diomedes, den er schon gefällt zu haben glaubt, wieder zum Vorschein gekommen ist, sagt dem Aeneas, daſs Diomedes gewiſs eine Gottheit bey sich hat, die ihn beschirmt, und klagt, daſs er nicht nach dem Rath seines Vaters Lycaon [9] mit Rossen und Wagen dem edlen Hektor

Beyden nahm Diomädäs das süſse Leben, und Schmerzen
Lieſs er dem sorgenden Vater zurück; er wird sie nicht lebend
Wiederkehrend erblicken vom Streit, und freudig empfangen,
Bald wird seine Habe das Theil entfernter Verwandten.

8 Der Dichter, der uns noch immer das Betragen des Diomedes unter dem Bilde eines wütenden Löwen in Gedanken erhält, sagt, daſs er Echemon und Chromius, zwey Söhne des Priamus, vom Wagen herabgestürzt und ihnen Waffen und Leben geraubt habe:

Wie ein Löwe die Rinder, indem sie Stauden entblättern,
Ueberfällt, der Stärk' und dem Farren bricht er den Nacken.

9 Er sagt, daſs er in seines Vaters Hause elf neue schönverfertigte Wagen habe, mit zierlichen Decken, bey jedem derselben wären zwey Rosse, die mit dem besten Haber und Gesme gefüttert würden; daſs sein alter kriegrischer Vater Ly-

tor zu Hülfe gekommen ist, weil seine mitgebrachten Pfeile ihm völlig unnütz geworden sind, da er mit ihnen schon zwey der vornehmsten Griechen, Menelaus und Diomedes vergebens getroffen und verwundet hat. Er schwört daher, seinen Bogen zu verbrennen; so bald er in sein Vaterland zurückgekehrt ist. — Aeneas nöthigt ihn darauf, auf seinen Wagen zu kommen, und will ihm die Zügel geben. Doch Pandarus weigert sich sie anzunehmen, weil die Pferde eher der gewohnten Stimme des Aeneas als der seinen folgen würden, wenn sie vielleicht vor Diomedes zu fliehn gezwungen wären. Sie jagen also dem Diomedes entgegen. [10] Sthenelus bemerkt es, warnt Diomedes und räth

Lycaon ihn bey seiner Reise nach Troja dringend ermahnt habe, statt der Bogen und Pfeile sich seiner Wagen und Pferde zu bedienen, doch dass er seine Pferde zu Hause gelassen habe, aus Furcht, sie mögten des fetten Futters im feindumzingelten Troja vermissen. Man sieht hieraus den Reichthum der alten Zeit, in welcher Vieh- und Pferdezucht keine geringe Lebensbeschäftigungen waren.

10 Spondanus merkt bey dieser Stelle mit Recht an, dass uns Homerus in der Person des Sthenelus ein Exempel eines Menschen geben will, der voll Stolz vor der Schlacht sich

räth ihm, vor diesen Helden zu weichen. Doch Diomedes, auf Minervens Beystand vertrauend, bestraft seinen Gefährten, und räth ihm, wenn er selbst die Feinde angreift, sich dann der Rosse des Aeneas zu bemächtigen, [11] deren grossen Werth er kennt. [12] Pandarus wird

---

sich seiner Tapferkeit rühmt, und nicht will, dass jemand diese in Zweifel ziehn soll; doch wenn es auf das Gefecht selbst ankommt, sich, wo nicht feige, doch gleichwohl furchtsam beweist. Denn wie sehr ist Sthenelus, der hier dem Diomedes anräth, vor Pandarus und Aeneas zu fliehn, von dem Manne verschieden, der im vorigen Gesange die starke Aufmunterung des Agamemnon nicht leiden kann, die der tapfre Diomedes stillschweigend verträgt? —

11 Von Morgen bis zum Abend waren keine schönern Pferde als diese zu finden. Zevs hatte sie dem Tros für seinen geraubten Sohn Ganymedes geschenkt. Nachher war Laomedon, der Enkel des Tros, ihr Besitzer geworden, ohne dessen Wissen Anchises, dadurch dass er heimlich Stuten unter die Hengste schickte, sechs Junge von derselben Art bekommen hatte, wovon er viere für sich auf dem Stall behalten und zwey seinem Sohn Aeneas gegeben hatte. Sthenelus und Diomedes würden sich also einen unsterblichen Ruhm erwerben, wenn sie sich dieser zwey ausnehmenden Pferde bemächtigten.

12 Der Pfeil, vom Diomedes geworfen, wird von Minerva so gerichtet, dass er erst gegen die Nase unter dem Auge trift, dann längst seinen weissen Zähnen geht, den hintersten

wird gleich vom Diomedes getödtet, und auch Aeneas, der die Leiche seines Freundes beschirmen will, [13] wird vom Diomedes mit einem ungeheuren Stein so getroffen, daſs er erlegen wäre, wenn ihn nicht seine Mutter Venus beschützt hätte. Sthenelus, des Befehls seines Freundes eingedenk, bemächtigt sich indeſs der Pferde Aeneens, nachdem er seinen eignen Wagen und seine Rosse in Sicherheit gebracht hat, und übergiebt sie seinem tapfern Gefährten Deipylus, um sie zu den Schiffen der Griechen zu bringen. Er selbst besteigt dar-

---

tersten Theil der Zunge abschneidet, und dann durch das Aeusserste des Kinns hindringt. Diese Erzählung hält man vielleicht heutiges Tages für ein Heldengedicht zu gering, doch meines Bedünkens gehört sie zu den genauen Beschreibungen, wodurch Homer gezeigt hat, daſs er nicht minder einfach und natürlich, als zierlich und erhaben war.

13 Es ist eine allgemeine von Zeit zu Zeit fortgepflanzte Meinung, daſs Gröſse und Stärke vornehmlich bey den Menschen der Vorwelt statt gefunden haben. Darum sagt der Dichter, daſs der Stein, womit Diomedes den Aeneas trift, so groſs und so schwer war, daſs kaum zwey Menschen aus den Zeiten des Dichters ihn hätten heben können. Einige glauben, daſs es wirklich vormals Menschen von grosser Gestalt und Riesenstärke gegeben habe, und man erzählt selbst, daſs

darauf seinen Wagen wieder, und setzt das Gefecht fort. — Diomedes verfolgt die Göttin, und verwundet sie in der Hand, aus welcher das göttliche Blut längst dem von den Grazien gewebten Schleyer herabfliesst. — Venus verläſst hierauf ihren Sohn, der vom Apollo in Schutz genommen wird, und kommt, unter der Begleitung und dem Beystand der Iris, zu ihrem Bruder Mars, bittet ihn um seinen Wagen, mit welchem sie, von Iris geführt, zum Olymp fährt. Hier erzählt sie ihren Unfall

daſs man die Ueberbleibsel dieser Riesen gefunden habe, wie man aus dem Riccius (Diss. 18. p. 185.) ersieht. Ohne darüber zu entscheiden, bemerk ich nur, daſs, wenn auch die ganze Sache nur Sage wäre, es dennoch die Pflicht eines Dichters und besonders eines Heldendichters sey, solches zu erfinnen, um durch die Vorstellung so ungewöhnlicher Sachen den grossen Endzweck zu erreichen, Verwunderung zu erregen. Denn es war nicht gnug, daſs Diomedes einen Stein aufnahm, um Aeneas zu treffen; wollte man sich einige Vorstellung von den Kräften des Helden machen, so muſste diess ein Stein von ungemeiner Schwere seyn, den keine zwey Menschen tragen konnten. **Virgil** hat diess schon wieder vergrössert, indem er dem Aeneas (Gesang 12. V. 897.) einen so grossen Stein in die Hände giebt, daſs keine zwölf ausgesuchte Männer seiner Zeit ihn aufheben konnten.

fall ihrer Mutter Dione, die ihr [14] durch verschie-

---

14 Diefs Verhalten der Göttinnen ist hier wieder völlig nach den gewöhnlichen Handlungen der Menschen eingerichtet. So bald sie in dem Sitz der Götter angekommen sind, spannt die muntre Iris die Pferde vom Wagen, und giebt ihnen ambrosisches Futter. Venus geht zu ihrer Mutter Dione, fällt ihr zu Füssen; die liebende Mutter umarmt ihre bekümmerte Tochter, streichelt sie mit kosender Hand, und tröstet sie damit, dafs sie ihr alle die Leiden erzählt, die Mars und Juno und Pluto von den Menschen erduldet hätten. Man sieht aus diesen und andern Stellen sehr deutlich, dafs Homer aus den Göttern Menschen gemacht hat. Alte und neue Weltweise haben ihn darüber getadelt. Ohne diese zu widerlegen, bemerk ich nur, dafs, wenn man hier über den Homer recht urtheilen will, man sich theils in die Zeiten, worin Homer lebte, versetzen, theils an die allgemeinen Volksbegriffe, die damals statt fanden, denken mufs. Die Thaten grosser Männer wurden in einer verblümten Sprache und unter zierlichen Erdichtungen den Menschen vorgestellt; alles, was nur die Einbildungskraft dem menschlichen Witze darbieten kann, um Kraft und Gröfse vorzustellen, brauchte man zu dem Zwecke. Die Helden der alten Zeit und ihre tapfern Thaten wurden allmählig vergröfsert, und man richtete die Erzählungen davon so ein, dafs es allgemeiner Volksglaube ward, die Götter wären vormals mit den Menschen vertraulich umgegangen. Und man hatte davon verschiedne Ueberlieferungen erhalten. Niemand kann es also unserm Homer als Dichter verargen, dafs er sich nach diesen allgemeinen Volksbegriffen gerichtet und sich nicht nur erhabnere Wesen als die Menschen vorgestellt habe, um sich ihrer mächtigen Hülfe und Zwischenkunft zur Vervollkom-

schiedene Beyspiele von Göttern und Göttinnen Trost einspricht, welche [15] von Menschen viel

---

kommung seines Heldengedichts zu bedienen, sondern dass er diese erhabenern Wesen auch menschlichen Schwachheiten und Unfällen unterworfen habe. Ja, wenn man itzt die Thaten dieser Götter und Göttinnen so sehr tadelt, warum behält man denn ihre Namen noch immer bey, und spielt damit in unsrer heutigen Poesie? Doch es scheint, dass eben unsre Dichtkunst dieses Nahrungsmittels nicht entbehren könne. — Und da Homer mehr als einmal in seinen Schriften eine einzige göttliche Kraft annimmt, der alles unterworfen ist, wie unter andern aus den in der Vorrede angeführten Stellen erhellt; so ist es unbillig, ihn um dieser, nach den Begriffen seiner Zeit eingerichteten Erdichtungen willen, der Irreligiosität zu beschuldigen, zumal, da er seinen Lesern beständig tugendhafte und religiöse Empfindungen einflösst, und man bald bemerkt, dass alle seine Götter, obgleich allerley menschlichen Schwachheiten unterworfen, dennoch als solche Wesen betrachtet werden müssen, welche die Menschen an Affekten, Kräften, Einsicht und Weisheit weit übertreffen, und deren charakteristische Beschreibung man also als den Gipfel der Kenntniss des menschlichen Herzens anzusehn hat.

15 In dieser Erzählung wird zugleich bemerkt, dass Diomedes thörigt handle, weil der, der sich den unsterblichen Göttern widersetze und sie beleidige, nicht lange lebe, und die Freude nicht geniesse, dass seine Kinder ihm den süssen Vaternamen entgegen stammeln würden. Man sieht auch hieraus, wie sich Homer der Erdichtungen als einer Lockspeise glücklich bedient, um seinen Lesern moralische Wahrhei-

viel Unheil und Schmerzen haben dulden müssen. Sie wischt das Blut von der Hand ihrer Tochter, und Venus wird wieder genesen. Zevs, über diesen Vorfall lächelnd, giebt ihr den Rath, sich nie wieder mit dem Kriege zu beschäftigen, sondern Mars und Minerven ihn allein zu überlassen. Diomedes, im heldenmüthigen Eifer beharrend, fällt den Aeneas von neuem an, ob er gleich weiss, dass ihn Apollo beschirmt. — Apollo ist gezwungen, Aeneas in Sicherheit zu bringen, und lässt[16] ein Luftbild,

---

heiten beyzubringen. — Doch noch mehr. Dione sagt hier auch der Venus zum Trost, dass Diomedes, wenn er so handelte, wohl jemanden treffen würde, der stärker als Venus wäre:

> Dass nicht Aigialeia, die weise Tochter Adrastäs,
> Edle Gattin des rossbezähmenden Diomädäs,
> Einst aus Träumen fahrend und schreyend die wackern Genossen
> Ihres Hauses erwecke, den Tüdeiden vermissend,
> Ihrer Jugend Gemahl, den tapfersten aller Achaier.

Homer hat in der That nichts ausgelassen, woraus man sowohl die zärtlichen und sanften, als starken und heftigen Empfindungen des menschlichen Herzens kennen lernen kann.

16 So wie diess Luftbild, das Apollo statt des Aeneas in die Schlacht bringt, unstreitig zu dem Wunderbaren gehört, dessen

bild, dem Aeneas gleich an Gestalt und Waffen, in der Schlacht. Er muntert Mars auf, den Diomed anzufallen, und Mars fodert des Priamus Söhne auf, Aeneas zu retten. — [17] Sarpedon

---

dessen sich alle Heldendichter bedient haben, und auch auf eine schickliche Art bedienen müssen; so find ich hier zugleich die Anmerkung des Spondanus nicht ungegründet, dass durch diese Vorstellung die eben angeführte Sittenlehre noch näher empfohlen werde, weil derjenige, der sich dem Willen der Gottheit widersetzt, unstreitig vergebliche Arbeit unternimmt, und wider Schatten und Larven ficht.

17 Er fragt ihn;

Hektor, wo ist dein Mut, mit welchem du vormals verhiessest,
Ilions Mauren zu schützen, auch ohne Bundesgenossen,
Du mit deinen Brüdern allein und deinen Schwägern?
Nichts von alle dem kann ich nun sehen und spüren;
Denn sie zittern ja alle, wie Hunde beym Anblick des Löwen.
Aber wir streiten für euch, ihr Troer, wie Bundesgenossen.
Siehe von weitem her bin ich zur Hülfe gekommen,
Denn weit sind vom strudelnden Xantos Lükias Fluren.
Ein geliebtes Weib und ein unmündiges Kindlein
Liess ich zurück, und Schätze, die jeder Arme sich wünschet;
Dennoch ermahn' ich der Lükier Schaaren, selber begehrend,
Mit dem Manne zu streiten; und gleichwohl ist mir der Dinge
Keines allhier, so mir entführen könnten die Griechen.
Und du stehest hier, auch nicht die andern ermahnend,
Diesen Feind zu bestehn, und ihre Weiber zu schüzen?
Hütet euch, Troer, nicht als wie im Netze gefangen,
Eurer Feinde Raub und ihre Beute zu werden;
Sonst zerstören sie bald das wohlbevölkerte Troja, u. s. f.

pedon beschilt Hektorn. [18] Dieser springt darauf von seinem Wagen, hält sein Heer im Fliehn zurück, und treibt es zum Gefecht an, das durch die Zwischenkunft des Mars sehr heftig wird. Aeneas erscheint wieder. Die Griechen, unter welchen [19] die beyden Ajaxe, Ulyss

18 Die Trojaner kehren unter Hektors Anführung auf der Flucht um, und stehn gegen die Griechen. Die Wolke von Staub, die sie dadurch verursachen, beschreibt Homer unter dieser Vergleichung:

Wie wenn in der heiligen Tenne die Hauche des Windes
Aus geschwungner Schaufel die Spreu den Körnern entwehen,
Wenn die goldgelockte Dämätär die Frucht von der Hülse
Sondert; die Spreu bedeckt in weissen Haufen den Boden;
Also wurden bestäubt von oben und weiss die Achaier
Von den Haufen der Troischen Rosse, da sie die Führer
Wandten; sie stampften himmelempor die stäubenden Wolken.

So sehr man auch sonst die Vergleichungen des Homer gebraucht und nachgeahmt hat, so hat man doch meines Wissens diese nicht gebraucht. Homers Zeit, worin Hirtenleben und Ackerbau die vornehmsten Beschäftigungen der Menschen waren, gab unstreitig zu diesem Bilde Gelegenheit. Und unsre heutigen Dichter können daraus lernen, dass sie ihre Vergleichungen so viel möglich aus solchen Gegenständen wählen, die uns täglich in die Augen fallen, oder wenigstens so beschaffen sind, dass man ihnen sogleich mit seiner Einbildungskraft folgen kann.

19 Hier bedient sich der Dichter wieder einer Vergleichung.

Ulyſs und Diomedes ſich auszeichnen, bieten den fechtenden Trojanern muthig die Spitze. Agamemnon fällt den Deicoon, und Aeneas bringt [20] Crethon und Orſilochus ums Leben. Menelaus, von ihrem Schickſal getroffen, bringt ihre Leichen zu den Griechen, unter Antilochus Beyſtand; von beyden Seiten bleiben viele.

---

chung, die zu allen Zeiten zu gebrauchen iſt. Dieſe Helden, ſagt er, ſcheuen

Nicht der Troer Geſchrey, nicht ihren ſtürmenden Anfall;
Sondern bleiben ſtehen, wie Wolken, die Vater Kronion
Auf den Gipfeln des Berges bey heiterm Wetter geſteller,
Denn es ſchlafen des Boreas Kräfte, die Kräfte der andern
Mächtig brauſenden Winde, der ſchattenden Wolken Zerſtreuer,
Welche ſie oft mit wehenden Fittigen ſtürmend zertrennen:
So erwarten, ohne zu zagen, die Griechen die Troer.

20 Bey dieſer Gelegenheit wird das edle Geſchlecht dieſer Helden, die ſich unter den Griechen durch ihre Tapferkeit auszeichnen, und itzt gleich zwo hohen Tannen niederſtürzen, beſchrieben. Sie fallen:

Wie zween junge Löwen auf hohen Gipfeln des Berges
Von der Mutter genährt im tiefen Dickigt des Waldes;
Beyde rauben Rinder der Heerde, feiſte Schafe,
Und verwüſten beyde die Ställe der Schäfer, doch endlich
Werden beyde zugleich mit ſcharfem Erze getödtet.

le. [21] Diomedes sieht, daſs Hektor von Mars unterstützt wird, und räth den Seinen, [22] noch immer fechtend und mit dem Gesicht gegen den Feind gerichtet, sich zurückzuziehn. — Tlepole-

---

21 Wie Diomedes bemerkt, daſs Hektor vom Mars im Gefecht unterstützt wird, weicht er zurück:

So steht ein unkundiger Waller im Lande des Fremdlings
Am wildrauschenden Strom, der in den Ozean stürzet,
Rauschend mit Schaum, er sieht ihn, und staunt, und schreitet zurücke. —

22 So viele auch in diesem Gefechte und beym Zurückweichen umkommen, so bemerkt doch der Dichter von einem jeden etwas besonders. Indem Menelaus dem unvergleichlichen Pylämenes, dem Führer der Paphlagonen, die Lanze durch die Gurgel wirft und ihn so tödtet, wirft Antilochus dem Mydon, dem Wagenführer des Pylämenes, eben indem er die Rosse lenken will, einen Stein so gewaltig auf das Gelenke des Armes, daſs seinen Händen die helfenbeinschimmernden Zügel entfallen.

In den Staub; da haut ihn Antilochos über die Schläfe;
Röchelnd fällt er zurück, dem zierlichen Wagen entstürzend,
Fällt aufs Haupt; so stehet er lang am Wagen im Sande
Haupt und Schultern mit Staube bedeckt. Antilochus treibt nun
Vorwärts mit dräuender Geissel die Rosse zum Heere der Griechen,
Eilend flieget der Wagen und Mydon fällt auf dem Boden.

Auch nimmt Hektor dem Menesthes und Anchialus, zween sehr schlachtenkundigen Männern, die auf einem Wagen sassen, das Leben. Ajax, Telamons Sohn, davon gerührt, wirst

polemus, Hercules Sohn, und Sarpedon, der Sohn des Jupiters, fallen, nachdem sie bittre Reden wider einander geführt haben, sich einander zu gleicher Zeit an, und werden beyde zugleich schwer verwundet. Tlepolemus verliert darüber das Leben, und seine Leiche nehmen die Griechen zu sich. Sarpedon wird von seinen Gefährten unter einen Baum gesetzt, und Pelagon [23] zieht ihm den Speer aus der Hüfte. Ulyss.

---

wirft einen Spiess auf Amphius, den Sohn des reichen Selagus, der in Paesus wohnte. Amphius fällt zu Boden, Ajax stürzt hinzu, ihm seine Waffen zu rauben; doch die Trojaner werfen eine solche Menge von Pfeilen, die er beständig mit seinem Schilde abkehrt, auf ihn, dass er, den Fuss auf den Bauch des Todten setzend, nichts weiter als seine eherne Lanze herausziehn kann, die Waffen aber nicht zu rauben vermag. Es ist mir nicht möglich, alle die einzelnen Umstände, die der erfindungsreiche Geist unsers Dichters in seine Beschreibungen der Schlachten verwebt hat, zu bemerken; schon das angeführte zeigt hinlänglich, welch eine Mannigfaltigkeit von Gemählden hier in diesen einzelnen Erzählungen sich findet.

23 Der verwundete Sarpedon, dessen Genossen nicht einmal gemerkt hatten, dass ein Pfeil in seiner Seite war hängen geblieben, rief Hektorn, der, ohne seine Stimme zu hören, vorbey eilte, vergebens um Hülfe an, und würde bey dem unermüdeten Eifer der Lycier im Fechten, die auf

Ulysses wird vom Tode des Tlepolemus äusserst gerührt, und tödtet einige Lycier, während die Griechen langsam zu ihren Schiffen zurückschreiten, weil sie erfahren, dass Hektor mit Hülfe des Mars ficht, welche beyde vielen das Leben nehmen. Juno, die diese Niederlage der Griechen nicht länger dulden kann, spornt Minerva an, die sich bey ihr fügt, um gleichfalls die Griechen zu unterstützen. Beyde gehn, um ihre Absicht desto besser zu erreichen, [24] mit grosser Pracht zum Zevs, der allein

ihren Führer nicht gnug achteten, unter seinen Schmerzen erlegen seyn, hätte nicht der tapfre Pelagon ihm den Pfeil aus der Seite gezogen. Diese Unachtsamkeit der Genossen des Sarpedon und des Hektors selbst mahlet uns den Eifer der fechtenden Trojaner und ihrer Bundesgenossen sehr natürlich ab.

24 Es ist fast nicht möglich, dem deutschen Leser eine vollkommne Idee des Anmuthigen und Schönen zu geben, womit die Reise der beyden Göttinnen zum Zevs beschrieben wird. Juno, die Tochter des grossen Saturns

Ging, und zierte die Häupter der Rosse mit güldenem Stirnband.
Aber Häbä eilet, und stösst auf die eisernen Axen
Eherne mit acht Speichen versehen runde Räder;
Ein unalternder Rand von Gold umlief sie von innen,
Ehern waren die Schienen von aussen, ein Wunder zu schauen!

Sil-

allein auf dem Olymp sitzt. Juno erhält auf ihre

Silbern waren und überrandet die Naben der Räder,
Und es hing der Sessel in Gold und Silbergerieme;
Ringe, die Zügel daran zu hängen, waren am Sessel;
Silbern die Deichsel, gülden das Joch, die Riemen des Joches
Uebergüldet; es spannt an den Wagen die fliegenden Rosse
Härä, dürstend nach Streit und blutigem Waffengetümmel.

Minerva hingegen

Liess ihr buntes Stralengewand im Palaste des Vaters
Sinken, welches sie selber mit eignen Händen gewebet;
Kleidete sich im Panzerhemde des Wolkenversammlers,
Rüstete sich mit Waffen zur thränenerregenden Feldschlacht.
Um die Schultern warf sie den Schild mit prächtigem Rande,
Fürchterlich war er rund umher mit Schrecken umkränzet;
Siehe da war der Streit, der Mut, der blutige Nachsaz,
Und das Haupt des Ungeheuers, der schrecklichen Gorgo,
Graunvoll, scheuslich, das Zeichen des zürnenden Wolkenversammlers.
Pallas Haupt bedeckte der Helm mit wehendem Büschen,
Golden und gross, als deckt er von hundert Städten die Schaaren.

Und in ihre Rechte nimmt sie

Ihren schweren und starken Speer, den Heldenvertilger,
Wenn des Gewaltigen Vaters Tochter zürnend einhergeht.

Wie sie darauf den Wagen bestiegen haben, nimmt Juno die Peitsche und treibt die fliegenden Rosse:

Donnernd öffneten sich von selber die Pforten des Himmels,
Welche die Stunden bewachen, denn ihnen vertraute Kronion,
Immer des grossen Himmels zu hüten und des Olümpos,
Vorzuwälzen die hüllende Wolke, zurück sie zu wälzen
Durch die Pforten führen sie nun die willigen Rosse.

u. s. f.

ihre Bitte von ihm, dafs Minerva fich wider die

---

u. f. f. — So wenig wir auch itzt mit Sicherheit von der Einrichtung der Alten im Ausfchmücken ihrer Wagen und Pferde oder von ihrer Art fich zu kleiden und zu bewafnen wiffen mögen; fo fieht man doch hieraus, dafs die Dichtkunft zu Zeiten folcher Vorftellungen von Pracht und Zierrathen bedarf, um ihre Ideen auszubreiten, und ihren Gedanken Geift und Leben zu geben. Eben dadurch wird der Lefer in ein heiliges Entzücken verfetzt, infonderheit, wenn, wie es hier der Dichter mit fo vielem Gefchmack gethan hat, die Befchreibungen nach den Umftänden der Zeit und dem Gewicht der Sache ausführlich und mit Verftand behandelt find. — Mit Recht haben daher groffe Kunftrichter diefe Stelle für eine von denen erklärt, aus welchen man gefchloffen hat, dafs Homer mit feiner Phantafie bis zum Himmel fich hinaufgefchwungen hat.

25 So fehr auch Homer die Kenntnifs der Gottheit unter mancherley Erdichtungen und menfchlichen Einkleidungen verdeckt haben mag, fo ift gleichwohl die Anwendung des gelehrten Spondanus hier nicht ganz zu verwerfen, dafs unfer Dichter gewöhnlich den groffen Jupiter von dem groffen Haufen der Götter abfondere, wie er ihn auch hier allein auf den Olympus fetzt. Seiner Meinung nach will der Dichter damit zu erkennen geben, dafs die Gottheit fich felbft genug fey, der Gegenwart andrer nicht bedürfe, und fich ihrer felbft freue, wie man an mehrern Stellen der Ilias finde. Er fügt hinzu, diefe Befchreibung fey fo eingerichtet, dafs man daraus abnehmen könne, dafs Homer über das Dafeyn des höchften Wefens, von dem alles abhängt, und welches alles regiert, fo gedacht habe, dafs der menfchliche Verftand es zwar fühlen, aber nicht befchreiben könne. Ich gehö-

die Gewalt des Mars wafnen darf. [26] Beyde Göttinnen begeben sich hierauf so gleich ins Lager, und [27] wie sie dahin kommen, klagt Juno, dass die Griechen nun schon vor ihren Schiffen fechten, da sie, so lang [28] Achilles im Schlachtfelde

---

gehöre zwar nicht zu denen, die in unserm Dichter mehr suchen, als darin zu finden ist, und halte auch diese Stelle für nichts als für dichtrische Erfindung; doch läugne ich nicht, dass ich unter dem Lesen des Dichters oft so erhabne Aussprüche und ausnehmende Beschreibungen vom göttlichen Allvermögen bey ihm angetroffen habe, dass ich nicht zweifle, Homer habe diese Kraft gefühlt und erkannt.

26 Zu den erhabnen Stellen des Homer zählt Longin §. 9. unter andern auch diese, da uns der Dichter die Schnellheit beschreibt, womit die Rosse der Juno zwischen der Erde und dem Sternhimmel durchfliegen:

Eben so weit, als ein Mann von hoher Warte des Ufers
Vor sich blicket über die dunkeln Wogen des Meeres,
Springen, Sprung für Sprung, die Rosse mit donnernden Hufen.

27 Der Gang dieser Göttinnen, die ins Lager der Griechen kommen, deren Muth dem Muthe reissender Löwen oder drohender Eber des Waldes glich, ist wie der Gang schüchterner Tauben. Der leichte unmerkbare Tritt der Tauben ist, wie man hier recht zu bemerken pflegt, ein glückliches Bild des längst der Erde leicht hinschwebenden Ganges der Göttin.

28 Auch hier preist man mit Recht die Kunst unsers Dichters, der nie seinen Hauptgegenstand, — das Singen der Wuth

felde focht, immer vor Trojens Mauern die Schlacht lieferten, und dadurch erweckt sie den Muth aller Helden. — 29 Diomedes, von Minerva ermuntert, sagt, daſs er nicht aus Furcht, sondern ihres Befehls stets eingedenk, keinen der Götter oder Göttinnen, ausser Venus, zu verwunden, itzt vor dem Mars zurückgewichen sey. Die Göttin befiehlt ihm hierauf, keinen der Unsterblichen, besonders den Mars nicht zu scheun, der ihr und der Juno noch vor

---

Wuth Achillens, — aus den Augen verliert; denn so viele Ausschweifungen er auch macht, und so mannigfaltige Erzählungen er auch in sein Gedicht einflicht, so ist gleichwohl kein Gesang, worin er nicht seines Helden erwähnt. Er beobachtet also die Einheit in seinem Gedichte auf eine vorzügliche Art.

29 Während Diomedes bey seinem Wagen und den Pferden steht, das Blut von der Wunde abzuwaschen, die ihm der Pfeil des Pandarus gemacht hat, und sich den Schweiſs abzuwischen, der unter dem breiten Schildriemen hervordrang, den er dazu aufhob, erscheint ihm Minerva, und hält ihm das Beyspiel seines Vaters Tydeus vor, der, obgleich klein von Körper, doch mächtig im Kriege war, und unter Minervens Schutz im Gefecht nicht wich. So natürlich hier die Stellung und Beschäftigung des Diomedes beschrieben ist, eben so natürlich und edel einfach ist die Aufmunterung Minervens an ihn.

vor kurzen versprochen hatte, den Griechen wider die Trojaner zu helfen. Sie zieht darauf den Sthenelus vom Wagen, und [30] steigt selbst darauf, um mit Diomedes Mars anzufallen, doch, um diesem unsichtbar zu seyn, hüllt sie sich in einen Nebel. — Wie Mars Diomeden erblickt, verläſst er Periphas, den er erschlagen hatte, und wirft gleich einen Speer, um Diomedes zu fällen. Doch Minerva lenkt den Speer ab, so daſs er fehlend vorbeyfliegt. Und Diomedes trift Mars tief in den Bauch. — Mars brüllt, wie neun oder zehntausend Krieger, die im blutigen Kampf auf einander stossen. — Schrecken ergreift darob Trojaner und Griechen. Mars [31] steigt darauf zum Himmel und

30 Wie die Göttin den Wagen bestieg, da

— — — — — stöhnte die büchene Axe

Unter der schrecklichen Göttin Last und des tapfersten Helden.

Mit diesem einzigen Zuge schildert uns der Dichter sehr glücklich den wirksamen Einfluſs Minervens, die selbst Zügel und Peitsche ergreift, und die stampfenden Rosse gegen Mars richtet, der dem ungeheuren Periphas, dem tapfersten der Aetolier, das Leben nahm.

31 Diomedes sieht Mars, in Wolken gehüllt, zum Olymp steigen:

Wie

und beklagt ſich inſonderheit über Minervens Betragen beym Jupiter. Dieſer tadelt ihn zwar wegen ſeiner kriegsſüchtigen Gemüthsart, worin er ſeiner Mutter Juno gleicht; doch läſst er ihn durch Paeon [32] geneſen. Hebe wäſcht darauf den Mars, wirft ihm ein prächtig Gewand um, und läſst ihn im vorigen Glanz neben Zevs ſich ſetzen. — Auch Juno und Minerva kommen in den Olymp zurück, nachdem ſie die Wuth des Mars bezwungen haben.

Wie vom ſchwülen Hauchen des wehenden Windes erhoben,
Düſtre Dünſte dem Schooſſe der dicken Wolken entſteigen.

32 Die Geſchwindigkeit, womit Paeon die Wunde heilt, die Diomedes dem Mars beygebracht hat, beſchreibt der Dichter unter dieſem Bilde:

Wie wenn weiſſe flüſſige Milch vom Safte der Feigen
Bald gerinnt unter der Hand des rührenden Schäfers;
Alſo ſchloſs ſich bald die geheilte Wunde des Arès.

Inhalt

Inhalt des sechsten Gesanges.

Nachdem die Götter und Göttinnen das Lager verlassen haben, stellen sich die Griechen wieder her. Ajax, Diomedes, Euryalus, Ulysses, Agamemnon und andre bringen [1] einige von

Erläuterungen zum sechsten Gesange.

1 Unter diesen erregen besonders Axylus, Aesepus und Pedasus unsre Aufmerksamkeit. Axylus war ein sehr vermögender Mann, wohnte im schön gebauten Arisbe, und war um seiner vorzüglichen Gastfreyheit willen von allen Menschen geliebt. Denn jeden Fremden nahm er in seinem Pallaste, welcher an der Strasse stand, mit Freundlichkeit auf. Doch itzt war keiner, der ihm und seinem Wagenführer Kalesius, die beyde vom Diomedes angefallen wurden, zu Hülfe kam, und sie vom Tode befreyte. — Der Tod dieses Axylus rührt uns um so viel mehr, weil wir dadurch die Welt eines wahren Menschenfreundes und allgemeinen Wohlthäters beraubt sehn. — Aesepus und Pedasus werden vom Euryalus getödtet und ihrer Waffen beraubt, der auch dem Dresus und Opheltius das Leben genommen hatte. Von ihnen führt der Dichter an, dass sie Zwillinge waren, Söhne des vortreflichen Bukolion, des ältsten Sohns des berühmten Laomedon, die er mit der schönen Najade Abarbarea, als er die Schafe hütete, heimlich gezeugt hatte.

von den Trojanern um. [2] Adraſtus wird vom Menelaus gefangen genommen, der nicht abgeneigt iſt, ihm das Leben zu ſchenken, doch vom Agamemnon verhindert wird, der dem Adra-

---

2 Indem Adraſtus, eben wie ſeine Genoſſen, von Furcht erfüllt, mit ſeinem Wagen nach der Stadt flieht, ſtöſst dieſer ſo ſtark gegen den Stamm eines Baums, daſs die Axe bricht, und die Pferde ſich losreiſſen und weiter nach Ilium laufen. Adraſt ſelbſt ſtürzte vom Wagen auf die Erde hinab zu den Füſſen des Menelaus, der mit einem ausgezognen Schwerdte vor ihm ſtand, und deſſen Kniee er, flehend um ſein Leben, und mit dem Erbieten, groſſe Schätze zum Löſegeld ihm zu geben, umfaſst. Menelaus wird dadurch erweicht, und würde ihn ſeinen Begleitern überliefert haben, um ihn als Gefangnen an die Schiffe zu bringen, wenn nicht Agamemnon herzugeeilt wäre, der dem Menelaus über ſein unzeitiges Mitleiden Vorwürfe macht, und nicht zugeben will, daſs irgend Einer der meineidigen Trojaner dem Tode entrinne. Man mag in geſitteten Zeiten dieſs Betragen des Agamemnon misbilligen, die Geſchichtbücher des alten Teſtaments, ſagt Pope, liefern uns verſchiedne Beyſpiele von ähnlichen grauſamen Handlungen gegen überwundne Feinde. — Allein dieſe Anmerkung iſt unnöthig, wenn man nur bemerkt, daſs Homer niemals vollkommne Charaktere ſchildern, noch die Menſchen vorſtellen will, wie ſie ſeyn ſollten, ſondern wie ſie in der That ſind. Wie oft ſind die Groſſen eben ſo herrſchſüchtig und rachgierig, als Agamemnon hier iſt. Der kurz vorher von den Trojanern ſchändlich gebrochne Bund gab Agamemnon dem Menſchen freylich einige Veranlaſſung zur Grauſamkeit.

Adrastus das Leben nimmt. [3] Nestor spricht den Griechen Muth ein, und diese fechten so tapfer, daſs die Trojaner in ihre Mauern zurück gezogen wären, wenn nicht Helenus, des Priamus Sohn, den Aeneas und Hektor aufgemuntert hätte, den Griechen Widerstand vor den Thoren Trojens zu thun. Insonderheit räth er dem Hektor, in die Stadt zu gehn, und ihrer beyden Mutter zu bitten, daſs sie mit andern Trojanischen Frauen sich in Minervens Tempel begebe, ihr Geschenke gelobe, und sie anflehe, den Diomedes von Trojens Thoren

3 Sehr natürlich und kräftig ist hier Nestors Sprache, der nicht so sehr durch seine körperlichen Kräfte, als durch weisen Rath den Griechen nützliche Dienste leisten kann, und in diesen gefährlichen Umständen ihnen zuruft:

Theure Helden, Danaer, wehrte Genossen des Kriegsgotts,
Euer bleibe keiner aus heiſser Begierde der Beute
Hier, auf daſs er trage das meiste hinab zu den Schiffen!
Laſst uns tödten die Männer; dann wollen wir alle mit Ruhe
Auf dem weiten Gefilde die Todten der Rüstung berauben.

Seines hohen Alters ungeachtet will er sich zwar unter die Streitenden, aber nicht unter die Eroberer gezählt wissen, er will zwar an den Gefahren des Kriegs, aber nicht an den Belohnungen und Vortheilen des Sieges Theil nehmen, wie Eustathius und Clarke hier mit Recht anmerken.

ren zu entfernen. [4] Hektor folgt dem Rath seines Bruders, und, nachdem er die Trojaner zum Gefechte gegen die Griechen ermuntert hat, [5] begiebt er sich in die Stadt. Glaukus und Diomedes treten zum Kampf gegen einander hervor. [6] Der Eine fragt den Andern nach

4 Hektor, der seine fliehenden Haufen vor den Thoren Trojens zum Stehn bringt, zeigt sich hier gross durch seine Tapferkeit, aber noch grösser durch sein tugendhaftes religiöses Betragen. Denn wie er in die Stadt kommt, ermahnt er seine fromme Mutter mit grossem Nachdruck, sich mit den Matronen der Stadt in den Tempel zu begeben, herrliche Geschenke allda zu opfern, und durch feurige Gebete das von der Gottheit zu erflehn, was für menschliche Kräfte itzt unmöglich geworden war.

5 Hektor, eilig und muthig zur Stadt laufend, bewegte sein gewölbtes Schild so stark, dass dessen äusserster Rand ihn um Knöchel und Nacken schlug. Mad. Dacier übersetzt diess: „Er warf den grossen Schild, der ihn ganz bedeckte, über seine Schultern.“ — Allein diess drückt die mahlerische Vorstellung des schnellen Laufs des gewafneten Hektors ganz und gar nicht aus. (Besser also auch hier die Stolbergische Uebersetzung.

Hektor sprach es, und eilte von ihnen mit wehendem Helmbusch,
Nacken und Knöchel berührte bey jedem Schritte das schwarze
Fell, und der äusserste Rand des hochgewölbeten Schildes.)

6 Sehr merkwürdig ist das Gespräch beyder Helden. Diomedes, der den Glaukus, den er vorher nie erblickte, so muthig

nach seinem Geschlecht. Dadurch entdecken sie, daſs ihre Voreltern vorzügliche Freunde ge-

---

muthig gegen ihn anziehen sieht, fürchtet, daſs unter seiner Gestalt eine Gottheit verborgen seyn mögte, und weil er nicht gegen die Götter kämpfen will, wodurch Lycurgus selbst umgekommen war, so fragt er ihn nach seinem Geschlecht. Glaukus beantwortet diese Frage so nachdrücklich, daſs sie von vielen Dichtern nachgeahmt ist:

Edelgesinnter Tüdeidäs, was fragst du nach meinem Geschlechte?
Sieh wie Blätter des Waldes, so sind der Menschen Geschlechte,
Diese schüttelt herunter der Wind, und wieder entsproſsen
Andre grünenden Zweigen in lieblichen Tagen des Lenzes;
So die Menschen, dieser entstehet, jener geht unter!

Doch Glaukus erzählt gleichwohl dem Diomedes, um ihn zu befriedigen, sein Geschlecht, und webt in diese Erzählung die ganze Geschichte des schönen Bellerophon, den Antea, die Gemahlin des mächtigen Königs Proetus, vergebens zur verbotnen Liebe hatte verleiten wollen, und den sie selbst bey ihrem Gemahl dieses Verbrechens beschuldigte. Der König, um nicht das alte heilige Recht der Gastfreundschaft zu verletzen, wagt' es nicht, ihn selbst umzubringen, schickte ihn aber mit verräthrischen Briefen an seinen Schwäher, den König von Lycien. Dieser bewies ihm neun Tage lang alle Freundschaft, doch da er den zehnten Tag den Brief seines Eidams öfnete, stellt' er ihn dadurch auf die Probe, daſs er ihn mit den schrecklichsten Ungeheuern und den mächtigsten Feinden kämpfen lieſs. Da Bellerophon diese alle überwand, gab ihm der König nicht nur seine Tochter zum Weibe und die Hälfte seines Königreichs, sondern auch die Lycier beschenkten ihn mit vielen fruchtbaren Landen.

gewesen sind; sie errichten selbst Freundschaft, springen von ihren Wagen, geben sich einander die Hände, versprechen sich, nicht wider einander zu fechten, und vertauschen ihre Waffen. 7 Hektor wird bey seiner Ankunft in

---

Aus dieser Ehe war unter andern Hippolochus, der Vater des Glaukus, geboren, der seinen Sohn mit dieser weisen Lehre nach Troja gesandt hatte:

> Immer tapfer zu seyn, und immer der erste vor allen!
> Nicht zu schänden der Väter Geschlecht! — — —

Manche werden diese lange Unterredung mitten in einem Gefecht für unschicklich erklären; allein man muss sich in Homers Zeiten versetzen, wo diess sehr wohl geschehn konnte, und es dem Dichter Gelegenheit gab, die Macht der Freundschaft der Voreltern ins Herz seiner Leser zu drücken und ihnen Tugend und wahren Edelmuth zu empfehlen.

7 Auch dieser Gesang enthält, wie sein kurzer Inhalt ergiebt, verschiedne rührende und mahlerische Vorfälle, wovon der Dichter einige nur mit einzelnen Zügen angiebt, so wie hier der Zulauf der Weiber und Töchter der Troer, die den grossen Hektor von allen Seiten umringen, um nach ihren Söhnen, Brüdern, Freunden und Gemahlen zu fragen, sehr natürlich und rührend ist. — Auch die kurze Beschreibung der Burg des Priamus:

> Wo aus zierlich gehauenen Steinen funfzig Zimmer
> Neben einander gebauet waren, Priamos Söhne
> Schliefen alle daselbst bey ihren züchtigen Weibern;
> Noch zwölf Zimmer unter dem Dach, aus Steinen gehauen,

Waren

in die Stadt von verschiednen Frauen und Töchtern umringt, die nach ihren Männern, Kindern, Brüdern und Verwandten fragen. Nahe beym Pallast des Priamus begegnet er seiner Mutter, und bittet sie, nach Helenus Rath, für Minerva in ihrem Tempel Geschenke und Opfer zu bereiten, damit die Göttin den Diomedes von Trojens Mauern entferne. Seine Mutter erfüllt diese Bitte, nimmt aus ihrem geruchreichen Zimmer einen kostbaren Schleyer, geht mit den Trojanischen Frauen zum Tempel, betet

---

Waren neben einander gebauet, die Eidame Priams
Schliefen alle dort mit ihren züchtigen Weibern:

— das Begegnen Hektors mit seiner zärtlichen Mutter, die zu einer von ihren Töchtern geht, nahe beym Pallast, — die innige Freude und der Wunsch dieser Mutter, ihrem Sohne einige Erquickung zu bringen, und endlich ihre geschäftige Sorgfalt, aus ihrem innersten Gemache das schönste Gewand zu holen, um es der Minerva zu opfern, — diess alles sind Beschreibungen, worin die einfältige Wahrheit und das Natürlichschöne gefällt. Beym ersten Anblick scheint es leicht, dergleichen in ein Gedicht einzuweben, aber es recht und schicklich zu thun ist schwerer, als man gewöhnlich denkt. Homer hat hierin den Dichtern herrlich vorgeleuchtet, aber nirgend hat man seine Fusstapfen so sehr verlassen, als hier.

[8] betet zur Göttin und thut ihre Gelübde. — Hektor mit seinem eilf Fuſs langen Speer in der Faust, dessen eherne Spitze von fern blizt, kommt zum Paris, und ermahnt ihn mit allem Ernst zum Gefecht; dieser ist bereit dazu; doch bey dieser Gelegenheit klagt [9] Helena gegen Hektor über die Feigheit ihres Gemahls, und bittet ihn, sich neben ihr zu setzen. — Hektor,

---

8 Wie sie hier ankommt, öfnet ihr die Thür die schöne Theano, die Gattin des muthigen Antenor, welche die Troer zu Minervens Priesterin verordnet hatten:

Und nun hält das Gewand Theano mit rosichten Wangen
Legt es auf die Kniee der schön gelockten Athänä,
Und gelobet mit flehender Stimme der Tochter Kronions:
Hohe Pallas, Städtebeschirmerin, edelste Göttin,
Brich die Lanze des Diomädäs u. s. w.

9 Helena, überzeugt, daſs Hektor blos um Paris und ihrentwillen so viele Gefahren erdulden muſs, weiſs nicht Worte zu finden, die stark und kräftig gnug wären, um ihren tapfern Schwager zu beruhigen. Sie verwünscht die Stunde ihrer Geburt, und die, in der sie Paris zuerst sah, beschuldigt ihn des Wankelmuths und der Feigheit, und sich selbst, daſs sie ihm gefolgt ist, giebt sich alle Mühe, um Hektor einige Zeit bey sich zu behalten, und ihn durch ihre Liebkosungen bey seinem Verdruſs aufzuheitern. — Wenn man auch hier sich die Umstände denkt, unter welchen dieſs alles vorgeht, so sieht man hier abermals die vorzügliche Menschenkenntniſs des Dichters.

tor, voll Verlangen, seine Gattin und sein Söhnchen zu sehn, und überzeugt, daſs seine Hülfe im Gefecht nothwendig ist, schlägt ihre Bitte ab, und ermuntert sie, ihren Gemahl anzutreiben, daſs er nicht zögre. Wie er darauf in seinem Hause ankommt, findet er seine Andromache und sein Kind nicht zu Hause. Doch die Mägde sagen ihm, daſs sie mit der Amme und dem Kinde eilig nach dem Thurm der Stadt gegangen sey, wie sie hörte, daſs die Trojaner von den Griechen geschlagen würden. Hektor eilt darauf aus dem Pallast fort, und beym Thor der Stadt [10] kommt ihm Andromache mit dem Kinde entgegen, fällt ihm um den Hals, beklagt,

---

10 Dieſs Begegnen der Andromache, und insonderheit das Verkriechen des kleinen furchtsamen Astyanax in den Busen seiner Amme, haben die gröſsten Tadler Homers als eine meisterhafte Schilderung preisen müssen. Ich weiſs nicht, ob man wohl alles Schöne in dieser Erzählung beobachtet hat; unter andern ist der Zug des Dichters, daſs Hektor, welcher der weinenden Andromache begegnet, mit schweigendem Lächeln auf sein geliebtes Kind blickt, natürlich schön, denn man sieht in diesem einzigen Zug des standhaften Helden Ruhe, Groſsmuth, Liebe für sein Kind, und vorsichtige Sorgfalt für seine zärtliche Gattin vortreflich geschildert.

klagt ihr Geschick, und fleht ihren Mann, um ihres unschuldigen Kindes und ihrer selbst willen bey ihr zu bleiben, da Hektor, nachdem sie Vater und Mutter, und sieben an Einem Tage vom Achilles getödtete Brüder verlohren hätte, ihr Vater, Mutter, Bruder und Gemahl zugleich sey. Hektor antwortet ihr, daſs, ob er zwar Trojens Einnahme vorher sehet, wo sie, ihm theurer als sein ganzes Geschlecht, vielleicht als [11] Sclavin würde weggeführt werden, er dennoch in der Vertheidigung seiner Stadt beharren und nicht zugeben wolle, daſs sein und seines Vaters Ruhm im mindsten befleckt

---

11 Das Harte dieser Sclaverey würde besonders darin bestehn, daſs sie in Griechenland unter dem Befehl einer andern stehn, für sie weben oder wider ihren Willen Wasser schöpfen müſste:

Sagen wird dann einer, wenn er dich weinend erblicket:
Siehe Hektors Weib! Er war der tapferste
Aller Roſsbezähmenden Troer, da wir um Ilion kämpften!
So wird einer sagen, und deine Schmerzen verdoppeln,
Wenn du dich sehnest nach mir, daſs ich vom Joche dich freyte!
O dann müsse mich des Grabes Hügel bedecken,
Ehe ich deines Geschreys vernehme, deiner Entführung!

Daſs das Wasserschöpfen bey den Alten eine sehr verächtliche Sclavenarbeit wär, weiſs man auch aus Josua IX, 27.

fleckt werde. — Er streckt darauf die Hände nach dem kleinen Astyanax aus, den die Amme auf dem Arm hält. Doch das Kind erschrickt vor dem glänzenden Helm seines Vaters und dem Federbusch, der vom Helm herabwallt, und schmiegt sich weinend an den Busen der Amme, worüber Vater und Mutter lächeln. Hektor nimmt darauf den strahlenden Helm vom Haupte, nimmt das Kind, küsst und wiegt es sanft in den Armen, [12] und fleht darauf Zevs, dass es noch tapferer werden möge, als sein Vater. [13] Endlich giebt er es der Mutter zurück,

---

12 Hektor, dem sein nahes Schicksal nicht unbekannt ist, fleht also:

Zeus! ihr andern unsterblichen Götter! lasset diess Knäblein
Werden, was ich bin, den Edelsten unter den Troern,
Tapfer und stark! Er müsse mit Macht in Ilion herrschen!
Dass man sage: Dieser ist besser noch, denn sein Vater!
Wenn man kehren ihn sieht von der Schlacht, mit blutiger Beute
Eines Erschlagnen; des müsse das Herz der Mutter sich freuen!

13 Homer, der sich immer gleich bleibt, fährt fort, um hier die zärtlichsten Empfindungen zu schildern. Man sieht hier das gemischte Gefühl von Freude und Schmerz, das so viele Weltweise zu entwickeln gesucht haben, auf die vollkommenste Art vorgestellt. Andromache, die das Kind vom Hektor wieder empfängt, weint und lacht. Ihr Mann giebt ihr

rück, die weinend ihren Gemahl verläſst, immer ihm nachſieht, und, [14] wie ſie zu Hauſe

ihr zu jenem, das Kind zu dieſem Anlaſs. — Hektor ſtreichelt ihr koſend die Hand mit freundlichen Worten:

> Liebes Weib, bekümmre dich nicht zu heftig im Herzen!
> Gegen das Schickſal wird mich keiner hinab zu den Schatten
> Senden; ſeinem Geſchick iſt wohl kein Menſch noch entronnen,
> Nicht der Feige, eben ſo wenig der tapferſte Streiter.
> Aber gehe heim zu deiner Arbeit, zur Spindel
> Und Gewebe, vertheile den Mägden ihre Geſchäfte.
> Laſs den Männern die Sorge des Krieges, unter den Männern
> Mir beſonders am meiſten vor allen Söhnen von Troja.

Horazens Vorſchrift (Art. poët. v. 317.)

> Reſpicere exemplar vitae morumque — —
> — — — — — et vivas hinc ducere voces

hat Homer lange vor ihm in dieſem Geſang mit redenden Beyſpielen gelehrt.

14 Es iſt beynahe unmöglich, alles hier anzuführen, was unſer Gefühl erweckt. — Wie die traurige Andromache zu Hauſe kommt, klagen alle ihre Mägde mit ihr, und beweinen den noch lebenden Hektor:

> Denn ſie meynten, er kehrte nicht wieder zurück von der Feldſchlacht;
> Würde nicht den mächtigen Händen der Griechen entrinnen.

Clarke glaubt, daſs nichts beſſers gedacht und gefälligers geſagt werden kann, um die Affekten in Bewegung zu ſetzen, als das, was der Dichter hier anführt. Ich füge noch hinzu, daſs,

Hause kommt, ihn mit ihren Mägden beweint, ganz hofnungslos, ihn je wieder zu sehn. — Indess begiebt sich Hektor mit [15] Paris

---

dass, je mehr Wahrscheinlichkeit in simpeln Erzählungen sich findet, diese Erzählungen uns um so viel mehr rühren, und dass die unverfälschte Wahrnehmung eines einzelnen Falles im menschlichen Leben oft mehr beyträgt, den Verstand zu schärfen und die Sitten zu bessern, als die ausstudirtesten künstlichsten Reden thun können. In keiner Sache hat Homer alle übrige Dichter so sehr übertroffen als in dieser Empfindung des wahren Schönen, die man nicht zur Unzeit suchen, sondern welche die Natur von selbst darbieten muss.

15 Paris, durch das starke Zureden der Helena und die wichtigen Gründe Hektors ermuntert, legt eine schöne Rüstung an, verlässt sein Schlafgemach, eilt durch die Stadt, und begiebt sich frölich ins Lager:

— — — — — den schnellen Füssen vertrauend,
Wie ein Ross, das lang an seiner Krippe geruhet,
Seine Banden zerreisst, und stampfend die Fluren durcheilet
Zum gewohnten Bade des lauterwallenden Stromes;
Freudig und stolz erhebt es das Haupt, ihm wallen die Mähnen
Ueber die Schulter, es trotzet auf seine Schönheit, die Kniee
Tragen es leicht zur vorigen Weide, zur Weide der Stuten:
So ging Priamos Sohn herab von Pergamos Höhe u. s. w.

Virgil, **Tasso** und **Voltaire** haben dies Bild so schön gefunden, dass sie es in ihren Gedichten nachgeahmt haben. Auch unser Dichter bedient sich desselben Bildes noch einmal im 15ten Gesange V. 253 fgg.

ris [16] wiederum zur Stadt hinaus ins Lager.

---

16 So muthig auch Paris ſeyn mag, ſo fürchtet er doch, der ernſtlichen Ermahnungen ſeines Bruders eingedenk, ihn wiederum zu beleidigen, und entſchuldigt ſich bey ihm über ſeine ſpäte Ankunft. Hektor antwortet ihm, daſs er nie an ſeinem Muth, aber wohl an ſeinem Willen gezweifelt habe, daſs es ihn kränke, die ſchmähligen Vorwürſe zu hören, welche ihm die Trojaner, die für ihn ſo vieles erduldeten, beſtändig machten, doch, ſetzt er hinzu:

— — — — das wollen wir alles nach dieſem vergleichen,
So uns Zeus, ſo uns die ewigen Himmelsbewohner
Noch gewähren, den Becher der Freyheit zu kränzen, ſo bald wir
Haben von Troja verjagt die erzgepanzerten Griechen!

Inhalt des siebenten Gesanges.

1 Hektor und Paris nehmen, nach ihrer Ankunft ins Lager, einigen Griechen das Leben. Minerva, die dieſs bemerkt, kommt vom Olymp,

Erläuterungen zum siebenten Gesange.

1 Die Freude der Trojaner bey der Zurückkunft des Hektor und Paris wird mit der Freude des Schifsvolks verglichen, dem gegen einen heftigen Strom aufrudernd die Arme vor Müdigkeit sinken, und dem nun der Himmel einen günstigen Wind zusendet. Diese Vergleichung kommt mit der überein, deren sich der Dichter im fünften Gesange der Odyssee V. 394 bedient. Ulysses, der Schifbruch gelitten hatte, war unter dem Heulen der Winde und Brausen der Wellen zwey Tage und zwey Nächte auf der See umhergeschwärmt. Mit dem Anbruch des dritten Tages:

Siehe da ruhte der Wind; von heiterer Bläue des Himmels
Glänzte die stille See. Und nahe sah er das Ufer,
Als er mit forschendem Blick von der steigenden Welle dahin sah.
So erfreulich den Kindern des lieben Vaters Genesung
Kommt, der lange schon an brennenden Schmerzen der Krankheit
Niederlag und verging, vom feindlichen Dämon gemartert;
Aber ihn heilen nun zu ihrer Freude die Götter:
So erfreulich war ihm der Anblick des Landes und Waldes.

Beyde Vergleichungen sind schön, und voll von Empfindung. Wie glücklich könnten sich ihrer unsre heutigen Dichter bedienen!

Olymp, und verabredet mit Apollo, dem sie begegnet, den Streit der Griechen und Trojaner zu endigen, und einen aus den Griechen zu wählen, mit welchem Hektor in einem Zweykampf izt den Streit entscheiden soll. Helenus, der diess erfährt, giebt seinem Bruder Hektor davon Nachricht. Hektor, darüber erfreut, tritt, mit dem Spiesse in der Hand, vor, und heisst die Trojaner sich lagern. Ein gleiches thut Agamemnon bey den Griechen. Minerva und Apollo setzen sich indess [a] gleich fliegenden

---

a Um nicht in den Fehler zu fallen, den ich an manchen Auslegern tadle, die bey leichten Stellen des Dichters lange verweilen und hingegen schwere mit Stillschweigen vorbeygehen, halt ich für Pflicht, auch die Stellen, die beym ersten Anblick dunkel, unwahrscheinlich, oder gar ungereimt scheinen, zu berühren. Das z. E. scheint der Fall hier zu seyn, wo Homer die Götter die Gestalt von Vögeln annehmen und sie so mit der Betrachtung der menschlichen Thaten sich belustigen läst. Allein man muss sich auch hier in die Idee der ältesten Zeit zurückdenken, nach der man sehr allgemein anzunehmen pflegte, dass Götter und Göttinnen sich unter der Gestalt hochfliegender Vögel zu verbergen gewohnt wären. Eustathius bemerkt in einer von Wetstein bey Matth. III. 16. angeführten Stelle, dass der Dichter gewohnt ist, seine Götter mit Vögeln zu vergleichen, welches viel schicklicher sey, als sie kriechenden Thie-

den Geyern auf einer hohen Buche nieder, um sich an dem Anblick der Helden zu ergötzen. — [3] Nachdem sich beyde Völker eilig gelagert haben,

---

Thieren gleich zu setzen, da das Fliegen den Himmelsbewohnern natürlich und eigen sey. — So meynt auch Gellius (B. IX. K. XI.) daſs eine gewisse göttliche Kraft den Raben beseelte, der nach Livius Erzählung (B. VII. K. XXVI.) sich auf das Haupt des M. Valerius setzte, um ihn, da er gegen die Gallier focht, zu vertheidigen. In den ältesten Dichtern findet man verschiedne Dinge, die sich auf alten Ueberlieferungen und Volksbegriffen, die für uns verloren und eben darum uns unbekannt sind, gründen. Schon in der Vorrede hab ich bemerkt, daſs es Verwegenheit seyn würde, wenn wir itzt über ihren Werth oder Unwerth ein entscheidendes Urtheil fällen wollten. — Auch wundre man sich darüber nicht, daſs der Dichter sagt, die beyden Gottheiten ergötzten sich über die Thaten der Menschen; denn selbst der philosophische Plato trägt kein Bedenken zu sagen, daſs das Menschengeschlecht die Spielpuppe der Gottheit sey. (B. VII von den Gesetzen)

3 Das Geräusch der klingenden Schilde, Helme und Spiesse der Krieger, da sie sich niedersetzen, beschreibt der Dichter mit diesem Bilde:

Wie, wenn Windes Schauer auf Schauer sich über die Wogen
Wälzen, immer schwärzer erhebt das brausende Meer sich;
Also sassen dicht gereihet die Schaaren der Troer
Und Achaier im Felde.

ben, [4] stellt Hektor den Griechen die Sache vor. Sie schweigen anfangs alle. Endlich steht Menelaus auf, verweist ihnen ihre Feigheit, und, überzeugt daſs von den unsterblichen Göttern der Sieg abhängt, erbietet er sich muthig zum Kampf mit Hektor. Doch Agamemnon widerräth ihm dieſs dringend. Menelaus

4 Bey dieser Vorstellung bedingt Hektor insonderheit, daſs, wenn er überwunden werden sollte, man seine Waffen mit zu den Schiffen nehmen, seinen Körper aber nach Troja zurück senden soll; hingegen wenn er überwände, so wolle er auch nur die Rüstung rauben, den Körper aber zu den Schiffen bringen lassen, damit die Griechen ihn bestatten und an der See ihm ein Grabmaal errichten könnten, damit die da vorbeyfahrenden Nachkommen noch sagten:

Siehe dort das Maal von einem Helden der Vorzeit!
Tapfer war er!, ihn tödtete Hektor der hochberühmte!
So wird einer sagen, mein Ruhm wird ewig bestehen!

Man sieht in diesem Zuge das edle aber ruhmsüchtige Herz des Hektors, der nicht will, daſs sein Ruhm verloren gehe. Und hierin läſst Homer, der immer die besonderen Charaktere seiner Helden vortreflich zu beobachten weiſs, und auch darin für unsre Dichter ein herrliches Muster ist, auch seinen Hektor sich immer gleich bleiben. Denn noch kurz vor seinem Tode ruft er (Gesang 22, V. 300 fgg.) aus:

Auf dann, feige will ich nicht, und ruhmlos nicht sterben,
Will noch Thaten thun, der sich die Enkel erinnern!

nelaus giebt diesen Gründen Gehör, [5] und läſst seinen Vorsatz fahren. Nestor [6] beklagt sich

---

5 Freude und Vergnügen zeigt sich in den Mienen der treuen Genossen des Menelaus, da sie ihm seine Rüstung, die er schon angelegt hatte, mit Hektor zu kämpfen, wieder von den Schultern herabziehn.

6 Natürlich und nachdrücklich ist diese Klage Nestors, da er zuerst ausruft:

O der Trauer, der Schmach fürs vaterländische Argos!
Solches wird der rossetummlende graue Päleus,
Edler Redner und Rath der Mürmidonen bejammern,
Welcher daheim in seinem Palaste mich fragte, sich freuen
Aller Argeier Geschlecht und ihre Kinder erforschen.
Höret er nun, daſs alle zugleich vor Hektor erstarren;
O so wird er die flehenden Hände den Göttern erheben,
Daſs bald fahre hinab zum Aidäs die Sele des Helden!

Alsdann spricht Nestor wieder von seinen vorigen Tagen und wünscht sie zurück. Insonderheit erzählt er, wie er in der Blüte seines Lebens den grossen und starken Ereuthalion überwand, der voll Stolz auf die eiserne Keule und starken Waffen des berühmten Königs Areithoüs, die vom Mars abstammten und welche Lykurgus ihm geschenkt hatte, jeden herausfoderte, um mit ihm zu fechten, doch mit dem niemand sich einlassen durfte:

Aber mich reizte die muthige Sele, mit ihm zu kämpfen,
Mir vertrauend; und doch war ich von allen der jüngste,
Und ich kämpfte mit ihm, Ruhm gab mir Pallas Athänä.
Da erschlug ich den gröſsten, erschlug den stärksten der Streiter,
Ausgestreckt bedeckte das Ungeheuer den Boden.

ſich darauf auch über die Feigheit der Griechiſchen Helden, und wünſcht die Jahre ſeiner Jugend zurück, um mit Hektor zu fechten. Nun [7] ſtehn neun Helden auf einmal auf, und erbieten ſich zum Zweykampf mit Hektor. Auf Neſtors Rath müſſen dieſe [8] looſen, und das

---

Dieſe umſtändliche Erzählung iſt im Munde des alten Neſtors nicht nur ſehr ſchicklich, ſondern das ſichtbare Vergnügen, womit der Greis im Erzählen noch den groſſen Ereuthalion fallen und auf der Erde ausgeſtreckt liegen zu ſehn ſich einbildet, gehört auch zu den feinen und natürlichen Zügen, wodurch man dichtriſchen Beſchreibungen das rechte Leben giebt.

7 Dieſe Helden ſind Agamemnon, Diomedes, die beyden Ajaxe, Idomeneus, Meriones, Eurypylus, Thoas und Ulyſſes. Von jedem führt der Dichter etwas an, um uns ihre Tapferkeit und übrigen Umſtände kennen zu lehren.

8 Dieſs wird auf folgende Weiſe beſchrieben:

— — Alle bezeichneten ihre Looſe,
Warfen ſie in den Helm des Königs Agamemnon,
Aber das Heer erhub empor zu den Göttern die Hände;
Alſo flehte mancher, die Blicke gen Himmel gerichtet:
Vater Zeus, gieb Ajas, oder dem Sohne des Tüdeus,
Oder Agamemnon das Loos, dem Herrſcher Mükänäs.
Alſo fleheten ſie, nun ſchüttelte Neſtor die Looſe;
Und es entſprang dem Helm das Loos, von allen gewünſchet,
Ajas Loos. Der Herold trug es umher in dem Kreiſe
Dieſer Helden, zuerſt von der rechten Seite beginnend;

Und

das Loos trift, nach aller Wunsch, den Ajax, der darüber innigst erfreut, die Griechen bittet, zum Zevs um seinen Segen zu flehn, während er die Waffen anlegt. 9 Nach einer kurzen

---

Und es ward von keinem erkannt, von allen geleugnet,
Bis er weiter gehend im Kreise den Helden erreichte,
Welcher es hatte gezeichnet, und in den Helm es geworfen,
Ajas der edle, er reichte die Rechte, da gabs ihm der Herold,
Und es kannte sein Zeichen der Held, und freute sich herzlich,
Warf zur Erde nieder das Loos und sprach zu den andern
u. s. w.

9 Schön ist die Beschreibung des Ajax, der, gleich dem kriegrischen Mars,

Fürchterlich lächelnd, mit grossen Schritten, mit bebender Lanze

und einem ungeheuren Schilde, vom Künstler Tychius verfertigt, einhergeht:

Seines Anblicks freute sich sehr das Heer der Argeier;
Aber Schrecken durchzittert die Glieder der schauenden Troer,
Hektorn wallte klopfend das Herz — —

Plutarch hat sehr richtig bemerkt, dass der Dichter den Helden allein so beschreibt, dass er nicht ohne Empfindung ist und ihm das Herz klopft; da hingegen die übrigen Troer, um den Vertheidiger ihrer Stadt besorgt, zittern und beben. Auch Cicero (Tusc. Quaest. IV, 22.) findet in der Ruhe und Sanftmuth, womit sich beyde, von Bitterkeit und Wuth weit entfernte Helden einander begegnen, viel Schönes, doch scheint er nach Clarkens Urtheil diese Stelle nicht recht verstanden zu haben.

zen Anrede beginnt das Geſecht zwiſchen Hektor und Ajax. Beyde fechten heftig, gleich gierigen Löwen und ſtarken muthigen Ebern. Zuletzt greifen ſie ſich mit Steinen und Schwerdtern an, und das Geſecht würde bis in die Nacht fortgedauert haben, wenn es nicht [10] durch die Zwiſchenkunſt zweyer Herolde der Grie-

---

10 Nachdem der gewaltige Kampf zwiſchen den zwey Helden ſehr genau beſchrieben iſt, ſtellen ſich mit ihren Stäben Thaltybius und Idaeus, dieſer ein Troer, jener ein Grieche, zwiſchen die Helden, und Idaeus ſagt zu ihnen;

> Lieben Kinder, wollet nicht länger ſtreiten im Kampfe,
> Denn euch liebet beyde Kronion der Wolkenverſammler.
> Mächtige Helden ſeyd ihr, das haben wir alle geſehen;
> Aber es nahet die Nacht, und dieſer muſs man gehorchen.

Gellius (N. A. L. XIII. c. 23.) bemerkt, „daſs Homerus inſonderheit bey Beſchreibungen von Gefechten zuweilen gleichlautende Worte gebraucht; wie hier, da Idaeus vom Streiten und Kämpfen ſpricht: Streitet und kämpft nicht länger. Und er behauptet nicht ohne Grund, „daſs ſolche Wiederholungen mit ſehr viel Kunſt geſchehn ſind und man nicht denken muſs, daſs das zweyte Wort nur hinzugeſetzt ſey, um den Vers anzufüllen, welches matt und thörigt ſeyn würde. Vielmehr, weil Idaeus ſich auf eine ſanfte Art der Wuth, Begierde und Beharrung im Kampf, die beyde nach Ruhm eifrig ſtrebende Helden beweiſen, widerſetzen wollte, muſste er ihnen das Schreck-

liche

Griechen und Trojaner abgebrochen wäre. [11] Beyde Helden sind damit zufrieden, geben einander Geschenke, und zurückgekehrt zu den ihrigen, werden sie von ihnen freudig empfangen. Agamemnon selbst richtet ein Mahl an, auf welchem er [12] Ajax mit einem grossen Stü-

liche des Falles durch zwey beynahe gleich lautende Worte einprägen, und so seiner Ermahnung doppelte Kraft geben." — Man findet mehr solcher Dinge bey unserm Dichter, die uns anfangs fremd vorkommen, und wovon wir nicht so gleich Grund anzugeben wissen, die sich aber durch anhaltende Uebung sehr wohl auflösen lassen. Und wenn irgendwo Behutsamkeit im Urtheile Pflicht ist, so ist sie es besonders bey solchen Schriftstellern, bey denen wir, ihres hohen Alterthums ungeachtet, so viele Schönheiten antreffen, als beym Homer.

11 Mit nicht geringem Vergnügen sieht man, wie diese zwey Helden den Kampf endigen. Ajax will nicht weichen, bis Hektor, der zuerst die Ausfoderung gethan hatte, sich selbst zu einem Waffenstillstande erbietet. Hektor thut diess auf die edelste Art, er preist die Kraft und Weisheit und Grösse des Ajax, und wünscht, dass er bey seiner Rückkehr seinen Freunden und Genossen nicht minder Freude verschaffen möge, als er selbst den um seine Erhaltung flehenden Troern machen werde.

12 Diess muss man der Gewohnheit jener Zeiten zuschreiben. So sieht man auch im alten Testament, dass die Patriarchen und Kriegshelden keine geringe Ehre darin setzten, wenn

Stücke Feisch beschenkt. Nachdem das Mahl geendigt ist, räth Nestor den Griechen zu einem Waffenstillstande, um die Umgekommnen, die hie und da zerstreut lagen, zusammenzuführen, sie zu verbrennen, und ihre Gebeine in Grabhügel, mit Thürmen zu Verschanzungen versehn, zu sammeln, um sie bey unsrer Rückkehr ins Vaterland mitzunehmen. — Auch die Trojaner halten eine Versammlung, worin [13] Antenor den Rath giebt, Helena samt ihren mitgebrachten Schätzen den Griechen zurückzugeben. Allein Paris erklärt, daſs er Helena

wenn ihnen bey feyerlichen Mahlen ein grosses Stück Fleisch zu Theil ward.

13 Horaz im zweyten Briefe seines ersten Buchs bemerkt, daſs Homer mit wahrer Weisheit die heftigen Leidenschaften thörigter Obrigkeiten und Unterthanen geschildert habe, und sagt mit Rücksicht auf diese Stelle, daſs, da Antenor alles das, was zum Kriege Anlaſs gegeben hat, aus dem Wege räumen will, Paris nicht gezwungen werden könne, glücklich zu leben und zu regieren, weil seine heftigen Leidenschaften ihn daran hindern. — Wie viele giebt es noch heut zu Tage, die Sclaven ihrer Leidenschaften sind, und eben daher das Leben nicht genieſsen, sondern von den Reitzungen der Liebe, oder was noch schlimmer ist, von Haſs, Neid, Abgunst, und Partheysucht

lena nicht, wohl aber ihre Schätze zurückgeben und noch von den seinigen dabey fügen will. Priamus räth darauf, die Mahlzeit zu nehmen, und am folgenden Morgen früh den Herold Idaeus zu den Schiffen der Griechen zu senden, um dem Agamemnon und Menelaus den Vorschlag des Paris bekannt zu machen und auch einen Waffenstillstand anzubieten. Idaeus vollzieht seinen Auftrag bey den Griechen. Diese nehmen den Stillstand an, verwerfen aber, insonderheit auf den Rath des klugen Diomedes, die übrigen Vorschläge. Nachdem die Trojaner hiervon Nachricht erhalten haben, [14] räumt man von beyden Seiten das Feld von Leichen auf, und verbrennt sie. Auch die

---

sucht getrieben den Pfad des Lebens, statt ihn sich mit Rosen zu bestreun, mit Dornen und Disteln bepflanzen. — Es ist gewiss keine geringe Pflicht des Dichters, durch lebendige Exempel seine Mitmenschen davor zu warnen.

14 Diess geschah in früher Morgenstunde, nicht ohne grosse Rührung, da jeder beym Waschen und Reinigen der todten Körper seinen Freund oder Verwandten erkennt, welche die Griechen und Troer auf Wagen legen und so zum Scheiterhaufen führen.

die Griechen errichten indeſs eine Mauer mit hohen Thürmen und Wällen umzingelt. Neptun beklagt ſich darüber beym [15] Jupiter. Der übrige Theil des Tages wird mit einer Mahlzeit durchgebracht, bey welcher die Griechen Wein, aus Lemnus angekommen, trinken, indeſs Jupiter die Trojaner des Nachts durch fürchterlichen Donner beunruhigt.

---

15 Jupiter tröſtet den Neptun damit, daſs er Macht und Gelegenheit gnug haben werde, die aufgeworfnen Wälle der Griechen, wenn ſie in ihr Vaterland wieder zurückgekehrt ſeyn würden, zu zerſtöhren, und gänzlich ins Meer zu werfen.

Inhalt des achten Gesanges.

Nachdem die Sonne wieder aufgegangen ist, ruft Zevs alle Götter und Göttinnen zusammen, und [1] befiehlt ihnen bey schwerer Strafe, nicht wei-

Erläuterungen zum achten Gesange.

1 Indem Zevs diesen Befehl giebt, beweist er zugleich seine Macht über alle Götter und Göttinnen durch diesen Zusatz:

Auf wohlan! versucht es, ihr Götter, damit ihr es wisset,
Eine güldene Kette hinab vom Himmel zu senken;
Hängt euch alle daran, ihr Götter und Göttinnen,
Dennoch zöget ihr nicht vom Himmel herunter zur Erde
Zeus, den waltenden Gott, mit eurer mühsamen Arbeit.
Aber wenn dann ich ergriffe die goldene Kette,
Zög ich in die Höhe mit euch das Meer und die Erde,
Wickelte um den Gipfel des hohen Olümpos die Kette
Dann, und sähe schweben das Meer und die Erd' und die Götter,
So viel mächtiger bin ich, als alle Götter und Menschen.

Diese goldne Kette des Zevs hat man schon frühe auszulegen und mit natürlichen Ursachen übereinstimmend zu machen gesucht. Meine Absicht ist nicht eine Menge von unterschiedenen Meinungen hier anzuführen. Die meisten Erklärungen kommen mir zu künstlich und weit hergeholt vor. Mich dünkt, dass der Dichter durch diese verblümte Art sich auszudrücken nichts anders hat anzeigen wollen, als theils die unbegreifliche Zusammenkettung aller Dinge in der ganzen Na-

weiter weder den Griechen noch den Trojanern Beystand zu leisten. Minerva bittet ihn, daſs ſie nur die Griechen mit gutem Rath unterſtützen

Natur unter einander, theils die Gröſſe und das Allvermögen des Weſens, dem alles unterworfen iſt, und welches das Ganze nach ſeinem Willen lenkt und regiert. So wenig ich auch geneigt bin, mit manchen alten Weltweiſen unſern Dichter myſtiſch zu deuten, ſo iſt doch nicht zu läugnen, daſs Homer, als Heldendichter, der Bewundrung erregen muſs, viele einfache Wahrheiten unter einem neuen und ungewöhnlichen Gewande den Menſchen vorgeſtellt und ſich darin nach den Begriffen und Gewohnheiten ſeiner Zeitgenoſſen gerichtet habe, von denen man annehmen muſs, daſs ihnen der Gebrauch ſolcher Metaphern ſehr geläufig war. Denn je höher man in der Geſchichte aufſteigt, ſo viel mehr entdeckt man dieſe verblümte Art des Ausdrucks, die in unſern Tagen minder gebräuchlich iſt und eben daher unſern heutigen Dichtern die Gelegenheit raubt, dem Theil ſeiner Pflicht, neue Dinge zu ſchaffen, und durch eine geiſtreiche Erfindung Verwunderung und Vergnügen zu erwecken, hinlänglich Gnüge zu thun. — Wer über dieſe goldne Kette noch mehr Erläuterungen wünſcht, den verweiſe ich auf Herrn Boivin Abhandlung in den *Memoires de l'Acad. des Inſcr. et Bell. Lettr.* T. VII. p. 411. — Dieſer Schriftſteller meynt, daſs Homer, den Fuſs des Olymps in den Himmel geſetzt, und ſeine Spitze nach der Erde gerichtet, vorgeſtellt habe, und er ſucht dieſs ſowohl aus einigen Stellen des Dichters, als auch aus aſtronomiſchen und geographiſchen Grundſätzen, worin er gleichwohl nach ſeiner eignen Verſichrung nicht ſehr bewandert iſt, näher zu beweiſen.

ſtützen darf. Dieſs weigert ihr Zevs nicht, der nun mit ſeinem herrlich geſchmückten Wagen und ſchnellfliegenden Roſſen ſich auf den Gipfel des Berges Ida begiebt, und Griechen und Trojaner das Gefecht wieder anfangen ſieht. Dieſs iſt bis zu Mittage ſehr blutig. Und nun [2] faſst Jupiter ſeine goldne Wagſchale, und legt die Schickſale beyder Völker hinein. Die Schale der Griechen ſinkt tief hinab zur Erde, und der Trojaner ihre ſteigt bis zum Himmel empor. Zevs ſendet darauf ſeinen Blitz und Donner unter die Griechen, die darüber erſchrocken alle zurückweichen, Neſtor allein ausgenommen, deſſen Eines Pferd von Paris mit einem

---

2 Dieſe Idee, daſs die Schickſale der Menſchen und Völker von der Gottheit mit einer Wage in der Hand beſtimmt werden, war ſchon in den erſten und älteſten Zeiten ſehr allgemein. Man ſehe Hiob XXXIII, 6. und inſonderheit im Anhange des Buchs Eſther Kap. X, 9. 10. an welcher letzten Stelle Grotius dieſe Worte unſers Dichters anführt. Es ſcheint, daſs man glaubte, man könne die gerechten Handlungen des höchſten Weſens den Menſchen nicht ſinnlicher und klärer darſtellen als unter dem Bilde des unpartheyiſchen Looſes und der richtigen Wage. — Man vergleiche hiemit die 12te Anmerkung des 22ſten Geſanges, wo Zevs ebenfalls die Schickſale des Achilles und Hektors, die er in ſeiner goldnen Wage abwiegt, entſcheidet.

einem Pfeile getroffen, sich bäumet. — Diomedes, der vergebens den Ulyss zu Hülfe ruft, nimmt den Greis auf seinen Wagen und rettet ihn, greift darauf den Hektor an und tödtet dessen Wagenführer Eniopeus. Hektor nimmt so gleich einen neuen muthigen Führer, den Archeptolemus. Und nun wäre blutiges Morden erfolgt, und die Trojaner wären wie Lämmer in ihre Mauern getrieben; hätte nicht [3] Zevs seinen flammenden Blitz vor Diomedens Wa-

3 Es verdient abermals unsre Bemerkung, dass das Wunderbare, das man beym Homer antrift, oft sehr viele Uebereinstimmung mit den Zeichen und Wundern hat, von denen in den Schriften des A. T. mehr als einmal geredet wird. Nachdem Jupiter das Schicksal der Griechen und Trojaner mit seiner goldnen Wage entschieden hat, schleudert er nicht nur ins Lager der Griechen, sondern auch vor die Pferde des Diomedes schreckliche Blitze und Donner hinab. Man vergleiche hiemit 2 Sam. VII, 10. und die Worte des Dichters Ps. XVIII, 14 fg. — Nichts ist inzwischen natürlicher, als den offenbaren Willen des höchsten Wesens aus diesen Ehrfurcht und Entsetzen erregenden Erscheinungen des Donners und Blitzes abzuleiten, und darum haben auch geschickte Dichter, die den Eindruck dieser Naturwirkungen auf die Gemüther der Menschen kannten, sich ihrer oft glücklich bedient. Ueberhaupt ist es eine in der Natur der Dinge gegründete Vorschrift, dass man in wichtigen Fällen, wo es darauf ankommt, um den entscheidenden Willen des höchsten

Wagen und Rossen geworfen, so dass Nestorn die Zügel entfielen. Der Greis räth darauf dem Diomedes zurückzuweichen, weil keiner, auch der Tapferste nicht, des allmächtigen Zevs Vorhaben hindern kann, der bald diesem, bald jenem, den Sieg giebt. Diomedes, [4] wiewohl ungern und unentschlossen, weicht vor Hektor, der

---

sten Wesens darzustellen, von allem dem Gebrauch mache, was in den Augen und Ohren der Menschen schrecklich und fürchterlich ist; man mag diess nun durch Erdichtungen, die allen Schein der Wahrheit haben, oder durch ausgeschmückte Anwendung würklicher Begebenheiten thun. Denn eben dadurch setzt sich der Dichter am besten in Stand, um Ehrfurcht vor der Gottheit in den Seelen der Menschen zu bevestigen. — Uebrigens bemerkt man hier mit Recht, dass die Beschreibung dieses Gefechts zwischen den Griechen und Troern mit zu den vortreflichen Gemählden gehört, wodurch Homer seinen Gedanken Kraft und Leben gegeben hat, so dass ein geschickter Mahler, der zu gefallen wünscht, nur in allen einzelnen Umständen den Ideen folgen darf, die ihm der Witz des Dichters verschaft.

4 Die bekannte Tapferkeit und Kühnheit des Diomedes wird hier wieder dem Leser sehr treffend vorgestellt, indem er Nestorn, der ihm den Rath giebt, zu weichen, die Antwort giebt:

Greis, das alles ist wahr, du hast mit Weisheit gesprochen;
Aber ein heftiger Schmerz hat meine Seele durchdrungen.
Nun wird Hektor sagen in seines Volkes Versammlung:

Mich

der auf ihn [5] schimpft, voll Feuer die Seinen zum Gefecht ermuntert, und auch [6] seinen Pferden, denen er die ihnen bewiesenen Wohlthaten vorhält, Muth einspricht, um zu eilen, und mit ihm Nestor und Diomedes ihrer Waffen zu berauben. Juno misgönnt diesen Sieg dem Hektor, redet vergebens den Neptun an, und

---

Mich hat Tüdeus Sohn bis zu den Schiffen geflohen.
O daſs mir alsdann der Schooſs der Erde sich aufthät!

Hierauf beruhigt der weise Nestor den ehrsüchtigen Geist des Diomedes dadurch, daſs er ihm sagt, daſs, wenn auch gleich Hektor so spräche, dennoch die Troer und ihre Frauen, deren blühende Männer und Freunde Diomedes in so grosser Menge getödtet hätte, ihm nicht glauben würden.

5 Er sagt zu ihm:

Tüdeus Sohn, dich ehrten die Griechen beym kriegrischen Mahle
Mit dem Sitze, mit Fleisch und vollgegossenen Bechern.
Künftig werden sie dich als schwach und weibisch verachten!
Fleuch, du feiges Mädchen, ich werde nimmer dir weichen;
Nimmer wirst du Ilions Mauer besteigen, die Weiber
Nicht in Schiffen entführen; ich werde bald dich ermorden.

Diomedes kehrt darauf dreymal mit seinen Pferden um, mit Hektor zu fechten, doch dreymal halten ihn auch die schweren Donner des Zevs zurück.

6 Viele haben diese Stelle des Homer, worin er Hektor gegen seine Pferde sprechen läſst, getadelt und für unwahrschein-

und das feindliche Feuer hätte die Schiffe der Griechen vernichtet, wenn nicht die Göttin die

---

scheinlich erklärt; allein, wenn die Beredsamkeit fodert, jedem Dinge Gehör, Stimme und Empfindung zu geben, wie viel nothwendiger ist diess in der Dichtkunst, die fast ganz für die Einbildungskraft arbeitet? Und wie kann man einen tapfern Helden lebhafter als so schildern, dass er in seiner edeln Hitze selbst seinen Pferden, von deren Betragen er im vorhabenden Kampf sich vielen Vortheil versprechen kann, seine tapfern Entschlüsse mittheilt, und sie aufmuntert, ihm zur Erlangung des Sieges behülflich zu seyn? — Sieht man nicht oft im gemeinen Leben, dass Menschen ihre Reden an Thiere richten, mit denen sie täglich umgehn? Mancher Jäger, voll Eifer das Wild zu fangen, redet seinen Jagdhund an. — In Häusern hört man Männer, Frauen, Kinder, Dienstboten gegen die Thiere des Hauses sprechen, eben als ob sie von ihnen verstanden werden, und Antwort erhalten könnten. — Der berühmte Hr. Heyne in seinen Anmerkungen zu Virgils Aeneis X, 857 fgg. bemerkt mit Recht, dass diese Gewohnheit sehr natürlich ist. Homer sucht immer uns die wahre Beschaffenheit der Menschen vorzustellen und mit den gewöhnlichen Wirkungen ihrer Neigungen uns bekannt zu machen. Findet man bey dieser Behandlung auch hie und da in ihm etwas ungemeines oder uneigentliches, so nenne man darum sein Verfahren noch nicht ungereimt, sondern sehe vielmehr auf die einfachen Zeiten zurück, in welchen er lebte, und wo das Reden mit Thieren gewöhnlicher war als itzt. Ja d'Avieux in seinen Reisen bemerkt, dass unter den einfältigen Arabern, mit welchen er umgieng, die Gewohnheit, mit Thieren zu sprechen, sehr allgemein war.

die Griechen und besonders den Agamemnon aufgemuntert hätte. Agamemnon fleht hierauf in ernsten Gebeten zum Zevs, [7] der, von Mitleiden mit den Griechen gerührt, ihnen ein [8] gutes Vorzeichen sendet; [9] worauf sie mit altem

---

7 Agamemnon, der mit lautdurchdringender Stimme die Seinen aufmuntert, und Zevs mit Thränen in den Augen um den Sieg fleht, steht auf dem Schiffe des Ulysses, das in der Mitte lag, damit man ihn sowohl auf dem Schiffe des Ajax, des Sohns des Telamon, als des Achilles, die an beyden Seiten die äussersten waren, hören könnte. Dieser Stand und das ernstvolle Betragen des Agamemnon vermehren nicht wenig den Antheil, den man an den gefährlichen Umständen, in welchen sich die Griechen befinden, zu nehmen genöthigt ist.

8 Die gute Vorbedeutung besteht hierin: den Griechen zeigt sich ein schnellfliegender Adler, der in seinen Klauen ein junges Reh hält, das er grade am Altare niederfallen läst, wo man dem grossen Zevs Opfer brachte.

9 So bald nur einige Hofnung zur Herstellung der Griechen sich zeigt, ist der tapfre Diomedes wieder sich selbst gleich, und der erste, der zum Vorschein kommt. Er wirst seine Lanze grad in den Rücken zwischen den Schultern des fliehenden Agelaus so gewaltig, dass die Lanze die Brust durchdringt, und Agelaus stürzt

Hoch vom Wagen herab, von seiner Rüstung umrasselt.

Die übrigen Helden, die im vorigen Gesange nebst Thoas und Ulysses sich erboten, mit Hektor zu kämpfen, Agamemnon,

altem Muth wieder in die Trojaner dringen und ihrer viele umbringen. Insonderheit zeichnet sich auch [10] Teucer durch seinen Muth aus, indem er viele Trojaner tödtet. — Agamemnon preist ihn deswegen. — Auch den Hektor sucht Teucer zu treffen, aber sein Pfeil trift Hektors Bruder [11] Gorgythion, und seinen Wagenführer Archeptolemus. Ihn selbst trift Hektor mit einem scharfen Stein, doch schützt ihn sein Bruder Ajax mit seinem Schilde, und seine Freunde Mezisteus und Alastor tragen ihn zu

---

mnon, Menelaus, beyde Ajaxe, Idomeneus, Meriones, und Eurypylus folgen dem tapfern Diomedes ins Gefecht.

10 Vom Teucer, dem neunten unter den Helden, von welchen hier geredet wird, sagt der Dichter, daſs er als ein sehr geschickter Bogenschütze, wenn er einen der Feinde getroffen und getödtet hatte, sich beständig zurück zog, und unter dem Schilde des Ajax sich sicher verbarg

— — — wie ein Kindlein hinter der Mutter.

11 Diesem Gorgythion, einem tapferen Sohn des Priamus und der schönen Kastianira, von einem Pfeil in die Brust getroffen, sinkt das Haupt, vom Helm beschweret:

Wie dem blühenden Mohn sein Haupt zur Seite herabsinkt,
Wenn die Frucht ihn beschwert und Regenschauer des Lenzes

zu den Schiffen. [12] Hektor verfolgt die Griechen und erhält über sie einen völligen Sieg. Juno meldet diess Minerven; und diese beklagt sich über Zevs, dem sie durch die Erhaltung seines Sohns Herkules unter der schweren vom Eristheus ihm aufgelegten Last so wichtige Dienste geleistet hatte. Beyde wollen darauf [13] ins Lager ziehn. Jupiter bemerkt diess, [14] ergrimmt, und sendet so gleich Iris zu ihnen, mit

---

12 Hektor verfolgt die Griechen:

Wie ein tapfrer Hund, den schnellen Füssen vertrauend,
Einen Löwen oder den Keuler des Waldes verfolget,
Bey den Lenden ihn fasst, und, ob er sich wendet, in Acht nimmt. —

Diese Vergleichung ist sehr treffend, wenn man die Tapferkeit der Griechen und Trojaner, nach Homers Beschreibung, gegen eiander hält.

13 Dieser Zug der Göttinnen wird hier wieder fast mit derselben Annehmlichkeit und Schönheit beschrieben, wie im fünften Gesange, nur mit dem Unterschiede, dass die Erzählung hier viel kürzer und mit dieser Geschichte übereinstimmender ist, indem sich dort die Göttinnen mit aller Pracht nach dem Olymp und hier aus dem Olymp mit ihrer Waffenrüstung zur Erde begeben.

14 Insonderheit ist er auf Minerva erbittert, die er liebte, und von deren Verstand und Einsichten er ein ander Betragen erwartet hatte, da er hingegen wohl weiss, dass Juno längst

mit Befehl, den Griechen keine Hülfe zu leisten. Iris begegnet den reisefertigen Göttinnen an den Pforten des Olympus, und macht ihnen Jupiters Willen bekannt, dem sie gehorsamen. [15] Zevs verläſst darauf den Berg Ida, kommt selbst in den Olymp und erklärt, daſs wenn diese Göttinnen sich wieder in den Streit mischen, er sie in ihren Wagen mit seinen Blitzen so treffen wolle, daſs sie nicht wieder in den Sitz der unsterblichen Götter zurückkommen würden. — [16] Minerva schweigt dazu. Juno aber

---

längst gewohnt ist, sich ihm in seinen Rathschlüssen zu widersetzen. Wer in diesem einzelnen Zuge die gewöhnlichen Wirkungen der Leidenschaften des menschlichen Herzens nicht finden kann, muſs den Homer nicht lesen. Mad. Dacier macht hier die sehr gegründete Anmerkung, „daſs „Jupiter hier zeige, daſs der Zorn zu den Affecten gehöre, „die durch Ueberraschung entstehn, denn man geräth nicht „in Zorn über Dinge, woran man gewöhnt ist; je lieber „uns also die Menschen sind, durch welche unser Zorn veranlaſst wird, so viel heftiger ist er auch."

15 Vom Berg Ida treibt er seine Rosse zum Olymp, wo sie Neptun vom Wagen abspannt, den er an seinem gewohnten Orte verwahrt und mit Leinwand bedeckt. Und

Zeus der fernhindonnernde setzt auf den goldenen Thron sich,
Unter seinen Füssen erzittert der grosse Olümpos.

16 So wie unser Dichter die Thaten der Menschen immer

aber sagt, dass sie gleichwohl den Griechen mit ihrem Rath beystehn wolle. Zevs antwortet ihr darauf, dass er ihren Zorn nicht achte, dass sie am folgenden Tage noch andre Dinge sehn werde, dass Hektor die Griechen so lange besiegen soll, bis Achilles um des Patroklus wegen sich wieder ins Gefecht mischen wird. — Inzwischen war der Tag zu Ende gelaufen zur Freude der Griechen, und zum Verdruss der Trojaner, die ihren Sieg noch länger zu verfolgen wünschten. Hektor hält eine Rede an die

mer ihrem Charakter gemäss einrichtet, so macht er es auch bey seinen Göttern und Göttinnen auf gleiche Art. Juno und Minerva begünstigen beyde die Griechen. Juno ist voll Wuth, und wird von Hass und Neid gegen die Troer getrieben. Minerva ist zwar auch erzürnt, doch zeigt sie bey allem Bestreben, den Troern zu helfen, zugleich viel Verstand und Ueberlegung. — Im Anfange dieses Gesanges, da Jupiter den Göttern und Göttinnen seine Allmacht zeigte, war niemand, der sprechen durfte, als sie, und sie that es mit viel Bescheidenheit und Urtheil. Itzt, da Jupiter erzürnt ist, schweigt sie, und verbeisst ihren Kummer, weil sie wohl weiss, dass sie vor ihm weichen muss. Juno hingegen, die immer ihren Leidenschaften freyen Zügel lässt, und itzt sieht, dass sie das nicht erhalten kann, was sie begehrt, erklärt öffentlich, dass ihr nicht viel daran liege, ob Griechen oder Troer siegen oder umkommen. — Beyde Göttinnen sind ein Beyspiel sehr erzürnter Personen, deren eine

die Trojaner, ermahnt sie, das Mahl einzunehmen, läſst Alte und Junge auf den Thürmen rund um die Stadt die Wache halten, ausser den Mauern der Stadt durch die Krieger und in den Häusern der Stadt durch die Frauen grosse Feuer anzünden, damit die Griechen nicht heimlich entfliehn. Denn er ist sehr begierig und voll guter Hofnung, um am folgenden Tage wieder mit ihnen zu fechten, und insonderheit den tapfern Diomedes zu überwinden. Die Trojaner folgen Hektors Rath, ruhen, nehmen die Mahlzeit, [17] zünden eine Menge

---

eine die Sache anfangs mit grosser Heftigkeit angreift, der sie aber, weil sie ihren Endzweck doch nicht erreichen kann, bald gleichgültig wird; da die andre hingegen langsam und ruhig fortgeht, und, wenn sie auch an der Ausführung ihres Vorhabens durch eine höhere Macht gehindert wird, doch durch ihr Stillschweigen zu erkennen giebt, daſs sie in ihrem Entschlusse beharrt, ob ihr vielleicht in der Folge ihr Vornehmen gelingen möchte.

17 Zwischen den Verschanzungen, welche die Griechen vor ihren Schiffen gemacht hatten, und zwischen der Stadt hatten die Troer funfzig Feuer angezündet und bey jedem sassen funfzig Soldaten. Das helle Licht und den feurigen Glanz der dadurch sich allenthalben verbreitet, schildert der Dichter unter diesem Bilde:

 Wie

ge von Lichtern an, und erwarten so die Morgenstunde.

Wie wenn um den schimmernden Mond die Sterne des Himmels
Schön erscheinen, es ruhen in heitern Lüften die Winde;
Alle Warten zeigen sich nun und die Gipfel der Berge,
Und der Forst; es öffnet sich weit der unendliche Himmel;
Alle Gestirne werden gesehn, es freut sich der Schäfer:
So viel lodernde Feuer erheben sich zwischen den Schiffen u. s. w.

Wer fühlt nicht die ausnehmende Schönheit dieser Vergleichung, wenn sie gleich durch jede Uebersetzung verliert? Doch auch die einzelnen Züge, die ich von diesen und ähnlichen vortreflichen Beschreibungen und Bildern mittheile, können unsern heutigen Dichtern wenigstens einige Anleitung geben, um ihre Erzählungen mit so herrlichen Schilderungen auszuschmücken; und ihre Ideen auf eine angenehme und lehrreiche Art zu entwickeln.

Inhalt des neunten Gesanges.

Die vornehmsten und tapfersten Griechen werden zu ihrem innigsten Verdruſs gezwungen, zu ihren Schiffen zurück zu kehren. [1] Agamemnon ruft sie alle, jeden besonders, in der Stille zusammen, und, von [2] innerer Betrübniſs und

Erläuterungen zum neunten Gesange.

1 Agamemnon, der nebst den Seinen von den Troern zurück getrieben ist, zeigt sich mit ihnen voll Kummer:

Wie wenn oft das fischreiche Meer zween Winde bewegen
Boreas und der West, die beyde von Thrazien wehen;
Schleunig kommen sie, unter ihnen thürmt sich die schwarze
Woge, sie schwemmen an das Gestade Haufen von Meergras:
So zerreissen Schrecken und Gram die Herzen der Griechen.

2 Die Seele des Agamemnon, der aufsteht, um zu reden, ist ganz in Traurigkeit versunken. Er vergieſst Thränen:

— — — —. gleich einer dunkelfarbichten Quelle
Welche dem hohen Gipfel des schwarzen Felsen entrinnet.

Weinende Augen mit Wasserquellen oder Bächen vergleichen, ist auch den Morgenländern gewöhnlich. Man sehe z. B. Jerem. IX, 1. (VIII, 23.) — Allein es wird einigen vorkommen, daſs Weinen für einen Helden, wie Agamemnon sich nicht schicke. Doch man bedenke, daſs Homer seinen Helden zwar Unerschrockenheit und Muth, aber auch zärt-

 liche

und Verzweiflung getrieben, räth er ihnen zu flüchten. [3] Diomedes, der bleiben will, bis Tro-

---

liche und sanfte Empfindungen beylege. Auch Thränen entehren einen weisen und tapfern Mann in wichtigen Vorfällen nicht, vielmehr ist es ein Zeichen der Härte und Fühllosigkeit, sie immer zurückzuhalten. Euripides sagt sehr recht: es sey roh und ungesittet, in traurigen Vorfällen keine Thränen zu vergiessen. — Man sehe Grotius bey Job. XI, 35. Ueberdem musste das Nachdenken über diese Niederlage der Griechen und ihre itzigen traurigen Umstände insonderheit den Agamemnon rühren, der sich bewusst war, dazu eine Veranlassung dadurch gegeben zu haben, dass er den tapfern Achilles seines Geschenks beraubt und ihn dadurch äusserst erbittert hatte.

3 Quinctilian (B. X. Kap. 1.) bemerkt, dass alle Reden, welche die Griechischen Helden in diesem Gesange gegen einander halten, wahre Meisterstücke der Beredsamkeit sind, weil alles darin vorkommt, was man zum Ergreiffen guter Maasregeln und zur Beylegung von Streitigkeiten braucht, und in ihnen eine erstaunenswürdige Geschicklichkeit liegt, die heftigen Leidenschaften der Menschen zu besänftigen, und die sanften anzufeuern. Sie sind zu weitläuftig, um sie ganz herzusetzen. Unter andern sagt Diomedes hier zum Agamemnon:

Thöricht hast du gesprochen, o Agamemnon; ich muss dir
Widerstreben, zürne mir nicht, ich folge der Sitte.
Du hast unter den Griechen zuerst mir Mangel des Muthes
Vorgeworfen, ich sey unkriegrisch und feige; das mögen
Der Argeier Jünglinge und die Greise entscheiden.
Von zwo Gaben hat der Sohn des listigen Kronos

Eine

Troja eingenommen ist, erklärt, indem die andern schweigen, sich gegen die Flucht. 4 Nestor billigt und unterstützt seine Gründe, und bittet Agamemnon ein Abendmahl zu bereiten, und inzwischen einige junge Mannschaft wa-

---

Eine dir, mit dem Zepter die Oberherrschaft gegeben,
Aber nicht den Muth; nur er giebt würkliche Stärke.
Meynest du denn, so schwach wie deine Worte, so feige
Seyn die Söhne der Griechen? Wohlan denn! kehre, der Weg ist
Dir ja offen, und dicht am Meere stehen die Schiffe,
Deren grosse Zahl dir von Mükänä gefolgt ist.
Aber wir, wir andern hauptumlockten Achaier,
Bleiben, bis wir Troja zerstören. Und sollten auch alle
Mit den Schiffen zurück ins theure Vaterland fliehen;
Noch würd' ich und Stänelos kämpfen, bis wir die Mauer
Ilions stürzten. Sie winken, wir folgen den winkenden Göttern.

4 Nestor preist den Muth und die Klugheit des Diomedes sehr, bemerkt aber auch, dass er, ein Jüngling, der von allen seinen Söhnen der jüngste seyn könnte, noch nicht alles völlig einsieht. — Er ermahnt die Griechen, sich der Nacht zu bedienen und durch Speise und Trank ihre Körper zu stärken. Doch aus Furcht, dass zwischen Agamemnon und Diomedes Misvergnügen entstehn und diess wieder zu grosser Partheysucht Gelegenheit geben möchte, sagt er mit allem Nachdruck und Ernst:

Ausgestossen von seinem Geschlecht, gesetzlos und flüchtig
Ist der Mann, der sich des heimischen Krieges erfreuet!

Möchte dieser weise Spruch Nestors noch nach 2600 Jahren wirksam auf das Menschengeschlecht seyn!

wachen zu lassen. Sieben junge Befehlshaber, deren jeder hundert unter sich hat, halten die Wache. Die übrigen Helden und Aeltesten des Volks speisen in Agamemnons Zelt, und Nestor räth ihnen, dass sie Achilles zu befriedigen suchen. [5] Agamemnon erkennt seine Schuld,

5 Nachdem Nestor in seiner Rede dem Agamemnon mit vieler Bescheidenheit vorgestellt hat, wie verkehrt er gehandelt habe, dass er seinem Rath nicht gefolgt sey, und dem Achilles seine Briseis genommen habe, so erkennt darauf der grosse Agamemnon voll von Edelmuth seine Schuld, und erklärt öffentlich, dass er gefehlt habe. — Er handelt also viel besser, als solche Menschen, welche, mit hoher Würde bekleidet, diese dazu misbrauchen, um ihre bösen Handlungen zu vertheidigen, und von Einem Bösen zum zweyten noch schlimmern übergehn. Man meynt gewöhnlich, dass Homer den Agamemnon blos, als von Ehre und Herrschsucht getrieben, geschildert habe, wozu freylich seine im ersten Gesange beschriebne Handlungen einige Veranlassung geben. Allein ich denke ganz anders über den Charakter dieses Helden, und finde in ihm viel sanftes, gutmüthiges und Sorge und Liebe für die Erhaltung seines Volks. Diess beweist theils seine Langmuth, womit er das Schelten des Achilles ertrug, theils zeigen es die Thränen, die er, wie wir so eben sahn, vergoss, und endlich beweist diess das offenherzige Geständniss seiner Schuld, und seine Bereitwilligkeit, um so gleich auf alle ihm mögliche Art sein Versehn zu verbessern, und den aufgebrachten Achilles wieder zu besänftigen. Denn, so nothwendig diess auch für Agamemnon

Schuld, stimmt in Nestors Vorschlag ein, und verspricht, daſs er nicht nur Briseis dem Achill ungeschändet zurückgeben, sondern, um ihn ganz zu befriedigen, auch [6] allerley Geschenke, und selbst bey seiner Rückkunft aus seinen drey Töchtern Eine, welche ihm gefällt, zu seiner Frau

---

memnon war, so gleicht er doch darin keinesweges den Fürsten, die mit aller Gewalt ihren einmal gefaſsten Entschluſs, wär es auch zum Unglück der menschlichen Gesellschaft, durchsetzen wollen. — Die Charakter der Götter und Menschen, die sich immer gleich bleiben und so abgemahlt werden, wie sich die Leidenschaften und Neigungen, oft durch eine Mischung von Gutem und Bösen minder kenntlich, würklich zeigen, und täglich im menschlichen Umgange würken, recht im Homer zu unterscheiden, ist äusserst lehrreich, und führt uns zur Vorsichtigkeit und Weisheit.

6 Um die Sitten der alten Zeit kennen zu lernen, und zu wissen, welche Dinge damals im vorzüglichen Werthe waren, will ich einige der Geschenke anführen, wodurch Agamemnon sich mit dem Achilles zu versöhnen trachtet. Erstlich will er ihm geben „sieben neue Dreyfüsse, die nie auf dem Feuer gewesen waren, zehn Talente Gold, zwanzig schimmernde Opferkessel, und zwölf muthige Pferde:

— — die, Sieger im Lauf, schon viele Preise gewonnen;

Zweytens, sieben schöne Mädgen:

— — — — — kundig der Nadel,
Die ich, als er selber die stattliche Lesbos zerstörte,
Wählte; — —

Dann

Frau anbieten will. Auf Neſtors Vorſtellung werden Phönix, Ajax und Ulyſſes, nebſt zwey Herolden Hodius und Eurybates erwählt, um zum Achilles zu gehn. Nachdem ſie feyerlich getrunken und Gelübde gethan haben, giebt Neſtor den Abgeſandten treue Befehle. Dieſe finden Achilles auf der Leyer ſpielend, und die be-

---

Dann die ſchöne Briſeis ſelbſt:

So ich ihm raubte, und ſchwöre dabey mit heiligem Eide,
Daſs ich ihr Bett nicht einmal beſtieg, ſie niemals umarmte.
Dieſes alles ſey ſein von nun an. Aber ſo bald uns,
Priams groſſe Stadt zu verheeren, die Götter gewähren,
Soll er häufen Gold in ſeinen Schiffen und Silber,
Wenn wir Griechen den Raub von Ilion unter uns theilen.
Zwanzig unter den Troiſchen Weibern ſoll er erkieſen,
Daſs er nach der Argeiiſchen Helena habe die ſchönſten.

Und zuletzt fügt der ſanftmüthige Feldherr noch hinzu:

Wenn wir wieder die fruchtbaren Fluren von Argos erreichen,
Soll er werden mein Eidam, und wie mein theurer Oreſtäs
Werden geehrt, der dort im reichen Ueberfluſs hauſet.

Er will ihm dazu die Wahl aus ſeinen drey Töchtern, Chryſothemis, Laodice, oder Iphianiſſa laſſen, der er zur Mitgift mehr geben will, als irgend ein Mann noch ſeiner Tochter gegeben, unter andern ſieben Städte, die mit Namen genannt werden, deren Bewohner ihn mit Gaben, wie einen der Götter ehren und, von ihm beherrſcht, auch reichlichen Schoſs ihm bezahlen würden.

berühmten Thaten der vorigen Zeit besingend, und ihm gegen über sitzt Patroklus schweigend. So bald Achilles den Ulyss und die übrigen sieht, steht er nebst Patroklus so gleich auf, geht den Helden entgegen, läßt sie neben sich niedersitzen, und befiehlt dem Patroklus, weil ihm unendlich theure Freunde zu ihm gekommen sind, den lieblichsten Wein einzuschenken, und [7] hilft selbst mit, um die besten Speisen für

---

7 Diese Beschreibung des Achilles, der für seine angekommnen Freunde selbst Speise bereitet, giebt uns einen Begrif von der Einfalt jener Zeiten, da noch kein verderblicher Aufwand die Sitten und Herzen der Menschen gänzlich verdorben hatte, und Seneka's Ausspruch: (Brief 96.) „was wunderst du dich über die unendliche Menge von Krankheiten? zähle die Köche!“ noch nicht statt fand. Achilles

— — setzt einen Tisch in den Schimmer des Feuers,
Und dann legt er darauf von einem Schafe den feisten
Rücken, von einer Geiss und von einem gemästeten Schweine.
Automedon hielt, und Achilleus theilte die Rücken,
Alles schnitt er klein, und steckt auf Spiesse die Stücke.
Aber Menoitios göttlicher Sohn belebte die Flamme.
Als mit sinkender Lohe des Feuers Ungestüm abnahm,
Hält er über feurige Kohlen das Fleisch auf den Spiessen,
Salzet es alles, und legt das Gebratne alles auf Schüsseln.
Ferner holt er Brod in wohlgeflochtenen Körben,
Jedem giebt er das Seine; das Fleisch vertheilet Achilleus.

für sie zu bereiten. Nachdem sie gespeist haben, giebt [8] Ajax dem Phönix einen Wink: Ulysses, diess bemerkend, bringt dem Achilles den Becher zu, und sagt, dass sie nicht so wohl gekommen sind, um zu essen oder zu trinken, welches sie beym Agamemnon im Ueberfluss hätten, als vielmehr, um ihm das Unheil der Griechen, die von dem wütenden Hektor angefallen und zu ihren Schiffen zurück-

8 Man sieht, mit wie vieler Ueberlegung der Dichter die Ankunft der Abgesandten und ihre Aufnahme vom Achilles beschreibt, indem verständige Leute die beste Zeit wahrnehmen, worin sie ihren Auftrag mit Vortheil ausrichten können. Nachdem man hinlänglich Speise und Trank genossen hatte, zeigt sich die Offenherzigkeit mehr und mehr. Ajax, dem des Phönix vertrauter Umgang mit dem von ihm erzognen Achilles bekannt ist, fragt den alten Held durch einen Wink, ob es nicht Zeit werde, zu sprechen? Da diess der ruhige weise Ulysses sieht, nimmt er einen Becher, füllt ihn mit Wein, und, nachdem er dem Achilles Freude zuvor gewünscht hat, fängt er an, in einer verständigen und zierlichen Rede die wahre Ursache ihrer Ankunft bekannt zu machen. Zuerst beschreibt er den elenden Zustand des Lagers der Griechen, deren Schiffe Hektor, der itzt mit Jupiters Beystand fechte, gleich beym Anbruch des Morgenroths verbrennen würde. Dann zeigt er die unglücklichen Folgen, die daraus für ihn und seine Gefährten nothwendig entstehn müssten, und erinnert Achilles, wie ihm sein Vater

ihren Schiffen zurückgetrieben sind, vorzustellen, und unter der Versichrung von Agamemnons Bereitwilligkeit, ihn ganz zu befriedigen, aufs ernstlichste zu ermahnen, sich wieder ins Gefecht zu mischen, und, wenn er auch einen besondern Hass gegen Agamemnon hätte, gleichwohl den übrigen Griechen, die ihn als einen Gott ehren würden, Beystand zu leisten.
9 Achilles wünscht, auch frey heraus reden zu

---

ter Peleus, von seiner Tapferkeit und Stärke genug überzeugt, bey seinem Zuge nach Troja ermahnt habe:

— — — des überwallenden Herzens
Truz zu zähmen — —; denn Milde des Sinnes ist besser.
Halt von bösen Zwisten dich rein; so werden die Griechen
Desto höher, die Jünglinge und die Greise, dich ehren.

Weiter macht er ihm alle die Geschenke nahmhaft, die er mit der Briseis, die Agamemnon nie berührt zu haben mit heiligem Eide versichert, von diesem empfangen würde. Und diess alles unterstutzt er mit Gründen, welche die grösste Aufrichtigkeit und stärkste Ueberzeugung in sich fassen.

9 Das Hauptsächlichste dieser Antwort des Achilles ist, dass ihn weder Agamemnon noch die andern Griechen bereden werden, seinen Entschluss zu ändern, indem sie den thätigen und tapfern Mann nicht vorzüglich belohnten, sondern gleich dem trägen und feigen behandelten, dass er nichts mehr

zu dürfen, ohne daſs ihm jemand ins Wort falle. Er erklärt, daſs er Agamemnon, der anders denke und anders ſpreche, haſſe; und weil er für alle ſeine ausgeſtandne Beſchwerden und Gefahren bisher nichts als Undank erhalten

---

mehr genoſſen hätte als ein anderer, ob er ſich gleich allerley Unheil und Gefahren blosgeſtellt hätte. Er bedient ſich dabey dieſer Vergleichung:

Wie ein Vogel den federloſen Kleinen die Speiſe
Reichet, wenn er ſelber ermattet und hungrig ins Neſt kommt;
So hab' ich der ſchlafloſen Nächte viele durchwachet,
Und die blutigen Tage durchlebt im daurenden Kampfe,
Kämpfend für das Weib des Atriden mit den Trojanern.

Und dann fährt er weiter fort:

Schiffend hab' ich ſchon im fruchtbaren Troiſchen Lande
Zwölf, elf Städte hab' ich zu Lande ſtreitend verheeret;
Viele theure Kleinodien hab' ich in ihnen erbeutet,
Und ich brachte ſie alle dem Könige Agamemnon.
Dieſer war zurück bey den ſchnellen Schiffen geblieben;
Alles nahm er, wenig vertheilt' und das meiſte behielt er.
Dennoch gab er etwas den Führern und Fürſten des Heeres,
Und das haben ſie noch: nur mir, von allen Achaiern
Nahm er mir das liebliche Weib; ſie mag ihn im Bette
Nur ergötzen! Allein was ſtreiten wir mit den Trojanern!
Warum hat der Atride die Völker zuſammen berufen?
Iſt's nicht für den Beſitz der ſchöngelockten Helene?
Lieben unter den ſterblichen Menſchen allein die Atriden
Ihre Weiber? Jeglicher Mann, der gut iſt und weiſe,
Liebt und pfleget ſein Weib; und dieſe liebt' ich von Herzen,

Ob

ten habe, so sey er entschlossen, in sein Vaterland zurück zu kehren. Er verachte, fährt er fort, alle Geschenke von Agamemnons Hand, wären sie auch an Menge dem Sande des Meers gleich; sein Vater Peleus werd' ihm wohl eine andre

---

Ob ich sie gleich im Kriege mit meiner Lanze gewonnen.
Seit mir Agamemnon mit Tücke das Mägdlein entrissen,
Hoff' er nur nicht, mich wieder, da ich ihn kenne, zu täuschen.
Lass ihn trachten, mit dir und mit den übrigen Fürsten,
Von den Schiffen der Griechen das feindliche Feuer zu fernen.
Vieles hat er gethan, und ohne dass ich ihm beystand,
Hat die Mauer erbaut, mit einem breiten und grossen
Graben sie umgeben, und diesen mit Pfälen versehen:
Dennoch vermag er den Mut des menschentilgenden Hektors
Nicht zu hemmen. So lang' ich stritt im Heere der Griechen,
Durfte Hektor den Kampf nicht fern von der Mauer erregen,
Sondern vor dem Skäischen Thore bis zu der Buche.
Da bestand er mich einst, und konnte kaum mir entrinnen.
Aber nun will ich nicht mehr kämpfen mit Hektor dem Edlen!
Morgen opfer' ich Zeus und allen unsterblichen Göttern,
Und belade die Schiff' und lass' in die Wellen sie stossen.
— — — —
Wenn der berühmte Erderschütterer uns günstige Fahrt giebt,
Können wir landen am dritten Tag in der fruchtbaren Ftia.

Und vom Agamemnon sagt er:

Seine Gaben sind mir verhasst, ihn selber veracht' ich.
Wollt er mir zehnmal, zwanzigmal mehr noch geben, als alles,
Was er besitzet, was er dereinst zu besitzen erwartet.
— — — —
Gäb' er mir zahllose Gaben, wie Staub, wie Sand am Gestade;
Dennoch würde nimmer mein Herz Agamemnon bewegen.

andre Frau aus dem Geschlecht der Edeln wählen, und ihn mit mehr Reichthümern begaben, als Troja je hatte. Da Zevs die Trojaner so sehr begünstige, so rathe er jedem, seinem Beyspiel zu folgen, und Trojens Belagerung aufzuheben. Und er bittet Phönix, bey ihm zu

---

Seine Tochter möcht ich nicht freyen, und wenn sie der Schönheit
Preis auch Afroditä der goldgelockten bestritte;
Wär' sie auch kundig der weiblichen Arbeit, wie Pallas Athänä,
Freyt ich sie nicht! er mag sich einen mächtigern Eidam,
Welcher mehr ihm gefällig, von allen Griechen erkiesen.
— — — — —
Siehe, Rinder kann man erbeuten und feiste Schafe,
Dreyfüsse mag man kaufen, und Rosse mit glänzenden Mähnen;
Aber wenn durch die Lippen des Menschen Leben entflohn ist,
Läst es sich nimmer wieder erbeuten, nimmer nicht haschen.

Endlich sagt er, dass, weil ihm seine Mutter Thetis bey seinem Zug nach Troja ein zweifaches Loos verkündigt habe, entweder ohne Ehre in sein Vaterland zurück zu kommen, und da ein langes unbekanntes Leben zu führen, oder sich einen unsterblichen Ruhm zu erwerben, und vor den Mauern von Troja zu sterben, er itzt entschlossen sey, das erste zu wählen, und je eher je lieber nach Hause zu kehren, und in seinem väterlichen Erbtheil still und unbekannt zu leben. — Diese ganze Rede des Achilles giebt den grösten Unwillen und Hass des jungen stolzen Helden gegen Agamemnon zu erkennen, indem er bey jeder Gelegenheit zeigt, dass Ehre und Ruhm die einzigen Triebfedern aller seiner Thaten sind, und dass er ihre Erlangung allen Schätzen der Erde und dem Leben selbst vorzieht.

zu bleiben und mit ihm zu gehn. Phönix, dieſs hörend, wird äuſſerſt bekümmert, [10] bittet Achilles, von ſeinem Vorhaben abzuſtehn, und erinnert ihn an die zärtliche Sorge und Liebe, mit welcher er ihn von Jugend auf erzogen

---

10 Phönix erzählt hier, daſs er, vom alten Peleus zum Führer und Lehrer des Achilles erkohren, immer ſich habe angelegen ſeyn laſſen, ihn zu bilden, „daſs er würde mächtig in Reden, mächtig in Thaten;" daſs die Treue und Liebe, womit er ihn erzogen hätte, nicht zulieſſen, ihn zu verlaſſen:

— — — — und wenn ein Gott auch verhieſſe,
Mir das Alter zu nehmen, und blühende Jugend zu ſchenken,
Welche mein war, als ich das Land der roſichten Mädchen
Hellas verlieſs, dem Grimm des Vaters Amüntor entfliehend.
Eines Kebsweibes wegen mit ſchönen Locken ergrimmt' er,
Denn er liebte nur ſie, und ſchmähte des Bettes Genoſſin,
Meine Mutter; die kniete vor mir beſtändig, und flehte,
Daſs ich möchte ſchlafen mit jener, damit ſie dem Greiſe
Würde gehäſſig; das that ich. So bald mein Vater es merkte,
Fluchte er mir und rufte zur Rache die böſen Erinnen,
Wünſchend, daſs ich nimmer ein Söhnlein ihm auf die Kniee
Möchte legen. Ihr hörtet, o Götter, ſeine Verwünſchung,
Unterirdiſcher Zeus und ſchreckliche Perſeſoneia!

So, aus ſeinem Vaterlande vertrieben, fährt er fort, ſey er zum Peleus, dem Vater des Achilles gekommen, der ihn aufgenommen, mit Reichthümern beſchenkt und ihm die Sorge für ſein Kind anvertraut hätte:

gen hat. Er erzählt ihm, wie Meleager seinen Zorn habe fahren lassen, zum Wohl seines Vaterlandes, und fleht ihn, seine drey besten Freunde nicht vergebens zurück kehren zu lassen. — Achilles bittet ihn, mit Weinen und Flehn

---

Sieh, ich bildete dich, du göttergleicher Achilleus,
Wie du bist, ich liebte dich herzlich; auch wolltest du nimmer
Weder bey fremden Malen, noch in dem Hause des Vaters
Essen, eh ich dich nahm, auf meine Kniee dich setzte,
Klein die Speise dir schnitt, und deinen Becher dir reichte.
Oftmal hast du als Kind mir meine Kleider beflecket
Mit dem Weine, der wieder von deinen Lippen herabrann.

Aus dieser gütigen Erziehung leitet Phönix nachher die Verpflichtung des Achilles her, seine Bitte zu erhören, und seinen Zorn fahren zu lassen; um so mehr, da die erzürnten Götter selbst durch Gebete und Opfer derer, welche sie beleidigt hätten, sich aussöhnen liessen, und die Unversöhnlichen mit schweren Strafen belegten. Bey dieser Gelegenheit führt er die ganze Geschichte des Meleager an, der, so ergrimmt er auch war, sich gleichwohl endlich durch die Bitten seiner Gattin Kleopatra besänftigen liess. Man sieht leicht, dass in dieser ausführlichen Rede, die für den hochbetagten und erfahrungsvollen Phönix vortreflich sich schickt, das Einweben ehemaliger Vorfälle, die alle auf den gegenwärtigen Fall eine Beziehung haben, eine ungemeine Abwechselung giebt, in welcher sich das Lehrreiche, Gefällige und Nachdrückliche vortreflich zu Tage legt. Meinem Gefühle nach hat noch nie ein Schriftsteller im erfindungsreichen Witz den Homer übertroffen. Und grade diesem seinem

Flehn aufzuhören, und nicht für Agamemnon zu sprechen, der seinem Freunde so viel Schmerzen verursacht habe, und den er selbst auch hassen müsse. Er fügt hinzu, dass er alle Ehre mit Phönix theilen und ihn bey sich behalten wolle, um am folgenden Tage zu überlegen, ob sie fortziehen oder noch bleiben wollen. Zugleich trägt er dem Patroklus auf, dem Phönix [11] ein weiches Lager zu bereiten.

Nach-

---

nem bis zum Erstaunen grossem Vermögen muss man das Feuer und die Entzückung zuschreiben, das jeder fühlt, der nur einige Dichtergabe besitzt, wenn er den Homer liest. Möchten nur unsre heutigen Dichter mit diesem edeln Schatz von Erfindung und Witz sich bereichern!

11 Nachdem Ulysses und Ajax mit den zwey Herolden weggegangen sind, läst Patroklus sogleich durch seine Genossen und Mägde ein weiches Lager für den alten Phönix bereiten:

Diese gehorchen der Stimme des Helden, wollichte Felle
Breiten sie aus und purpurne Decken, und feine Leinwand.
Hier erwartet der schlafende Greis die Morgenröthe.

In einem andern Theile des Gezeltes begiebt sich Achilles mit der schönen Diomede zur Ruhe, und gegen ihm über Patroklus mit der reizenden Iphis.

Nachher sucht [12] Ajax den Achilles noch zu bewegen, aber auch das ist vergebens. Die Abgesandten kehren also fruchtlos zu ihren Schiffen zurück, und [13] bringen die traurige Nachricht dem Agamemnon und den übrigen Obersten der Griechen, dass Achilles in seinem Zorn beharre. Diess verursacht ein langes Still-

---

12 Nachdem Ulyss und Phönix schon alles vergebens angewandt haben, den Achilles auf andre Gedanken zu bringen, richtet der heldenmüthige Ajax seine Rede an den Ulyss, und räth ihm, weil Achilles doch unversöhnlich bleibt, und unerbittlich den Rath seiner besten Freunde verachtet, zurückzukehren, und den Griechen die Bothschaft, so schlimm sie auch ist, zu bringen. Sehr natürlich wendet er sich noch am Ende seiner Rede an den Achilles, und tadelt ihn kurz aber nachdrücklich, dass er um eines einzigen Mädgens willen, das er mit sieben andern eben so schönen zurück empfangen könne, einen so unversöhnlichen Hass gegen Agamemnon und das griechische Lager hege, da so mancher muthiger Held, dessen Bruder oder Sohn umgebracht sey, sich gleichwohl zuletzt wieder versöhnen lasse! —

13 Sehr kurz aber zugleich sehr künstlich beschreibt der Dichter die Rückkunft des Ulysses und Ajax mit den zwey Herolden Hodius und Eurybates, indem Phönix beym Achilles geblieben war. Wie die versammelten Griechen die zurückkommenden Helden sich nähern sehn, stehn sie auf, nehmen einen goldnen Becher in die Hand, sie zu bewillkommen, jeder ist voll Neugier und Erwartung, und fragt nach dem Ausgang ihrer Bothschaft, bis Agamemnon das Wort

Stillschweigen, bis endlich [14] Diomedes aufsteht, und sagt, dass sie durch alle ihre Zusagen und Geschenke dem Stolze des Achilles nur neue Nahrung gegeben hätten, dass es Zeit sey, für sich selbst zu sorgen, und, nachdem man durch Speise und Trank sich erquickt habe, sich für den folgenden Tag zum Widerstande zu bereiten. Und alle begleiten seine Rede mit Beyfall.

Wort nimmt. Nun schweigt jeder, und hört aufmerksam die Nachricht, die Ulysses dem Agamemnon bringt.

14 Diomedes, sich selbst wieder völlig gleich, behält unter allen Umständen, so gefährlich sie auch seyn mögen, den unerschrocknen Muth eines kriegerischen Helden, der nie zur Verzweiflung sich hinreissen läst, sondern immer noch einen Ausweg sieht, durch seine Tapferkeit sich zu retten.

Inhalt des zehnten Gesanges.

1 Die Griechischen Helden schlafen vom sanften Schlummer gefesselt, nur Agamemnon lassen

Erläuterungen zum zehnten Gesange.

1 Am Ende des achten Gesanges waren die Trojaner durch den Anbruch des Abends verhindert, die Griechen zu verfolgen: im Anfange des neunten hält der verzweifelnde Agamemnon eine Versammlung, in welcher beschlossen wird, Phönix, Ajax und Ulysses an den Achilles abzufertigen, um ihn zu befriedigen, und das Vollbringen dieses Auftrages macht das Ende des neunten Gesanges. In diesem zehnten erwacht Agamemnon, ruft die vornehmsten Kriegsobersten zusammen, und man findet gut, Ulysses und Diomedes abzusenden, die Troer auszukundschaften, welches ihnen auch gelingt; und hiemit nimmt die Nacht und auch dieser Gesang ein Ende, und erst im Anfange des eilften wird es Morgen. Ein aufmerksamer Leser wird sich hier vielleicht wundern, dass so viele und so wichtige Vorfälle während einer einzigen Nacht vorgehen, und fragen, ob diess wahrscheinlich sey? Allein mich dünkt, dass sich die Zeit, um diess alles auszuführen, sehr geschickt vertheilen lasse, und man eben aus jener Thätigkeit und einer so zahlreichen Aufhäufung von Thaten und Reden die grosse Kunst des Dichters ableiten könne, der, gleich einem schnell fliessenden Strome, mächtig in seinem Lauf' zwar vorwärts geht, zugleich aber alles mit sich fortreisst, was er unterwegens antrift,

sen seine Sorgen [a] nicht ruhn. Wie er seine Augen nach dem Trojanischen Lager richtet; wundert er sich über die vielen Wachfeuer, die vor Troja brennen, über den Schall der Pfeifen und Flöten und das Getümmel von Menschen; doch,

---

trift. Um die Furcht, das Schrecken, die Angst und Verzweiflung, worin sich itzt die Griechen befinden, zu beschreiben, setzt der Dichter alles in Bewegung, und läſst in der Nacht, der gewohnten Zeit der Ruhe, die Häupter des Lagers beständig thätig und geschäftig seyn, um heilsame und grosse Thaten auszuführen. — Der Schlaf flieht die Augen der Helden, jeder ist überzeugt, daſs es äusserst wichtig sey, von der gegenwärtigen Gelegenheit rechten Gebrauch zu machen, keiner scheut weder Gefahr noch Mühe, um dazu mitzuwürken. Man kann vom Anfange des Abends bis zum Anbruche des Morgens jeden Augenblick nachrechnen, was in jenen bedenklichen Umständen bey den Griechen gethan oder gesprochen wird. Und dieſs läſst uns ihren gefährlichen Zustand viel mehr fühlen, als wenn zwischendurch Ruhe und Stille gewesen wäre. Selbst die Menge von Vorfällen reiſst uns weg, um einen besondern Antheil an dem Ausgange dieser kummervollen Nacht zu nehmen.

a Wie wenn blitzet der Mann der schöngelockten Härä
Vielen unendlichen Regen bereitend, oder auch Hagel,
Oder Schnee, die Fluren mit blendender Weisse zu decken,
Oder öffnend den schrecklichen Rachen des herben Krieges;
Also seufzte tiefaufstöhnend Agamemnon
In der innersten Brust, und jeder Herzschlag erbebte.

doch, indem er nach den Schiffen hinblickt, wird er in die äusserste Betrübniss gestürzt. In diesem verzweiflungsvollen Zustande fasst er den Entschluss, zum Nestor zu gehn. Indem er sich dazu anschickt, kommt Menelaus, 3 der gleichfalls nicht schlafen kann, zu ihm. Diesem räth er, Ajax und Idomeneus aufzuwecken, und dafür zu sorgen, dass sie nicht

---

So schön diese Vergleichung der schnellen Blitze mit den schnellen und kummervollen Gedanken des Feldherrn ist, um die Zweifel, Unruhe und Unentschlossenheit dieses sorgfältigen Führers des Volks zu erkennen zu geben, so hat gleichwohl Scaliger in der Beschreibung der Folgen, von welchen der Blitz begleitet ist, etwas tadelnswürdiges zu finden geglaubt, denn er meynt, dass Blitz und Schnee nie sich zu gleicher Zeit zeigen. Allein Bossu (*Tr. du Poeme epique l. 3. c. 7.*) und die Erfahrung andrer haben diesen Tadel hinlänglich widerlegt. Das Bild vom Rachen des Krieges, um das Grausame und Verheerende desselben anzuzeigen, hat Cicero so sehr gefallen, dass er es in seiner Rede für den Dichter Archia gebraucht hat, wie Victorius (Var lect. l. 29. c. 6.) mit Recht anmerkt.

3 Die Beschreibung der Schlaflosigkeit und Sorge dieser beyden Helden, und der Umstand, wie sich beyde begegnen, machen einen starken Eindruck auf das Gemüth des Lesers, der nicht nur Mitleiden darüber empfindet, sondern auch zu wissen verlangt, welchen Ausgang diese Begebenheit haben werde.

nicht in der Dunkelheit von einander kommen; er selbst begiebt sich indess zum Nestor, um ihn zu ermuntern, dass er aufstehe. [4] Bey seiner Ankunft fragt ihn der Greis um die Ursache derselben bey Nacht. Agamemnon sagt ihm, er sey bekümmert, ob die Wachen ihre Posten wohl treu wahrnehmen, und ermuntert Nestor, mit ihm die Posten zu besuchen. Nestor ist dazu so gleich bereit, und räth ihm, auch Diomedes, Ulysses, den behenden Ajax, den Sohn des Oileus, nebst Ajax dem Sohn Telamons und Idomeneus aufzuwecken, und tadelt den Menelaus,

---

4 Mahlerisch ist die Beschreibung dieser Ankunft. Der alte Vater Nestor liegt am Eingange des Gezelts nahe bey seinem Schiffe in einem weichen Bette, und ist im ersten Schlafe:

— — — — — es lagen die zierlichen Waffen
Neben ihm, der Schild, der stralende Helm, zwo Lanzen,
Und der künstlichgestickte Gürtel, mit welchem der Alte
Pflegte, sich zur männervertilgenden Feldschlacht zu gürten,
Wenn er, seiner Jahre nicht achtend, die Pülier führte.
Nun erhub er das Haupt auf den Ellenbogen gestützet,
Redend Agamemnon an mit fragenden Worten:
Wer da, der mit einsamen Schritten das Lager durchirret,
In der finstern Nacht, wenn andre Sterbliche schlafen?
Suchst du etwa einen der Wächter? einen Gefährten?
Rede! schweigend nahe dich nicht! sprich! wessen bedarfst du?

laus, [5] daſs er dem Agamemnon alle Arbeit allein überläſst. Agamemnon unterrichtet darauf den Neſtor, daſs Menelaus von ſelbſt ſchon früher als er aufgeſtanden ſey, und die genannten Helden aufrufe, die bereits ſie erwarten. Neſtor kleidet und bewafnet ſich darauf, kommt erſt zum Ulyſſes und nachher zum [6] Diomedes,

---

5 Die natürliche Würkung, welche die unerwartete Ankunft des Agamemnon auf das Gemüth Neſtors haben muſste, iſt vortreflich in dieſer Beſchuldigung ausgedrückt:

— — ſchelten werd' ich, obwohl ich liebend ihn ehre,
Menelaos; ich kanns nicht verhehlen, und ſollteſt du zürnen;
Daſs er ſchläft, und dir allein die Arbeit betrauet.
Denn nun ſollt' er ſchaffen, und allen Fürſten der Griechen
Flehen, da die äuſſerſte Noth ihm nahe gekommen.

6 Da der alte Neſtor auf einem weichen Bette ruht, ſo liegt hingegen der junge harte Diomedes, mit allen ſeinen jugendlichen Genoſſen rund um ſich, in ofner Luft auf der Erde mit den Häuptern auf ihren Schilden. Diomedes als Feldherr liegt allein auf dem Fell eines wilden Stieres, und unter ſeinem Haupte lag ein ſchimmernder Teppich. Und von allen ſagt der Dichter:

Ihrer Speere Schaft war in die Erde geſenket,
Fernhin ſtralte die Schärfe, wie Blitze des Vaters Kronion.

Auf ähnliche Art ſchlief Saul mit ſeinem Volke im Lager 1 Sam. 26, 7. eine abermalige Probe von gleichen Sitten und Gewohnheiten unter den alten Griechiſchen und Morgenländiſchen Völkern.

medes, der, 7 als ein junger Mann, gebeten wird, zu den 8 übrigen zu gehen. Wie die zusammengerufnen Helden bey einander sind, so stellt Nestor vor, ob nicht jemand Muth und Kühn-

---

7 Es giebt verschiedne Kleinigkeiten in unserm Dichter, die ich nicht immer anführe, wie z. B. hier die Beschreibung, wie jeder Held, der erwacht, sich kleidet und die Rüstung anlegt. Indess kommen auch hier beym Aufwecken dieser Griechischen Heerführer einige geringe Umstände vor, die um ihrer einfachen Annehmlichkeit willen unsre Aufmerksamkeit verdienen. Indem der alte Nestor zum Diomedes kommt, der auf der Erde schläft, so erweckt er ihn mit dem Fusse. Der erwachte Diomedes, so bald er Nestor erblickt, wird unwillig, und sagt:

Allzu ämsig bist du, o Greis, und schonest dich nimmer.
Sind denn keine Söhne der Griechen, jünger als du bist,
Welche möchten das Lager durchlaufen, und jeglichen Fürsten
Wecken? Aber du bist nicht zu ermüden, o Alter!

Nestor giebt ihm darin Recht, setzt aber als Ursache seiner ausserordentlichen Thätigkeit hinzu:

— — dringende Noth beschweret nun die Argeier
Und auf eines Messers Schärfe stehet der Ausgang
Unsrer Sachen, zwischen dem Leben und grausen Verderben.
Aber wenn mein Alter dich rührt, so eile, den schnellen
Ajas, denn jünger bist du, und Megās zu wecken.

8 Wie man zu denen kommt, welchen die Wache anvertraut ist, so findet man sie nicht schlafend, sondern alle wachend in ihrer Rüstung sitzen:

Wie

Kühnheit genug habe, das Lager der Trojaner auszukundschaften? Diomedes ist dazu bereit, 9 wenn ihn jemand begleiten will. Verschiedne ... erbie-

---

Wie wenn mit Gefahr die Hunde Schafe der Hürde
Hüten, hörend den Lärm des wilden Wolfes im Walde
Durchs Gebürge laufend, umrauscht von lautem Getöse
Treibender Hund' und Jäger, der Schlaf ist ihnen vergangen.

9 Der Grund, den Diomedes angiebt, warum er nicht allein, sondern von einem andern begleitet, ausgehen will, das Lager der Trojaner auszukundschaften, ist der:

— wo zween wandeln, da merket einer von beyden
Leichter, was am besten zu thun sey; ob er's auch merket,
Ist des Einzigen Sinn doch wankender, schwächer sein Rathschluss.

Man könnte hiemit Pred. IV, 9. 10. nach Hieronymus Uebersetzung vergleichen: Zwey sind besser als Einer; denn sie geniessen die Vortheile ihrer Gesellschaft; wenn der Eine fällt, so richtet der andere seinen Gesellen auf. Allein die Worte des Diomedes beziehen sich nicht blos auf die Hülfe durch körperliche Kräfte, sondern vornehmlich auf die Unterstützung, welche Zwey geschickte mit einander verbundene Leute, Einer durch des andern Einsicht und Verstand, haben können. Diese Stelle Homers ist vom Aristoteles (*de mor. l. VIII. c. 1.*) und vom Plato (im Protagoras p. 348.) gepriesen, und vom Euripides (Phoeniss. v. 752.) wie auch zweymal vom Cicero an Varro (l. 9. ep. 7. Fam.) und an Atticus (l. 9. ep. 6.) gebraucht. Ich führe diess als ein einzelnes Beyspiel an, wie gross das Ansehen unsers Dichters immer bey Weltweisen, Dichtern und Rednern gewesen ist.

erbieten sich dazu. Doch Agamemnon überlässt diess der eignen Wahl des Diomedes, doch so, dass er nicht aus Ehrerbietung für einen andern, oder aus Achtung gegen seine hohe Geburt den bessern zurücklasse. Diomedes [10] wählt den tapfern und schlauen Ulyss, der das Lob seines Freundes klug ablehnt, und ihn anmahnt, zu eilen, [11] ehe der Tag anbricht. [12] Nachdem

10 Dass Tapferkeit von Weisheit begleitet seyn müsse, zeigt Diomedes durch diese Wahl. Er sagt:

O wie könnt' ich Odüss', den göttlichen Krieger, vergessen?
Dessen Freundschaft bewährt und dessen Kühnheit so gross ist,
In Gefahren jeglicher Art; auch liebt ihn Athänä!
Gehet dieser mit mir, so möchten wir beyde durch Flammen
Gehn, und wiederkehren, von seiner Weisheit geleitet.

11 Die Gestirne, sagt Ulyss, fangen schon an zu sinken,

— — — — und zwo der nächtlichen Wachen
Sind vergangen; es bleibet uns nur die dritte noch übrig.

Man sieht hieraus, wie genau der Dichter die Vertheilung der Zeit in Acht genommen hat.

12 Da Diomedes ganz unbewafnet und Ulyss allein mit einem Schilde um seine Schultern dem Nestor gefolgt waren, so giebt itzt Thrasymedes dem ersten ein zweyschneidiges Schwerd und einen Schild, und bedeckt mit einem Helme von Stierfell, ohne Erz und Federn, sein Haupt. Meriones hinge-

dem ſich beyde mit guten Waffen verſehen haben, machen ſie ſich auf den Weg nach dem Trojaniſchen Lager. Minerva ſendet ihnen einen jungen Reyher, den ſie wegen der Dunkelheit der Nacht zwar nicht ſehen, aber wohl hören, zum Begleiter. Ulyſs erfreut ſich darüber, 13 und beyde beten zur Minerva um Beyſtand

---

hingegen giebt dem Ulyſs einen Bogen, Köcher und ein Schwerd, und

Deckt das Haupt des Helden mit einem ledernen Helme;
Hochgewölbet war er mit ſtarken Riemen von innen,
Und mit weiſſen Zähnen des Keulers von auſſen geſchmücket.
Dieſen hatte vordem Autolükos liſtig entwendet.
Aus dem feſten Palaſte des Hormeniden Amüntors,
Und Autolükos gab ihn Amfidamas, dieſer dem Molos,
Welcher ſeinem Sohne dem Märionäs ihn verehrte,
Endlich ſchützet er nun das Haupt des weiſen Odüſſeus.

Dieſe Waffen hatten noch das ſchickliche, daſs ſie nicht glänzend waren. — Vielleicht wird es manchem vorkommen, daſs ich mich mit der Anführung ſolcher Kleinigkeiten zu lange aufhalte. Allein da dieſe grade zu meiner Abſicht dienen, das Wahre und Einfache ſowohl, als das Erhabne unſers Dichters kennen zu lehren, ſo kann ich ſie nicht unbemerkt vorbeylaſſen, um eben dadurch unſern heutigen Dichtern eine Anweiſung zu geben, ihre Erzählungen einfach und natürlich und ihre Gemählde kräftig und angenehm zu machen, zwey Stücke, deren weiſer Gebrauch einem Heldengedichte unentbehrlich iſt.

13 Das Gebet des Ulyſſes iſt ſehr einfach. Er betet ſo zur Minerva:

Höre

stand 14 zu ihrem Vorhaben. — Auch Hektor hatte die Trojaner zusammen gerufen, und gegen grosse Belohnungen jemanden aufgefodert, das Lager der Griechen auszukundschaften. Ein reicher Jüngling, Dolon, erbietet sich dazu, falls ihm Hektor, bey einem glücklichen Aus-

---

Höre mich, Tochter des Gottes mit furchtbarem Schilde, die immer
Mich in allen Gefahren beschützet, und mein gedenket;
Wo ich mich rege; liebe mich nun, o Pallas Athänä!
Lass mit Ruhm uns kehren zurück zu den Schiffen der Griechen,
Nach vollbrachten Thaten, die alle Troer bekümmern!

Diomedes hingegen ruft die Göttin so an:

Reine Jungfrau, höre mich auch, du Tochter Kronions!
Folge mir, wie du vordem dem göttlichen Tüdeus gefolgt hast,
Meinem Vater, gen Thäbä, wohin die Griechen ihn sandten.
Beym Asopos liess er die erzgepanzerten Griechen,
Bringend milde Worte des Friedens den Enkeln von Kadmos,
Aber schreckliche Thaten verrichtend, als er zurückging,
Edle Göttin, begleitet von dir, und günstig geschützet.
Dir will ich opfern ein jähriges Rind mit breiter Stirne,
Welches ungezähmt das Joch noch nimmer getragen,
Dieses will ich dir opfern und seine Hörner vergülden.

14 Sie gingen beyde, sagt der Dichter:

— — — wie Löwen, einher durch nächtliche Schatten
Ueber liegende Leichen und über blutige Waffen.

Mit diesen wenigen Worten giebt er uns einen vollkomnen Begrif von der Grösse ihrer Unternehmung.

Ausgange, den Wagen und die Pferde des Achilles zur Belohnung zu geben verspricht. — Hektor sagt es ihm mit einem Eide zu. Dolon bewafnet sich, und tritt den Weg an. Doch Ulyss hört ihn von fern, giebt Diomedes davon Nachricht, und räth, ihn einige Schritte vorbey gehn zu lassen. So bald er ihnen vorbey ist, verfolgen ihn Ulyss und Diomed, [15] und nehmen ihn gefangen. [16] Weinend bittet er um sein Leben, und bietet alle seine Schätze dafür an. Der schlaue Ulyss fragt ihn nach der

---

15 Ulysses und Diomedes jagten den unglücklichen Dolon nach den Schiffen hin:

Wie wenn zween scharfzahnigte Hunde, kundig des Jagens,
Einen Hasen oder ein Reh durch waldichte Stäten
Dringend treiben; es eilet voran und schreyet im Fliehen.

16 Diomedes verfolgt den Dolon

— — — — und warf den Speer, und verfehlte mit Vorsatz
Dolon; über die rechte Schulter flog ihm die Lanze,
Blieb in der Erde nun stecken; er stand und zitterte, seine
Lippen bebten, es klappten in seinem Munde die Zähne,
Sein Gesicht erblasste vor Furcht. Sie haschten ihn keichend,
Griffen ihn bey den Händen; — — —

Sehr natürlich und treffend beschreibt uns hier der Dichter einen begüterten Jüngling, der unerfahren, und eben daher keine

der Ursache seines Ganges, nach allem, was [17] im Trojanischen Lager vorgeht, und wie ihre Wachen ausgesetzt sind. Dolon erzählt ihm alles, und insonderheit auch, wo König Rhesus gelagert sey, der erst kürzlich mit den schönsten Rossen, weisser als Schnee und im Laufe dem Winde gleich, mit vergüldetem Wagen und prächtigen Waffen aus Thracien angekommen ist. Nachdem er diess alles erzählt und noch einmal um sein Leben gefleht hat, nimmt ihm [18] Diomedes das Leben, und begiebt

---

keine Gefahr fürchtend, sich allein auf seine erlangten Reichthümer verläst, durch welche er alles auszurichten hoft. Aber nun, da die Gefahr gegenwärtig ist, zittert und bebt er, und ruft vergebens seine grossen Schätze zu Hülfe.

17 Die Troer, sagt er, wachen

Und ermuntern sich, wacker zu bleiben, der eine den andern;
Aber es schlafen die fernberufnen Bundesgenossen,
Haben ruhig die Sorge der Hut den Troern betrauet,
Denn nicht ihre Weiber und Kinder sind in der Nähe.

Mit diesem einzigen Zuge zeigt wieder der Dichter, wie Sorge der Eltern und wahre eheliche Liebe die stärksten Gründe darbieten, die Menschen aufmerksam und wachend zu erhalten.

18 Diomedes, fürchtend, dass Dolon einmal wieder als Kundschafter zu den Schiffen der Griechen kommen oder

 öffent-

begiebt sich nun mit dem Ulyss unter Minervens Begleitung nach dem Lagerplatz der Thracier. Diese liegen im tiefen Schlaf. [19] Diomedes tödtet ihrer viele und auch den Rhesus, während Ulyss sich der schönen Pferde bemächtigt und sie [20] wegführt. Indem sie fortfahren wollen, mehr Beute zu machen, warnt sie Minerva, zu den Schiffen zurück zu kehren. Sie gehorchen. Inzwischen weckt Apollo den Hip-

---

öffentlich gegen sie fechten möchte, nimmt ihm, indem er sich niederbückt, um seine Kniee zu umfassen, das Leben. Ulysses nimmt darauf die Waffen des Dolon, hält sie hoch empor, und weiht sie der Minerva, mit dem Flehn, dass die Göttin sie ferner zu dem Lager der Thracier führen möge.

19 Wie ein Löwe stürzet auf ungehütete Heerden,
Ziegen oder Schafen den bösen Untergang sinnend;
Also stürzt auf die thrazischen Männer der Tüdeide,

dem Pallas Muth einflösst.

20 Nachdem der schlaue Ulysses die Riemen, womit die Pferde an den Wagen gebunden waren, losgemacht hatte, räumte er die Leichen derer, die Diomedes umgebracht hatte, aus dem Wege, damit die muthigen Pferde nicht darüber treten und scheu werden möchten. Darauf bindet er sie:

— — — aneinander, und führet sie aus dem Haufen,
Mit dem Bogen sie schlagend; er hatte vergessen, die Geissel
Aus dem Wagen zu nehmen — — —

Hippokoon, einen Führer der Thracier, auf. Wie dieser beym Erwachen seine Augen nach dem Platz richtet, wo des Rhesus Pferde vorhin standen, sieht er mit Wehklagen das Unglück, das die Seinen getroffen hat. Diomedes und Ulyss [21] nehmen bey ihrer Rückkehr die

21 Der schlaue Ulysses hatte, wie wir vorhin sahn, die Kleider und Waffen des erschlagnen Dolon der Pallas geweiht, und, um durch das Mitnehmen derselben in der fernern Unternehmung nicht aufgehalten zu werden, sie an einen Tamarindenbusch gehangen, von welchem er einige Zweige abbrach, um die Stäte damit zu zeichnen, und sie bey der Rückkehr auch in der dunkeln Nacht desto leichter wieder zu finden. Wer die verschiednen Vorfälle dieser für die Griechen so sorgevollen Nacht mit einiger Aufmerksamkeit erwägt, muss die Lebhaftigkeit und den Ueberfluss von Ideen, womit der Dichter jeden besondern Vorfall darstellt und ausschmückt, bewundern. Bey jedem Schritte, den man thut, trift man ein schönes Gemählde an, in welchem die genaue und natürliche Beschreibung der Handlung unsre Empfindung, unsre Theilnehmung und unser Vergnügen anfacht; worin die stete Thätigkeit der griechischen Helden und ihr rühmliches Streben sich aus der Gefahr zu retten, unsre Tugend und unsern Muth stärken; wo das Unglück derer, die durch die Klugheit und den Muth jener Helden überrascht und umgebracht werden, unsre Seele mit Mitleiden erfüllt; worin wir mit Agamemnon und Menelaus beständig sorgen und wachen; mit Nestor und Ulysses guten Rath geben; mit Diomedes alles unternehmen; mit Dolon zittern und beben; mit Hippokoon uns entsetzen und verwundern;

die Waffen des Dolon mit sich, kommen mit der gemachten Beute ins Lager der Griechen, worüber [22] Nestor, der sie zuerst gewahr wird, und die übrigen Griechen sich sehr erfreun. Diomedes und Ulysses von ihnen bewillkommt, waschen sich darauf, und opfern Wein zur Ehre Minervens.

---

wundern; und endlich mit den Griechen über die glückliche Rückkehr ihrer Genossen uns freun. Diess alles durch eine einfache, klare und doch zugleich wichtige und trefliche Vorstellung bewürken können, ist gewiss kein geringes Vermögen der Dichtkunst. Und um diess zu erlangen, weist uns Homer hier und an andern Stellen den Weg an, dass er seine Einbildungskraft insonderheit auf das Schildern der Natur einschränkt.

22 Da Nestor diess angerathen hatte, so war natürlich keiner, der an der gefährlichen Unternehmung grössern Antheil nahm, als er. Seine Freude bey ihrer Rückkehr und über ihre Erhaltung ist also ungemein. Er bemerkt sogleich ihre Beute und wundert sich über die grosse Schönheit der Pferde. Er kann sich nicht erinnern, sie je so schön gesehn zu haben, ob er gleich oft im Streit die Wagen und Pferde der Trojaner und ihrer Bundesgenossen in der Nähe gesehn hat. Er glaubt daher, es sey ein Geschenk des Zevs oder der Pallas, die beyde den Diomedes und Ulysses vorzüglich liebten.

Inhalt des elften Gesanges.

Mit Anbruch des Tages werden die Griechen durch die Zwietracht, die Jupiter mit dem verderblichen Zeichen des Krieges ins Lager sendet, zum Kriege angespornt. [1] Agamemnon legt

Erläuterungen zum elften Gesange.

1 Auch hier, gleich im Anfange dieses Gesanges, läſst sich die Gröſse der Einbildungskraft und des erfinderischen Geistes unsers Dichters besser fühlen als erklären. Oft war schon Agamemnon gewafnet zum Streit gegangen; allein itzt muſste er in seinem vollen Glanze zum Vorschein kommen, und der Dichter muſste durch die Beschreibung seiner Heldenthaten zeigen, daſs es Wahrheit sey, was er im dritten Gesange von ihm gesagt hatte, daſs er ein guter König und ein tapfrer Feldherr war. Um den Leser hiezu vorzubereiten, und vorzüglich auf den Held, dessen Tapferkeit der Inhalt dieses Gesanges ist, aufmerksam zu machen, so fängt er diesen Gesang mit der genauen Beschreibung der herrlichen schreckenerregenden Waffenrüstung des Agamemnon an. Es fehlt mir hier, so wie oft, fast an treffenden und kräftigen Worten, um die Schönheit und Pracht der Kleidung des Feldherrn, indem er zum Streit gewafnet da steht, allgemein verständlich zu machen. — Die Stiefeln, die er an seine Beine thut, waren, sagt der Dichter, ausnehmend schön, und sauber mit silbernen Häklein versehen;

 sein

legt eine herrliche Waffenrüstung an, und geht,

---

sein Harnisch, den er einst von seinem Gastfreunde Cinyras, da dieser den berühmten Zug der Griechen nach Troja vernommen, zum Geschenk empfangen hatte, war zierlich

— — — gestreift mit wechselnden Bahnen, von blauem
Safirähnlichem Stale zehn, zehn Bahnen von Golde,
Zwanzig von Zinn; drey Drachen erhuben sich gegen des Helden
Hals, von angelaufenem Stale, spielend auf beyden
Seiten, wie Regenbogen, die Zeus Kronion in Wolken
Hat den sterblichen Erdebewohnern zum Zeichen gesetzet.

Das Schwerd, das er über die Schultern warf, glänzte von den güldenen Stiften, womit das Heft prangte; die Scheide war silbern, von Gold das Gehenke. Um seinen runden sehr künstlich gearbeiteten Schild, unter welchem ein Mensch sich verbergen konnte, liefen zehn eherne Reife

— — — — und zwanzig waren der weissen
Buckeln von Zinn, und einer von blauem Stal in der Mitte.
Fürchterlich drohte mit rollenden Augen die schreckliche Gorgo
Auf dem Schilde, ihr bebten zur Seite Flucht und Entsetzen.
Silbern war des Schildes Gehenke; auf dem Gehenke
Schlängelte sich ein Drache von Stal, drey Häupter entkrümmten
Sich dem einzigen Halse des bläulichen Ungeheuers.

Der Helm, den er auf sein Haupt setzte, war nicht minder auserlesen und schrecklich; überall war er mit zierlichen Buckeln beschlagen, und mit vier Mähnenbüschen geschmückt, die fürchterlich den Helm herabwallten. In seine Hand nahm er zwo scharfe mit Erz beschlagne Lanzen, deren glänzende Spitzen himmelan strahlten. Dieser Anblick von Herrlichkeit und Pracht, womit Agamemnon gegen die Troer zu Felde zieht, macht unstreitig einen starken Eindruck auf den Leser,

geht, unter keinem günstigen Vorzeichen, zum

Leser, der schon zu hören und zu sehn verlangt, welche ausnehmende Thaten dieser so wohl gerüstete Held verrichten wird, von welchem er sich schon alles, was gros und erhaben ist, vorstellt. — Was könnte nun den Niederländischen Dichter abhalten, sich ähnlicher Beschreibungen zu bedienen, wenn er die rühmlichen Thaten eines vaterländischen Kriegers, z. B. eines tapfern de Ruiter erzählen wollte? Ob er ihn gleich mit jener ganzen Rüstung nicht schmücken kann, so kann er ihn doch mit einem künstlich gearbeiteten Harnisch bekleiden, ihm einen Befehlshaberstab, von Ebenholz verfertigt, und mit goldnen Reifen versehn, in die Hände geben, ja er kann das grosse und majestätische Ansehn seines Schifs beschreiben, dessen prächtigen Vorder- und Hintertheil, die darauf ausgehauenen Bilder und Zierrathen, das Verdeck, die Schiesslöcher, die Zahl und Schwere des donnernden Geschützes, dessen Vertheilung in mehrere Reihen, den Kiel mit Kupfer beschlagen, die dicken und schweren Masten, ihre Höhe, Biegsamkeit und Stärke u. s. f. Er kann das Wallen der weissen Segel, die fröliche Bewegung der leichten Wimpel, die vielfärbigten mit prächtigen Wapen geschmückten Flaggen, das Ruder, die Anker, die zierlich gekleideten, willigen, tapfern Matrosen und Soldaten, kurz alles das beschreiben, was seiner fruchtbaren Einbildungskraft sich als ein gefälliges Gemählde darstellt. Ein so ausgerüsteter und auf ein solches Schif gesetzter Befehlshaber, das die Phantasie des Lesers auf dem weiten Gewässer des Meers zu sehn glaubt, flöst dem Leser alle die Achtung, alle die Hofnung, alle die Erwartung ein, die erfoderlich ist, seinem Seehelden, wenn er sich nun zu dem Feinde wendet, mit Vergnügen zu folgen. Diese Anmerkung dient, wie viele

[2] zum Kampf. Auch Hektor erscheint mit glanzreichen Waffen. [3] Am Morgen geschieht, unter

---

viele andre, zum Beweise, wie man durch Kenntniss der dichtrischen Zierrathen des Homers in den Stand gesetzt werde, jenes Schönen und Erhabnen sich nicht nur zu bedienen, sondern auch nach seinem Muster sich neue dichtrische Zierrathen zu schaffen, um damit seine Gedichte zu bereichern.

2 Das unglückliche Vorzeichen war, dass blutige Tropfen vom Himmel herabfielen, wie Zevs auch fallen liess, da sein geliebter Sohn Sarpedon vom Patroklus getödtet ward. (Ges. XVI. v. 459.) Auch glaubwürdige Geschichtschreiber erwähnen solcher wunderbaren, Unheil verkündenden Begebenheiten. So z. B. erzählt Livius (B. XXIV. K. 10.) dass es zu Rom auf dem Ochsenmarkt Blut geregnet habe. Und obgleich er diess unter die Vorzeichen setzt, an welche nur einfältige und ängstliche Menschen glauben, so rechtfertigt diess gleichwohl unsern Dichter in so fern, dass er seine Wunder, wodurch er dem Leser Furcht und Entsetzen erregen will, von solchen Dingen entlehnt, deren Möglichkeit und Wirklichkeit das furchtsame Menschengeschlecht durchgängig angenommen hat. Uebrigens bedarf es wohl kaum der Erinnerung, dass diess nichts anders als natürliche Wirkungen waren, die die Erzählung vergrösserte, und welche man auf merkwürdige Zeitumstände anwandte. Und deren kann sich ein Dichter immer zu seinem Vortheile bedienen.

3 Die Schnellheit und den Eifer des Hektors, der allenthalben bey seinem Volke umhergeht und ihm Muth einspricht,

unter dem Anhetzen der Zwietracht, [4] ein blutiger Anfall von beyden Seiten, während Jupiter, dem die übrigen Götter, die ruhig im Olymp sitzen, den Vorwurf machen, dass er die Trojaner zu sehr begünstige, sich von ihnen entfernt hat, und, ohne sich an ihre Vorwürfe zu kehren, in vollem Glanze am Olymp niedersitzt, und dem gewaltigen Kriege zuschaut. — [5] Um Mittag dringen die Griechen durch

---

einspricht, vergleicht der Dichter mit einem hellglänzenden Gestirn,

> Stralend bald, und bald mit schattenden Wolken sich deckend.

4 Wie wenn gegen einander über im Acker des Reichen
Schnitter ämsig mähen den Weizen oder die Gerste;
Häufig sinken vor ihnen dahin die rauschenden Saaten:
Also stürzten gegen einander die Troer und Griechen
Mordend; keiner von ihnen gedachte der schändlichen Rückflucht.

Die Schönheit dieses Gleichnisses wird man dann erst recht einsehen, wenn man bedenkt, dass man zu Homers Zeiten die Felder mit reifem Korn in zwey gleiche Theile zu vertheilen pflegte, von deren äussersten Enden die Schnitter anfangen, und eilen mussten, die Mitte zu erreichen. Und diese zuerst zu erreichen, war der gröste Ruhm für den Arbeiter.

5 Die Tageszeit wird so beschrieben:

Als die Stunde kam, in welcher am Hange des Berges
Sich ein Mann, der Eichen gefället, die Mahlzeit bereitet,

Wenn

durch die Schlachtordnungen der Trojaner hin, deren [6] viele vom [7] Agamemnon umgebracht werden, der im Gefecht sich vorzüglich auszeichnet, und [8] die Trojaner mit schwe-
rem

Wenn er grosse Bäume gehauen, es weichet der Arbeit
Lust in seinem Herzen der süssen Begierde nach Speise;
Da begannen u. s. w.

Es ist sicher Probe des Dichtergenies, die Tageszeiten so zu beschreiben, dass man die besondern Beschäftigungen anführt, welche dann die Menschen vorzunehmen pflegen.

6 Hier werden unter andern Isus und Antiphus genannt, dieser ein ächter und jener ein unächter Sohn des Priamus. Achilles hatte sie vormals in den Thälern des Berges Ida, wo sie die Schafe weideten, gefangen genommen, doch für ein Lösegeld wieder frey gegeben. Da Agamemnon sie umgebracht hat, und man ihnen die Kleider auszieht, so kennt er gleich ihre schöne Waffenrüstung, die er sah, wie Achilles sie vom Berge Ida zu den Schiffen brachte.

7 Wie ein Löwe die zarten Kinder der flüchtigen Hindin
Sonder Mühe zermalmt, mit starken Zähnen sie fassend;
Ach das klopfende Herz entreisst er ihnen; die Mutter
Steht in der Nähe, vermag nicht zu helfen, ängstliches Beben
Ueberfällt sie; nun fliehet sie schnell durch Wald und Gebüsche
Eilend mit triefendem Schweisse von reissenden Thieren gedränget;
Also durft' auch keiner im Troischen Heere von diesen
Fernen den Untergang, denn alle flohen die Griechen.

8 Eine wunderbare Verschiedenheit zeigt sich allenthalben in Homers Erzählungen der Gefechte. Nicht nur wird
keiner

rem Verlust 9 fast bis an die Thore der Stadt ver-

---

keiner unter der Menge der Verwundeten auf einerley Art verwundet, sondern auch die Personen selbst haben fast immer eine besondre Beziehung auf die Geschichte, wie z. B. hier erst zwey Söhne des Priamus, und dann zwey Söhne des kriegrischen Antimachus, der sich von Paris mit Gold hatte bestechen lassen, um zu rathen, daſs man Helena nicht zurück gebe, und zugleich dem Menelaüs, der mit dem Ulysses als Gesandter an die Troer geschickt war, das Leben hatte nehmen wollen.

9 Agamemnon focht so wütend gegen die Troer:

Wie verzehrendes Feuer durch umgehauene Wälder
Wütet zu allen Seiten, von strudelnden Stürmen gewirbelt:
Unter den Flammen stürzen mit ihren Stämmen die Aeste.

Und von den Troern heiſst es:

— — — — die hochgehalseten Rosse
Rissen leere rasselnde Wagen über das Schlachtfeld,
Ihre treflichen Führer vermissend, welch' auf dem Boden
Lagen; ein süſserer Blick den Geyern, als ihren Gemahlen.

Der Reichthum von Ideen läſst hier dem Leser keinen Augenblick Ruhe; er wird, um zu hören und zu sehn, mitten in die blutige Schlacht geführt, und glaubt, noch nach so vielen Jahrhunderten, dem Troischen Kriege beyzuwohnen. Kein Mahler ist im Stande, eine Schlacht natürlicher und mit mannigfaltigern Farben zu mahlen, als Homerus hier mit seinen kräftigen und schönen Worten gethan hat. So seines Gegenstandes Meister seyn, kann man durch Vorschriften nicht lernen. Das kann nur der, welcher aus aufmerksamer Betrachtung der Natur seine Einbildungskraft und seinen Scharfsinn recht zu gebrauchen weiſs.

[10] verfolgt. Zevs, der die Wuth Agamemnons bemerkt, sendet Iris zum Hektor, um ihm zu rathen, sich, so lang Agamemnon nicht verwundet ist, zurückzuhalten, und die Seinen blos zum Streit zu ermuntern, mit dem Versprechen, daſs er ihm, so bald Agamemnon getroffen ist, Kraft geben will, die Griechen zu vertreiben. [11] Iris bringt so gleich diese Bothschaft

10 Agamemnon der die Troer verfolgt und beständig den letzten das Leben nimmt, wird hier mit einem Löwen verglichen, der mitten in der Nacht eine Heerde Rinder antrift, sie alle in die Flucht jagt, und die letzten mit starken Zähnen faſst und verschlingt.

11 Nichts muſs den heutigen Leser unsers Dichters mehr wundern, als der vertraute Umgang der Götter mit den Menschen, den man allenthalben beym Homer antrift. Die Götter erscheinen den muthigen Helden nicht nur im Gefecht, sondern schicken selbst ihre Abgesandten aus dem Himmel, um sie zu warnen, und die Bothschaften werden von Mund zu Mund überbracht, wie Iris hier thut. Doch diese Verwunderung wird bald verschwinden, wenn man aus der Erfahrung lernt, daſs sich bey den ältesten sowohl heiligen als weltlichen Schriftstellern eine Menge von Beyspielen findet, worin erzählt wird, daſs erhabne und göttliche Wesen die Gestalt der Menschen angenommen haben, und darin auf der Erde erschienen sind. Diese Vorstellung war so allgemein, daſs der König Alcinous, da Ulysses als Fremdling zu ihm kam, zweifelte, ob auch unter seiner Gestalt eine aus dem Himmel

schaft zum Hektor. Dieser verläſst seinen Wagen, vollbringt Jupiters Willen, und hält seine Völker in ihrer Flucht zurück. Wie die Trojaner so den Griechen Widerstand geboten haben, zieht [12] Iphidamas gegen Agamemnon an, und wird von ihm getödtet; doch Koon, erbittert

Himmel gekommne Gottheit verborgen wäre. (Odyſſ. VII, 199.) Dieselbe Furcht erfüllt die Freyer der Penelope, da Antinous den zu Hause gekommnen und noch unbekannten *Ulyſſes* beleidigte. Sie sagen (Odyſſ. XVII, 484 fgg.)

Uebel, Antinous, thatst du, den armen Fremdling zu werfen!
Unglückseliger! wenn er nun gar ein Himmlischer wäre!
Denn oft tragen die Götter entfernter Fremdlinge Bildung;
Unter jeder Gestalt durchwandeln sie Länder und Städte,
Daſs sie den Frevel der Menschen und ihre Frömmigkeit schauen.

Mehr Beyspiele dieses allgemeinen Volksbegriffes findet man beym Wetstein über den Brief an die Hebr. XIII, 2. Ob sich nun gleich dieſs besonders darauf bezog, um die heiligen Pflichten der Gastfreundschaft ungeschändet zu bewahren, so fürchtete man doch diese unsterblichen Götter nicht nur unter der Gestalt von Fremdlingen, sondern so gar unter der von fechtenden Helden anzutreffen, wie Diomedes dieſs im Anfange des sechsten Gesanges zweifelhaft glaubt, indem er den Glaukus erblickt. Auch dieſs macht die Ankunft der Iris beym Hektor so viel wahrscheinlicher.

12. Homer erzählt uns hier das Leben dieses Iphidamas, indem er von seiner Geburt, seinen Eltern, seiner Erziehung, Heyrath und Reise nach Troja spricht. Diese Erzählung zieht

tert durch den Tod ſeines Bruders, verwundet den Agamemnon, der, ungeachtet ſeiner ſchweren Wunde auch auf den Koon einſtürzt, und ihm das Leben nimmt. [13] Die peinlichen Schmerzen, von der empfangnen Wunde veranlaſst, zwingen Agamemnon, nach den Schiffen zurückzukehren, doch ermuntert er die Seinen noch, tapfer zu fechten. [14] Auch Hektor,

---

zieht den Leſer einige Augenblicke von der blutigen Niederlage ab, die Agamemnon anrichtet, und läſst ihn mehr Theil am Schickſal des Iphidamas und ſeines treuen Bruders Koon nehmen.

13 So lange Blut aus der Wunde lief, fühlte Agamemnon keinen Schmerz:

Aber da die Wunde ſich ſchloſs, das Blut nun ſtockte,
Siehe da dämpfte heftiger Schmerz die Stärke des Helden.
Wie des Schmerzes Pfeil gebährende Weiber durchdringet,
Von den Eleithüen geſandt, den Töchtern der Härä,
Welche walten über die Pein der ſchweren Geburten:
Alſo dämpfte heftiger Schmerz die Stärke des Helden.

14 Bey allem Beſtreben, Homers Schönheiten meinen Leſern darzuſtellen, giebt es gleichwohl verſchiedne kurze Vergleichungen, die im Vorbeygehn gemacht werden, und ob ſie gleich zur Aufklärung meines Gegenſtandes dienen, dennoch nicht immer von mir angeführt werden. So wollt' ich hier die Bemerkung übergehn, daſs Hektor die Troer zum Geſecht ermuntert:

Wie

tor, der den Agamemnon wegeilen sieht, muntert seine Schaaren auf, und fällt die Griechen mit einer solchen Gewalt an, daſs er nicht nur verschiedne Führer, die alle genannt werden, und noch viele vom Volke ums Leben bringt, sondern auch die Griechen bis an die Schiffe würde getrieben haben, hätte nicht Ulyſs den Diomedes noch angefeuert. Doch diese [15] Griechische Helden thun ihm Widerstand, und

---

Wie ein Jäger hetzet die Hunde mit glänzenden Zähnen
Gegen einen Keuler des Waldes oder den Löwen;

und daſs die Wuth, womit dieser Held den Griechen das Leben nahm, gleich war

— — — — dem hochherbrausenden Sturme,
Der niederfahrend die schwarzen Wogen empöret.

Die Ilias allein gleicht einem weit sich ausstreckenden Felde, das allenthalben mit schönen Früchten und Pflanzen bepflanzt ist, so daſs es unmöglich ist, bey jeder einzelnen stille zu stehn, und ihre Beschaffenheit zu erklären. Je mehr man diese Schönheiten entwickelt, so viel mehr wird man von der Geschicklichkeit ihres Erfinders, ihnen die rechte Stelle anzuweisen, überzeugt.

15 Diese zwey Helden fielen die fechtenden, sie verfolgenden Troer an:

Wie zween muthige Keuler stürzen auf Hunde der Jäger.

und bringen auch ihrer Seits [16] verschiedne Trojaner um. Diomedes sucht selbst Hektor mit seinem Speer zu treffen, aber vergebens. Doch indem er andre angreift und ihnen ihre Waffen nimmt, verwundet ihn Paris, der hinter einem Pfeiler am Grabmale des Ilus versteckt stand, und trift ihn in den rechten Fuss. — Indem er darüber frohlockt, [17] verweist ihm Diomedes

---

Aber, wird man sagen, so eben sind Jagdhunde angeführt, die der Jäger gegen Keuler hezte, und nun fallen diese die Jagdhunde an. Lässt sich diess mit einander vereinigen? Mich dünkt, sehr leicht. Denn wie kann man sich den gewaltigen Streit beyder Völker stärker vorstellen, als wenn man sie gegen einander mit einer solchen Wuth fechten sieht, dass die Anfaller wieder von den Angefallnen angegriffen werden. Diess erklärt sich sehr deutlich durch die von diesen zwey muthigen und wider einander feindlich gesinnten Thieren hergenommne Vergleichung.

16 Alle diese lernt man mit Namen kennen. Unter andern nimmt Diomedes zwey Söhnen des berühmten Wahrsagers Merops das Leben, die wider den Rath ihres weisen Vaters nach Troja gezogen waren. Hiedurch ward zwar das erfüllt, was Merops seinen ungehorsamen Söhnen geweissagt hatte; doch fügt der Dichter zugleich hinzu, dass sie durch das unvermeidliche Schicksal des Todes getrieben wurden.

17 Er redet ihn so an:

Schmähender, Bogenberühmter, du mädgenbeäugelnder Schütze!
Wenn du gegen mich in voller Rüstung dich wagtest;

Würde

medes seine Feigheit, doch zwingt diesen seine Wunde, das Gefecht zu verlassen. [18] Ulyss, obgleich allein, und von den Trojanern umringt, [19] tödtet mehrere von ihnen; doch endlich

---

Würde der Bogen dir nicht, noch viele Pfeile dir frommen!
Siehe, nun prahlst du hoch, weil du den Fuss mir geritzet.
Und dess acht' ich eben so viel, als ob mich ein Weiblein
Oder getroffen hätte ein Kind; denn leicht ist die Wunde
Eines schwachen und, so wie du, nichtswürdigen Menschen!
Traun nicht also mein scharfer Speer! denn, wen er berührt,
Streckt er alsobald und seelenlos nieder zur Erde.
Ihre beyde Wangen zerreisst die jammernde Wittwe
Und die Waisen daheim; sein Blut beflecket die Erde,
Bis er verwest; mehr Raben umgeben, als Weiber, die Leiche!

18 Ulysses, der sich alles Beystandes andrer tapfrer Kriegshelden beraubt sieht, redet in diesen gefährlichen Umständen sich selbst also an:

Wehe, was soll ich thun? Es wäre schändlich zu fliehen,
Und die Menge zu scheuen; noch schlimmer, so sie mich fahen,
Denn ich bin allein, die andern schreckte Kronion.
Doch wie kann mein Herz sich solchen Gedanken ergeben?
Sieh, ich weiss ja, die Feigen allein verlassen das Treffen;
Wer nach Ehre ringet im Streit, muss tapfer beharren,
Ob sein Speer den Feind, ob Feindes Speer ihn verwunde.

19 Die Vergleichung, deren sich der Dichter bedient, um den Heldenmuth des Ulysses zu beschreiben, den die Troer von allen Seiten anfallen, hat wieder alle Kennzeichen von Urtheilskraft und Lebhaftigkeit des Geistes an sich:

lich verwundet ihn [20] Sokus, und nun ist auch

er

5

Also stürzen blühende Jünglinge gegen den Keuler
Mit den Hunden zugleich; er schreitet hervor aus dem Dickigt,
Wezend weisse Hauer des krummgebogenen Rüssels;
Sie umgeben ihn, er klappet laut mit den Zähnen,
Aber sie bestehen das schreckliche Ungeheuer:
Also stürzeten auf Kronions Liebling die Troer.

20 Unter den Troern, die Ulysses tödtete, war Charops, der Sohn des Hippasus. Wie Sokus, der Bruder des Charops diess sieht, fällt er den Ulysses an, und sagt dabey:

Vielgelobter Odüss', den keine Arbeit ermüdet,
Listiger Mann; bald wirst du dich rühmen, des Hippasos Söhne,
Solche Männer ermordet, geraubt die Rüstung zu haben;
Oder dieser Speer wird dir das Leben entreissen.

Er verwundet ihn darauf, doch Minerva verhindert, dass die Wunde nicht tödtlich wird. Ulysses, obgleich verwundet, trift hierauf den Sokus durch die Schulter in die Brust, so dass dieser hinstürzt. Ulysses rühmt sich darauf seiner Ueberwindung so:

Sokos, Hippasos Sohn, des rossezähmenden Kriegers,
Unvermeidliches Todesschicksal hat dich ergriffen!
Wehe dir! dein Vater und deine züchtige Mutter
Drücken nicht die brechenden Augen des Sterbenden; Raben
Flattern nun bald mit gierigem Flügelschlag, dich zu zerhacken!
Aber mich bestatten dereinst die edeln Achaier!

Sehr edel und natürlich ist hier die Vorstellung der brüderlichen Liebe des Sokus. Aber eben so schön und natürlich ist auch die Beschreibung der Raubvögel, die das todte Leichnam mit ihren Flügeln schlagen, und dann mit ihrem Schnabel zerhacken.

er gezwungen, sich zurück zu begeben, und Menelaus und [21] Ajax kommen ihm zu Hülfe. Menelaus fasst den verwundeten Ulyss bey der Hand, und führt ihn aus dem Gedränge, während [22] Ajax einige Trojaner verwundet, und andre tödtet. — Hektor, der von diesem allem nichts vernimmt, ficht auf dem linken Flügel

21 Sahn wir so eben den Anfall des Ulysses und seinen Heldenmuth, womit er allein dem Feinde Widerstand bietet, durch treffende Bilder erläutert; so lässt uns nun der unerschöpfliche Geist des Dichters wieder in einem eben so treffenden Gleichnisse sehn, wie der verwundete und durch die Troer von allen Seiten angefallne Ulysses vom tapfern Ajax gerettet wird.

— — — — Wie aus dem Gebürge gierige Wölfe
Einen verwundeten Hirsch umgeben, welchen der Jäger
Mit dem Pfeile getroffen, er läuft mit fliehenden Füssen,
Weil sein Blut noch warm, noch stark des Eilenden Kniee;
Aber wenn der Pfeil nun seine Kräfte verzehrt hat,
Dann zerreissen ihn fleischbegierige Wölfe der Berge
Tief im Schatten des Waldes; das Schicksal führt einen grimmen
Löwen herbey, sie zittern entfliehend, sein ist die Beute.

Bey der Vergleichung des Ulysses mit dem Hirsche und des Ajax mit dem Löwen findet keine andre Anwendung statt, als die, dass dadurch der abgemattete Körper des Einen und der muthige kraftvolle Beystand des andern beschrieben wird.

22 Die Wuth, womit Ajax die Troer vertrieb und zurückschlug, war:

gel mit Idomeneus, wo Paris den Machaon verwundet. Diesen erfahrnen Arzt nimmt Nestor, auf Idomeneus Rath, auf seinen Wagen, und bringt ihn zu den Schiffen, während Cebriones, der mit Hektor auf Einem Wagen steht, diesen aufmuntert, sich dahin zu begeben, wo Ajax ist, den er an seinem grossen Schilde kennt, und wo das Gefecht am heftigsten ist. [23] Wie Hektor hier ankommt, so dringt er zwar in die Griechen ein, doch sucht er dem Ajax auszuweichen. Zevs aber jagt dem Ajax ein Schrecken

---

Wie ein schwellender Strom sich in die Thäler ergiesset,
Stürzend herab vom Gebürge, von Gottes Regen begleitet;
Viele dürren Eichen entreisst er dem Ufer und Fichten,
Wälzet schwarzen Schlamm hinab in die Wogen des Meeres.

23 Die Pferde Hektors, der von Einem Ende des Lagers zum andern sich begiebt, treten auf Schilde und Leichen:

— — — — es wurden die Axen bethauet,
Und die Ring' am Sessel des Wagens, mit blutigen Tropfen,
Welche den Hufen der Ross' und rasselnden Räder entspritzten.

Diese Beschreibung macht dem Leser nicht nur eine sehr lebhafte Vorstellung von der Heftigkeit des Gefechts, sondern zeigt auch dessen verderbliche Folgen, die der Dichter schon im Anfange dieses Gesanges zum voraus gesagt hatte, da Zevs die alles verheerende Zwietracht ins Lager sandte.

cken ein, so daſs er fechtend [24] langsam zurück weicht. Eurypylus, [25] der den fechtenden Ajax unter

---

24 Das Zurückweichen des Ajax wird mit den kräftigsten und lebhaftesten Farben geschildert. Wir sehn den Held mit langsamen Schritten und finstrer Mine zwischen den zwey Lägern, wovon er dem einen Widerstand bietet, und das andre beschirmt, zurückweichen, und nicht Hartnäckigkeit, sondern Unverzagtheit begleitet seine Schritte:

Gleich dem gelben Löwen, den Hirten und Hunde verfolgen,
Ihn vom Stalle der fettgenährten Rinder vertreibend,
In durchwachter Nacht; er stürzte, des Fleisches begierig,
Gegen die Heerden, aber umsonst; die häufigen Spiesse
Fliegen ihm entgegen, von kühnen Fäusten geworfen,
Und die lodernden Fackeln; er weicht, so sehr ihn auch hungert;
Frühe geht er einsam zurück mit traurigem Herzen:
Also kehrt', unwillig und traurig, der Telamonide
Von den Troern. — —

Die Langsamkeit, womit Ajax zu den Seinen zurückweicht, vergleicht er mit der eines Esels, den die Stecken der Knaben von einem kornreichen Acker vertreiben. Von dieser Vergleichung hab' ich schon in der elften Anmerkung zum dritten Gesange geredet. Es ist unnöthig, den Leser hier weitläuftig daran zu erinnern, daſs die Esel in alten Zeiten nicht so verächtliche Thiere waren, als heutiges Tages, wie das unter andern Schriftstellern auch I. M. Gesner in seinen kurzen Anmerkungen *de asinorum honestate* bewiesen hat.

25 Zu den dichtrischen Vorzügen Homers gehört vorzüglich auch der, daſs er allen seinen Gegenständen Geist und Leben giebt. So bekommen die Waffen, von welchen er

 spricht,

unter einem Haufen verderblicher Pfeile abziehn sieht, sucht ihm zu Hülfe zu kommen, und tödtet also den König Apisaon, doch, indem er diesem seine Waffen nehmen will, wird er vom Paris verwundet, und muss die Griechen zur Rettung des Ajax zu Hülfe rufen. [26] Achilles wird indess oben von seinem Schiffe die traurige Niederlage der Griechen gewahr, und erkennt den Nestor, der auf seinem Wagen mit

---

spricht, durchgängig menschliche Sitten und Leidenschaften. Sie werden in der Hand ihres Führers ungeduldig und dursten nach Blut. So heisst es hier von den Pfeilen, welche die Troer auf Ajax warfen:

— — Viele Speere, von starken Händen geschwungen,
Bleiben stecken im ungeheuren Schilde des Helden;
Viele fallen, ihn nicht erreichend, vor ihm; sie stehen
Bebend in der Erde, nach seinem Blute noch dürstend.

Eine Metapher, deren die Dichtkunst nicht entbehren kann, wobey es aber auf ihren rechten und schicklichen Gebrauch ankommt. Virgil, dessen Nachahmungen ich nicht anführe, um nicht zu weitläuftig zu werden, folgt auch hierin seinem grossen Muster treu. So sagt er von dem Speer, den Aruns tief in die Brust der Königin Camilla stiess: (Aeneis XI, 804) „dass er, tiefeindringend, das jungfräuliche Blut trank." —

26 Diese Beschreibung des Achilles, der beständig von seinem Schiffe seine Augen nach dem Gefecht richtet, und sehr

mit einem Verwundeten zurück kommt. Obgleich die Rosse ihm schnell vorbeyfliegen, glaubt er doch von hinten bemerkt zu haben, dass es Machaon sey, ruft den Patroklus zu sich, und trägt ihm auf, zum Nestor zu gehn, und von ihm zu vernehmen, wer der Verwundete sey. Patroklus findet Nestor, mit den Seinen am Tische sitzen, [27] um Speise und Trank zu nehmen. Wie Nestor den Patroklus erblickt, steht er auf, nimmt ihn bey der Hand, und bittet ihn, niederzusitzen. Doch Patroklus weigert diess, und sagt, dass er nicht Zeit habe, sich zu setzen, sondern dass er dem leicht zu erzür-

---

sehr aufmerksam und neugierig alles bemerkt, was vorfällt, ist nicht nur sehr natürlich und schicklich, sondern jeder aufmerksame Leser Homers sieht auch, wie bey ihm seine Erzählungen immer zusammenhängen, und wie er die Einheit der Handlung, wodurch alles in Bewegung gebracht wird, dadurch in Acht nimmt, dass er die Person des Achilles uns immer von der Seite zeigt.

27 Ein mittelmässiger Kopf würde hier blos gesagt haben: sie assen und tranken. Allein Homer weiss auch bey den einfachsten Gelegenheiten sein Gedicht durch hinzugefügte Umstände zu schmücken. Die Magd, welche die Tafel bereitet, der Becher, kurz alles liefert unter seinen Händen die schönsten Züge dichtrischer Gemählde. Die schön-

erzürnenden Achilles Bericht bringen müsse, dass Machaon der verwundete Krieger sey, den Nestor aus der Schlacht gebracht habe. Nestor stellt ihm hierauf das Unglück vor, das die Griechen getroffen hat, erzählt ihm, dass viele ihrer Führer, und unter andern Diomedes, Ulysses und Agamemnon in ihren Schiffen schon verwundet liegen, und fragt ihn, warum Achilles noch in seinem Zorn beharre und die Griechen umkommen lasse. Er selbst setzt

---

schöngelockte Hekamede, Tochter des edeln Arsinous, sagt er, reicht den Helden ein erfrischendes Getränke. Da Achilles die Insel Tenedos verheerte, hatten die Griechen sie dem Nestor, als dem Weisesten von allen, geschenkt:

Diese brachte zuerst den Helden in dem Gezelte
Einen sauber geglätteten Tisch mit eibenen Füssen,
Eine eherne Schüssel dann, und Zwiebeln zum Tranke,
Frischen Honig und heiliges Brod des feinesten Mehles;
Einen herrlichen Kelch daneben, welchen der Alte
Hatte mit sich vom Hause gebracht, mit güldenen Buckeln
Schön geziert; auch waren der Henkel vier an dem Kelche,
Jeglichen Henkel schmückten zwo güldene pickende Tauben,
Und zwo Tauben trugen den Kelch auf güldenem Fittig.
Sonder Mühe vermochte nicht einer ihn aufzuheben,
War er voll, dem Greise nur schien er leicht in den Händen.
In dem Kelche mischt das Getränk die göttliche Jungfrau,
Aus Pramneier Wein und Ziegenkäse; sie schabt ihn

Klein

setzt er hinzu, würde die Trojaner zurück treiben, wenn er die Kräfte noch hätte, womit er vormals die Einwohner von Elis bezwungen, und von ihnen eine reiche Beute an Pferden, Schafen und Rindern gemacht hätte. Zuletzt erinnert er den Patroklus [28] an die Lehre seines Vaters Menoetius, dem Achilles allezeit weisen Rath zu geben, und sagt ihm, daſs er, dieser Lehre zu folgen, Achilles bereden müsse, wenn er selbst auch nicht fechten wollte, ihn wenig-

Klein mit scharfem Erz, und streut Brosam darüber,
Nöthiget dann die Helden zu trinken; sie trinken und löschen
Ihren schmachtenden Durst, ergötzt durch mancherley Rede.

So schön diese Stelle nach meiner Empfindung ist, so fühl' ich doch hier, und in so manchen andern Stellen unsers Dichters, die Schwierigkeit, das Schöne dieses Gedichts auch meinen Lesern recht fühlbar zu machen.

28 Auch diese ganze Rede Nestors ist wieder in dem Munde eines alten Mannes sehr schicklich, der jüngern Leuten die rühmlichen Thaten seiner Jugend erzählt. Doch hat sie noch das Eigne, daſs der weise Alte den Patroklus daran erinnert, wie er bey seinem Zuge mit Ulysses nach Troja an das Haus des Peleus gekommen sey, und da auch den Vater des Patroklus, Menoetius, gefunden habe; wie er vom jugendlichen Achill zuerst bewillkommt, und hinein geführt sey, da gegessen und getrunken, dann beyden Helden gerathen

wenigstens mit seiner Waffenrüstung ins Lager zu senden; dann würden die Trojaner ihn vielleicht für den Achilles halten, vom Streite ablassen, und den Griechen einige Erholung vom Streite verschaffen. Patroklus ist nicht abgeneigt, diess zu thun, und da er bey seiner Rückkehr den Eurypylus von einem Pfeil in der

---

then habe, ihre Söhne, die eine grosse Begierde dazu hatten, ihm auf dem Zuge mitzugeben, dass die Alten darein gewilligt und ihren Kindern viele Lehren gegeben hätten:

Seinen Sohn Achill ermahnte Päleus der Alte,
Immer tapfer zu seyn, und immer der erste vor allen.
Aber dich ermahnt Menoitios, Sohn des Aktor:
Liebes Kind, Achill ist edleres Stammes, als du bist,
Du bist älter als er, viel stärker aber Achilleus;
Steh' ihm bey mit klüglichem Rath; ermahn ihn und steure
Seinen Sinn, er wird zu seinem Besten dir folgen.

Man sieht, wie treffend und zur gelegnen Zeit angebracht diese weisen väterlichen Lehren hier sind, und welche grosse und edle Empfindungen der Dichter seinen Lesern bey jeder schicklichen Gelegenheit einzuflössen weiss. — Eine Gnomonologie oder Sammlung von Homerischen Sprüchen, besser wie die, welche wir vom D ü p o r t haben, die bey aller ihrer Weitläuftigkeit doch diese Stelle nicht hat, würde eine sehr nützliche Schrift seyn, um daraus in den verschiednen Lagen des Lebens nützliche Lehren zu ziehn, und insonderheit gute Jünglinge zu ermuntern, den steilen Pfad der Tugend muthig zu ersteigen, und insonderheit über Feigheit und weibisches Wesen glücklich zu triumphiren.

der Lende verwundet und [29] hinkend erblickt, fragt er dieſen nach den Umſtänden des Gefechtes. Er vernimmt von ihm nichts als [30] ungünſtige Berichte, nimmt den Verwundeten auf, trägt ihn in ſein Zelt, und geneſt ihn mit heilſamen Arzneyen, die er in ſeine Wunden ſtreut.

---

29 Sie treffen ſich grade vor dem Schiffe des Ulyſſes, das in der Mitte lag, wo die Griechen einen Platz angelegt hatten, auf welchem Reden gehalten, Rechtsſachen entſchieden wurden, und auch die Altäre der Götter ſtanden.

30 Nachdem der verwundete Eurypylus dem Patroklus eine kurze Nachricht von den unglücklichen Umſtänden des Griechiſchen Lagers gegeben hat, ſo bittet er ihn, den Pfeil ihm aus der Seite zu ziehn, das Blut aus der Wunde mit lauem Waſſer zu waſchen, und die Wunde mit der heilſamen Arzney zu geneſen, deren Kraft er vom Achill, den Cheiron ſelbſt unterwieſen, gelernt hatte. Denn, ſetzt er hinzu, unſer eine Arzt Podalirius liegt im Zelt verwundet, ſelbſt eines Arztes bedürfend, und Machaon kämpft noch mit den Troern.

Inhalt des zwölften Gesanges.

Da die Trojaner über den Graben, den die Griechen gemacht und mit einer Mauer umzingelt hatten, um ihre Schiffe zu decken, (ein Werk, worüber die Götter, [1] weil man ihnen keine Opfer dafür gebracht hatte, so aufgebracht waren, dass Graben und Mauer nach Trojens Eroberung vom Neptun und Apollo durch gewaltige Wasserströme vertilgt werden) mit

Erläuterungen zum zwölften Gesange.

1 Bey allen nur einigermassen gesitteten Völkern hat von je her die Meinung statt gefunden, dass es den Menschen gezieme, bey wichtigen Unternehmungen den Segen und Beystand der Gottheit anzuflehn. Man glaubte allgemein, dass ein Haus, welches ohne offenbares Vorwissen des höchsten Wesens und also gegen dessen Willen gebaut war, nicht lange stehn könnte. Diese religiösen Begriffe pflanzt Homer hier fort und befestigt sie durch die Erzählung, dass die Wälle und Mauern, welche die Griechen, ohne Vorwissen und Verehrung der Götter, vor ihren Schiffen aufgeworfen hatten, gleich nach Trojens Eroberung vom Apollo, Neptunus und Jupiter so vernichtet worden sind, dass nicht das geringste Ueberbleibsel weiter davon zu finden war.

[2] mit ihren Pferden nicht setzen konnten; so giebt Polydamas [3] Hektorn — der mit ungemeiner Tapferkeit focht und alle andre zur gleichen Tapferkeit anfeuerte, — und den übrigen Trojanischen Führern den Rath, von ihren Pferden zu steigen, um zu Fuss über den Graben zu kommen. Diess gefällt Hektorn, der [4] mit den Edelsten von Troja und ihren Bundes-

2 Mahlerisch ist die Beschreibung der Pferde Hektors, die ihr Führer antreibt, über den Graben zu springen:

— — — — die Rosse mit eilenden Füssen
Scheuten sich des, und wieherten laut, am äussersten Rande
Stehend; sie erschreckte der breite Graben, sie konnten
Weder über ihn springen noch ihn durchgehen: denn schiefe
Dämmung war auf beyden Seiten des Grabens erhoben;
Diese hatten die Griechen mit spizigen Pfälen versehen,
Welche, dicht und grofs, dem feindlichen Uebergang wehrten.

3 Den noch immer kämpfenden Hektor vergleicht der Dichter so:

Wie wenn zwischen drängenden Jägern und Hunden ein Keuler
Oder ein Löwe sich dreht, mit feuerrollenden Augen;
Jene reihen sich haufenweis' und häufige Spiesse
Fliegen aus ihren Händen; der unerschrockene Löwe
Fürchtet und fliehet nicht, bis eigne Stärke ihn tödtet;
Oftmal wendet er sich, und prüft die Reihen der Männer,
Wo er sich wendet, da weichen vor ihm die Reihen der Männer.

4 Diese Helden waren Cebriones, der sich beym Hektor und Polydamas fügte, die eine Schaar von Troern anführten, Paris,

Bundesgenossen auf diese Art die Griechen anfällt. Nur [5] Asius allein will seine Pferde nicht verlassen, und nähert sich mit ihnen den Schiffen, wo er, gefolgt von den Seinen, an der linken Seite die offenstehenden Thore der Mauer durch-

---

Paris, der mit Alcathous und Agenor einen andern Haufen anführte, und Helenus und Deiphobus, zwey Söhne des Priamus, die mit Asius, dem Sohn des Hyrtakus die dritte Schaar anführten. Die vierte Schaar der Troer führte der tapfre Aeneas, Sohn des Anchises, bey welchem sich auch Archilochus und Akamas, zwey tapfre Söhne des Antenor, befanden. Der Anführer der Bundesgenossen war Sarpedon, der den muthigen Glaukus und den kühnen Asteropäus unter sich hatte. Das Herzählen dieser Namen und der Schaaren, deren jede von einzelnen Feldherrn, die sich alle durch Muth und Tapferkeit auszeichneten, angeführt ward, vermehrt die Vorstellung von der Grösse der itzigen Unternehmung der Troer nicht wenig.

5 Der Dichter sagt hier zum voraus, dass dieser Asius, der verwegen mit seinen braunen Rossen, die er aus Arisbe mitgebracht hatte, den Schiffen der Griechen nahte, mit seinem Wagen nicht nach Troja zurückkehren, sondern durch die Lanze des Helden Idomeneus getödtet werden würde, welches auch im folgenden Gesange als wirklich geschehn erzählt wird. So mannigfaltig auch die Zahl derer, die sich in den Streit mischen, und die der Dichter alle nennt, seyn mag, so vergisst er doch niemals das zu erzählen, was ihnen in dem Streite noch begegnen würde. Ein Beweis seiner vorzüglichen Genauigkeit im Erzählen.

durchzurennen strebt. [6] Doch zwey tapfre Griechen, Polypoetes, der Sohn des Pirithous, und Leonteus, tapfer wie Mars, bieten ihm hier [7] so muthigen Widerstand, dass er zurückzuweichen gezwungen ist. Die Griechen werfen von

6 Diese muthigen Soldaten beschreibt der Dichter:

Wie zwo hochgewipfelte Eichen auf dem Gebürge
Täglich Windes Macht und Regenschauer ertragen,
In der Erde mit weitgestreckten Wurzeln befestigt;
So erwarteten diese den starken Händen vertrauend,
Unerschrocken des kommenden grossen Asios Angrif.

7 Ob zwar Homerus sehr oft seine fechtenden Helden mit wilden Thieren vergleicht, die sich wider ihren Feind vertheidigen, so ist gleichwohl immer etwas in der Vergleichung, woraus man die besondern Umstände, worin sich die Helden befinden, erkennen kann. Die zwey Soldaten, denen man an den Thoren die Wache anvertraut hat, waren gleich zwey tiefgewurzelten Eichen, die unbeweglich unter den Stürmen stehn. Doch itzt suchen die Troer über die Verschanzungen der Griechen hinzuspringen, und sich so den Schiffen zu nähern. Nun entstürzen die zwey Helden, die bisher so treu die Zugänge bewahrt hatten, dem Thor, um die Troer von der Ersteigung der Mauer abzuhalten. Und nun sind sie:

Wilden Keulern gleich, die im Gebürge die Stimme
Kommender Jäger von fern und ihrer Hunde vernehmen;
Querdurchlaufend zerhauen sie beyde die Büsche des Waldes
Aus der Wurzel sie reissend, und klappen beyde mit Zähnen,
Bis ein Jäger sie trift, und ihnen das Leben entreisset.

von ihren Mauern und Thürmen beständig eine Menge von Steinen, von beyden Seiten [8] werden sehr viele Pfeile abgeschossen, und die Griechen werden von den Trojanern so heftig befochten, daſs alle Götter, die jenen wohl wollen, darüber von Herzen betrübt sind. Polypoetes und Leonteus, [9] die den ihnen anvertrauten

---

8 Die Pfeile, die von beyden Seiten geworfen wurden, waren so häufig, wie Schneeflocken,

Die ein heftiger Wind, der Wirbler schattender Wolken,
Häufig wehet herab auf die vielernährende Erde. —

Eine ähnliche Vergleichung findet man im 19ten Gesange, und in der 13ten Anmerkung zu demselben.

9 Asius, aufgebracht, daſs er sie nicht überwinden oder vertreiben kann, sagt von ihnen, daſs sie fleckigten Wespen oder Bienen ähnlich wären,

Welche bauen ihr Nest an der Seite des steinigen Weges,
Nicht die gehöhlte Wohnung verlassen, sondern sich wehren
Gegen den Angrif der Jäger, und ihre Kinder beschützen.

So gering diese Vergleichung scheinen mag, so natürlich ist sie, um den Muth und die Verbitterung der wachehabenden Kriegshelden recht treffend vorzustellen. Man weiſs, daſs es zum Sprüchwort worden ist: „ein Wespennest zerstöhren," wenn man von einem heftigen Menschen redet, den man in seinem Zorn noch stärker aufbringt. Erasmus in seinen Sprüchwörtern (Chil. I. Cent. I. Prov. 60.) redet davon

trauten Posten muthig vertheidigen, nehmen [10] mehrern Feinden das Leben, während viele muthige Jünglinge, die dem Polydamas und Hektor gefolgt waren, durch die Mauer hinzudringen, und die Schiffe der Griechen in Brand zu stecken trachten. Aber hier erscheint ihnen ein Adler mit einem Drachen in seinen

Klauen;

---

von unter dem Titel *irritare crabrones*, doch ohne Homers Worte anzuführen, von dem vielleicht das ganze Sprüchwort herkommt. Auch liegt in diesem Bilde zugleich die Vorstellung eines vorzüglichen Strebens nach Verfolgung der Feinde, die man aus der Natur dieser Thiere kennt. Man vergleiche hiemit 5 B. Mos. I, 44. und den Anfang des 16ten Gesanges, wo eine ähnliche, von Wespen hergenommene, Vergleichung vorkommt.

10 Polypoetes trieb seine Lanze mit solcher Gewalt durch den mit ehernen Wangen beschlagnen Helm des Damasus, daß dessen Schädel ganz mit spritzendem Hirn befleckt wird, und tödtet darauf auch den Pylon und Ormenus. — Leonteus nimmt indeß dem Hippomachus, dem Sohn des Antimachus, mit seiner Lanze das Leben, indem er ihn dicht unter dem Gürtel in die Eingeweide trift, und eben dieser jugendliche Held drängt sich mit ausgezogenem Schwerdte durch den Haufen hin, und macht auch den Antiphates, Menon, Jamenus und Orestes, einen nach dem andern, nieder. Aus dieser Erzählung lernen wir nicht nur die Tapferkeit und Treue dieser zwey Helden hinlänglich kennen, sondern sehen zugleich, wie Homer immer heimlich die Griechen begün-

stigt,

Klauen; [11] ein Zeichen, worüber die Trojaner sehr erschrecken. Polydamas insonderheit redet Hektorn mit grossem Ernst an, und schliesst daraus, dass, da der Adler seine Beute nicht ins Nest seiner Jungen gebracht hat, auch die Trojaner ihre Absicht nicht erreichen würden. Er räth ihnen also, nicht die Mauer der Griechen

---

stigt, indem er in der dringendsten Noth beständig Helden zum Vorschein kommen läst, die durch ihre Tapferkeit und ihren Muth entweder die vorhandne Gefahr gänzlich abwenden, oder wenigstens ihren Fortgang verhindern, so dass Jupiter hier selbst gezwungen ist, den Muth seines Sohns Sarpedon gegen den immer mehr zunehmenden Eifer der Griechen anzufeuern.

11 Diess Zeichen war:

— — — — es kam ein hochherfliegender Adler
An der linken Seite des troischen Heers, in den Klauen
Trug er einen blutenden, lebenden, grossen Drachen,
Welcher noch zappelte, noch sich wehrte gegen den Adler.
Mit zurück gewundenem Haupte stiess er die Brust ihm
Unten am Halse; der Adler liess, vom Schmerze gepeinigt,
Auf die Erde, zwischen den streitenden Heeren, ihn fallen,
Flog mit tönenden Fittigen dann im Wehen des Windes.

Die Bemerkung ist unnöthig, dass der Aberglaube schon von den ältesten Zeiten her das menschliche Geschlecht beherrscht hat; allein die Erinnerung ist gleichwohl hier nicht überflüssig, dass die Dichtkunst, die fast ganz für die Einbildungs-

chen zu durchbrechen, weil sie, nach der Bedeutung dieses Zeichens, nicht glücklich zurückkehren würden. Hektor antwortet ihm zürnend, dass er an keinen Flug der Vögel sich kehre, und dass das [12] beste Vorzeichen sey, tapfer fürs Vaterland zu fechten. Er ermahnt ihn, keinen vom Gefechte zurückzuhalten, denn sonst würde sein Speer ihn durchbohren. Die Trojaner fahren also fort, und suchen, unter

---

dungskraft arbeitet, dadurch, dass sie solche Zeichen und Wunder meldet, ihren Hauptzweck erreicht, um nemlich durch bildliche Vorstellungen zu nützen und zu ergötzen.

12 So oft sich auch Homer des Wunderbaren bedient, das die Menschen im allgemeinen am meisten einnimmt; so sieht man hier gleichwohl, wie frey er selbst von allem Aberglauben war. Denn er läst den Hektor, der unzufrieden über die Auslegung des Polydamas ist, weil er dadurch verhindert wird, die Griechen weiter zu verfolgen, nicht nur alle Zeichendeuterey verachten, sondern er legt ihm auch die merkwürdigen Worte in den Mund:

Nur Ein Zeichen ist gut, nur dieses, fürs Vaterland kämpfen!

Worte, deren sich in der Folge mancher muthige Held bedient hat, und nach welchen Q. Fabius Maximus, wie Cicero (*de senectute cap. IV.*) bemerkt, als Zeichendeuter sagen durfte: „dass die Dinge unter den besten Vorzeichen ausgeführt würden, die man zum allgemeinen Wohl unternähme.“

ter Hektors Anführung, die Thürme und Mauer der Griechen zu überwältigen. Die beyden Ajaxe ermuntern auf ihrer Seite die Griechen alle zum Streit, der mit vieler Heftigkeit fortgesetzt wird, so dass Zevs selbst [13] seinen Sohn [14] Sarpedon gegen die Griechen erregt, der wieder

---

13. Das muthige Gefecht der Griechen und Troer beschreibt der Dichter so:

Wie an Wintertagen die häufigen Flocken des Schnees
Fallen, wenn der weise Kronion sich aufmacht, den Menschen
Sein Geschoss zu zeigen; bey eingeschläferten Winden
Giesst er den Schnee anhaltend herab, bis gänzlich bedeckt sind
Hoher Berge Rücken und ihre obersten Gipfel,
Und die blühenden Thäler und reiche Saaten der Menschen;
Auch das graue Meer, die Hafen und das Gestade
Werden beworfen; allein die kommende Woge vertreibet
Bald die Flocken; die übrigen Orte werden von oben
Ganz bedeckt, wenn herab der Schnee Kronions sich stürzet:
Also flogen häufige Steine von beyden Seiten,
Einige gegen die Troer, die andern gegen die Griechen.

Man sehe die 8te Anmerkung zu diesem Gesange.

14 Die Wuth und das Bestreben des unverzagten Sarpedon, durch die Brustwehr hindurchzudringen, schildert der Dichter so:

— — — — So geht ein gebürgerzogner Löwe,
Welcher lang des Fleisches entbehrt hat, die muthige Seele
Reizet ihn gegen die wohlbewachte Hürde der Schafe;
Findet er gleich bey ihnen die Schäfer mit Hunden und Speeren,
Dennoch wird er nicht ohne Versuch die Heerde verlassen,

Sondern

wieder den Glaukus [15] zur Tapferkeit aufmuntert. Beyde suchen mit einer Menge von Lyciern der griechischen Verschanzungen sich zu bemächtigen, wo Menestheus, der Sohn des Peteus, steht. Dieser schaut um sich her, ob er auch Einen der Griechischen Helden erblicken kann, der mit ihm den Lyciern sich widersetze. Er erblickt beyde Ajaxe, die unersättlichen Krieger, und Teucer, der eben aus seinem Gezelte zurück kam. Das Prasseln der Schilde, der Helme und der bestürmten Thore hindern ihn,

---

Sondern springet hinein, und raubet, oder es trift ihn
Bald ein fliegender Speer, von starken Händen geschwungen.

Eine sehr ähnliche Vergleichung findet man bey dem Propheten Jesaias Kap. XXXI, 4.

15 Ausnehmend schön sind die Gründe, womit Sarpedon den Glaukus ermahnt, um muthig zu fechten. Erst fragt er ihn, warum sie in Lycien so vorzügliche Ehre vor andern genössen, wo sie die besten Gerichte, die vollsten Becher empfiengen, die angenehmsten Wohnplätze hätten, die fruchtbarsten Felder bebauten, und in allen Versammlungen den Vorsitz hätten; ob das nicht alles darum geschähe, weil man sie für die tapfersten und tugendhaftesten hielte? —

Siehe darum müssen wir stehn in den vordersten Reihen
Unter den Lükiern, müssen ins heisseste Treffen uns stürzen,
Daß die wohlgewafneten Lükier also sagen:

ihn, sie mit seiner Stimme zu erreichen; er sendet also den Herold Thootes zu ihnen, sie zu bitten, dass, wenn sie auch beyde nicht können, wenigstens der Sohn des Telamon mit Teucer komme, ihm Hülfe zu leisten. Telamons Sohn lässt zur Vertheidigung seines Postens den tapfern Lykomedes bey seinem Freunde, und kommt mit seinem Stiefbruder Teucer, dessen Bogen und Pfeile Pandion trägt, dem

---

Traun, nicht ruhmlos herrschen bey uns die Fürsten des Volkes,
Essen nicht nur als solche die feinsten Lämmer, und trinken
Auserlesenen süssen Wein; sie haben auch edlen
Muth, und kämpfen vorn an der Spitze der Lükier Schaaren!

Und dann setzt er als einen noch stärkern Grund hinzu:

So wir könnten, o Freund, durch dieses Krieges Vermeidung
Ewiges Leben gewinnen und immer blühende Jugend;
O so würd' ich selber nicht kämpfen im vordersten Treffen,
Würd' auch dich nicht ermuntern zur heldenehrenden Feldschlacht!
Aber immer umgeben uns tausend Gefahren des Todes,
Deren ein Sterblicher keiner entrinnet, keine vermeidet!
Auf dann! dass wir krönen mit Ruhm uns oder die Feinde!

Das ganze Alterthum hat diesen Ausspruch hoch gepriesen, und sehr oft Gebrauch davon gemacht. Ich merke nur dabey an, dass diese Worte, welche lehren, dass alle hohe Ehrenämter mit allen damit verbundnen Vortheilen ihren wahren Werth allein durch das Betragen derer erhalten, die sie

dem Menestheus zu Hülfe, und trift mit einem grossen Steine den tapfern Epikles, Sarpedons Genossen. Sarpedon tödtet den Alkmaon, den Sohn Thestors, und wirft einen grossen Theil der Mauer um. Und noch, vom Ajax verwundet, ermuntert er beständig die Lycier, ihm zu folgen, weil es [16] ihm allein nicht möglich ist, der Mauer sich zu bemächtigen. Hierauf wird noch [17] heftig gefochten, viele werden

---

sie bekleiden, und dass der Genuss eines flüchtigen kurzen Lebens nichts werth ist, seiner Pflicht untreu zu werden, sehr verständig vom Homer dem Sarpedon, dem Sohne Jupiters, in den Mund gelegt worden.

16 Nachdem Sarpedon ein Stück der Brustwehr mit seinen starken Händen umgerissen hat, so fechten Griechen und Troer itzt an dieser Oefnung so dicht bey einander:

— — wie zween Männer streiten wegen des Marksteins
Ihrer grenzenden Felder; sie halten in Händen den Maasstab,
Stehend dicht an einander, um ihre Rechte zu schützen.

Eustathius nennt diese Vergleichung wunderbar und unnachahmlich, weil sie in allen Theilen mit der Sache, die der Dichter beschreibt, übereinkommt.

17 Das Gefecht bey der Brustwehr war von beyden Seiten so heftig, dass die auf ihr stehenden Thürme und Spitzen von Blut strömten, und dabey so gleich, dass man

den verwundet, bis endlich Zevs dem Hektor die Ehre verleiht, die Mauer zu durchbrechen, ihre

---

man nicht entscheiden konnte, wer das Uebergewicht hatte. Diese Gleichheit schildert der Dichter unter diesem Bilde:

> Wie ein Weib, das redlich und arm von der Arbeit sich nähret
> In der gleichgehaltenen Wage Woll' und Gewichte
> Leget, dass sie geringen Lohn den Kindern gewinne;
> Also stand die Schlacht der beyden Heere. — —

Man wird vielleicht denken, dass solche Vergleichungen itzt nicht mehr in einem Heldengedichte statt finden, da jenes Geschäfte der Frauen so verächtlich geworden ist. Allein ein wahrer Dichter kehrt sich an die irrigen Vorstellungen einiger wenigen nicht, und betrachtet noch itzt eine nothdürftige Witwe, die mit dem kleinen Gewinne ihres Spinnrades sich und ihre Kinder ernährt, und diese zur Tugend erzieht, als ein würdiges Glied der menschlichen Gesellschaft, an deren Geschäfte man die Menschen wohl erinnern darf, wenn man gleich die Thaten der Fürsten und Könige meldet, falls es nur in einem oder andern Falle zur Belehrung oder näherer Aufklärung dient. Denn es ist doch sicher, dass der Leser bey dieser Vergleichung als Vergleichung nicht allein stehn bleibt, sondern zugleich an die Rechtschaffenheit einer solchen guten Mutter denkt, und dadurch mitten unter der Betrachtung der alles verheerenden Gewalt des Krieges einen kleinen Ruhepunkt und zugleich sanftere Empfindungen erhält. Und diess genau in Acht nehmen, zeigt kein geringes Vermögen des durchdringenden Verstandes des Dichters an. Es ist wahr, das Heldengedicht muss Einheit der

ihre Pforten [18] mit einem schweren Stein zu zerschmettern, und die Griechen bis zu ihren Schiffen zurück zu treiben.

---

der Handlung haben, und diese Handlung muss durch das Ganze hin würken; allein es giebt tausend grosse und kleine Handlungen und Vorfälle, die man als Vergleichung, oder als Erzählung, oder sonst ins Gedicht einflechten kann, wovon einige durch ihre schädlichen und verderblichen Wirkungen, andre hingegen durch ihre löblichen und heilsamen Zwecke dazu beytragen, die Menschen weiser und besser zu machen. Und das muss doch, so wie in allen andern Künsten und Wissenschaften auch der Hauptzweck des Dichters seyn.

18 Hektor, dessen Augen wie Feuer glühten, und dessen prächtige Waffen hell schimmerten, hub einen grossen oben spitzen Stein, der vor den Thoren der feindlichen Verschanzungen lag und so schwer war, dass zween starke Männer ihn nicht heben und auf einen Wagen legen konnten, vom Boden auf, und warf ihn mit so leichter Mühe gegen die beyden Flügel des Thores:

Wie ein Schäfer leicht von einem Widder die Wolle
Trägt in einer Hand, und kaum des Gewichtes gewahr wird.

Ende der ersten Abtheilung.

Der Abdruck der zweyten Abtheilung, welche die zwölf letzten Gesänge der Ilias enthält, hat, da die Messe diess Jahr so früh eingetroffen, auch das Original im Februar dieses Jahres noch nicht ganz abgedruckt war, zur Messe nicht vollendet werden können, sie wird aber spätestens zu Johannis den Käufern ohnentgeltlich ausgeliefert.

NB. Dieses Blatt muss vom Buchbinder beym Einbinden des Ganzen abgeschnitten werden.

Ueber

Homers Ilias.

Zweyte Abtheilung.

Inhalt der Ilias.

Dreyzehnter Gesang.

Indem die Troer die Griechen bey ihren Schiffen zu überwältigen suchen, [1] wendet Zevs seine Augen von ihnen weg zu den Thraciern und andern ruhigen Völkern, und denkt nicht, dass

Erläuterungen.

1 Wie es in der heil. Schrift mehrmals von Gott heisst, dass er seine Augen von den Menschen abwende, und ihnen den Rücken, aber nicht das Angesicht zukehre, z. B. Jerem. XVIII, 17. eben so spricht Homer hier vom Jupiter. Er findet nicht weiter Gefallen am Anblick der Uneinigkeiten und Gewaltthätigkeiten der Griechen und Troer, er wendet also seine Augen von ihnen ab, und kehrt sein Antlitz nach einer ganz andern Seite zu den stillen Gegenden der Thracier und Scythen hin, die, mit sehr geringer Nahrung zufrieden, fast alle von Milch lebten, und, weit entfernt Uneinigkeiten zu unterhalten, die friedfertigsten, einfältigsten und gerechtesten Menschen von der Welt waren. Die Ursache, warum Zevs diess itzt thut, ist leicht zu entdecken. Er hatte

 im

daſs Einer unter den Göttern den ſtreitenden Partheyen Beyſtand leiſten werde. Neptun indeſs, vom Unheil der Griechen gerührt, bemerkt, von einem Berge der Inſel Samos, herab keinesweges gleichgültig ihr Schickſal. Erzürnt auf Jupiter und voll Mitleid über die Griechen [2] ſteigt er vom Gipfel des Berges herab, und

1 im erſten Geſange der Thetis verſprochen, den Troern einen ſo herrlichen Sieg zu verſchaffen, daſs die Griechen ſich genöthigt ſehn würden, dem Achilles nicht nur ſeine vorige Ehre und ſein altes Anſehn wieder zu geben, ſondern ihn auch noch anſehnlicher und ruhmvoller zu machen. Itzt hielt er dieſe Zuſage für erfüllt, da die Troer durch die Verſchanzungen der Griechen gedrungen und im Begrif waren, ihre Schiffe anzuzünden. Um ſo viel mehr, weil Jupiter nicht dachte, daſs irgend Einer von den Göttern den Griechen, die von ihm in die Enge getrieben waren, zu Hülfe kommen würde, welches gleichwohl vom Neptun geſchah, und eben daher dem Leſer neue wichtige Auftritte darſtellt.

2 Wenn es zu den Haupteigenſchaften eines Gedichts gehört, Dinge, die nicht ſind, ſo mahleriſch darzuſtellen, als ob ſie wirklich wären, ſo leſe und bewundre man hier die ausnehmende Beſchreibung der Ankunft Neptuns, die Homer im Anfange dieſes Geſanges uns liefert. Er ſtellt ihn vor als dem Meer entſtiegen und ſitzend auf dem oberſten waldichten Gipfel des thraciſchen Samos, wo er den ganzen Ida, die Stadt Troja und alle Schiffe der Griechen überſchauen konnte. Von Mitleiden über das traurige Schickſal der Griechen

und erscheint unter der Gestalt des Kalchas im Lager der Griechen; ermahnt beyde Ajaxe

zur

Griechen gerührt, steigt er mit schnellen Schritten den steilen Berg herab:

— — — — es bebten Wald und Gebürge
Unter dem Tritt der unsterblichen Füsse des Poseidaon,
Dreymal hebt sich sein Schritt, der vierte bringt ihn gen Aiga.
Hier ist in der Tiefe des Meers sein Tempel erbauet,
Hochberühmt, von Golde schimmernd und unvergänglich.
Allda spannt' er die Rosse, mit ehernen fliegenden Füssen
Und mit wallenden goldnen Mähnen, vor seinen Wagen.
Selber rüstet' er sich mit Gold, die wohlgeflochtne
Goldne Geissel ergrif er, und setzte sich in den Wagen.
Ueber die Wogen fuhr er; es tanzten unter dem Gotte,
Ihren Klüften entschlüpfend, die Ungeheuer der Tiefe,
Sie erkannten den König des Meers; die freudigen Fluten
Wichen von beyden Seiten zurück; es flogen die Rosse
Eilend einher, und ohne zu netzen die ehernen Axen;
Zu den Schiffen brachten ihn bald die flüchtigen Springer.

Dann erzählt uns der Dichter weiter:

Eine weite Höhl' ist in der Tiefe des Meeres,
In der Mitte von Tenedos und dem steinichten Imbros;
Allda stellte Poseidon der Erderschüttrer die Rosse,
Spannte sie ab, und reichte ihnen ambrosisches Futter.
Goldene, unzerbrechliche, unauflösliche Fesseln
Legt' er um ihre Füss', auf dass erwarten sie möchten
Ihren kehrenden König; er ging zum Heer der Achaier.

So sehr auch dieser plötzliche Hingang Neptuns ins Lager der Griechen mit den gewöhnlichen Handlungen der Menschen übereinstimmen mag, so entdeckt man doch das Gött-

 liche

zur tapfern Vertheidigung, und [3] erfüllt sie mit Tapferkeit und Muth. Kaum ist er von ihnen weg,

---

liche und Wunderbare in allem, womit diese Ankunft vollbracht wird. Ungewöhnlich sind die Schritte, womit Neptun seinen Gang beschleunigt; ungewöhnlich ist die Bewegung und das Beben der Hügel und Wälder; ungewöhnlich ist die Erscheinung einer Menge von Ungeheuern aus der Tiefe der See. Doch das Ungewöhnlichste und Sonderbarste von allem ist, dass sich die See bey der Ankunft ihres Herrn in zwey Theile theilt, und so seinem Wagen und seinen Rossen einen ofnen Weg bahnt, und dass die Rosse so schnell fortfliegen, dass weder Axe noch Räder benetzt werden. Denn eben diess drückt sehr mahlerisch die unbegreifliche Eile aus, womit Neptun zu den Griechen geht. —

3 Da man von je her geglaubt hat, dass ein Stab oder Zepter in den Händen eines Wahrsagers, einer Wahrsagerin oder eines andern mächtigen Wesens eine besondere Kraft hätte, wie man nicht nur aus der Geschichte Mosis und andrer in der heil. Schrift erwähnten grossen Männer, sondern auch des Merkur weiss, der nach **Virgils** Erzählung (Aeneid. IV, 242. fgg.) mit seinem Stabe einige blasse Schatten aus ihrem Grabe aufstehn hiess, und andre wieder in den Abgrund hinab sandte; so bedient sich Homer dieses allgemeinen Volksbegriffes auch hier sehr treffend, und sagt vom Neptun, dass er erst die Gestalt des Kalchas angenommen, und dann die beyden Ajaxe mit seinem Zepter so angerührt habe, dass sie beyde nicht nur mit Kriegsmuth erfüllt, sondern auch ihre Hände, Füsse und übrigen Glieder leicht, behende und stark wurden.

weg, [4] da sie aus seinem [5] raschen Gang merken, dass Einer der Götter sie angefeuert habe. Sie

---

4 Auf sehr mannigfaltige Art lassen Homer und andre alte Schriftsteller die Götter den Menschen erscheinen. Bald zeigen sie sich öffentlich, und dann macht ihre erhabne glänzende Gestalt sie kenntlich. Bald sieht man sie nicht, sondern hört ihre Stimme nur, und die Menschen kennen diese entweder aus einer frühern Erfahrung, oder die Götter zeigen selbst damit an, wer sie sind. Bald nehmen sie die Gestalt dieses oder jenes bekannten Menschen an, und man bemerkt ihre Gegenwart erst in dem Augenblicke da sie weggehn, entweder aus der Schnellheit, womit sie verschwinden, oder aus dem lieblichen Geruch, den sie hinter sich lassen, und dann wird der Körper oder die Seele derer, denen sie erschienen sind, mit ungemeiner Kraft und neuem Eifer belebt, wie hier bey beyden Ajaxen der Fall ist. Sprachkundige können hier mit Nutzen die treffenden Anmerkungen des berühmten Herrn Heyne über die unterschiedlichen Erscheinungen der Götter an die Menschen im 13ten Excursus zum ersten Gesange Virgils nachlesen. — Ich setze hier nur noch für meine Leser hinzu, dass der Ausspruch des höchsten Wesens im 2ten Buch Mos. XXXIII, 20. 23. mit dem sehr übereinkomme, was Homer und die übrigen Griechischen Dichter meistens gelehrt haben: dass die Menschen das Anschauen der Götter nicht ertragen könnten, ohne ihres Gesichts, ihrer Sinne, ja ihres Lebens beraubt zu werden. Man vergleiche hiemit die vierte Anmerkung zum 20sten Gesange.

5 Neptun entriss sich, sagt der Dichter, den Helden so schnell:

Sie werden also voll Muth, mit Hektor zu fechten. Und Neptun unterläßt auch nicht, um Teucer, Leitus, Peneleus, Thoas, Deipyrus, Meriones, Antilochus, und die übrigen, welche in dem hintersten Theil des Griechischen Lagers waren, [6] zur Tapferkeit zu ermuntern.

Wie von der obersten Spitze des ungeheuren Felsen
Sich ein Habicht erhebt; er fliegt mit eilenden Schwingen,
Einen andern Vogel in hohen Lüften verfolgend.

6 Unter der Gestalt des Kalchas redet Neptun sie so an:

O der Schmach, Argeier, ihr jungen Krieger! euch hab' ich
Mehr als andern vertraut, ihr würdet retten die Schiffe.
So auch ihr anitzt im wütenden Treffen euch schonet;
O so kam der Tag, da uns die Troer bezwingen!
Traun! es ist ein Wunder, das ich mit Augen erblicke,
Ja ein schreckliches Wunder, und nimmer hätt' ichs erwartet:
Unsern Schiffen nahen die Troer, welche vor diesem
Aehnlich waren flüchtigen Hinden, die in den Wäldern
Bald die Beute werden der Wölfe oder der Pardeln,
Schwach und muthlos irrend, und nicht zum Kampfe geboren.
Also durften die Troer vordem den Muth der Achaier,
Durften ihren Arm auch nicht ein kleines bestehen;
Und nun streiten sie fern von der Stadt bey den hohlen Schiffen,
Durch des Königs Versehn und durch die Trägheit der Völker,
Welche gegen ihn zürnend die schnellen Schiffe der Griechen
Nicht vertheidigen, sondern ermordet werden bey ihnen.
Aber so auch würklich der Held an alle dem schuld ist,
Atreus Sohn, der weitbeherrschende Agamemnon,
Weil er den Päleionen mit schnellen Füssen geschmäht hat;

Dennoch

muntern. Die Truppen, von den beyden Ajaxen angeführt, halten Stand, und dadurch kommen die gegenseitigen Schaaren so nahe an einander, daſs Speer an Speer, Schild an Schild, Helm an Helm und Mann an Mann sich drängen. 7 Hektor trachtet muthig, bis zu den Schiffen

---

Dennoch müssen wir nicht träge werden im Kampfe.
Lasset davon euch heilen! die Herzen der Guten sind heilbar.
Nein, euch ziemet es nicht, der stürmenden Kraft zu vergessen,
Denn ihr seyd die Besten des Heeres. Keinen Schwachen
Werd' ich schelten, welcher anitzt des Treffens sich weigert;
Desto eifriger bin ich auf euch von Herzen erzürnet.
O ihr Lieben, ihr werdet bald das Uebel vergröſsern
Durch die Trägheit; denket, in seinem Herzen ein jeder,
An die Schmach, den Vorwurf! heftig wütet die Schlacht schon;
Hektor der starke Treffenerfahrne kämpft bey den Schiffen,
Hat die Thore, hat den groſsen Riegel durchbrochen.

7 Die Beschreibung dieses Gefechtes hat Homer selbst nach alten Sagen, die man von **Pope** und der **Dacier** angeführt findet, zu den besten Stellen seines Gedichts gezählt. Die groſse Gewalt, womit Hektor durch die Schaaren der Griechen hin zu dringen strebt, wird hier unter andern mit dem Fall eines von der Höhe stürzenden schweren Steins verglichen:

Den auf Gipfeln des Berges der hochherrauschende Waldstrom
Durch unendliche Kraft vom harten Felsen gerissen;
Hüpfend erhebt er sich oftmal im fliegenden Laufe, bis endlich
Er die Ebne erreichet, und nun sich nicht mehr wälzet.

Schiffen durchzubrechen. Man ficht tapfer. Meriones sucht vergebens, den Deiphobus, den Sohn des Priamus, zu verwunden; Teucer, Telamons Sohn bringt [8] Imbrius, den Sohn des Mentor, um. [9] Amphimachus wird vom

---

Man nennt diese Vergleichung eine der edelsten und schönsten im Homer, die in allen Umständen mit dem übereinkommt, was man dadurch sehn lassen und kenntlich machen will. Allein es hält schwer, die mannigfaltigen Verdienste des Dichters in diesem Stücke nach Würden zu schätzen. Denn alle seine Vergleichungen sind treffend, haben einen besondern Nachdruck, und setzen das, was er beschreiben will, in das hellste Licht. So z. B. stellet er uns in diesem Bilde den wütenden Hektor vor Augen, der mit aller Kraft und Gewalt von den aufgeworfnen Wällen der Griechen bis zu ihren Schiffen durchdringen will, in der Mitte seines Laufs aber gezwungen ist, stille zu stehn, ohne seine Feinde weiter überrumpeln zu können.

8 Dieser war mit Medesikaste, einer natürlichen Tochter des Priamus, verheyrathet, und ward von diesem, wie seine eignen Söhne, geliebt:

— — — — er fiel, wie ein Eschbaum,
Welcher auf hohem Gipfel des weitgesehenen Berges
Stürzet, und die Erde bedeckt mit zartem Laube.

Eine ähnliche Vergleichung findet man auch im 16ten Ges. V. 480 fg.

9 Der Leichname des Amphimachus und Imbrius bemächtigen sich die Griechen. Den des ersten nehmen Stichius und

vom Hektor getödtet, worüber Ajax, Oileus Sohn, ſo erbittert wird, daſs er das abgehauene Haupt des Imbrius Hektorn vor die Füſſe wirft. Neptun, der die Geſtalt des Thoas angenommen hat, [10] fodert den Idomeneus auf, mit ihm

und Meneſtheus, Befehlshaber der Athener, weg. Den des letztern hingegen tragen beyde Ajas zu den Schiffen der Griechen:

Wie zween Löwen entreiſſen den ſcharfen Zähnen der Hunde
Eine Ziege, ſie tragen den Raub durch dichte Geſträuche,
Hoch in ihren Rachen ihn haltend über der Erde.

10 Neptun, der die Geſtalt des Thoas, des Sohns des Andraemon angenommen hat, fragt Idomeneus, den Befehlshaber der Kreter:

— — —. was iſt aus allem Unglück geworden,
So der Achaier Söhne den Troern hatten gedrohet!

Und Idomeneus antwortet ihm:

— — Des mag keiner von uns beſchuldiget werden,
Denn wir wiſſen alle zu kämpfen; keiner der unſern
Ueberläſst ſich muthlos der Furcht, und keiner der Trägheit.
Aber ich fürchte, Zeus der übermächtige wolle
Fern von Argos allhier und ruhmlos die Griechen verderben.
Thoas wohlan, du biſt von jeher ſtreitbar geweſen,
Pflegſt auch zu ermuntern, wenn andre ſich ſchonen im Treffen;
Kämpfe raſtlos ſelbſt, und ermuntre die andern zum Kampfe.

Und der verſtellte Thoas erwiedert ihm darauf:

Idomeneus, der müſſe nicht von Ilion kehren,

Müſſe

ihm die Troer anzufallen, und begiebt sich mitten ins Gefecht. Idomeneus [11] legt seine glänzenden Waffen an. Ihm begegnet Meriones, [12] der ihn um einen neuen Speer bittet, und

Müsse hier den Hunden von Troja werden ein Schauspiel,
Welcher willig heute die Hände läfst sinken im Streite!
Auf, nimm deine Waffen, und komm! Nun müssen wir eilen,
Ob wir vielleicht, nur zween, doch so, noch etwas vermögen.
Denn vereinte Kraft, auch schwacher Menschen, ist nützlich;
Und wir sind des Kampfs mit tapfern Männern erfahren.

11 Die Waffen, die Idomeneus angelegt hatte, gaben, indem der Held forteilte, einen Glanz von sich:

— — einem Wetterstral ähnlich, welchen Kronion
Schleudert mit der Rechten vom weiterhellten Olümpos,
Sterblichen Menschen zum Zeichen, es leuchtet die stralende Flamme.

12 Idomeneus, verwundert, dafs sein Genosse Meriones nach seinem Zelt läuft, fragt ihn um die Ursache davon. Dieser antwortet ihm, dafs er eine neue Lanze holen wolle, weil die seine im Anfall auf Deiphobus zerbrochen sey. Idomeneus sagt ihm darauf, dafs verschiedne glänzende Speere und andre Waffen, die er den Troern abgenommen habe, in seinem Gezelt an der Wand stünden, denn er sey nicht gewohnt, mit den Feinden in der Ferne zu fechten. Diese Worte nimmt Meriones als einen Verweis auf, und bezeugt dem Idomeneus:

Auch in meinem schwarzen Schiff' und in dem Gezelte
Hab' ich, aber zu weit von hier, viel Beute der Troer.
Sieh ich denk', ich habe des Muthes nimmer vergessen,

Sondern

und ihn empfängt. [13] Beyde fallen itzt, da die Ajaxe, Teucer und andre den mittelsten Theil der Schiffe beschirmen, den linken Flügel des Trojanischen Lagers an. Es entsteht ein

Sondern steh' in den Reihen der ehrekrönenden Feldschlacht
Immer voran, so bald die Heere das Treffen beginnen;
Weiss nicht, ob vielleicht manch erzgepanzerter Grieche
Mich verkennt; du aber, o König, kennst mich, das weiss ich!

Auf eine sehr mahlerische Art schildert uns dadurch der Dichter die Tapferkeit und den Edelmuth beyder Helden, um so mehr, da Idomeneus, nachdem er diese Worte seines Freundes gehört hat, erklärt, dass er von der Tapferkeit und dem unerschrocknen geprüften Heldenmuth des Meriones völlig überzeugt sey.

13 Homer begnügt sich nicht damit, seine Vergleichungen bald von den allgemeinen Begebenheiten des menschlichen Lebens, bald von den besondern Handlungen der Menschen, bald wieder von den Eigenschaften der Thiere, dann von den mannigfaltigen Geschenken der Erde, dann von den unzähligen Himmelskörpern, und endlich von allem dem zu entlehnen, was die Natur nur darstellt und würkt; sondern er giebt vielmehr durch die Macht seiner Einbildungskraft den Sachen, die vorfallen, Leben und Gestalt, lässt sie als Personen würken, und nimmt auch ihre Thaten zu Gegenständen seiner Vergleichungen. Nicht genug, dass er vom Kriege spricht, er weiss uns auch den stark gewafneten Mars und seinen schrecklichen Sohn, das Entsetzen, vor Augen zu stellen. So hier:

Wie

ein [14] blutiges Gefecht, in welchem Jupiter die Troer, und Neptun die Griechen unterstützt, und beyde [15] ziehn die zwey Läger wie mit einem

Wie der menschenvertilgende Aräs gehet zum Kriege;
Ihn begleitet sein starkes und schreckliches Kind, das Entsetzen,
Welches oft mit Graun den tapfersten Krieger erfüllet,
Gegen Efürer rüsten sie sich im thrazischen Lande,
Oder gegen die edelgesinnten Flegüer; beyde
Völker erhören sie nicht, der Sieg wird einem gewähret:
Also gingen Märionäs und der König von Kräta
In die Schlacht, sie waren gerüstet mit schimmerndem Erze.

14 Die Heftigkeit dieses Gefechts war, sagt der Dichter:

Wie wenn hochherrauschender Winde Stürme sich heben,
Eines Tages, da vieler Staub die Wege bedecket,
Bald erheben sie einen grossen staubichten Nebel.

So mannigfaltig auch Homers Gleichnisse sind, so halt' ich es doch für Pflicht, keines, das nur einigermassen ausgeführt ist, zu übergehn, da sie grade den grösten Schmuck der Dichtkunst ausmachen, und also für unsre heutigen Dichter sehr nützlich sind, um sie nach ihrer Verschiedenheit kennen und anwenden zu lernen.

15 Um den Lesern eine recht deutliche Idee von den starken und hartnäckigen Bemühungen zu machen, womit Jupiter den Troern und Neptun den Griechen den Sieg über ihre Feinde zu verschaffen suchen, stellt der Dichter diese beyden Götter vor, als von beyden Seiten das äusserste Ende eines vest zusammengeflochtnen unzerreissbaren Stricks nach sich ziehend, das, so lang es weder von dem Einen noch von dem andern losgelassen wird, Ursache ist, dass von beyden Völkern

einem starken Seil zusammen, wodurch viele umkommen. Idomeneus tödtet den [16] Othryoneus, dem Priamus seine schöne Tochter Kassandra zur Frau versprochen hatte, falls er die Grie-

Völkern viele umkommen. Man mag immerhin diess Bild für geringe und für die Erhabenheit eines Heldengedichts unschicklich erklären; so dünkt mich gleichwohl, dass es die starke und kraftvolle Beharrung beyder Götter, die in ihren Vorstellungen und Neigungen so weit von einander abgehn, sehr treffend darstellt. Freilich würde Neptun hierin seinem viel ältern, mächtigern und weisern Bruder Jupiter haben nachgeben müssen, hätte nicht der Dichter schon im Anfange dieses Gesanges seinen Leser unterrichtet, dass sich Jupiter auf den Berg Ida gesetzt habe, wo er blos von weitem seinen Einfluss fühlen liess, da Neptun hingegen unter der Gestalt eines Helden selbst beständig mitten unter den Griechen heimlich würksam und geschäftig ist.

16 Um den ruhigen unerschrocknen Muth des halb greissen Idomeneus, dessen ehrwürdigen Charakter uns vorzüglich dieser Gesang schildert, recht nachdrücklich darzustellen, legt ihm der Dichter, da er den Othryoneus besiegt hat, und nun vor dem niedergefällten Leichnam steht, diese Worte, mit welchen er der Zusage spottet, die Othryoneus dem Priamus gegeben hatte, sehr treffend in den Mund:

Othrüoneus, dich rühm' ich vor allen sterblichen Menschen,
So du ausführst, was du dem Enkel Dardanos, Priam
Hast verheissen, der dir auch seine Tochter verlobt hat.
Gleiches hätten wir versprochen, und hättens gehalten,
Dir zu geben die schönste der Töchter des Sohnes von Atreus

Sie

Griechen von Troja vertreiben würde, und nachher den [17] Asius, der gekommen war, den Tod des Othryoneus zu rächen. Der Wagenführer des Asius wird vom Antilochus niedergemacht, und seine Pferde werden von diesem erbeutet. Deiphobus rächt den Tod des Asius dadurch, daſs er dem Hypsenor das Leben nimmt; Antilochus beschirmt die Leiche des letz-

---

Sie von Argos kommen zu lassen, so du uns hülfest
Ilions wohl bewohnete Stadt in Asche zu legen.
Komm, wir wollen noch bey den meerdurchwallenden Schiffen
Mehr von der Hochzeit reden; wir sind freygebige Schwäher!

Und nun zieht er ihn beym Fusse ins Lager der Griechen. —

17 Asius, vom Idomeneus getödtet, fiel, wie eine hohe Eiche, oder Pappel, oder

Wie die stattliche Fichte, welch' im Gebürge die Künstler
Fällen mit scharfen Beilen, auf daſs sie nüze dem Schiffbau.

Derselben Vergleichung bediente sich der Dichter kurz vorher (Anm. 8.) beym Fallen des Imbrius. Doch gedenkt er da zugleich des zarten Laubes, das der umgehauene Baum zur Erde herabhängen läſst. Dieser Zug von Traurigkeit ist beym Tode des geliebten Eidams des Priamus, des reichen Jünglings Imbrius, sehr natürlich; hier hingegen muſste allein der gewaltige Fall des tapfern Asius, der vor seinen schnaubenden Pferden stand, und den Idomeneus zu tödten strebte, mahlerisch beschrieben werden.

letztern, und Mecisteus und Alastor tragen sie unter vielen Klagen hinzu den Schiffen. Idomeneus tödtet den Alkathous, der [18] mit Hippodamia, der Tochter des Anchises verheyrathet war. Indem er sich dessen gegen Deiphobus rühmt, geht dieser zum Aeneas und sagt ihm, daſs sein Schwager, der ihm in seiner frühen Jugend sehr viele Liebe bewiesen hatte, schon [19] vom Idomeneus getödtet sey. Aeneas, obgleich

---

18 Diese Hippodamia war die geliebteste Tochter ihrer Eltern nicht nur um ihrer Schönheit willen, sondern weil sie auch unter allen jungen Mädchen die geschickteste in Handarbeiten war, und an Verstand alle ihre Gespielen übertraf. — Diesen Umstand führt der Dichter allein deswegen an, um dadurch zu zeigen, welch ein edler Held Alkathous war, dem Anchises eine so vorzügliche Tochter zur Frau gegeben hatte. Da er nun im Gefecht unbeweglich — einer Säule gleich und einem hochwipflichten Baume — da steht, so erregt sein Tod die Aufmerksamkeit des Lesers, und vergröſsert seine Verwundrung über die heldenmüthigen Thaten des Idomeneus. — Unsre heutigen Dichter mögen hieraus lernen, wie viel solche kleine Umstände zur Vervollkommung des Ganzen beytragen, und wie ein Heldengedicht, das sich auf Eine That einschränket, zugleich die Geschichte der Menschheit vollkommen beschreibt.

19 Der Muth des Idomeneus strahlt hier, wie wir vorhin schon bemerkten, allenthalben hervor. Deiphobus hat allein

obgleich vom Priamus nicht nach Würden geschätzt, geht darauf 20 auf den Idomeneus los, der keinen Schritt vor ihm weicht, sondern seine Gefährten zu Hülfe ruft, die auch alle kommen.

---

allein den Hypsenor getödtet; Idomeneus hingegen den Othryoneus, Asius und Alkathous. Darum sagt dieser zu jenem:

Daifobos, scheinen wir recht zu rechnen? Wir morden
Eurer drey für Einen Argeier! Wie eitel dein Rühmen,
Armer Thor! Doch komm, und stelle dich gegen mich selber,
Dass du den Arm des Enkels von Zeus Kronion erfahrest!
Zeus Kronion hat Minos gezeugt, den Hüter von Kräta,
Minos zeugte Deukalion, den tadellosen,
Dieser mich, den König der grossen Kräta, zu herrschen
Ueber viele Männer. Mich brachten Schiffe gen Troja,
Dir und deinem Vater und allen Troern zum Unglück!"

20 Idomeneus steht wider den Aeneas:

— — — wie ein Keuler, der, seiner Stärke vertrauend,
Steht, und das Jagdgeräusch der kommenden Männer erharret,
In einsamer Stäte; ihm starrt mit Borsten der Rücken,
Funken sprühn aus den Augen hervor, er wezet die Zähne,
Fest entschlossen, sich gegen die Hund' und Jäger zu wehren.

Doch weil er seiner hohen Jahre wegen sich nicht zutraut, sich allein mit dem muntern, jugendlichen, tapfern Aeneas einzulassen, so ruft er seine treffenerfahrnen Genossen, Askalaphus, Aphareus, Deipyrus, Meriones und Antilochus zu Hülfe.

men. Beyde Helden, [21] von ihren Freunden unterstützt, fechten tapfer. Einer sucht den andern zu verwunden. Idomeneus trift den Oenomaus in den Bauch; weil er aber um seiner hohen Jahre willen nicht im Stande ist, den ausgeworfnen Speer zurückzuholen, so fällt ihn Deiphobus an, der aber fehl wirft, und den Askalaphus, den Sohn des Mars tödtet, worüber die Götter, denen Jupiter befohlen hatte, sich unpartheyisch zu halten, uneins werden. Deiphobus, der sich des Helms des Askalaphus zu bemächtigen sucht, wird vom Merio-

---

21 Aeneas, der eben so wenig als Idomeneus vermessen handeln, und gegen den alten erfahrnen Held nicht allein fechten will, ruft ebenfalls seine tapfern Genossen, Deiphobus, Paris und Agenor zu sich. Und diese, sagt der Dichter, folgen mit ihren Schaaren ihrem Vorgänger:

— — — — So folgen die Wollenheerden den Widdern,
Von der Weide zum Bach, es freut sich von Herzen der Schäfer;
Also freuete sich das Herz im Busen Aineiäs,
Als er die Fürsten erblickte mit ihren folgenden Schaaren.

So zieht der Dichter aus einem und eben demselben Falle zwey besondre Vergleichungen, indem er Aeneas nebst seinem Gefolge mit einem Widder und der ihm folgenden Heerde, und die Freude, die er fühlt, mit der Freude des Hirten bey diesem Anblick vergleicht.

Meriones verwundet, und von seinem Bruder Polites aus dem Gefechte geführt. Aeneas bringt den Aphareus, und Antilochus den Thoon ums Leben. [22] Adamas, der den Antilochus angreift, den Neptun wunderbar beschützt, wird vom Meriones getödtet. Helenus trift den Deipyrus so mit seinem Schwerdte, daſs dessen Helm von seinem Haupte den Troern zu den Füssen fällt, und nimmt ihm das Leben. Menelaus verwundet darauf mit einem langen Speer den mit einem [23] Pfeile gewafneten Helenus

---

22 Adamas, vom Meriones durch einen Speer unter dem Nabel tödlich verwundet, stürzte

Zuckend wie ein Stier, den Hirten in dem Gebürge
Wider seinen Willen führen, mit Seilen gebunden.

23 Der Pfeil, den Helenus auf den Menelaus abgeschossen hatte, prallte von dem starken Panzer so schnell und leicht zurück:

Wie in einer grossen Tenne von breiten Schaufeln
Hüpfet die schwarze Frucht der Bohnen oder der Erbsen,
Unter sausendem Wind' und unter dem Schwunge des Wurflers.

Da in den ältesten Zeiten der Landbau zu den ansehnlichsten Beschäftigungen der Menschen gerechnet ward, so darf man sich nicht wundern, daſs Homer zuweilen von den einzelnen Arbeiten des Landmanns seine Bilder hernimmt.

lenus [24] an der Hand. Pisander, auf welchen Menelaus erst vergebens seinen Speer wirft, wird hernach, indem er ihn zu treffen sucht, von diesem Helden [25] mit dem Schwerdte niedergе-

---

24 Helenus, vom Menelaus verwundet, weicht zurück zu dem Haufen der Seinen, seine Hand, worin der Speer war stecken geblieben, den er also mit fortschleppte, in die Höhe haltend. Der tapfre Agenor sieht diess, reisst den Speer aus der Wunde:

Und verband die Hand mit einer wollenen Schleuder,
Die ein Kriegsgefährte gab dem Hirten der Völker.

Man sieht hier die natürliche Abwechselung, die man auch in den einfachsten Erzählungen beständig antrift.

25 Nachdem Menelaus den Pisander umgebracht hat, sagt er diese nachdrücklichen Worte:

Also werdet ihr doch der rossberühmten Argeier
Schiffe verlassen, ihr schlachtbegierigen treulosen Troer!
Schlimme Hunde, reich an Thaten jegliches Frevels,
Meine Beleidiger, nicht gedenkend des schrecklichen Zornes
Zeus Kronions des hochherdonnernden, welcher des Gastrechts
Waltet, und bald zerstören wird die thürmende Troja!
Unbeleidigt entführtet ihr meine blühende Gattin,
Mit den Schätzen, und waret in meinem Hause mir Gäste!
Und nun wollet ihr in die meerdurchwallenden Schiffe
Schreckliches Feuer werfen, und tödten die Helden Achajas.
Dennoch werdet ihr einst wohl rasten müssen vom Kriege.
Vater Zeus, sie sagen, du seyst an Weisheit erhaben
Ueber Menschen und Götter; doch bist du von diesem die Ursach,

dergemacht. Harpalion, der auch den Menelaus

Der du günstig dich zeigest den übermüthigen Troern
Deren schwindelnder Uebermuth des gräulichen Krieges
Nimmer satt wird, so sehr er auch ihnen bringet Verderben.
Aller Dinge wird man doch satt, des Schlafes, der Buhlschaft,
Und des süssen Gesangs, und lieblichen Tanzes im Reigen,
Aller dieser begehren die Menschen mehr, denn des Krieges,
Nur die Troer werden nicht satt der blutigen Schlachten.

Diese Rede schickt sich für keinen besser als für Menelaus, der vorzüglich von den Troern beleidigt war, und er giebt in ihr theils sein vestes Vertraun auf eine göttliche Vorsehung, die diese Treulosigkeit nicht ungestraft lassen werde, theils seine Zweifel zu erkennen, dass diese gerechte Strafe so lange verschoben bleibt. Die rechtschaffensten Männer, deren Gedanken uns von heiligen oder weltlichen Schriftstellern aufbehalten sind, haben mehrmals das ihnen Unbegreifliche in den Wegen der göttlichen Weisheit und Gerechtigkeit beym Belohnen der Tugend, und beym Strafen des Bösen in dieser Welt bekannt. Man sehe Grotius über Jerem. XII, 1. Eben das fühlte auch Homer, da er uns den unschuldigen Menelaus darstellt, der kaum seine Schiffe vor der Gewalt der treulosen Troer beschützen kann. In seinen Zweifeln ist also nichts irreligiöses, sondern sie sind vielmehr den Umständen, der Zeit und der Person, die sie vorbringt, gemäss, so dass man hier, wie allenthalben, den grossen Kenner der natürlichen Leidenschaften der Menschen sieht, dessen Beobachtungen in der täglichen Erfahrung gegründet sind. — Menelaus, durch jemand, den er in seinem Hause aufgenommen hatte, so sehr gemishandelt, und eben dadurch in die unangenehmste Lage gebracht, musste so reden und urtheilen. Nicht nur der Weltweise, sondern auch vorzüg-

laus [26] anfällt, wird vom Meriones umgebracht. Paris, darüber von Zorn entbrannt, [27] nimmt dem

---

vorzüglich der Dichter muss auf das, was in den Gemüthern der Menschen beständig vorgeht, acht geben, und von diesen natürlichen Wirkungen seine Farben entlehnen. Eben hiedurch sind die alten Schriftsteller, und insonderheit Homer, die unbescholtnen zuverlässigen Zeugen geworden, worauf sich alle gute und einsichtsvolle spätre Schriftsteller bey Beweisen moralischer Wahrheiten berufen haben.

26 Dieser Harpalion war auf seines Vaters Pylaemenes Rath mit ihm nach Troja gegangen, und ward nun, da er den Menelaus zu treffen suchte, vom Meriones verwundet:

Fallend blieb er sitzen, und gab in den Händen der Freunde
Seinen Geist auf, lag wie ein Wurm auf die Erde gestrecket;
Schwarzes Blut entrann der Wunde, und nezte den Boden.
Sein gedachten die edelgesinnten Paflagonen,
Huben ihn auf den Wagen, und brachten mit jammernder Klage,
Ihn zur heiligen Ilion; weinend folgte sein Vater,
Und vermochte nicht den Tod des Sohnes zu rächen.

Man fühlt bey dieser Erzählung die gerechte Betrübniss des Pylaemenes, der seinen Sohn bewogen hatte, mit ihm nach Troja zu gehn, und also selbst zu diesem Unglück Anlass gegeben hatte.

27 Unter der grossen Menge von Helden, deren Homer erwähnt, ist fast keiner, von welchem nicht etwas besonderes angeführt wird. So z. B. erzählt er von diesem Euchenor, dass er der Sohn des Wahrsagers Polyidus war, eines tapfern und reichen Mannes von Korinth, der seinem Sohn

 seinen

dem Euchenor das Leben. Hektor, der noch nichts davon weiſs, daſs die Seinen von den Griechen [28] am linken Flügel niedergemacht werden, behält ſeinen Poſten auf der von ihm erſtieg-

ſeinen Tod vorher verkündigt hatte. — Nicht jedes mal konnte ich dieſs Beſondre anführen Allein das hie und da Bemerkte zeigt die Annehmlichkeit und Nothwendigkeit dieſer Abwechſelung und Verſchiedenheit hinlänglich.

28 Hier befanden ſich unter andern ſtreitbaren Griechen zuvörderſt die von Athen, über welche Meneſtheus, der Sohn des Peteus, nebſt Phidas, Stichius und dem tapfern Bias den Befehl führten; dann die von Epea, welche Meges, der Sohn des Phyleus, und Amphion und Drakius führten; weiter die von Phthia, welche unter dem Befehl des Medon und Podarkes, des Sohns des Iphiklus ſtanden. Vom Medon ſagt der Dichter, daſs er ein natürlicher Sohn des Oileus und ein Halbbruder des Ajax war, und zu Phylake wohnte, fern von ſeinem Vaterlande, weil er den Bruder ſeiner Stiefmutter Eriopis, der Gemahlin des Oileus, getödtet hatte. Das Anführen der Namen und des Geſchlechts aller dieſer Helden, und die Nachrichten von den beſondern Thaten einiger von ihnen, zeigen uns nicht nur, wie viele groſſe und bekannte Helden den tapfern Hektor, der gleich einem verzehrenden Feuer hier wütete, von den Schiffen zurück zu treiben ſuchten, ſondern ſie können uns auch überzeugen, daſs Homer nicht alles erdichtet habe, daſs vielmehr, wo nicht alle, doch bey weitem die meiſten unter der Menge der von ihm genannten Helden wirklich exiſtirt haben, und daſs alſo in der verblümten Ilias eine wahre Geſchichte der alten Zeit zu finden iſt.

erstiegnen Mauer, [29] wo er den stärksten Widerstand findet, und unter andern die beyden Ajaxe sich ihm und den Troern so muthig widersetzen, daſs sie von den Schiffen gewichen wären, wenn nicht [30] Polydamas dem Hektor den weisen Rath gegeben hätte, die vornehmsten Anführer der Troer zusammenzurufen, um sich mit

---

29 — — Wie zween schwärzliche Ochsen von gleicher Stärke
Neben einander ziehen den Pflug; dicht unter den Hörnern
Dringet vieler Schweiſs hervor, es scheidet allein sie
Von einander das glatte Joch, sie gehn in der Furche
Und durchschneiden der Erde Schooſs: so standen die beyden
Ajas ungetrennt und standhaft neben einander.

Auch dieſs Gleichniſs kommt wieder in allen Umständen mit der Vorstellung überein. Denn es schildert sehr genau, lebhaft und treffend die Kraft der beyden Helden, ihre Arbeit, Einigkeit, Nähe, die Beschwerden des starken Widerstandes, den sie antreffen, und den Schweiſs, den sie dabey vergieſsen.

30 Polydamas stellt hier unter andern dem Hektor vor, daſs er zwar ein tapfrer Krieger, aber darum noch nicht vor den übrigen allen im Rath erfahren sey. Er erinnert ihn daran, daſs die Götter nicht alles Einem Menschen geschenkt hätten, sondern daſs ihre Gaben verschieden wären, und der Eine Mensch durch diese, der Andre durch jene Geschicklichkeit sich auszeichne. Ernesti meynt, daſs Maharbals Worte an Hannibal beym Livius (B. XXII. K. 51.) hieraus

mit ihnen zu berathschlagen. [31] Hektor folgt dem Rath seines Blutsverwandten, und wendet sich zu den Seinigen, von welchen er einige verwundet, andre todt liegen sieht. Unter andern trift er den Paris an, welchen er [32] die Ursache

---

hieraus ihren Ursprung haben: „Nicht alles haben die Götter Einem und demselben Menschen verliehen. Du, Hannibal, weifst zu siegen, aber Gebrauch vom Siege zu machen, weifst du nicht."

31 Hektor, indem er sprach und weiter vorrückte, glich, sagt der Dichter, einem mit Schnee bedeckten Berge. — Diese kurze Vergleichung muss man allein auf den grossen Körper des Hektor anwenden, dessen Haupt uns immer mit einem Helme bedeckt vorgestellt wird, der mit schweren weissen Federn geziert ist.

32 Da Hektor uns sonst immer als sehr sanft von Charakter vorgestellt wird, so haben einige Kunstrichter geglaubt, dass diese scharfen Verweise mit seinem übrigen Betragen nicht übereinstimmen. Allein man muss bemerken, dass der Zorn Hektors sehr gute Gründe vor sich hatte. Indem er die tapfersten von seinen Befehlshabern, Deiphobus, Helenus, Adamas, Asius und Othryoneus aufsucht, so findet er zu seinem innigsten Schmerze einige von ihnen schwer verwundet, und andre von den Griechen getödtet. Grade in demselben Augenblick begegnet er Paris, dessen Flucht im Zweykampf mit Menelaus, wo alles entschieden werden sollte, ihm noch in frischem Andenken ist; und zugleich

Ursache alles dieses Unglücks nennt. [33] Dieser überzeugt seinen Bruder vom Gegentheil, worüber Hektor wieder besänftigt wird, und nun [34] rücken beyde mit den übrigen Troischen Führern vor. Wie Ajax Hektors Muth sieht, fodert er ihn heraus und verkündigt ihm sein

---

gleich erinnert er sich, daſs dieser die einzige Ursache alles des Unglücks ist, das den Troern begegnet war, und sie ihrer tapfersten Helden beraubt hatte. Ueber dieſs alles bricht der sonst sanftmüthige Hektor in Verweise aus, die den Umständen der Zeit sehr angemessen sind, und auch bey dem sanftesten Menschen bey einer solchen Gelegenheit statt finden können, und natürlich statt finden müssen.

33 So natürlich auch Hektors Verweise seyn mochten, und so sehr sie sich auch aus den vorigen Umständen mit Grund ableiten liessen, so waren sie gleichwohl itzt unzeitig angebracht. Denn Paris hatte, ohne Vorwissen seines Bruders, alles gethan, was nur in seinem Vermögen stand, die Griechen zu überwinden. Und mehr konnte man von ihm nicht fodern. Wie oft findet im gemeinen Leben der Fall statt, daſs man seine an sich noch so gerechten Klagen, wovon das Herz voll ist, dennoch unwissend zur Unzeit äussert! Hierauf hat uns Homer hier sehr treffend geleitet. Unsre heutigen Dichter mögen auch hieraus die Lehre ziehn, daſs der kleinste Zug von Menschenkenntniſs eine ausnehmende Zierde der Dichtkunst sey.

34 Hektor und Paris, nebst den Gefährten des Cebriones, Polydamas, Phalkes, Polyphoetes und den Schaaren des Palmys,

ſein trauriges Schickſal; und dieſe Vorherſagung finden die Griechen durch einen rechter Hand vorbeyfliegenden Adler bekräftigt. Hektor antwortet dem Ajax, und nun entſteht von beyden Seiten ein groſſes Geſchrey, das bis zum ſtralenden Himmel reicht.

Palmys, Aſkanius und Morys, die erſt den Tag vorher aus Aſkanien angekommen waren, rücken alle mit einer Gewalt an:

Aehnlich den wirbelnden Stöſſen des hochherbrauſenden Sturmes,
Welcher, mit Donnerwettern des Vaters Kronion beladen,
Wehet über das Feld, ſich in die Wogen des Meers taucht,
Und lautrauſchende Waſſer der ſchwellenden Fluthen erhebet,
Daſs der weiſſe Schaum in langen Reihen ſich wälzet.

Inhalt

Inhalt des vierzehnten Gesanges.

1 Nestor, bey dem verwundeten Machaon zu Tische

Erläuterungen zum vierzehnten Gesange.

1 Am Ende des elften Gesanges sahn wir, daſs Nestor auf Idomeneus Rath den geschickten Arzt Machaon, den Paris mit einem Pfeil in seine rechte Schulter getroffen hatte, auf seinen Wagen nahm, und in sein Zelt brachte, um sich da durch Speise und Trank zu erquicken. Itzt finden wir den alten Held noch an derselben Stelle sitzen und mit Machaon über das Geräusch sprechen, das durch das Gefecht veranlaſst ward. Hierin ist nichts unwahrscheinliches, denn wir können uns leicht vorstellen, daſs das heftige Gefecht bey den aufgeworfnen Wällen und Mauern, das den Inhalt des zwölften und dreyzehnten Gesanges ausmacht, in einer Zeit von zwey Stunden vorgefallen sey, wie Mad. Dacier richtig bemerkt hat. Schon mehrmals hab' ich bemerkt, wie genau Homer in der Bestimmung der Zeit ist; itzt füg' ich nur noch hinzu, daſs man nie aufmerksam genug seyn kann, um unserm Dichter Schritt vor Schritt zu folgen, und die folgenden Erzählungen mit den vorigen zu verbinden; und man wird gewahr werden, daſs alles genau zusammen gekettet ist, und die mannigfaltigen, in 24 Gesängen beschriebnen Vorfälle zur Aufklärung und Vervollkommung der Haupthandlung, nemlich des Zorns des Achilles, zusammenlaufen.

Tische [2] sitzend, hört das Rufen und Schreyen der fechtenden Schaaren, steht auf, [3] legt die Waffen seines Sohns Thrasymedes an, und geht aus dem Gezelt, [4] wo er das blutige Gefecht

2 Ehe Nestor aus dem Gezelt geht, räth er seinem Freunde Machaon, sich mit Wein zu stärken, bis die schöngelockte Hekamede ihm wärmende Bäder bereitet hat, um ihn vom Blut und Eiter zu reinigen. — Es war in den ältesten Zeiten Gewohnheit, dass die Männer von Frauenspersonen sich bedienen und reinigen liessen. Man findet davon auch in der Odyssee verschiedne Beyspiele. So befiehlt unter andern Ges. 7. V. 335 fgg. die rechtschafne Gemahlin des Königs Alcinous, Arete, ihren Mägden, das Bette für Ulyss zu bereiten, und Telemachus wird von der bejahrten Euryklea zu seinem Bette geführt, wie wir in der ersten Anmerkung zum zweyten Gesange der Ilias gesehn haben. Doch ward hiebey die gröste Sittsamkeit und Anständigkeit beobachtet. Die jugendlichen Mägde, denen die schöne Nausikaa (Odyss. VI, 209.) befohlen hat, dem nackten Ulysses Speise, Trank, Kleider, wohlriechendes Oel und andre Bedürfnisse zu bringen, weichen so lange zurück, bis dieser Held seinen ganzen Körper gewaschen und mit Oel bestrichen hat.

3 Denn Thrasymedes hatte das Schild seines Vaters, das viel kostbarer und schöner war, mitgenommen; eine sehr natürliche That eines ehrgeitzigen Jünglings, der mit den besten Waffen im Streit prangen will.

4 Bey diesem Anblick wird Nestor zweifelhaft, ob er sich zu den fechtenden Schaaren der Griechen oder zum Agame-

fecht der Griechen und Troer anschaut. Ihm begeg-

Agamemnon begeben soll. Diesen zweifelhaften Zustand vergleicht der Dichter so:

Wie sich schweigend die Wellen des grossen Meeres schwärzen,
Ahndend den schnellen Flug der mächtig brausenden Winde,
Ohne vorgewälzt auf einer Seite zu werden,
Bis ein Sturm, gesandt von Zeus Kronion, sich aufmacht;
Also sank mit wankendem Vorsatz die Seele des Greisen,

u. s. f. — Lowth in seinen Vorlesungen über die Dichtkunst der Hebräer (XII.) bemerkt sehr richtig, dass die gröste Zierde und Verschiedenheit (varietas) einer Vergleichung darin besteht, dass die Sache ganz und gar von der unterschieden ist, womit sie verglichen wird, und blos eine schickliche Uebereinstimmung mit den beygefügten Umständen und Wirkungen derselben hat. — Indess gehört eine vorzügliche Kunst dazu, um bey aller wesentlichen Verschiedenheit der Sachen, die einander entgegen gesetzt werden, in dem, was sie mit einander gemein haben, eine gefällige und treffende Uebereinstimmung zu finden. Diess hat hier der Dichter meisterlich gethan. „Es giebt," sagt Pope, „keine vollkommnere Gemählde in der Natur, als die, welche Homer „in verschiednen von seinen Vergleichungen geliefert hat. „So sehr die Schönheit einiger für uns verlohren geht, die „nie Gelegenheit gehabt haben, die Dinge selbst zu beschaun, „und also das Eigne der Vergleichung nicht ganz und gar „fassen können, so muss gleichwohl das Lebhafte dieser Be„schreibung von denen sehr empfunden werden, die sich un„ter solchen Umständen auf der See befunden haben, da das „Wasser nicht ganz und gar ohne Bewegung war, sondern „allmählich zu stillen, flachen Wellen aufschwoll, die rück„und vorwärts schlagend in einer wackelnden Bewegung blie„ben,

begegnen Diomedes, Ulyſſes und Agamemnon,

„ben, bis der Wind ſich erhob, den Lauf der Wellen be„ſtimmte, und ſie einen gewiſſen Weg ſich fortwälzen lieſs. „Schwerlich iſt in dem ganzen Umkreis der Natur ein einzi„ges Ding, das uns den Zuſtand eines unentſchloſſenen Ge„müths eigentlicher abbilden kann, welches zwiſchen zweyer„ley Vornehmen hin und her getrieben wird, dann das eine, „dann wieder das andre will, und ſich endlich zu dem letz„ten entſchlieſst. Jeder Umſtand in dieſer Vergleichung iſt „ſo ſchön als treffend, und muſs um ſo viel mehr Verwun„drung erregen, da es in der That viele Schwierigkeiten „hat, ſinnliche Bilder zu finden, die geſchickt ſind, ſolche „Gemüthsbewegungen vorzuſtellen; und das iſt die Urſache, „warum wir nur ſelten, ſelbſt bey den beſten Dichtern, ſol„che Vergleichungen antreffen." — Der Engliſche Schriftſteller fügt hier noch eine Stelle aus dem Virgil (Aen. VIII, 18.) hinzu, die dieſer aus dem Apollonius Rhodius genommen hat, worin Aeneas zweifelndes und unentſchloſſenes Gemüth einem zitternden Lichte verglichen wird, das durch die Stralen der Sonne oder den Glanz des Mondes von dem Waſſer zurück geworfen wird, das in einem Faſs oder Eimer ſteht, und mit erſtaunlicher Schnellheit alle Plätze durchfliegt, und die Wände und Dächer des Hauſes erleuchtet. — Ob es gleich, wie ich ſchon geſagt habe, meine Abſicht keinesweges iſt, die Anmerkungen des Engliſchen Dichters zu den meinigen zu machen, ſo hab' ich gleichwohl dieſe Stelle nicht vorbey laſſen können, weil ſie unſern heutigen Dichtern Anleitung giebt, neue und ſchöne Vergleichungen zu machen, die uns den unentſchloſſenen und unruhigen Zuſtand des Gemüths durch die Beſchreibung eines beſondern Vorfalls in der Natur auf die lebhafteſte und kräftigſte Art vor Augen ſtellen.

mnon, 5 denen er die Ueberrumpelung der Mauer und das hartnäckige Gefecht der Troer erzählt, und die er bittet, Rath zu schaffen; worauf Agamemnon die Schiffe in See bringen und bey Nacht flüchten will, ein Vorschlag, den Ulyss sehr 6 scharf tadelt. Agamemnon verlangt

5 Diese verwundeten Helden, auf ihre Speere gestützt, kommen von ihren Schiffen, um das Gefecht von weitem zu sehn. Bey dieser Gelegenheit unterrichtet uns der Dichter von der Lage der Schiffe. Sie waren alle ans veste Land gezogen, und lagen mit der Vorderseite nach der See zu, eins vor dem andern, gleich den Sprossen einer Leiter, in verschiednen Reihen, so weit der Platz es litt, vertheilt,

Denn es vermochte, so groß es auch war, das Ufer nicht alle
Schiffe zu fassen, es hätten die Völker des Raumes ermangelt.

Diejenigen, welche zuerst gelandet waren, wie die von Ajax und Protesilaus, hatte man auf den hohen Strand geholt, und bey ihren hintersten Theilen die Mauern zur Beschützung errichtet; hingegen, die zuletzt gekommen waren, wie die Schiffe des Ulysses, Diomedes und Agamemnon, lagen nahe am Meer, wie diess der Dichter hier deutlich bemerkt. Der Kupferstich von der Belagerung Trojens, den man vor Popens Ilias findet, stellt diese Lage der Schiffe nichts minder als genau vor.

6 Ulyss sagt zürnend zu ihm:

Atreus Sohn, welch Wort ist deinen Lippen entfallen!
Schwacher, wollte Gott, du führtest schlechtere Heere,

Nur

langt bessern Rath, und nun begehrt [7] Diomedes, dass sie, obgleich verwundet, gleichwohl in den Streit gehn, doch so, dass sie nicht mehr Wunden empfangen, sondern die andern nur aufmuntern. Inzwischen erscheint Neptun unter

---

Nur nicht uns! denn Zeus Kronion hat uns gegeben,
Früh von Jugend an bis spät in Jahren des Alters,
Auszuharren die schwersten Kriege, bis wir sie enden,
Oder bis der lezte von uns ermordet dahin sinkt.
Also ist dein Wille, die Stadt mit prächtigen Strassen
Zu verlassen, bey welcher wir so vieles erlitten?
Schweig, auf dass der Achaier nicht einer die Rede vernehme,
Welche wahrlich ein Kluger mit seinen Lippen nicht spräche,
Der den Zepter führt, und dem die Völker gehorchen;
Solche Völker, wie wir Argeier, welche du anführst!
Sieh' ich tadle gänzlich den Rath, den du uns gegeben,
Dass wir sollten nun, so lange der Krieg noch währet,
Ziehen die Schiff' in die Wogen des Meeres, damit den Troern
Alles gelinge nach Wunsch, ihr Sieg noch herrlicher werde,
Und auf unsre Häupter herab der Untergang stürze.
Denn die Achaier werden nicht die Feldschlacht bestehen,
Wenn die Schiff' in die Wogen des Meeres werden gezogen,
Sondern um sich schaun, und rückwärts weichen vom Kampfe;
Alsdann wird dein Rath uns schaden, Führer der Völker!

7 Ulyss mag in seinem Streite mit Ajax beym Ovid sagen, „dass er sein Geschlecht, seine Voreltern, und was er „nicht selbst gethan hat, kaum zu dem rechnet, was das Seinige ist," so ist es gleichwohl eine allgemein angenommene Meinung, insonderheit beym Homer, dass man sich seines edeln Geschlechts rühmen dürfe. So macht es Diomedes auch

ter der Gestalt eines alten Mannes dem Agamemnon, und macht durch sein lautes Geschrey ihm und den Griechen Muth, unaufhörlich zu fechten. [8] Da Juno diess sieht, freut sie sich über die Thaten ihres Bruders, und sinnt darauf, Jupiter, der noch müssig auf dem Ida sitzt, zu berücken. Sie begiebt sich also

---

auch hier, indem er sagt, dass er, obgleich der jüngste von Jahren, gleichwohl von edeln Eltern abstamme, vom Tydeus, der zu Theben begraben sey; dass Portheus drey Söhne gezeugt habe, die vormals Pleuron und die hohe Calydon bewohnten, Agrius, Melas und seinen Grossvater Oeneus, der alle an Tapferkeit übertraf; dass sein Vater nach Griechenland gezogen sey, und da die Tochter des reichen und mächtigen Adrastus geheyrathet habe, dass man also seinen offenherzigen Rath wohl anhören könne. — Da Agamemnon guten Rath verlangte, und es für den jungen Diomedes sich nicht zu schicken schien, diesen in Gegenwart des bejahrten Nestors und des Ulyss zu geben, so beruft er sich mit Recht auf sein Geschlecht, indem er damit andeutet, dass er würdige Vorfahren hatte, von welchen man annehmen konnte, dass sie ihm eine gute Erziehung gegeben, und ihn in den Stand gesetzt hätten, etwas gemeinnütziges zu erdenken.

8 Da durch Jupiters Hülfe, der, auf dem Berge Ida sitzend, allen Göttern und Göttinnen befohlen hatte, sich unpartheyisch zu verhalten und sich mit den fechtenden Völkern nicht zu bemühen, die Troer so sehr die Oberhand erhielten, dass der Griechische Heerführer, aufs äusserste gebracht,

alſo in ihr Schlafgemach, das ihr Sohn Vulkan mit Thüren verſehn hatte, die niemand, als ſie ſelbſt öfnen konnte, ſalbt mit Ambroſia die reitzenden Glieder und mit lieblichem Oel, deſſen Wohlgeruch Himmel und Erde erfüllt, und kleidet ſich in ein köſtliches von Minerva geweb-

---

bracht, den unglücklichen Entſchluſs faſſen wollte, Troja zu verlaſſen und nach Griechenland zu flüchten; ſo muſste Homer nothwendig hier etwas wichtiges einflechten, was die unglücklichen Umſtände der Griechen veränderte, und die Troer in der Ueberwindung aufhielt. Um dieſs glücklich zu thun, und dem Leſer wieder einen neuen gefallenden Auftritt darzuſtellen, beſchreibt der Dichter, wie die liſtige Juno durch ihre angenommenen Reitze den Zevs betriegt. In dieſer Beſchreibung hat man in unſern Tagen, da man die Idee von Göttern und Göttinnen eher eines ſpöttiſchen Lächelns als einer ernſtlichen Erwägung werth hält, allerley Allegoriſches und Myſtiſches zu entdecken geſucht; da ſie doch, meiner Meinung nach, allein dazu dient, um das auſſerordentlich groſſe Vermögen kennen zu lehren, das die Frauen über die Männer haben, indem weder gelehrte, noch vorſichtige, noch weiſe, noch tapfere, noch tugendhafte Männer vor den verführeriſchen Reitzungen einer ſchönen Frau ſicher ſind, wie die Geſchichte aller Völker zu allen Zeiten zeigt. Wer hier etwas mehr zu finden vermeint, thut dem Dichter Unrecht, der, ſo geheimniſsvoll die religiöſen Feyerlichkeiten der alten Egyptier und Griechen auch geweſen ſeyn mögen, viel zu einfach iſt, und ſich allenthalben zu ſehr nach den allgemeinen Volksbegriffen richtet, als daſs man annehmen könnte, daſs

gewebtes Gewand 9 auf die gefälligste Art. Also prächtig geschmückt geht sie zur Venus, und bittet sie um allen den Liebreitz, womit sie Götter und Menschen besiegt, unter dem Vorgeben, daſs sie den Vater der Götter, Oceanus und ihre Mutter Thetis, unter welchen Uneinigkeiten entstanden waren, besuchen und sie wieder mit einander aussöhnen wolle. Venus, die dieſs der Juno nicht abschlagen will, giebt dieser

---

daſs er hier etwas, was so dunkel und verwickelt ist, wie viele es vorstellen, zur Absicht haben sollte. Die ganze Erfindung mag kühn seyn, allein sie ist dichtrisch und schön, und stellt uns in den lebhaftesten Farben die einnehmenden Eigenschaften der Frauen vor, die ihnen die Natur beygelegt hat, und denen sich die einsichtsvollesten, tapfersten und bravsten Männer unterwerfen müssen.

9 Die Kleidung der Juno war diese:

— — — Mit Ambrosia salbt sie die reizenden Glieder
Und mit lieblichem, göttlichduftendem Oele des Himmels,
Dessen Geruch, so bald es im festen Pallaste Kronions
Nur gerührt ward, Himmel und Erde mit Wohlgeruch füllte.
Hiermit salbete sie die schönen Glieder. Ihr Haupthaar
Ordnete sie mit den Händen, es floſs in glänzenden Locken
Wallend hinab vom unsterblichen Haupt der göttlichen Härä.
Himmlisch war ihr Gewand, die Arbeit von Pallas Athänä,
Fein und künstlich schön, mit mancherley Bildergewebe;
Dieses hakte sie, unter der Brust, mit güldenen Häklein;

 Und

dieser ihren [10] Gürtel, worin all' ihre mächtigen Reitze verschlossen waren. Wie Juno diesen empfangen hat, so verläfst sie den Olymp, und begiebt sich schnell, und ohne die Erde mit ihren Füssen zu berühren, über die Landschaft Pieria, die schöne Aemathia, und die Thracischen Schneegebürge nach Lemnos, wo sie

Und nahm eine Scherpe mit hundert Quästen behangen;
Henkte dreyfach künstlich geschliffne Edelsteine
In die Ohren; sie glänzten mit strahlenversendendem Schimmer.
Eine neue prächtige Haube bedeckte der Göttin
Scheitel mit blendender Weisse, wie Stralen der leuchtenden Sonne.
Zierliche Solen band sie unter die glänzenden Füsse.

10 So zierlich Juno auch geschmückt seyn mochte, so fehlte ihr doch die unwiderstehliche Annehmlichkeit, und das unendliche Vermögen sich eines jeden Liebe zu erwerben, die die besondern Eigenschaften der Venus waren. Sie begiebt sich also zu dieser Göttin, und bittet sie um den mit der Nadel gestickten bunten Gürtel, in dem alle Zauber gesammelt waren:

Liebe schmachtende Sehnsucht, und freundliche süsse Gespräche,
Bitten, welche sogar das Herz des Weisen beschleichen. —

Und sie erhält ihn von Venus. — Es läfst sich schwerlich ausmachen, wem Homer die Erfindung dieses Gürtels, dessen ausnehmende Beschreibung man immer so sehr bewundert hat, dafs er zum Sprüchwort geworden ist, zu verdanken habe. Mir kommt es vor, dafs sich wenig Mystisches im Homer

sie den [11] Schlaf, des Todes Bruder, anredet, und diesen bittet, den Jupiter in einen tiefen Schlaf fallen zu lassen, so bald sie ihn zärtlich umarmt hat, wofür sie ihm einen prächtigen goldnen Sessel verspricht, den Vulkan selbst verfertigen soll. Der Schlaf antwortet ihr, dass er zwar alle Götter leicht einschläfern könne, aber Jupitern ohne seinen besondern Befehl nicht; dass er schon Einmal auf ihren Rath die

Homer finde, und daher schreibe ich auch diesen Gürtel allein dem Witze des Dichters zu, ob ich gleich damit nicht läugnen will, dass einige alte Ueberlieferungen ihm Anleitung dazu gegeben haben können. Für meinen Zweck ist die Bemerkung hinlänglich, dass die Dichtkunst solcher Erfindungen bedarf, welche die Eigenschaften des Einen auf den Andern übergehn liessen. Vielleicht ist das Sinnliche, Schöne, die Einbildungskraft beschäftigende, worin die theoretischen Schriftsteller unsrer Zeit so viel Gewicht für die Dichtkunst setzen, hierunter zugleich begriffen. So viel ist wenigstens sicher, dass man die Reitze der Venus und die Macht, sie andern zu leihn, für die Sinne nicht fasslicher als durch eine solche Vorstellung machen kann, deren sich der Vater der Dichter an dieser Stelle bedient hat.

11 Homer macht aus dem Schlafe nicht nur einen Gott, sondern nennt ihn selbst den König aller Götter und Menschen; ein Ausdruck, der deutlich genug anzeigt, dass der Dichter nicht nur allein was er beschreibt, Leben und Bewegung

die Probe davon zum Nachtheil des Herkules gemacht habe, die aber so schlecht ausgefallen sey, daſs, wenn ihn die Nacht nicht gerettet hätte, er vom erzürnten Zevs ins Meer würde geschleudert seyn. Juno antwortet ihm hierauf, daſs dieſs itzt nicht zu besorgen sey, weil Zevs den Herkules viel mehr als die Troer begünstige, und verspricht ihm zugleich, daſs sie

---

gung giebt, sondern daſs er auch aus den gewöhnlichen Wirkungen der Natur seine Götter schaft, und ihnen nach der Grösse dieser Wirkungen Vermögen beylegt. Man weiſs, welch ein weites Feld dieſs der Dichtkunst geöfnet hat, um der Phantasie freyen Lauf zu lassen, indem man entweder der Gestalt der Götter, oder ihrer Handlungen, oder ihres Wohnsitzes, wie z. B. Ovid im elften Buch seiner Verwandlungen die Wohnung des Schlafes meisterhaft beschreibt, Meldung thut. Alles fodert hier den Dichter zu Schilderungen auf, und diese Personificirungen, die seit Homers Zeiten so allgemein gebräuchlich geworden sind, sind freilich schickliche Gegenstände um die Kunst des Dichters daran zu üben, doch werden sie auch zuweilen gefährliche Klippen, an welchen der gesunde Verstand scheitert. Der Dichter kann also nicht zu vorsichtig dabey seyn, um mitten im Wunderbaren die Wahrscheinlichkeit nicht zu verlieren, eine wichtige Regel, die wir den heutigen Dichtern, wenn sie sich von der Erde erheben, und sich mächtigerer Wesen als die Menschen, in ihren Gedichten bedienen wollen, nicht genug anpreisen können.

sie ihm, wenn er ihre Bitte erfüllt, die jüngste der Grazien, Pasithea zur Gattin geben wolle. Der Schlaf verlangt von ihr, dass sie, mit der einen Hand die Erde und mit der andern das Meer haltend, ihm diess mit einem feyerlichen Eide bey des Styx geweihten Gewässern beschwöre. Sie thut diess, und schwört bey allen unterirdischen Göttern, worauf [12] sie beyde zum Zevs gehn, der auf dem Berge Ida noch sitzt. Indem Juno den hohen Berg ersteigt, bleibt der Schlaf in den Gebüschen des Ida, und setzt sich [13] in der Gestalt eines Vogels auf einen

12 Juno und der Schlaf verhüllen sich in eine dunkle Wolke, und so begeben sie sich eiligst über die Gewässer der See, und setzen sich bey Lekton, der vordersten bis ins Meer sich erstreckenden Spitze des Berges Ida an den Strand, und kommen so auf einem bequemen Wege auf dem Ida an. Alle diese vom Dichter angeführten besondern Umstände zeigen uns, mit welcher Wahrscheinlichkeit der Dichter die wunderbaren Handlungen seiner Götter und Göttinnen allenthalben ausgeschmückt habe.

13 Indem Juno und der Schlaf zusammen nach dem Ida gehn, beben unter ihren Füssen die rauschenden Wipfel des Waldes. Wie sie da ankommen, nimmt der Schlaf, eh' ihn Jupiter erblickt, die Gestalt eines Vogels an, setzt sich auf eine hohe Tanne, und verbirgt sich in ihren dichten Zweigen.

einen hohen Baum. [14] Wie Jupiter die ſchön geſchmückte Juno erblickt, wird ſein Herz von Liebe zu ihr erfüllt. Er fragt ſie nach der Urſache ihrer Ankunft, und ſie ſagt ihm, daſs ſie zu ihren Eltern gehn wolle, um ihren Zwiſt beyzulegen. Zevs antwortet ihr, daſs ſie dahin wohl ein andermal gehn könne, führt alle ſeine Liebeshändel an, und verſichert ſie, daſs er nie für

---

Dieſs iſt freilich Eine der dichtriſchen Erfindungen, deren Urſachen und Schicklichkeit wir itzt nicht ganz ergründen können, wie dieſs ſchon in der zweyten Anmerkung zum ſiebenden Geſange bemerkt iſt. Indeſs iſt ſie mit allen den Bildern, unter welchen die wunderbaren Handlungen der Götter uns in dieſem Geſange vorgeſtellt werden, ſehr wohl in Uebereinſtimmung zu bringen. Die Fabellehre der Alten, über welche bisher noch nicht alles gehörige Licht verbreitet iſt, würde uns hier allein zu einer ſichern Richtſchnur dienen können, um unſre Auslegungen übereinſtimmend mit der Meinung des Schriftſtellers zu machen. Für unſre heutigen Dichter iſt es genug, zu bemerken, wie Homers lebhafter Witz ſich der Thaten der Götter als ſo vieler Werkzeuge bedient habe, ſein Gedicht zu vervollkommnen.

14 Wie viele brave Männer haben nicht, grade wie hier Jupiter, zuweilen erfahren, daſs die reitzenden Eigenſchaften eines Frauenzimmers ſie vorzüglich rührten, ohne daſs ſie davon philoſophiſche Gründe angeben konnten. Wer das niemals gefühlt hat, muſs über dieſe Unterhandlung des Jupiter und der Juno nicht urtheilen.

für irgend Eine so grosse Liebe empfunden habe, als itzt für sie; er wünscht also mit ihr der Liebe zu pflegen. Juno scheut sich, diess so öffentlich zu thun, worauf Jupiter [15] sie und sich

---

15 Wenn schon vormals der Weltweise Xenophanes, wie man unter andern beym Sextus Empirikus (contra Mathem IX. p. 593.) findet, behauptete, dass Homerus und Hesiodus ihre Götter und Göttinnen alle schlechte und schändliche Handlungen der Menschen verrichten liessen, weswegen man glaubte, dass sie künftig dafür schwere Strafen erleiden würden; was sollen wir denn hier von dem ganzen Betruge der Juno und von der starken Begierde des von Liebe zu ihr bezauberten Jupiters sagen? „Ich wundre mich," sagt Saint Evremond, „dass die alten Dichter in den „Handlungen der Menschen die Wahrscheinlichkeit so genau „beobachtet, und hingegen in den Thaten der Götter sie „gänzlich vernachlässigt haben. Selbst diejenigen, die von „ihrer Natur am weisesten geredet haben, haben gleichwohl „von ihren Handlungen auf eine ausschweifende Art gesprochen. Wenn sie ihr Wesen und ihre Eigenschaften vorstel„len, so machen sie sie unsterblich, unendlich, allmächtig, „vollkommen, gut und weise; allein so bald sie ihre Götter „wirken lassen, so giebt es keine Schwachheit, der sie die„selben nicht ausgesetzt seyn, und keine Thorheit und „Bosheit, welche sie nicht ihre Götter begehn lassen." Der einsichtsvolle Herr Feith in seiner Abhandl. über das Heldengedicht (Verhandeling over het Heldendicht p. 190.) nennt diese Anmerkung wahr, und die meisten unsrer heutigen Kunstrichter werden darin mit ihm einstimmen. Allein, wenn das gegründet ist, was ich in der Vorrede und sonst bemerkt

ſich ſelbſt mit einer goldnen Wolke bedeckt, durch

---

merkt habe, daſs Homer die Leidenſchaften der Menſchen mit den ſtärkſten Farben hat abmahlen wollen, und, um dieſs wunderbar und dichteriſch zu thun, dieſe Leidenſchaften in erhabnern und mächtigen Weſen, als die Menſchen ſind, in Götter und Göttinnen geſchildert hat, ſo fällt Saint Evremonds Verwundrung, und mit ihr fallen die Anmerkungen andrer hierüber von ſelbſt weg. Der Dichter hat niemals die göttlichen Eigenſchaften der Güte, Weisheit und Allmacht, die er in dem höchſten Weſen erkannte, unabgebrochen und verhältniſsmäſſig in allen den Göttern und Göttinnen wirken laſſen wollen, deren Namen und Daſeyn er entweder ſeinem eignen Witze oder lieber alten Ueberlieferungen verdankte, und deren er ſich, indem er den Zorn des Achilles beſang, als ſo vieler Werkzeuge bediente, um dadurch eine wunderbare Verſchiedenheit und Abwechſelung in ſein Gedicht zu bringen. Der verſchiedne Antheil, den die Bewohner des Himmels am Streit der Griechen und Troer nehmen, iſt hier eben ſo wichtig als der ganze Krieg. Ja, was mehr iſt, falls Homer hier die verlangte Wahrſcheinlichkeit beobachtet, und ſeine Götter und Göttinnen nach der Idee, die er offenbar von der Natur der Gottheit hatte, immer hätte handeln laſſen, ſo weiſs ich nicht, welche Haltung dann die Ilias haben müſste. Denn alle jene menſchlichen Leidenſchaften und Partheylichkeiten, wodurch die ganze Götterſchaar bey unſerm Dichter ſo ſtark in Bewegung geſetzt wird, machen nicht nur einen groſſen Theil ſeines Gedichts aus, ſondern geben ihm auch das eigentliche Leben und die gehörige Wirkſamkeit. Man muſs über die Erfindung und Behandlung dieſes Stücks nicht nach den angenommenen Begriffen der gegenwärtigen Zeit urtheilen, ſondern unſre heutigen Dichter müſſen

[16] durch welche die Sonne selbst nicht dringen kann. — Nachdem der Schlaf den Jupiter, der in den Armen seiner Gemahlin ruht, überwältigt hat, geht er zum Neptun und muntert ihn auf, sich dieser Gelegenheit zur Unterstützung der Griechen zu bedienen. Dieſs thut Neptun, und [17] tritt selbst an die Spitze des Griechischen

müssen sich damit begnügen, dichtrische Zierrathen hieraus zu sammeln und damit ihre Werke zu bereichern. Ich habe diese Anmerkung zum Besten derer gemacht, welche von einem so ungereimten Lehrer nicht gern Unterweisung würden annehmen mögen, und die vielmehr Achtung für ihn haben müssen, wenn sie aus seinen vortreflichen Werken den abgezweckten Nutzen wirklich ziehn wollen.

16 Nicht nur eine goldne Wolke bedeckt Jupiter und Juno, sondern auch die Erde selbst steht ihnen zu Dienste, und läſst unter ihnen

Frische Kräuter entstehn, den blüthebethaueten Lotos,
Krokos, dichtgefüllte und weiche Hüazinten,
Welche über den Boden sanft die Götter erhuben,

Und so liegen sie

— — — — neben einander in goldener schöner,
Wolke gehüllt, von glänzenden thauenden Tropfen umträufelt.

17 Neptun, dem der Schlaf von den Umständen Nachricht giebt, worin sich Jupiter befindet, geht den Griechen voraus in den Streit, und bedient sich dabey dieser nachdrücklichen Aufmunterung:

O Ar-

schen Heers, worauf [18] zwischen ihm und Hektor ein heftiges Gefecht entsteht, [19] in welchem Hektor den Ajax, Sohn des Oileus, mit einem Pfeil

---

O Argeier, wollen wir nun dem Priamiden
Hektor überlassen die Schiff' und die Ehre des Sieges?
Sieh' das hoffet er zwar, und prahlet nun, weil Achilleus
Bey den hohlen Schiffen verbleibt mit zürnendem Herzen:
Traun, wir würden ihn nicht so sehr vermissen, wofern wir
Uns ermunterten, einer dem andern tapfer zu helfen.
Aber wohlan, gehorchet mir nun, und thut, wie ich rathe.
Laßt uns itzt erkiesen die größten Schild' und die stärksten,
Und mit stralenblitzenden Helmen die Häupter bedecken;
Alsdann wollen wir gehn, mit grossen Speeren gewafnet,
Und ich führ' euch an. Ich meine, der Priamide
Hektor wird, so kriegrisch er ist, uns doch nicht bestehen.

18 Das Getöse, das die einander anfallenden Griechen und Troer verursachen, beschreibt der Dichter so:

Nicht so donnert die mächtige Woge des Meers ans Gestade,
Aus der Tiefe gehoben vom schrecklichen Hauche des Sturmes;
Nicht so prasselt die lodernde Flamme des Forsts im Gebürge;
Nicht so laut durchtobet der Wind hochwipflichte Eichen,
Wenn er zürnend wütet umher mit wildem Getöse:
Als erscholl das Geschrey der Troer und der Achaier,
Da sie fürchterlich ruften, und gegen einander sich stürzten.

19 Indem Ajax den Stein nach dem Hektor wirft, dreht er sich dabey herum, gleich einem gewirbelten Kräusel. — Dieß Gleichniß drückt, meines Bedünkens, die Haltung eines Menschen, der eine schwere Last aus aller Macht fortgeworfen, und beynahe das Gleichgewicht verlohren hat, sehr natürlich aus.

Pfeil zu verwunden sucht, von dem Sohn des Telamon aber [20] mit einem Steine so gefährlich getroffen wird, daſs er zur Erde fällt, und mit Mühe vom Polydamas, Aeneas, Agenor, Sarpedon, Glaukus, und andern beschirmt wird. Diese bringen ihn, Blut speyend, auf seinem Wagen nach Troja [21] in Sicherheit. Wie die Griechen vernehmen, daſs Hektor gefallen ist, fallen sie mit aller Macht die Troer an.

---

20 Hektor, vom Steine, den Ajax aufgenommen hatte, getroffen, stürzte auf die Erde:

Wie wenn unter dem starken Schlag Kronions ein Eichbaum
Aus der Wurzel stürzt, und schlimme Schwefelgerüche
Ihm entdünsten; der Muth entsinkt dem, der es ansieht,
Denn gewaltig sind die Blitze des grossen Kronion.

21 Sobald Hektor gefallen ist, umringen und schützen ihn seine Genossen, und tragen ihn darauf auf den Händen aus dem Treffen zu dem künstlichen Wagen, der dort, mit schnellen Pferden bespannt, bereit steht. So bringen sie ihn tiefaufröchelnd an den Fluſs Xanthus, wo sie ihn auf die Erde legen

— — — — und gossen ihm Wasser
Uebers Antlitz; er athmete auf, und schaute gen Himmel,
Knieend, und speyte dunkelgewölktes Blut auf die Erde;
Fiel dann wieder zurück, denn nächtliche Schatten umschwebten
Wieder sein Auge, die Wunde bezwang die Kräfte des Helden.

Diese

an. Ajax, der Sohn des Oileus, verwundet den Satnius, den Sohn des Enops; Polydamas, der Sohn des Panthous, um diesen zu rächen, trift den Prothoenor, den Sohn des Areilykus tödlich. Doch, indem er sich dessen rühmt, wirft Ajax, der Sohn des Telamon, seinen Spieſs nach ihm, der den Polydamas zwar verfehlt, aber dem [22] Archilochus, dem Sohn Antenors, das Leben nimmt. Promachus der

Diese Beschreibung ist nicht nur sehr natürlich, sondern giebt auch dem Leser eine sehr richtige Vorstellung von dem gewaltigen Schlage, den Ajax dem Hektor zugefügt hat.

22 Da man dann Einen von den Troern, dann wieder Einen von den Griechen fallen sieht, so läſst der Dichter dabey durchgängig den Sieger sich seiner Thaten rühmen, so wie hier Ajax die trotzige Rede des Polydamas auf diese Weise beantwortet:

Pulüdamas, sinn' ihm nach, und sage die Wahrheit,
Ob nicht dieser verdiente, für Prothoänor zu fallen?
Feige scheint er mir nicht, und nicht aus Feigen entsprossen.
Scheint ein Bruder zu seyn des Rossezähmers Antänors,
Oder Sohn; ich meine, sein Antlitz zeuget vom Stamme!

So wie man aus diesen Aussprüchen von den besondern Umständen eines jeden Kriegers auf eine angenehme Art unterrichtet wird, so dienen diese Gespräche auch insonderheit dazu, um die unterschiedenen Charaktere der Helden kennen zu lernen. So ist hier die Rede des Polydamas frölich und voll

der Boeotier wird vom Akamas, Ilioneus vom Peneleus [23] getödtet. Unter Neptuns Beystand erhalten die Griechen den Sieg und nehmen vielen Troern, dem Hyrtius, Phalkes, Mermerus, Morys, Hippotion, Prothoon, Periphetes und Hyperenor das Leben. Insonderheit zeichnet sich Ajax, der Sohn des Oileus, durch seine Schnellheit im Verfolgen und Verwunden der Feinde vor den übrigen aus.

---

voll von Spott, die des Ajax hingegen, wie wir sehn, heldenmüthig, die des Akamas zwar muthig, aber einfach, und die des Peneleus voll von Gefühl und Kraft, wie die folgende Anmerkung zeigen wird.

23 Nachdem Peneleus eine Lanze durch das Haupt des Ilioneus, des einzigen Sohns des reichen Phorbas, getrieben hatte, wodurch dieser zur Erde fiel, so zog er sein Schwerd, und hieb damit das Haupt ab, das noch mit dem Helme bedeckt war. Diess nimmt er darauf eben so leicht, wie einen Mohnskopf von der Erde auf, schüttelt es in seiner starken Faust, und ruft voll Rühmens den Feinden zu:

Bringet Botschaft, ihr Männer von Troja, dem Vater und Mutter
Dieses Edlen, auf dass sie ihn klagen in ihrem Pallaste!
Siehe Promachos Weib, des Sohnes von Alegänor,
Wird nicht freudig eilen entgegen ihrem Geliebten,
Wenn wir Griechen schiffen zurück von Troja's Gefilden.

Inhalt des funfzehnten Gesanges.

Wie Jupiter erwacht und sieht, dass die Troer von den Griechen mit Neptuns Hülfe verfolgt werden, und dass Hektor verwundet im Felde liegt, so merkt er die List der Juno, [1] und macht

Erläuterungen zum funfzehnten Gesange.

1 Jupiter sagt zu ihr:

Dein Betrug, du unglückstiftende schlimme Härä
Hemmte den Arm des göttlichen Hektors, schreckte die Völker!
Traun! du wirst vielleicht des listigersonnenen Frevels
Erste Früchte geniessen, so ich mit Streichen dich strafe!
Hast du etwa vergessen, wie ich in der Höhe dich schweben
Liess, dir an den Füssen zween grosse Ambosse hängte,
Und mit unzerbrechlichen goldnen Fesseln die Hände
Band? Du schwebtest hoch, von Wolken des Himmels umgeben.
Deinetwegen trauerten die Götter des hohen Olümpos,
Standen um dich herum, und durften dich dennoch nicht lösen;
Denn ich hätte den ersten gefasst, und hätt' ihn geschleudert
Von der Schwelle des Himmels; er wäre kraftlos gefallen
Auf die Erde; noch wäre mein Zorn nicht worden gestillet.
Wegen des göttlichen Härakläs ergrimmte ich heftig,
Welchen du mit unglücksinnendem Herzen, nachdem du
Boreas und die brausenden Stürme hattest verführet,
Warfst in die wüsten Wogen des Meers, und endlich gen Kos hin

Brachtest;

macht ihr heftige Vorwürfe über ihr Verfahren. Juno

Brachtest; ich zog ihn wieder von dannen, und führte ihn wieder,
Als er vieles erlitten, zur rossernährenden Argos.
Dess entsinne dich nun, und hoffe nicht mich zu täuschen!
Oder willst du erfahren, wie viel mein Lager, wie viel jetzt
Dieser Schlaf dir fromme, zu welchem du nun mich bethörtest.

So weit ich auch davon entfernt bin, um mit einem Heraklides, Ponticus, Phurnutus und andern mystische Anspielungen im Homer zu suchen, so glaub' ich gleichwohl, dass er die wunderbaren Handlungen seiner Götter und Göttinnen nicht blos dazu erdichtet hat, um sein Gedicht damit auszuschmücken, sondern dass er aus der verblümten Art sich auszudrücken, die bey den Weltweisen und Dichtern der frühern Zeit statt fand und nach welcher die allgemeinen Vorstellungen seiner Zeitgenossen sich richteten, Veranlassung zum Erzählen und Vorstellen solcher sonderbaren Vorfälle erhalten habe. Je höher man in der Geschichte aufsteigt, um so viel mehr findet man alles mit Erdichtungen verwebt. Die Religion der ältesten Völker liegt unter diesem Schatten verborgen; den allgemeinen Erscheinungen und den besondern Wirkungen der Natur gab man nicht nur menschliche Namen, sondern auch Gestalt und Ansehn der Menschen, und die Handlungen dieser so ausgeschmückten Wesen stellte man dem Bilde der Einbildungskraft gemäss vor, das man sich von ihrer Gestalt machte. Diess gab witzigen und erfindungsreichen Dichtern überflüssigen Stof, ihre Talente zu üben, und zugleich veranlasste es mancherley Aberglauben unter den Menschen. So ward, wie Cicero (de Nat. Deor. II, 26.) sehr richtig bemerkt, „der Himmel im „allgemeinen Jupiter genannt, und die Luft, die zwischen „dem Himmel und der See sich ausbreitet, unter dem Namen

Juno [2] entschuldigt sich in Ansehung des Neptun,

„der Juno vergöttert, die, eben um ihrer Aehnlichkeit und „nahen Verbindung willen mit dem Himmel, für Jupiters „Schwester und Gemahlin gehalten ward.“ — Eine Stelle aus R. Woods *Essay on the original Genius and writings of Homer* S. 128. wird hier nicht unschicklich stehn: „Welchen Antheil,“ sagt dieser geschickte Kunstrichter, „Homer „an dem Entwurf und der Ausschmückung der heidnischen „Götterfabeln gehabt habe, läſst sich zu unsern Zeiten höch„stens nur muthmaſsen. Doch wäre es unbillig sie für das „Werk seiner eignen Erfindung zu halten. Ich würde viel„mehr annehmen, daſs die Freyheiten der dichterischen Aus„schmückung, die er aus dem Volksglauben seiner Zeit ge„nommen haben mag, auf allgemein bekannte Ueberliefe„rungen und Aberglauben, als auf einen vesten Grund ge„baut waren, da eben diese schon eine grosse Gewalt auf die „Leidenschaften und Vorurtheile seiner Zeitgenossen erhal„ten hatten. Ein Vortheil, den ein so vollkommener Ken„ner der menschlichen Natur gewiſs nicht ungenützt lieſs. „Denn da die Religion der Dichter und des Volks sehr in „einander lief, so würde das Bemühn, darin eine plötzliche „Veränderung zu machen, eine gefährliche Probe gewesen „seyn, die kein guter Bürger oder Dichter würde unternom„men haben. Ich wage daher den Schluſs, daſs der Theil „von dichtrischen Zierrathen, der seine Gottheiten mit den „Leidenschaften und Schwachheiten der menschlichen Natur „entehrt, in Volkserzählungen und allgemein angenomme„nen Begriffen gegründet war, nach welchen sich zu rich„ten jeder gute Dichter, vom Homer an bis zum Shakespear „hin, für das beste hielt.“ —

2 Juno entschuldigt sich, und erklärt, daſs sie Neptun nicht

tun, der aus sich selbst den Griechen Beystand leiste, und sie erbietet sich, zum Neptun zu gehn, und ihm zu rathen, sich dahin zu begeben, wo es Jupiter gut dünke. Jupiter wünscht, dass seine Gemahlin immer so Eins mit ihm seyn möchte, weil alsdann Neptun nichts gegen ihn würde unternehmen dürfen; er sendet sie also nach dem Olymp, so wohl um Iris zu rufen, die den Neptun bewegen soll, den Streit zu verlassen, als auch den Apollo zu ihm kommen zu lassen, der Hektor wiederherstellen und neue Kräfte geben sollte, [3] und zugleich fügt er

---

nicht aufgemuntert habe, den Griechen beyzustehn, sondern dass dieser von selbst sich dazu entschlossen habe. Sie beschwört diess nicht nur bey der Erde, dem Himmel und dem Styx — dem grössten fürchterlichsten Eide der Götter — sondern auch bey dem heiligen Haupte des Zevs und dem bräutlichen Lager seiner und ihrer Jugend.

3 Wie der Dichter im Anfange des ersten Gesanges sagte:

— — — so ward der Wille Kronions erfüllet —

so unterrichtet er uns hier auf eine angenehme Art näher von der Hauptabsicht dieses Willens dadurch, dass Jupiter selbst die Hauptbegebenheiten, die noch vorfallen sollen, vorher verkündigt. Pope macht hiebey die Anmerkung, dass es in den ältesten Zeiten eine tief eingewurzelte Meinung war,

er hinzu, daſs die Griechen wieder nach ihren Schiffen zurückgetrieben werden, und ſelbſt auf dem Schiffe des Achilles ihre Zuflucht ſuchen ſollten: Achilles würde dann ſeine Waffen dem Patroklus geben, den aber, eben wie ſeinen Sohn Sarpedon, Hektor umbringen würde; daſs Achilles, über den Tod des Patroklus ergrimmt,

---

war, daſs das höchſte Weſen die Thaten der Menſchen nicht nur zum voraus wiſſe, ſondern auch beſtimme. Dieſe Meinung, ſagt er, iſt ſo allgemein bey den älteſten ſowohl heiligen als weltlichen Schriftſtellern, daſs ſie ein beſonderes Kennzeichen des höchſten Alterthums zu ſeyn ſcheint. Das Wort des Herrn ward erfüllt, iſt eine Hauptbemerkung in der Geſchichte des A. Teſtaments, und, Jupiters Wille ward vollbracht, eine allgemeine Sittenlehre in der Iliade. Wenn es ſchicklich iſt, in der Dichtkunſt eine ſo groſſe Lehre zu gebrauchen, ſo giebt es gewiſs kein beſſres Mittel, dieſe Lehre recht einleuchtend zu machen, als das, daſs Jupiter ſelbſt redend eingeführt wird, wie er den Ausgang der Dinge, die er beſchloſſen hat, zum voraus verkündigt. — Wie dem auch ſeyn mag, ſo iſt das ſicher, daſs Jupiters Wille vom Anfange des erſten Geſanges an bis zu Ende des letzten beſtändig vollkommen erfüllt wird, ſo, daſs keine Götter oder Göttinnen, ſo ſehr ſie auch ihn zu vereiteln trachten, vermögend ſind, ihn von ſeinem einmal gefaſsten Rathſchluſs abzulenken, oder ihn mislingen zu laſſen. Und daraus ſieht man deutlich, wie unſer Dichter über die Allmacht und Vorſehung des höchſten Weſens gedacht hat.

ergrimmt, Hektorn tödten würde, und dass er alsdann erst, wenn er dem der Thetis gethanen Versprechen, ihren Sohn in seiner Ehre herzustellen, Gnüge gethan hätte, mitwirken wolle, dass Troja von den Griechen eingenommen werde. Juno, um ihren Auftrag auszurichten, [4] geht zum Olymp, und wird da von Themis [5] mit einem Becher in der Hand empfangen.

---

4 Im zehnten Gesange (Anm. 2.) verglich der Dichter den Lauf der zweifelnden Gedanken in der mit Sorgen erfüllten Seele Agamemnons mit der Schnellheit der Blitze; hier vergleicht er die Geschwindigkeit, womit Juno zum hohen Olymp geht, mit der Schnellheit der Gedanken eines Mannes:

— — — — — der mancherley Lande
Hat durchwandelt, und des in seiner Brust sich entsinnet:
Hier bin ich gewesen, und dort: er denket an vieles.

Jenes von den hin und her kreutzenden Blitzen entlehnte Gleichniss schildert uns ausser der Geschwindigkeit auch die Zweifel, die Agamemnons Seele erfüllen; und das hier vorkommende zeigt uns, mit welcher scheinbaren Bereitwilligkeit und Eile Juno ihre Reise auf Jupiters Befehl vollbringt.

5 Cicero sagt irgendwo, dass die Gerechtigkeit alle übrigen Tugenden in sich schliesst. Und hier sieht man, welch eine Hochachtung der Dichter für die Göttin der Gerechtigkeit hegt, indem er sie an der Tafel der Götter den Vorsitz haben lässt, und sie für die würdigste hält, Juno, die Gemahlin des Zevs, nach Würden zu empfangen. Eine

pfangen. Themis fragt sie nach der Ursach ihrer Ankunft, und Juno, die unzufrieden scheint, fängt an [6] auf eine bedeckte Art über Jupiters gewaltthätiges Verfahren zu klagen, und

---

Lehre für die Menschen, diese Göttin insonderheit zu schätzen, und ihr in allen ihren Versammlungen den Vorsitz zu geben.

6 Da Juno in der Versammlung der Götter erschienen ist, deren Zorn sie sogleich erregt, so lächelt sie zwar mit den Lippen, doch heiterte nicht ihr Lächeln die Stirne über den Augenbraunen. — Und nun vollbringt sie Jupiters Auftrag, sagt aber den Göttern gleich anfangs, dass sie Thoren wären, wenn sie gegen Jupiter zürnten, weil er weder durch Bitten, noch Vorstellungen, noch Gewalt von seinem Entschluss, den Troern zu helfen, abzubringen sey. Sie räth ihnen also, ihm, der unter allen Göttern sich an Muth und Kräften so weit erhaben fühle, zu weichen, und alles Uebel zu dulden, das er jedem sende. Weil sie weiss, welchen Eindruck diess auf alle Götter und Göttinnen machen werde, so setzt sie zum Beweise, wie wenig Zevs aus den Göttern mache, hinzu:

Eben itzt geschah ein grosses Unglück dem Arās,
Denn es fiel in der Schlacht sein Liebling unter den Menschen,
Askalafos, von welchem er saget, dass er sein Sohn sey.

Aus dem ganzen Betragen der Juno sieht man, wie Homer alle Künste der Beredsamkeit genützt hat, um Juno als eine Frau im heftigsten Affekt darzustellen, die durch ihre Minen und Worte deutlich zeigt, dass, so sehr sie auch ihren Freunden Unterwerfung anpreist, dennoch ihr wahrer Zweck ist, sie gegen Jupiter zu erbittern.

und [7] nachdem sie sich niedergesetzt hat, macht sie den Zorn des Mars dadurch rege, daſs sie ihm den Tod seines Sohns Askalaphus berichtet, so daſs er wütend ins Lager gehn will; allein Minerva, die auch wegen der übrigen Götter mit Recht besorgt ist, hält weise ihn davon zurück, [8] weil Jupiter dadurch noch mehr würde

---

7 Mars wird durch Junos Bericht äusserst aufgebracht gegen Jupiter, er schwört, den Tod seines Sohnes zu rächen:

— — — — und träfen die Blitze Kronions
Mich, und streckten mich blutig und staubicht unter die Leichen.

Er befiehlt seinen Söhnen, Graun und Entsetzen, die Pferde anzuspannen, greift zur stralenden Rüstung, und macht sich zum Weggehn fertig.

8 Da Minerva das Vorhaben des Mars gewahr wird, steht sie von ihrem Sitze auf, geht eilend in den Vorsaal, reiſst dem Mars vom Haupte den Helm, den Schild von den Schultern, aus seinen starken Händen die eherne Lanze, und wirft ihm seine Raserey vor, wider Jupiters Willen streiten zu wollen, wodurch er nicht nur sich, sondern alle Götter und Göttinnen unglücklich machen würde:

Denn gleich würd' er die übermüthigen Troer verlassen,
Und die Griechen, gegen uns den Olümp zu durchstürmen,
Einen nach dem andern, auch wer nicht schuldig, ergreifend.
Drum entsage dem Zorn ob deines verwundeten Sohnes!
Mancher andre, stärker als er, im Streite geübter,
Fiel, und wird noch fallen; denn sieh' es wär' nicht möglich
Aller sterblichen Menschen Geschlecht vom Tode zu retten.

de aufgebracht seyn. Juno [9] richtet darauf ihren Auftrag beym Apollo aus, und läfst sogleich Iris zum Jupiter sich begeben, der auf der Spitze des Ida in einer duftenden Wolke eingehüllt sitzt. Zevs befiehlt ihr, zum Neptun zu gehn, und ihm mit allem Nachdruck anzusagen, dafs er das Gefecht verlassen und entweder zum Olymp oder zum Meer gehn solle, weil ihn sonst der mächtigere und ältere Zevs dazu zwingen würde. [10] Iris richtet ihren Auftrag aus, und Neptun gehorcht, [11] wiewohl

9 Da Homer sonst immer die Gewohnheit hat, wörtlich die Bothschaften von dem Einen zum Andern bringen zu lassen, so sagt Juno hingegen hier blos der Iris und dem Apollo, dafs sie beyde zum Jupiter kommen und thun müssen, was er ihnen befehlen wird, ohne der Iris zu sagen, dafs sie dem Neptun rathen soll, den Streit zu verlassen, oder dem Apollo zu melden, dafs er kommen müsse, um Hektor zu genesen. Beydes hatte ihr gleichwohl Jupiter nachdrücklich befohlen. Auch dieser Umstand schildert uns sehr natürlich, dafs Juno den Auftrag Jupiters sehr misvergnügt vollbringe.

10 Iris fliegt so eilend von Ida's Gebürge nach Ilion:

Wie wenn aus Gewölken der Schnee fällt, oder der kalte
Hagel, unter dem Stofs des lüftcheiternden Nordwinds.

11 Anfangs weigert Neptun, dem Jupiter zu gehorchen, und sagt:

Traun!

wohl mit äusserstem Unwillen. Apollo erhält darauf vom Zevs den Befehl, Hektor aufzusuchen,

---

Traun! so mächtig er ist, doch übermüthig gesprochen!
Also will er mich zwingen, und dennoch sind wir von gleicher
Würde! Denn drey Söhne gebahr dem Kronos die Reia:
Zeus Kronion, mich und Aidas den König der Schatten.
Dreyfach theilten wir alles, und gleiche Würde blieb Jedem.
Als wir warfen die Loose, bekam ich das Meer zu beherrschen;
Und Aidas, der König der Schatten, das nächtliche Dunkel;
Zeus Kronion den weiten Himmel, die Luft und die Wolken.
Allen blieb die Erde gemein und der hohe Olümpos.
Darum werd' ich nicht Kronion gehorchen; er mag nur
Ruhig, stark wie er ist, sein drittes Antheil beherrschen,
Muss, gleich einem schwachen, mir mit den Händen nicht dräuen!
Seine Töchter und Söhne, welch' er selber gezeugt hat,
Mag er gebietrisch beherrschen; sie müssen aus Zwang ihm gehorchen.

Nach dieser kühnen Rede fragt ihn Iris ganz einfach:

Dunkelgelokter Erdumgürter, diese harte
Rauhe Antwort soll ich überbringen Kronion?
Oder willst du sie ändern? Der Edlen Herzen sind lenksam!
Und du weisst's, die Erinnen begleiten die ältern Brüder.

Nun ändert Neptun sogleich seinen Entschluss, entschuldigt sich, und sagt:

Göttin Iris, du hast mit Weisheit solches gesprochen,
Und es ist gut, wenn Boten wissen, was sich geziemet.
Aber heftiger Schmerz hat meine Seele durchdrungen,
Dass er mich, den das Schicksal zu gleicher Würde bestimmt hat,
Dennoch schelten will mit zornerfülleten Worten.
Zwar nachgeben will ich jezt, so sehr ich auch zürne;

Aber

chen, und seine Kräfte zu stärken. Er [12] folgt bereitwillig, giebt sich dem Hektor zu erkennen und sagt ihm, dass ihn Zevs zu seinem Beystande abgeschickt habe. Hektor, von seinen Wunden genesen, und Apollo's Stimme erkennend, geht wiederum muthig zur Schlacht. So bald die Griechen ihn wieder zum Vorschein kommen sehn, [13] erschrecken sie; doch der beredte

---

Aber ich sage dir eins, im dräuenden Herzen beschlossen:
Wenn er gegen meinen Willen und Pallas Athānās,
Hārās, Hermās und des Küklopenkönigs Hāfaistos,
Hat beschlossen, zu schonen der hohen Ilion, nicht sie
Zu zerstöhren, und völligen Sieg den Argeiern zu geben;
Siehe, so wisse Kronion, wir werden auf ewig ihm zürnen!

Hierauf verläfst er die Griechen und begiebt sich ins Meer, seine Wohnung. — Man sieht in diesem Betragen des Neptun das Bild solcher Menschen entworfen, die mit ältern und mächtigern Leuten in heftigen Streit gerathen, erst alles zu ihrer Vertheidigung dreist vorbringen, aber bald nachher, wenn sie ihre Drohungen vorgebracht und dadurch ihrer Ehrsucht einigermassen Gnüge gethan haben, aus innerer Ueberzeugung von ihrer Pflicht nachgeben, und sich dem Willen des ältern und mächtigern unterwerfen.

12 Die Eile, womit Apollo den Berg Ida verläfst, war gleich dem Fluge eines schnellen, taubenmordenden Falken, welcher vor allem Gevögel der schnellste ist.

13 Der Dichter vergleicht erst das muthige Ansehn des sich

beredte Thoas, der Sohn des Andraemon, räth ihnen, daſs die Menge zu den Schiffen zurückkehre, und da Jupiter den Hektor wiederhergeſtellt hätte, nur die Vornehmſten Stand halten ſollten. Dieſs geſchieht. Hektor, Apollo's Fuſsſtapfen folgend, [14] fällt mit den Seinen die

---

ſich wieder aufrichtenden Hektors mit dem Anblick eines Pferdes, das lange an ſeiner Krippe geruht hat:

Seine Bande zerreiſst und ſtampfend die Fluren durcheilet,
Zum gewohnten Bade des lauterwallenden Stromes,

u. ſ. f. Man ſehe die 15te Anm. zum ſechſten Geſange. — Und dann ſchildert er uns den Schrecken und die Verwirrung, die unter den Griechen durch Hektors Ankunft entſtehn, vortreflich ſo:

— — gleich wie rüſtige Jäger und Hunde verfolgen
Einen Hirſch mit ſtolzem Geweihe, oder die Gemſe,
Die ein hoher Fels und dichtumſchattender Dickicht
Schützet, denn es wollte ſie noch das Schickſal erhalten;
Durch das Jagdgeſchrey erregt, erſcheinet ein grimmer
Löw', und plötzlich fliehn, ſo hitzig waren die Jäger:
Alſo hatten bisher die Danaer immer verfolget,
Haufenweiſe, treffend mit Schwertern und ſcharfen Lanzen;
Aber als ſie den reihenermahnenden Helden erblickten,
Da erſchracken ſie, allen fiel der Muth vor die Füſſe.

14 Nachdem Thoas die vornehmſten Griechen aufgemuntert hat, mit ihren aufgehabnen Speeren dem Hektor und den Seinigen Widerſtand zu bieten, ſo beſchreibt uns der Dichter Hektors Angrif ſo:

die

die [15] ersten Führer der Griechen an, die gezwungen

— — — — — — die Fürsten gehorchten.
Idomeneus der König, und Ajas der Telamonide,
Teukros, Märionäs und Megäs, ähnlich dem Kriegsgott,
Reihen die Schlacht, und rufen zusammen die edelsten Kämpfer,
Gegen die Schaaren der Troer und Hektor; aber von hinten
Geht die Menge des Heers zurück zu den Schiffen der Griechen.
Häufig stürzen die Troer heran, es führet sie Hektor,
Mächtig schreitend; vor ihm her geht Foibos Apollon.
Eingehüllt in Wolken, hielt er die schreckende Aigis;
Ehern, unaufhaltsam und fürchterlich war sie, Häfaistos
Hatte sie Zeus Kronion gegeben zum Schrecken der Menschen;
Diese hielt Apollon, und führte die Völker ins Treffen.
Dichtgereiht erwarten den Feind die Griechen: ein helles
Feldgeschrey erscholl von beyden Heeren, es sprangen
Von den Sehnen die Pfeil', und von den Fäusten der Kühnen
Folgen gegen die Körper der blühenden Krieger die Speere;
Einige fielen zuvor auf die Erd' und bebten im Boden,
Eh' sie die schönen Körper erreichten, nach Wunden noch dürstend.

Die zwo letzten Zeilen gehören zu den dichtrischen Zügen, womit man allem Geist und Leben giebt, wie ich mit einem einzelnen Worte in der Vorrede, und auch in der 25sten Anm. zum elften Gesange bemerkt habe.

15 Das Wunderbare bey diesem Gefecht ist zugleich, dass, so lange Apollo seinen Schild unbeweglich in seiner Hand hält, von beyden Seiten die Pfeile trafen und viele blieben; hingegen

Als der Gott ihn gegen der rossberühmten Achaier
Antlitz schüttelte, laut aufschreyend mit schrecklicher Stimme;
Da entsank den Griechen der Muth, die Stärke verliess sie.

zwungen sind, [16] die Flucht zu nehmen, und deren [17] viele umgebracht werden. [18] Hektor befiehlt

---

16 Den starken Anfall und die Verfolgung, wodurch Apollo und Hektor die Griechen ängstigen, erläutert der Dichter durch diess Bild:

So wie eine Heerde von Rindern oder von Schafen
Auseinander treiben zwey reissende Thiere, die plötzlich
Kommen in nächtlicher Stunde, wenn nicht der Hirte dabey ist;
Also flüchteten nun die Achaier, Foibos Apollon
Schreckte sie, Hektorn und den Troern Ehre verleihend.

17 Stichius und Arkesilaus werden vom Hektor, Medon und Jasus vom Aeneas, Mekisteus vom Polydamas, Echius vom Polites, Klonius vom Agenor, und Deiochus vom Paris getödtet. Von den meisten bemerkt der Dichter wieder einige kleine Umstände, z. B. vom Stichius, dass er den Befehl über die Boeotier führte, vom Arkesilaus, dass er der treue Genosse des tapfern Menestheus war, vom Jasus, dass er ein Führer der Athener war, und man ihn für einen Sohn des Sphelus hielt, und vom Medon erzählt er eben das, was ich schon im dreyzehnten Gesange von ihm angeführt habe.

18 Nachdem der Dichter gesagt hat, dass Hektor die Troer aufmunterte, die Schiffe der Griechen zu überrumpeln, und noch keine Beute zu machen, so lässt er darauf unmittelbar die Worte Hektors folgen:

Welchen ich anderwärts von den Schiffen sich fernend erblicke,
Siehe den verdamm' ich zum Tode; Brüder und Schwestern
Sollen ihm nicht die Ehre des Scheiterhaufens gewähren;
Hunde sollen vor unsern Mauern die Leiche zerreissen.

Lon-

befiehlt den Troern, alle Beute fahren zu lassen, und die Schiffe anzugreifen, während Apollo [19] mit leichter Mühe den Wall und die Mauern umwirft, welche die Griechen gemacht hatten. Diese heben itzt ihre Hände zum

Longin nennt diess vortreflich, weil der Dichter mitten in der Erzählung abbricht, und den, von welchem er erzählt, selbst redend einführt. Diese Drohung Hektors zeigt eben daher, weil der Dichter von dieser Personveränderung uns nichts vorher sagt, nicht nur eine besondre Schnellheit und Eilfertigkeit an, sondern ist auch viel wichtiger und kräftiger, als wenn vorher noch hinzugefügt wäre: Hektor entbrannte von Zorn, und sprach also; oder etwas ähnliches, was die Vorstellung nur würde geschwächt haben; da hingegen nun der Dichter durch diesen plötzlichen und unerwarteten Uebergang den Eifer, mit welchem Hektor ficht, auf die nachdrücklichste Art uns fühlen lässt. Dergleichen glücklich angebrachte Züge lernt man nicht aus Regeln, sondern ein in den Schriften der Alten geübter Dichter, kommt zur rechten Zeit und an der rechten Stelle von selbst darauf.

19 Apollo warf die mit vieler Mühe von den Griechen aufgeworfnen Wälle und Mauern so leicht um:

— — — gleich einem Knaben am Strande des Meeres,
Der, nachdem er kindische Spiel' im Sande getrieben,
Sonder Müh' die Häuflein zerstört mit Händen und Füssen.

Eine Vergleichung, die durch Simplicität und Natur jeden Leser einnehmen muss.

zum Himmel, und bitten die Götter um Beystand; insonderheit thut [20] Nestor diess. Die Troer, welche glauben, Zevs zeige durch seinen Donner, dass er das Gebet der Griechen nicht erhören wolle, verfolgen diese mit so

---

20 Es ist eine alte und sehr allgemein angenommene Vorstellung, dass die Götter durch Geschenke der Menschen geehrt und angebetet seyn wollten, und dass diese gottesdienstlichen Handlungen den Menschen einigen Anspruch auf die Gunst, Wohlthaten und Hülfe der Götter verschaften. Wenigstens findet man beym Homer allenthalben Beweise davon. So betet unter andern der Priester Chryses im Anfange des ersten Gesanges, da er am Ufer des lautaufbrausenden Meeres ungetröstet zurückgeht zum Apollo:

Smintheus! wenn ich dir je mit Blumen dein Heiligthum schmückte,
Je das Fett der Stier' und Ziegen auf deinem Altare
Dir zur Ehre verbrannt; so höre mich, diese Thränen
Lass mit deinen Pfeilen, o Foibos! die Danaer büssen!

Und eben so betet hier Nestor zum Jupiter:

Vater Zeus, wofern du ja der flehenden Einem
In dem weitzenbringenden Argos, beym Opfer des feisten
Schafes oder des Rinds, hast glückliche Heimkehr verheissen;
So gedenk, Olümpier, des, und ferne den bösen
Untergang; lass nicht die Achaier den Troern erliegen!

Und fast auf allen Seiten unsers Dichters kommen Gebete vor, die sich auf die Zusage dieser Art der Verehrung, und auf

ſo viel gröſſerm Zutraun und [21] erſteigen die Mauern. — So lange die Griechen und Troer noch von den Schiffen entfernt um die aufgeworfnen Wälle und Mauern fochten, war Patroklus im Zelt beym Eurypylus [22] geblieben, um deſſen Wunden zu verpflegen; doch itzt, da er ſieht, daſs die Troer bereits die Mauern erſteigen, iſt er gezwungen, ſeinen Freund zu verlaſſen, und die Sorge für ihn deſſen Gefährten anzuvertraun. Eilends begiebt er ſich zum Achilles, um ihn zum Gefecht zu bewegen. Obgleich die Griechen die Troer von ihren Schiffen nicht abwehren können, ſo bieten ſie ihnen dennoch muthigen Widerſtand, wodurch

---

auf die künftige Vollbringung dieſer religiöſen Pflichten ganz und gar gründen.

21 Die Trojaner erſteigen die Mauern der Griechen ſo gewaltig:

Wie die groſſe Woge des ungeheuren Meeres
Ueber die Bretter des Schiffes ſteigt, von heftigem Sturme
Angetrieben — — —

22 Man ſehe das Ende des elften Geſanges. Auch hieraus ſieht man, wie äuſſerſt genau Homer alle die mannigfaltigen Erzählungen zu Einem Ganzen verbindet.

durch [23] ein heftiges Gefecht entsteht, in welchem Ajax den Kaletor, Sohn des Klytius, der Feuer in die Schiffe wirft, niedermacht. Hektor sucht vergebens den Ajax zu treffen, nimmt aber dessen Gefährten dem Lykophron, Sohn des Mastors, das Leben. Hierauf ruft Ajax seinen Bruder Teucer zu Hülfe, der den [24] Klitus, Sohn des Pisenor, und Gefährten des Poly-

---

23 Diess Gefecht war von beyden Seiten so gleich:

— — Wie die Schnur in weisen Zimmermanns Händen,
Welchen seine Kunst Athäna selber gelehrt hat,
Einen Balken ebnet, der zum Schiffbau bestimmt wird.

Alles, worauf die Gedanken unsers Dichters geriethen, ward unter seinen Händen ein schicklicher Gegenstand, um seine Gleichnisse und Bilder davon zu entlehnen. So z. B. wenn Ulyss (Odyss. VI, 223 fgg.) nach seinem Schifbruch mit Hülfe der Nausikaa und ihrer Mägde vom Seesalz und Schaum sich gereinigt hat, und nun in voller Schönheit hervortritt, so bedient sich der Dichter dabey dieses Bildes:

Also umgiesst ein Mann mit feinem Golde das Silber,
Welchen Haifaistos selbst und Pallas Athänä die Weisheit
Vieler Künste gelehrt und bildet reizende Werke:
Also umgoss die Göttin ihm Haupt und Schultern mit Anmuth.

24 Dieser Klitus war vom Teucer von hinten in den Nacken getroffen, da er eben seine Pferde gegen den Lärm des hitzigsten Streites führte:

Polydamas tödtet; doch, da er seinen Pfeil auf Hektor werfen will, wird er vom Jupiter daran verhindert. Teucer beklagt sich darüber beym Ajax, und dieser räth ihm, den Bogen zu lassen, und mit dem Speer zu fechten. Hektor erkennt aus dem Unfall, der dem Teucer begegnet ist, dass Jupiter den Troern Beystand biete, [25] und ermahnt sie, tapfer zu fechten. Ajax thut dasselbe bey den Seinen mit vielem Nachdruck, und nun fallen von beyden Seiten

— er stürzte vom Wagen; es wichen rückwärts die Rosse,
Ihren leeren rasselnden Wagen schüttelnd. Der König
Polüdamas sah's, und ging den Rossen entgegen,
Uebergab sie Astünoos, dem Protiaonen,
Und ermahnt' ihn sehr, bey ihm mit dem Wagen zu bleiben.

Diese Abwechselung und Verschiedenheit findet man überall im Homer, insonderheit in den Beschreibungen der Gefechte, und ich halte es für nothwendig, diess wiederholt zu bemerken.

25 Hektor ermuntert unter andern die Seinigen aus diesem Grunde:

Streitet dichtgedrängt bey den Schiffen! Welcher der Euren,
Fernher oder vom nahen getroffen, sein Schicksal erfüllet,
Solcher sterb'! Es wird ihm nicht zur Schande gereichen,
In des Vaterlands Sache für Weib und Kinder zu streiten;
Dass sein Haus und väterlich Erbtheil den Kindern verbleibe,
Wenn einst die Achaier zurück ins Vaterland ziehen.

ten [26] viele. [27] Dolops wird vom Menelaus getödtet; und Melanippus, der Sohn des Hiketaon, den Hektor ermahnt, nicht zuzulassen, daſs sich die Griechen der Waffen des Dolops bemächtigen, verliert durch den Antilochus, den

---

26 Hektor nimmt dem Schedius, dem Sohn des Perimedes, das Leben, Ajax dem Laodamas, dem Sohn des Antenor, Polydamas dem Otus von Cyllene. Meges greift den Polydamas, den Sohn des Panthous an, und treibt seine Lanze durch das Herz des Kroiſmus. Durch den Umſtand, daſs der Dichter bald die Väter, bald die Länder nennt, wo seine umgebrachten Helden erzogen sind, giebt er, wie ich schon sonst bemerkt habe, seinen Erzählungen ungemeine Wahrscheinlichkeit.

27 Dolops, der Sohn des Lampus, und Enkel des Laomedon, ein tapfrer Held, trieb seinen Speer mitten durch den Schild des Meges, Sohns des Phyleus hin. Allein:

— — — — — es schützte der dichte
Panzer den Griechen. Füleus, sein Vater, hatte den Panzer
Aus Efürä hergebracht, vom Strome Selläeis;
Eufätäs gab ihn zum Gaſtgeschenke, der König,
Daſs er im Krieg' ihn trüge zur Schutzwehr gegen die Feinde.
Siehe nun schützt er gegen den Tod den Körper des Sohnes.
Megäs traf mit scharfer Lanze die oberſte Wölbung
An des Dolops roſsbeſchweiftem ehernen Helme;
In den Staub hin ſtürzte der purpurschimmernde Helmbusch.

Diese Erzählung zeigt, wie viel dazu erforderlich war, den tapfern Dolops zu überwinden, und ihm das Leben zu nehmen.

den Menelaus dazu anreitzt, das Leben. [28] Antilochus, der die Waffen des Melanippus zu bekommen sucht, ist gezwungen, [29] vor Hektors Wuth zu fliehn. Die Troer fallen mit aller Gewalt die Schiffe an, indem Zevs blos wollte, daſs Feuer in die Schiffe der Griechen geworfen würde, und dann wieder den Griechen Beystand leisten wollte. [30] Hektor, auf diese

---

28 Antilochus fällt den verwundeten Melanippus, um ihm seine Waffen zu nehmen, mit Hitze an:

— — — — wie ein Hund auf der Hindin
Zartes Kind, das eben ein Jäger, da es dem Lager
Bang' entsprang, getroffen, und auf die Erde gestreckt hat.

29 Da Antilochus den tapfern Hektor auf sich zueilen sieht, weicht er eilig zurück:

— — — — dem reissenden Thiere
Aehnlich, welches den Hund der Heerde oder den Hirten
Hat getödtet, und flieht, eh' sich die Männer versammeln.

30 Jupiter, dem Hektors naher Tod bekannt ist, läſst diesen Helden in den letzten Augenblicken seines Lebens mit dem gröſten Glanz unter den fechtenden Helden erscheinen:

Gleich dem lanzenschwingenden Ares wütete dieser,
Oder wie ein loderndes Feuer das Waldthal durchwütet.
Seine Lippen schäumten, und Feuer sprühten die Augen
Unter den zürnenden Augenbraunen; es flatterte schrecklich
Hin und her um des kämpfenden Schläfe der wallende Helmbusch.

diese Weise vom Jupiter unterstützt, zeichnet durch seinen Muth sich aus, [31] sucht durch die Schaaren der Griechen zu dringen, und nimmt dem Sohn des Kopreus, den vormals Eurystheus zum Herkules gesandt hatte, das Leben. Nestor

---

[31] Um die Hitze und den Muth Hektors zu beschreiben, womit er in die Reihen der Feinde zu dringen sucht, drückt sich der Dichter so aus:

Nun versucht' er zu durchbrechen die Reihen der Männer,
Wo er die dichtesten Haufen sah und die stärksten Waffen.
Aber das vermocht' er nicht, so hitzig er angriff.
In gevierter Ordnung standen sie, ähnlich dem hohen
Grossen Felsen an dem Gestade des grauen Meeres,
Welcher den rauschenden Flug der schnellen Winde bestehet,
Und die gethürmten Wogen, die gegen ihn auf sich wälzen:
So bestanden, ohne zu weichen, die Griechen den Angriff.
Aber strahlend rund umher, sprang in die Geschwader
Hektor hinein: wie die Wog' in das schnelle Schiff sich stürzet,
Wenn sie, von Wolken und Stürmen genähret, reissend daherbraust;
Schaum bedeckt das ganze Schiff, der heftige Windstoß
Rauschet im Segel, als klopfet das Herz der zagenden Schiffer,
Denn ganz nahe schweben sie schon dem Untergange:
Also klopfte nun das Herz in der Brust der Achaier.

Auf eine lebhaftere Art konnte der Dichter den Schrecken und die Gefahr nicht schildern, die der Troische Held über die Griechen bringt. Doch, um Hektors unbezwinglichen Muth noch mehr zu schildern, setzt er noch diess Gleichniss hinzu:

Neſtor [32] ermuntert die Griechen zur Tapferkeit; Minerva nimmt den Nebel von ihren Augen, ſo daſs [33] Ajax über das Verdeck der Schiffe wandelt, haltend in ſeiner Rechte einen zwey

---

— — wie ein grimmiger Löw' auf Rinder ſich ſtürzet,
Welche zahllos weiden in groſſen gewäſſerten Auen,
Unter ihnen wandelt ein Hirte; noch unerfahren,
Krummgehörnter Rinder wegen mit Löwen zu kämpfen,
Geht er bald bey den vorderſten, bald bey den hinterſten; aber
Eines der mittelſten haſcht und zerfleiſchet der Löwe, die andern
Fliehen erſchrocken; ſo flohn vor Hektor und Zeus Kronion
Alle Danaer. — —

32 Schön und nachdrücklich iſt Neſtors Ermuntrung an ſeine Leute:

O ihr Lieben, ſeyd Männer, gedenkt des guten Gerüchtes
Unter den Menſchen! es müſſe ſich auch ein jeder erinnern
Seiner Kinder und Weiber und Güter und ſeiner Eltern,
Derer, welche noch leben, und derer, welche ſchon todt ſind!
Auch bey dieſen beſchwör' ich euch, die ferne von euch ſind,
Tapfer den Feind zu beſtehn, und nicht die Flucht zu ergreifen.

33 Ajax fliegt von einem Schiffe auf das andre:

Wie ein Mann in jeglicher Kunſt des Reitens erfahren,
Sich aus einer groſſen Zahl vier Roſſe erkieſet,
Aus dem Felde zur Stadt ſie treibet über den Heerweg
Zwiſchen bewundernden Reihen von Männern und Weibern; denn ſicher
Springt er von einem aufs andre, ſie aber fliegen indeſſen.

zwey und zwanzig Ellen langen Schifsspeer, während [34] Hektor, vom Zevs aufgemuntert, nicht weniger tapfer sich zeigt. Die Griechen glauben kaum dem Verderben zu entrinnen, da der Troer Muth beständig wächst. Endlich greift Hektor den Hintertheil des Schiffs des Protesilaus an, und [35] ruft, unter einem blutigen Gefecht, den Seinen zu, itzt von Jupiters Gunst Gebrauch zu machen, und Feuer zu bringen. Ajax sieht sich zwar von der Menge der Pfeile der Troer gezwungen, ein wenig zurückzuweichen, doch [36] hält er noch immer die

34 Hektor, von Jupiters mächtiger Rechte vorwärts getrieben, fiel die Schiffe der Griechen an:

Wie ein glänzender Adler sich auf befiederter Vögel
Schaaren stürzet, indem sie weiden am Ufer des Stromes,
Gänse, Kraniche, Schwäne mit langgebogenen Hälsen.

35 Bringet Feuer, und bestürmt in dichten Schaaren die Griechen!
Zeus giebt diesen Tag, der alles wieder ersetzet,
Was wir verloren! Wir nehmen die Schiffe, die gegen der Götter
Willen kamen, und durch die Feigheit der Greise Verderben
Auf uns brachten! Sie hielten mich ab, so sehr ich es wünschte,
Bey den Schiffen der Griechen zu streiten und wehrten dem Heere:
Aber so der donnernde Zeus uns damals bethörte,
O so treibet er nun uns an, gebeut uns zu kämpfen.

36 Unter andern bedient er sich dieser Ermahnung:

die Troer ab, welche Feuer bringen, um es in die Schiffe zu werfen.

O ihr theuren Achaier, geweihte Streiter des Arȧs,
Seyd nun Männer, ihr Theuren, gedenket der stürmenden Feldschlacht:
Oder meynt ihr, es werden von hinten Helfer euch kommen?
Glaubt ihr, hinter euch erheben sich schützende Mauern?
Keine Stadt, bewehrt mit Thürmen, ist in der Nähe,
Welche, die Reihen des Heers verstärkend, helfen uns könnte;
Sondern wir stehn im Felde der starkgewafneten Troer,
Durch das Meer gedrängt, und von der Heimat entfernet,
Unser Heil ist im Arm und nicht im weichlichen Flechten.

Inhalt

Inhalt des sechszehnten Gesanges.

Während die Troer so heftig fechten, um die Schiffe der Griechen in Brand zu stecken, [1] fleht Patroklus vor dem Achilles weinend.

Achilles

Erläuterungen zum sechszehnten Gesange.

1 Der Anfang dieses Gesanges gehört, nach Popens Urtheil, zu den vorzüglichsten Stellen der Iliade. „In den „Gesprächen der zwey Helden, Patroklus und Achilles,“ sagt er, „hat der Dichter die Gemüthsart eines jeden ganz „vortreflich in Acht genommen; kein Theil ihrer Rede ist „da, worin man nicht die stärksten Kennzeichen nicht nur „von ihrer Gemüthsart, sondern auch von ihren besondern „Empfindungen unter den gegenwärtigen Umständen antrift. „Wir sehn den Patroklus voll vom innigsten Mitleid über den „unglücklichen Zustand der Griechen, die von den Troern „auf ihre Schiffe zu fliehn gezwungen sind, und diese stehn „in naher Gefahr, angezündet zu werden. Der innigst „betrübte Held wirft sich vor dem Achilles nieder, und „weint zu seinen Füssen. Achilles, von der innigen Betrüb„niss seines Freundes gerührt, fragt ihn um die Ursach. „Patroklus zeigt nach den Schiffen hin, auf welchen die „feindliche Flamme sich bereits zu zeigen anfängt, und setzt „hinzu, dass, wenn Achilles durch einen solchen Anblick „nicht gerührt würde, und die Schiffe seiner Freunde und

„Lands-

Achilles fragt nach der Ursache seines Weinens.

„Landsleute mit kaltem Blute könnte verbrennen sehn, so „müsse er ein Herz, härter als Stein, und unerbittlicher als „die See haben, die er vor Augen hatte.“ — Auch, was ferner bey Pope folgt, verdient nachgelesen zu werden. Nur kann ich es hier nicht anführen, da ich noch einige besondre Anmerkungen für unsre heutigen Dichter zu machen habe, von deren Wahrheit ich sie eben so sehr zu überzeugen wünschte, wie ich selbst davon überzeugt bin. — Im elften Gesange sahn wir, mit welcher Treuherzigkeit Patroklus seinen verwundeten Freund Eurypylus in sein Zelt brachte, und mit heilsamen Arzneyen erquickte. Im vorhergehenden erzählte uns der Dichter von ihm, wie ihn der gefährliche Zustand der Griechen zwang, seinen Freund zu verlassen und ihn der Sorge seines Gefährten anzuvertraun. Itzt sehn wir ihn vor Achilles stehn, voll Mitleid über das elende Schicksal seiner Freunde, und er sieht kein ander Mittel, diess zu verändern, als wenn er den Achilles zum Gefecht ermuntert. Bey dieser Unternehmung, die dem braven Patroklus um des Griechischen Volkes willen so unendlich wichtig ist, übermannt ihn die Betrübniss, und, statt den Achilles durch viele Worte und Gründe aufzumuntern, fliessen ihm die heissen und edeln Thränen von den Wangen herab. Der Held, sagt der Dichter, vergoss heisse Thränen:

— — — — ähnlich der schwärzlichen Quelle,
Die vom hohen Felsen ihr dunkles Wasser herabgiesst.

Eben, wie sich unser Dichter im Anfange des elften Gesanges ausdrückt; wo ich schon bemerkt habe, dass es für Helden keinesweges unschicklich ist, zu weinen. Doch der harte und unerbittliche Achill scheint diess hier an seinem Freunde aufs stärkste zu tadeln, indem er zu ihm sagt;

Warum

nens. Patroklus hält ihm den traurigen Zustand der

Warum weinst du, Patroklos? Einem kleinen Mägdlein
Gleich, das hinter der Mutter läuft, beym Gewande sie zupfet,
Flehet, sie auf die Arme zu nehmen, die eilende aufhält,
Und mit Thränen emporblickt, bis die Mutter sie aufnimmt;
Einer solchen gleich, Patroklos, vergiessest du Thränen!
Bringst du Botschaft den Mürmidonen, oder mir selber?
Hast du traurige Zeitung allein auf Ftia vernommen?
Sagen doch alle, Menoitios lebe, der Sohn des Aktor,
Und es lebe Päleus unter den Mürmidonen,
Deren beyder Tod uns heftig würde betrüben.
Oder jammerst du wegen der Griechen, die bey den hohlen
Schiffen, ob des eignen Frevels, werden ermordet?
Sprich, verhalte mir nichts, damit wir beyde es wissen!

Diese ganze Anrede des Achilles an Patroklus ist sehr einfach, aber zugleich voll von Gefühl, wie jeder nur einigermaassen geübte Leser von selbst erkennt. Insonderheit ist die Vergleichung des weinenden Patroklus mit einem weinenden Kinde, das ermüdet hinter der Mutter her läuft und auf ihren Armen zu ruhn wünscht, sehr schön; denn sie stellt uns nicht nur die aufrichtige Neigung des Patroklus für Achill, sondern auch seine treue Ergebenheit an ihn, und sein starkes Streben, seinen Freund auf einen andern Entschluss zu bringen, auf die lebhafteste Weise dar. Unsre heutigen Dichter können wieder daraus lernen, durch kleine, aus dem gemeinen Leben hergenommene Vorfälle ihre Vorstellungen lebhaft zu machen, und unter ihnen interessante Wahrheiten vorzutragen. Denn Achilles zeigt selbst in diesem Verweise, den er dem Patroklus giebt, sehr deutlich, dass sein Freund unermüdet beeifert ist, ihn zur Veränderung seines Entschlusses und zur Erhaltung der Griechen in die Waffen zu bringen.

der Griechen und zugleich ᵉ seine Hartnäckigkeit vor, nicht fechten zu wollen, und bittet ihn zugleich, ihm seine Leute und Waffen zu geben, wodurch er vielleicht die Troer, in der Meinung, er sey Achilles, von den Schiffen nach Troia zurücktreiben würde. Achilles, der sich vorgenommen hatte, nicht eher zu fechten, als bis der Feind seinen Schiffen sich genähert hätte, willigt in Patroklus Gesuch; doch

---

ᵉ In diesem Verweise zeigt Patroklus erst den unglücklichen Zustand der Griechen, indem ihre vornehmsten Befehlshaber, Diomedes, Ulysses, Agamemnon und Eurypylus in ihren Schiffen unter den Händen der Aerzte verwundet lägen, die alle Mühe anwandten, sie zu genesen; dann fragt er den Achilles, warum er so unerbittlich sey, und setzt hinzu:

Nimmer soll ein Zorn, wie der deinige, mich ergreifen!
Fürchterlicher! Wer wird deiner Hülfe sich freuen,
So du nicht von den Griechen den schrecklichen Untergang abwehrst?
Unbarmherziger! Päleus der Held, ist nicht dein Vater,
Deine Mutter ist Thetis nicht! Dich haben mit blauen
Wogen steile Felsen erzeugt, des bist du so grausam!
So du eine Weissagung scheuest in deinem Herzen,
Und dich, dass du nicht gehest, Zeus durch die Mutter gewarnt hat;
O so sende zum wenigsten mich; die Mürmidonen
Müssen mir folgen, so kann ich ein Heil den Danaern werden.
Gieb mir deine Waffen zugleich auf den Schultern zu tragen,
Ob vielleicht für dich alsdann die Troer mich halten,

Und

doch ermahnt er ihn zugleich, daſs, wenn er mit den blinkenden Waffen die Troer zum Fliehn gebracht hätte, er ſie nicht als Sieger bis an die Stadt verfolgen müſste; denn es ſey nicht gut, daſs er ohne ihn fechte, weil vielleicht Einer von den Göttern ſich ihm widerſetzen könnte. Er ſollte alſo, wenn er die Griechen befreyt hätte, wieder zurückkehren.
[3] Ajax, der indeſſen unter der Menge der auf ihn

Und uns weichen; es athmen die müden Söhne der Griechen
Dann, die kleinſte Erholung iſt ſchon ein Labſal im Kriege.
Siehe wir friſche können leicht die ermüdeten Feinde
Treiben in die Stadt, von den Schiffen und Zelten der Griechen.

Und zuletzt ſetzt der Dichter kurz hinzu, daſs Patroklus thörigt handelte, indem er ſich ſelbſt ſein eignes Unglück und den Tod erflehte, womit er das nahe Lebensende des Patroklus ſeinem Leſer auf eine treffende Art ſchon zum voraus bekannt macht.

3 Am Ende des vorigen Geſanges war Ajax von den Troern bereits ſo in die Enge getrieben, daſs er dem Tode zu entgehn nicht glaubte. Itzt ſagt der Dichter von ihm:

Ajas hielt nicht Stand, er ward von Pfeilen gedränget;
Ihn bezwangen der Wille Zeus, und die muthigen Troer
Mit Geſchoſs, es ſcholl der ſtralende Helm um die Schläfe
Fürchterlich von geworfnen Speeren und Pfeilen, denn immer
Folgen ſie auf das gewölbte Erz; auch ſank ihm die Rechte
Unter der Wucht des Schildes: ſie konnten dennoch von dannen
Ihn

ihn abgeschossenen Pfeile beynahe erliegt, und dem die Spitze seiner Lanze von Hektors Schwerd abgehauen wird, erkennt das Werk der Götter und weicht zurück. Hierauf werfen die Troer das allesverzehrende Feuer in die Griechischen Schiffe. Diess veranlasst den Achilles, den Patroklus sich eilends 4 bewafnen zu

Ihn nicht treiben, so sehr sie auch mit Pfeilen ihn drängten.
Aber tiefauf keichet' er, und überall von den Gliedern
Floss ihm vieler Schweiss, er konnte nicht frey aufathmen,
Ihn umdrängten von allen Seiten verfolgende Uebel.

Ennius, Virgil und andre Dichter haben diese Stelle nachgeahmt, aber sie haben nicht, wie es mir vorkommt, mit der Kraft, die wir im Original antreffen, den ängstlichen und hofnungslosen Zustand ausgedrückt, worin sich der tapfre Befehlshaber befand, und welcher den grösten Held zur Verzweiflung bringen konnte.

4 Patroklus nahm die ehernen Stiefel, den prächtigen Harnisch, den Degen, Schild und Helm nebst zwo gewaltigen Lanzen des Achilles, um sich damit auszurüsten:

Nur den einen Speer des treflichen Aiakiden
Nahm er nicht; schwer war er und gross und mächtig, der Griechen
Konnt' ihn keiner, Achilleus allein vermocht' ihn zu schwingen.
Dieser Eichbaum war auf Pälions Gipfel gewachsen,
Cheiron hatte ihn Achilleus Vater gegeben,
Dass er schrecken sollte die Reihen gewafneter Krieger.

Mit dem einzigen letzten Zuge schildert uns der Dichter Achilleus Geschicklichkeit und ausnehmende Kräfte sehr glücklich.

zu [5] lassen, er [6] bringt selbst seine Leute zusammen, und [7] bey dieser Gelegenheit wird die

---

5 Nachdem sich Patroklus bewafnet hat, so spannt Automedon sogleich die schnellen unsterblichen Pferde, Xanthus und Balius, vor, welche die Harpye Podargä dem Zephyr gebar, nebst dem Pedasus, welchen Achilles bey der Einnahme der Stadt Aetion mitgenommen hatte. Es ist bekannt, daſs spätre Schriftsteller, Varro, Columella, Virgil, Plinius und Laktanz einmüthig bezeugen, daſs die Pferde, insonderheit in Spanien, vom Westwinde geschwängert werden können, wiewohl Justin glaubt, daſs diese Meinung ihren Ursprung allein der Fruchtbarkeit des Landstriches im Hervorbringen schöner und schneller Pferde zu danken habe. Indeſs sieht man aus dieser Stelle, daſs diese Idee schon zu Homers Zeiten statt gefunden hat.

6 Diese muthigen Schaaren zogen einher, gleich

— — reiſsenden Thieren von ungeheurer Stärke,
Welche einen ermordeten Hirsch auf Bergen zerfleischen;
Allen triefet rothes Blut die Mäuler herunter,
Haufenweise gehn sie zusammen, daſs sie der Quelle
Mögen schwärzliches Wasser mit ihren dünnen Zungen
Obenhin entschöpfen; es stürzet Blut aus den Rachen,
Unerschrocken schlägt ihr Herz im gedehnten Bauche.

Der Dichter schildert uns unter diesem Bilde die Wuth, Raubsucht und Gewalt sehr treffend, womit die Myrmidonen, des Achilles Gefährten, die wider ihren Willen so lange hatten ruhen müssen, itzt unter Patroklus Anführung die Troer anfallen wollen.

7 Achilles hatte funfzig Schiffe, jedes mit funfzig Mann, nach Troja geführt, und fünf Hauptmänner über sie gesetzt, die

die Zahl der Schiffe mit ihren einzelnen Befehlshabern, die alle unter dem Achill standen, angeführt. Sein Volk, von ihm aufgemuntert,
8 rückt in geschlossenen Gliedern vor. Er selbst nimmt einen Becher, den ihm seine Mutter Thetis mit andern Gütern, sorgfältig in einen Kasten geschlossen, mitgegeben hatte, reinigt ihn

---

die alle unter seinem Befehl standen. Der eine dieser Befehlshaber war Menestheus, der Sohn des göttlichen Stromes Sperchius, mit der Tochter des Peleus, Polydora, gezeugt, wiewohl Borus, der Sohn des Periaeres, Vater des Menestheus hiess. Der zweyte war Eudorus, dessen Mutter die schöne Polymela, die Tochter des Phylas, war. In sie hatte sich Merkur verliebt, da er sie mit andern Jungfrauen zur Ehre Dianens tanzend erblickte, und hatte mit ihr diesen Sohn gezeugt, der schnell im Laufe und tapfer im Kriege war; und nachher heyrathete sie den Sohn des Aktor, Echekles. Eudorus ward von seinem Grossvater Phylas erzogen, und von ihm, wie sein eignes Kind, geliebt. Der dritte Anführer war Pisander, der Sohn des Maemalus, der tapferste und streitbarste Held unter den Myrmidonen, nächst dem Patroklus. Der vierte war der alte Phoenix, und Alcimedon, der trefliche Sohn des Laerkeus, der fünfte. — Man sieht, wie der Dichter den Ruhm seines Helden Achilles beständig zu vergrössern sucht, indem er selbst die Kinder der Götter unter die von ihm abhängenden Befehlshaber setzt.

8 Wie ein Mann mit dichtzusammengefügten Steinen
Baut ein hohes Haus, die Macht der Winde vermeidend;
Also stralten Helm' und Schilde neben einander,

Schild

ihn mit Schwefel und dann mit klarem Wasser, füllt ihn mit Wein, und giesst ihn zur Ehre Jupiters aus mit dem Gebete, dass die Troer vertrieben werden mögen, und sein Freund glücklich zurückkehre. Doch nur die erste seiner Bitten wird erhört. Patroklus erscheint mit den Waffen, dem Wagen, den Pferden und dem Wagenführer des Achilles, Automedon, greift

---

Schild an Schild, und Helm an Helm, und Krieger an Krieger.
Durcheinander wehten die nickenden Schweife der Helme.

Da die Schaaren des Achilles mehrere Tage nach einander hatten dulden müssen, dass die Griechen von den Troern verfolgt und umgebracht wurden, ohne dass ihr Anführer ihnen hatte zugeben wollen, dass sie in die Waffen und ihren Freunden zu Hülfe kämen, so waren sie dadurch äusserst erbittert worden. Doch itzt, da sie die Freyheit bekommen hatten, sich zu rächen, rücken sie vor und:

Nun ergossen sie sich, gleich Wespen, die an dem Landweg
Wohnen, wenn nach kindischer Weise Knaben sie reitzen,
Allgemeines Uebel empörend durch thörichten Leichtsinn;
Denn wenn wider Willen ein Wandrer, indem er vorbeygeht,
Sie erreget, fliegen sie alle mit mutigem Herzen
Gegen ihn, und wähnen für ihre Kinder zu streiten.

Ich zweifle sehr, ob man wohl in der ganzen Natur etwas finden könne, wodurch das erzürnte und erbitterte Gemüth der aus ihren Schiffen zum Vorschein kommenden Krieger treffender beschrieben werden kann, als durch diese so edel einfältige Vergleichung.

greift die Troer an, die, weil sie den Achilles selbst zu erblicken glauben, die Flucht nehmen; er tödtet den Pyraechmes, und nachdem er die Troer vertrieben hat, löscht er das Feuer der Schiffe. [9] Die Griechen [10] fallen die Troer an, die beständig suchen, sich wiederherzustellen,

---

9 Homer mahlt uns die Freude und den Muth, welchen die tapfre noch frische, vom Achilles abgesandte Mannschaft den fechtenden Griechen einflöfst, unter diesem Bilde:

> Wie wenn auf des hohen Berges oberstem Gipfel
> Zeus, der Wetterleuchtende, dicke Wolken zerstreuet;
> Alle Warten erscheinen und alle Spitzen der Berge,
> Und der Forst, es öfnet sich weit der unendliche Himmel:
> Also athmeten wieder die Griechen, nachdem sie der Feinde
> Flammen hatten entfernt — —

10 Obgleich Agamemnon, Ulysses und Diomedes, deren Heldenmuth bisher unsre Aufmerksamkeit beschäftigt hat, in ihren Schiffen verwundet lagen, so findet Patroklus, der Sohn des Menoetius, gleichwohl sofort noch andre tapfre Gehülfen, um nicht nur dem beständigen Anfall der Troer sich zu widersetzen, sondern sie auch von den Schiffen zu vertreiben. Er selbst nimmt dem Areilykus das Leben, Menelaus verwundet tödlich den Thoas, und Meges den Amphiklus. Auch Antilochus und Thrasymedes, zwey Söhne Nestors, zeigen sich sehr tapfer, und bringen Atymnius und Maris, zwey Söhne des Amisodarus, durch ihre vereinten Kräfte um. Dieser Vorfall giebt dem Dichter Anlafs, die Empfindungen des brüderlichen Herzens kennen zu lehren. Denn Maris, der sich am Antilochus zu rächen trachtet, welcher

len, und nun wird [11] das Gefecht sehr heftig; viele kommen um. So tödtet unter andern Ajax den Kleobulus, Peneleus den Lykon, Meriones den Akamas, und Idomeneus den Erymas. Ajax sucht vornehmlich den Hektor zu treffen, der, die Seinen vertheidigend, [12] sich langsam zurückzieht. [13] Die Troer, von denen

cher seinen geliebten Bruder Atymnius umgebracht hat, wird in demselben Augenblick, da er Antilochus zu treffen sucht, vom Thrasymedes niedergemacht. Und nicht ohne Grund giebt der Dichter den beyden Söhnen des Nestors den Sieg über Amisodarus Söhne, der die Chimaera genährt hatte,

— — die unbezwingbare, vieler Menschen Verderben. —

11 Wie zerreissende Wölf' auf Lämmer oder auf Ziegen
Fallen, und aus den Heerden sie nehmen, die im Gebürge
Durch Versehn des Schäfers zerstreut sind; wie sie sie sehen,
So zerfleischen sie die schwache Beute: so fielen
Ueber die Troer die Danaer her; die Troer vergaßen
Ihrer Kraft, gedachten nur der lärmenden Rückflucht.

12 Der itzige Zustand Hektors und seiner Gehülfen, die den Sieg zu erhalten glaubten, und itzt zurück zu weichen gezwungen sind, konnte vom Dichter nicht besser verglichen werden, als mit einer Donnerwolke, die nach heiterm Himmel sich unerwartet zeigt, und Regen und Ungewitter hervorbringt.

13 Daß Homer allenthalben und selbst in seinen Vergleichungen sittliche Pflichten seinen Lesern einschärft, und sie vor

nen viele im Ueberspringen über den Graben von den Wagen fallen, und unter die rasselnden Räder hinstürzen, suchen die Mauern der Stadt zu erreichen; und Patroklus, der den Hektor zu treffen wünscht, hält sie zurück. Hektor ficht noch immer muthig zwischen den Schiffen und Mauern der Stadt, und nimmt erst dem Pronous, dann dem [14] Thestor, dem Sohn des

---

vor Ungerechtigkeit warnt, welche die menschliche Gesellschaft verheert, sieht man unter andern hier aus der Beschreibung, die er uns von den Troern giebt, die gezwungen sind, von den Schiffen und Gezelten der Griechen zu fliehn, und über den Graben springend, sich nach Troja zu begeben:

Wie in herbstlichen Tagen die ganze schwarze Erde
Ueberschüttet wird mit stürmendem Ungewitter,
Wenn Kronion am meisten die reissenden Wasser herabstürzt;
Weil er über den Frevel der sterblichen Menschen erzürnt ist,
Die auf Richterstühlen Gesetze fälschlich verdrehen,
Und das Recht verdrängen, nicht achtend die Rache der Götter;
Schwellend überfliessen alsdann die Ströme, sie stürzen
Von Gebürgen herab die vorwärts hangenden Spitzen,
Reissend rauschen die Ström' in die schwarzen Wogen des Meeres,
Und verwüsten im jähen Lauf die Arbeit der Menschen:
Also liefen und keichten die Rosse der fliehenden Troer.

14 Indem Thestor, starr von Schrecken, auf seinem Wagen sitzt, und vor Furcht die Zügel seinen Händen entfallen, so durchsticht die Lanze des Patroklus ihm seine rechte Wange längst

des Enops, und noch [15] einigen andern das Leben. Sarpedon, Jupiters Sohn, und Patroklus, [16] die beyde ihre Wagen verlassen haben, fallen

---

längst den Zähnen hin; Patroklus zieht die Lanze wiederum zu sich, und holt mit ihr den Thestor vorne vom Wagen herab zur Erde:

— — — — Wie wenn ein Mann sitzt
Auf der Spitze des jähen Felsen, und aus dem Meere
Einen Fisch mit der Schnur an dem blanken Erze hervorzieht;
Also zog im Munde die Lanze Patroklos den Troer.
Nun entschüttelt' er ihn; er fiel mit fliehender Seele.

15 Diese sind Eryalus, Erymas, Amphoterus, Epaltes, Tlepolemus, der Sohn des Damastor, Echius, Pyres, Ipheus, Evippus, und Polymelus, die alle, Einer nach dem Andern, auf unterschiedne Art vom Patroklus überwunden und getödtet werden. Obgleich der Dichter gern die Namen der Väter der Helden meldet, so nennt er doch hier nicht ohne Ursache den Tlepolemus, einen Sohn des Damastor, um ihn vom Tlepolemus, dem Sohne des Herkules, zu unterscheiden, von dem er uns schon im fünften Gesange erzählte, dass ihn Sarpedon getödtet habe.

16 Nachdem Sarpedon und Patroklus vom Wagen gesprungen sind, fallen sie einander mit solchem Geschrey an:

Wie zween krummgeklaute, krummgeschnabelte Geyer
Auf dem hohen Felsen kämpfen mit klappernden Flügeln.

Der Dichter giebt damit zugleich zu erkennen, dass beyde Helden an Geschicklichkeit, Muth und Tapferkeit einander gleich waren.

fallen einander an. [17] Zevs wünscht zwar, seinen Sohn von der nahen Gefahr zu retten und im Leben zu erhalten, doch Juno's Vorstellungen

---

17 Diese Stelle verdient unsre Aufmerksamkeit. Jupiter redet seine Gemahlin an, beklagt sich über das Schicksal seines Sohnes, und sagt, er sey sehr unentschlossen, ob er Sarpedon lebend dem Kampfe entreissen und nach Lycien führen, oder zulassen soll, dass er itzt vom Patroklus getödtet werde. Juno tadelt ihren Gemahl, dass er einen sterblichen Mann, dem schon die Tage gezählt sind, der Macht des traurigen Todes entreissen wolle. Sie fährt fort:

Thu's! Des werden nicht die übrigen Götter dich loben!
Eins nur sag' ich; merke dir das im innersten Herzen:
Wenn Sarpädon lebend in seine Heimat gesandt wird,
So bedenk, ob nicht auch andre Unsterbliche werden
Ihre Söhne wollen entreissen der blutigen Feldschlacht?
Denn es kämpfen viele Söhn' unsterblicher Götter
Um die grosse Stadt des Priam, die würden dir zürnen.
Aber wo er dir wehrt ist, sein dein Herz sich bekümmert;
O so wollest du zwar ihn in der blutigen Feldschlacht
Lassen sterben unter der Hand des Menoitiaden:
Aber wenn die Seel' ihn mit dem Leben verlassen,
Uebergieb ihn dann dem Tod' und dem sanften Schlafe,
Dass sie ihn bis zum Volke des grossen Lükiens bringen.
Seine Brüder werden ihn dort und Freunde bestatten,
Ihm mit Hügel und Grabstein die Ehre der Todten erzeigen.

Und Jupiter folgt ihrem Rath. — Dass die Weltweisen unsrer Tage solche unzulängliche Vorstellungen, die der Dichter dem Jupiter in den Mund legt, misbilligen, und darüber, eben wie die gelehrten Kirchenväter, spotten, ist nicht zu verwun-

gen halten ihn davon zurück. Patroklus verwundet erst des Sarpedons Genossen, den Thrasymelus tödlich, und Sarpedon, der den Patroklus treffen will, tödtet das Pferd Pedasus, wodurch

---

verwundern; daſs aber der weise Plato, der selbst in Prose allerley Metaphern und sogar unerhörte Erdichtungen braucht, und so oft seiner Einbildungskraft freyen Zügel läſst, diese Handlung unsers Dichters verachtet, und sie darum als schädlich in ihren Folgen vorstellt, weil jeder, der diesem Exempel Jupiters folgt, sich bey den kleinsten Unfällen über das Leben beklagen müſste, ist mir etwas unbegreifliches, da eine solche Folge hieraus nicht hergeleitet werden kann. Man müſste sich denn hier den Jupiter als den höchsten Gott und als den Regierer der Welt vorstellen, dessen Reden und Thaten heilig und vollkommen sind, und dem wir in allen, so viel nur möglich, nachzufolgen uns bestreben müssen. Allein dieſs kann unmöglich Homers Meinung gewesen seyn. Er stellt Jupiter als Mensch, und zwar als einen zärtlichen Vater vor, dem der Tod seines Sohnes zu Herzen geht, und lehrt zugleich durch Juno's Vorstellungen das unvermeidliche Schicksal der Sterblichen, die früh oder spät dieſs Leben verlassen müssen, und davon durch nichts, so lange die ganze Natur nicht umgeschaffen wird, befreyt werden können. Weiter lehrt er, daſs man nichts bessers thun könne, als für den Ueberrest braver und tapfrer Männer zu sorgen, und ihr Andenken durch Grabmäler zu verewigen. Dieſs ist, wenn ich nicht irre, die einfache Lehre, welche Homer hier giebt, und durch die er zugleich nicht undeutlich zu erkennen giebt, daſs das Leben der Menschen und alle andre Vorfälle nach einmal vestgesetzten Regeln ablaufen.

durch die andern Pferde in Unordnung gebracht werden, doch [18] Automedon stellt die Ordnung geschwind wieder her. Der tapfre Sarpedon wird endlich vom Patroklus getödtet, und [19] vor seinem Wagen liegend, ergreift er den blutigen Staub, und ermahnt mit sterbenden Lippen Glaukus, seinen Genossen, für seinen gewafneten Leichnam zu fechten. Glaukus, vom Unglück seines Freundes gerührt, und voll Schmerz von den Wunden am Arm, die ihm Teucer beygebracht hat, [20] bittet Apollo, seine Wunden

---

18 — Er zog sein langes Schwerd von der starken Hüfte,
Und erhub sich schnell, und zerhieb die Stränge des Todten;
Beyde Rosse zogen nun wieder in voriger Ordnung.

19 Wie die Eiche, fiel Sarpädon, oder die Pappel,
Oder die hohe Tanne, die Männer in dem Gebürge
Fällen mit neuen Beilen, auf dass sie nüze zum Schiffbau:
Also lag er gestreckt vor seinem Wagen und Rossen,
Knirschend, und den blutigen Staub mit den Händen ergreifend.
Wie ein Löwe den mutigen edlen Stier aus der Heerde
Hascht, er röchelt sterbend unter den Zähnen des Löwen;
So lag unter Patroklos der kriegrischen Lükier Führer.

Auch diess letzte Gleichniss ist vorzüglich treffend.

20 Das Gebet des Glaukus zum Apollo ist sehr religiös und nachdrücklich:

Höre mich, der du vielleicht im reichen lükischen Lande
Bist, vielleicht in Troja; du kannst aus jeglichem Orte

Einen

den zu genesen. Der Gott erhört ihn, seine Schmerzen vergehn, und nun ermuntert er, voll von Dankbarkeit über seine Genesung, die Seinen und die Befehlshaber der Troer, Polydamas, Agenor, Aeneas und Hektor, Sarpedons Leichnam zu beschirmen. Darüber entsteht ein heftiges Gefecht, worin Hektor dem Epigeus, der Sarpedons Leiche schon fasst, mit einem Steine das Haupt zerschmettert. Patroklus, über den Tod seines Gefährten erbittert, fällt die Troer an, und nimmt dem Sthenelaus, dem

---

Einen Bedrängten hören, wie mich der Schmerz nun bedränget!
Eine tiefe Wunde hab' ich und heftige Qualen;
Mir entrinnet das Blut, und lähmt die ermattete Schulter;
Sieh', ich kann nicht schwingen den Speer, mich nicht auf die Feinde
Stürzen: und doch ist der tapferste Krieger gefallen,
Sarpädon, Zeus Sohn, der seinem Kinde nicht beysteht!
Hilf mir, König, heile mir diese schlimme Wunde,
Schläfre die Schmerzen ein, und gieb mir Stärke, damit ich
Mög' ermuntern meine Gefährten, tapfer zu streiten,
Und auch selber kämpfen für die Leiche des Freundes.

So wie hier Homer in diesem Gebet die Allwissenheit des höchsten Wesens erkennt, so sieht der aufmerksame Leser auch aus andern Stellen, dass ihm alle übrigen göttlichen Eigenschaften keinesweges unbekannt gewesen sind, da er einige derselben zwar durchgängig dem Jupiter, aber auch zuweilen

dem Sohn des Ithaemeneus, das Leben. [21] Die Troer ziehn sich etwas zurück, doch Glaukus wendet sich wieder, und tödtet den edelgesinnten Bathykles, den Sohn des Chalkon, und indem die Griechen diess beklagen, tödtet Meriones den Laogonus, den kühnen Sohn Onetors, und vergebens wirft Aeneas seinen Speer nach ihm. Meriones, der sich dessen gegen Aeneas rühmt, wird vom Patroklus ermahnt, nicht mit Worten, deren man sich schicklich in einer Rathsversammlung, aber nicht im Kriege bediene, sondern mit den Fäusten zu fechten. [22] Schrecklich ist itzt das Gefecht um Sarpedons

---

len dem Apollo, dann wieder der Minerva, und auch andern zuschreibt. Wer hingegen fodert, dass der Dichter diese Eigenschaften bestimmt und unzertrennlich Einem seiner Götter hätte zuschreiben sollen, und ihnen gemäss seine Gottheiten hätte müssen wirken lassen, der beurtheilt diese Vorstellungen nach den besondern Umständen seiner Zeit und nach seiner eignen Denkungsart, aber nicht nach der, welche zu Homers Zeiten statt fand.

21 Ohngefähr so weit, wie einer langen Lanze
Wurf, die in den Spielen ein Mann mit strebender Kraft wirft,
Oder in der Feldschlacht gegen die mordenden Feinde;
Wich das Heer der Troer zurück, von den Griechen getrieben.

22 Wie im Thal des Gebürges eichenspaltender Männer
Tönende Schläge des Beils von fernher werden vernommen;

So

dons Leiche, und Zevs hat beständig sein Auge darauf gerichtet. Er überlegt, ob er itzt oder nachher Patroklus soll umkommen lassen; endlich nimmt er Hektorn und den Troern den Muth, und läſst die Griechen der Waffen Sarpedons sich bemächtigen; doch befiehlt er dem Apoll, Sarpedons Leichnam aufzunehmen, ihn zu waschen und zu salben, und dann dem Tode und Schlafe zu übergeben um ihn in sein Vaterland zu bringen, und allda von seinen Freunden begraben zu lassen. [23] Patroklus,

---

So erschollen die Panzer der Streiter, die Schilde von Stierfell,
Unter den Hieben der Schwerter, und unter den schneidenden Lanzen.

Und die Menge der Krieger, welche die ganz mit Pfeilen bedeckte, und mit Blut und Staube besudelte Leiche des Sarpedon umgaben, war

— — — — — ähnlich den Fliegen,
Welche die milcherfüllten Gefäſſe des Meyers umsummen,
In den Tagen des Lenzes, wenn Milch die Eimer herabtrieft.

Diese letzte Vergleichung haben wir schon einmal, nemlich im zweyten Gesange (Anm. 9.) angetroffen.

23 Obgleich diese That des den Rath seines Freundes nicht achtenden Patroklus, der seinen Sieg immer weiter zu verfolgen sucht, sehr natürlich ist, so ist doch dieſs Streben, um

klus, dem Rath seines Freundes Achilles nicht folgend, trachtet, nachdem er [24] viele Troer ermordet hat, die Mauern von Troja zu ersteigen, und die Stadt einzunehmen. Apollo verhindert ihn darin, erscheint unter der Gestalt des Asius, des Bruders der Hekuba, dem Hektor, und räth ihm, Patroklus anzufallen. Da Hektor diesem

---

um seinen Feind zu besiegen, die Ursach seines Todes. Homer schiebt die Schuld davon nicht auf den Held, sondern bemerkt sehr treffend:

— Kronions Rathschluss ist stärker denn sterblicher Menschen,
Der den starken Streiter erschreckt, den Sieg ihm entreisset
Sonder Müh', auch wenn er ihn selbst zu kämpfen entflammte.

24 Auch hier macht der Dichter einen Zusatz, der uns die Tapferkeit des Patroklus im hellsten Lichte darstellt, indem er mitten in der Erzählung seine Anrede so an den Held richtet:

Welchen erschlugst du zuerst, Patroklos, welchen am letzten,
Als die unsterblichen Götter dich beriefen zum Tode?

Und hierauf erzählt er, wie er dem Adrestus, Autonous, Echeklus, Perimus, dem Sohn des Megas, Epistor, Melanippus, Elasus, Mulius und Pylartes das Leben nahm, da die übrigen die Flucht ergriffen; wie er darauf dreymal sich bis zur Krümmung der Mauer von Troja erhoben, und sich ihrer würde bemächtigt haben, hätte nicht Apollo selbst mit unsterblichen Händen ihn davon zurückgehalten, und da er endlich zum viertenmal stürmte:

Rief

diesem Rath folgt, wirft Patroklus dessen Wagenführer [25] Kebriones mit einem Steine nieder. Hektor und Patroklus, von ihren Leuten unterstützt, fechten beyde mit vielem Muth um den vom

---

Rief mit drohenden Worten der Fernhintreffer Apollon:
Weiche, edler Patroklos! Dir hat das Schicksal versaget,
Mit dem Speere die Stadt der kühnen Troer zu tilgen;
Hat's Achilleus versagt, der doch viel stärker, als du bist.

25 Er stürzt, wie ein Taucher, vom Wagen herab, und Patroklus spottet dabey seiner mit den Worten:

Siehe, der Mann ist würklich behende! Wie leicht er hinabtaucht!
Schade, dass er nicht ist im fischerfüllten Meere,
Durch den Austerfang vermöcht' er viele zu nähren,
Wenn er immer so leicht, wie nun vom Wagen, hinabtaucht.
Also haben denn auch die Troer trefliche Taucher!

Mad. Dacier meynt, dass dieser Spott des Patroklus nicht vom Homer selbst, sondern der Zusatz einer spätern Hand sey. Allein die Gründe, die sie dafür angiebt, scheinen mir nicht hinlänglich. Es ist unserm Dichter eigen, seinen Helden Scherz und Spott in den Mund zu legen, insonderheit wenn sie jemand überwinden, der sich vorhin einer oder andern Sache z. B. seines Geschlechts oder seiner Kräfte gerühmt hatte. So scherzt unter andern Ajax beym Tode des Archilochus im 14ten Gesange, und der halbgraue Idomeneus, da er den Othryoneus, und Deiphobus, da er dem Hypsenor, dem Sohn des Hippasus das Leben nimmt, im 13ten Gesange. Der zweyte Fall mit dem Idomeneus kommt mir dem unsern so ähnlich vor, dass, wenn jene Stelle ächt ist, es auch diese wohl seyn muss.

vom Wagen [26] herabgeſtürzten Leichnam des Kebriones. So lange die Sonne noch den hohen Himmel hinanſtieg, war das Gefecht der Griechen und Troer gleich; doch da ſie zum Untergange ſich neigt bekommen die Griechen die Oberhand, und erbeuten den Leichnam; bis endlich Apollo ins Lager kommt, und dem tapfer fechtenden Patroklus von hinten einen heftigen Schlag giebt, ſo daſs ſein Helm zur Erde fällt, und ſein mächtiger Speer ihm in den Händen zerbricht, worauf ihn Euphorbus, der Sohn des Panthus, mit ſeinem Speer

---

26 Hektor und Patroklus kämpfen mit einander wie zween Löwen:

Die auf Gipfeln des Berges um eine getödtete Hindin
Streiten, beyde hungrig, und mutiges Herzens beyde.

Und das Gefecht der Griechen und Troer um die Leiche des Kebriones war:

Wie wenn um die Wette ſtürmen Oſtwind und Südwind,
In dem Thal des Gebürges die tiefen Forſten erſchütternd;
Buchen beben und Eſchen, Kornelen mit zäher Rinde,
Aneinander ſtoſſend mit weitverbreiteten Aeſten,
Schrecklich rauſchend; fernher wird ihr Getöſe vernommen.

Nirgend ſchicken ſich die Vergleichungen beſſer als bey ſo wichtigen Begebenheiten, wie hier der Tod des Patroklus iſt.

Speer zwischen den Schultern trift. [27] Der verwundete Patroklus will itzt aus dem Gefecht weichen, doch Hektor fällt aufs neue mit seinem Speer ihn an, und tödtet ihn. Indem Hektor darüber [28] frohlockt, verkündigt ihm der sterbende Patroklus seinen nahen Tod zum voraus.

---

27 Patroklus konnte vom Hektor nicht eher niedergemacht werden, als bis er erst durch die Schläge des Apollo und hernach durch die Wunde, die ihm Euphorbus beybringt, abgemattet war, und gleichwohl war das Gefecht zwischen dem verwundeten Patroklus und dem nicht verwundeten Hektor so gewaltig und wütend:

Wie wenn einen mutigen Keuler der Löwe bekämpft hat,
Auf des Gebürges Gipfeln stritten sie, hohes Mutes,
Beyd' um einen kleinen Quell, begierig zu trinken;
Mit Gewalt bezähmte der Löwe endlich den Schnauber.

Sehr schicklich läßt der Dichter den tapfern Patroklus durch Hektors Hand umkommen, und er spart dabey keine Farben, um den Tod eines so grossen Helden recht lebhaft, und seinen Verdiensten entsprechend, zu schildern.

28 Auch hier folgt der Dichter seiner Gewohnheit, seine Helden auch in Worten über ihre Feinde triumphiren zu lassen. Hektor sagt nemlich gegen den überwundnen Patroklus:

Siehe, Patroklos, du hofftest unsre Stadt zu verwüsten,
Unsern troischen Weibern den Tag der Freyheit zu rauben,
Und sie in Schiffen zu führen zu deiner geliebten Heimat.
Thor! drob widerstreben die schnellen Rosse des Hektors,
Eilendes Fusses im Kampf! Auch bin ich selbst mit der Lanze

voraus. Hektor greift darauf den Automedon an, doch dieser entkommt mit seinen schnell fliegenden Rossen der nahen Gefahr.

Unter den kriegrischen Troern der erst', und ferne der Knechtschaft
Tag von ihnen! Dich werden alhier die Geyer zerreissen!
Unglückseliger! stark wie er ist, stand dennoch Achilleus
Dir nicht bey! Wohl hat er dich beym Scheiden ermahnet:
Kehre mir, o wagenerfahrner Patroklos, nicht wieder
Zu den hohlen Schiffen, bevor du des mordenden Hektors
Blutbetrieften Panzer auf seinem Herzen durchbohrt hast!
Also sagt' er dir wohl; du hofftest mit thörichtem Sinne!

Patroklus sagt hierauf sterbend, dass er nicht durch Hektor allein, den er nicht fürchte, sondern durch drey, unter welchen Apollo selbst sey, umgebracht worden, und sagt dem Hektor zum voraus, dass auch er in kurzer Zeit durch die Hände des edlen Achilles umkommen werde.

Inhalt des siebzehnten Gesanges.

Wie Menelaus den Tod des Patroklus vernommen hat, so begiebt er sich [1] zur Beschirmung seiner Leiche, [2] und überwindet glücklich

Erläuterungen zum siebzehnten Gesange.

1 Die Sorgfalt und Treue, womit Menelaus den todten Körper des Patroklus beschirmt, war

— — — — gleich der Mutter des Kälbleins,
Welche zum erstenmale gebahr, und blökend umhergeht.

2 Weil Euphorbus zuerst von allen Troern den Patroklus verwundet hatte, so verlangt er vom Menelaus, dass er zurückweichen und ihm den Ruhm lassen soll, sich der Leiche zu bemächtigen. Menelaus, über diese trotzige Foderung des Euphorbus äusserst aufgebracht, wendet sich zum Jupiter, und sagt:

Vater Zeus! das ziemet sich nicht, so trozend zu pralen!
Solchen Uebermut zeigt weder Pardel noch Löwe,
Nicht der verderbende Keuler, der vor allen im Angrif
Mutig ist, und flammende Augen trozig umherrollt;
Als der Uebermut der kriegrischen Panthoiden.
Dennoch halfen dem rossbezähmenden Hüperänor
Nichts die Kräfte der blühenden Jugend, als er mich schmähte,
Sagend, unter den Danaern sey Menelaos der schwächste.

Sieh'

lich [3] den Euphorbus, der sich ihrer zu bemächtigen

Sieh' ich meyn', es trugen ihn nicht die Füsse von dannen,
Seinem geliebten Weib' und geehrten Eltern zur Freude!
Also lös' ich auch dir die Kräfte, so du es wagest,
Mich zu bestehen! Ich ermahne dich warnend: weiche von hinnen
In die Schaaren der Deinen zurück, auf dass du entrinnest,
Ehe dich Unglück ergreift! Der Schaden belehret die Thoren!

Wie Euphorbus diese Worte des Menelaus vernimmt, die nicht undeutlich zu erkennen gaben, dass Menelaus seinem Bruder das Leben genommen hätte, entbrennt er von Zorn, und sagt:

Edler Menelaos, nun will ich Rache mir nehmen
Für den Bruder, den du erschlugst, ob welchem du trozest!
Seine Witwe hast du betrübt im neuen Palaste,
Hast unendlichen Gram den jammernden Eltern bereitet!
Elend wie sie sind, würd' ich im Jammer sie trösten,
Wenn ich deine Waffen gewinnend, mit deinem Haupte,
Uebergäbe Panthos Hand, und der göttlichen Frontis.
Auf wohlan! wir wollen anitzt die Arbeit versuchen!
Kraft soll unsern Kampf, ihn soll Entsetzen begleiten!

Ich habe hie und da die Gespräche der Helden unter einander vor dem Gefechte angeführt, weil sie meiner Meinung nach, wenn sie gleich zuweilen wenig dichtrischen Schmuck enthalten, dennoch vieles zur Aufklärung des Gegenstandes beytragen, indem die Beziehung, die der eine Held auf den andern hat, nicht nur in dem Gemüthe des Lesers Rührung erweckt, sondern uns auch an der dichtrischen Erzählung eben so viel Antheil als an einer Geschichte selbst nehmen läst.

3 Euphorbus, der den ersten Anfall muthig, aber vergebens thut, wird durch den Spiess des Menelaus so stark in der

tigen suchte. [4] Auch dessen Waffen würd' er mit sich genommen haben, wenn nicht Apollo, der ihm diess misgönnte, in der Gestalt des Mentes dem Hektor erschienen wäre, und diesem abgerathen hätte, die Pferde des Achilles, die, ausser dem Achilles selbst, sterbliche Menschen schwerlich lenken konnten, zu verfolgen. Hierauf wendet sich Hektor sogleich gegen

---

der Kehle verwundet, dass er zur Erde fällt, umrasselt von seinen ehernen Waffen:

Seine Haare troffen von Blut, der Grazien Locken
Waren sie ähnlich, eingewunden in Gold und Silber.
Sieh', er glich dem Sprössling des Oelbaums, dessen ein Landmann
Sorgsam pflegt, in einsamer Stäte, wo Quellen ihn nezen;
Lieblich steigt er empor und frisch, von athmender Kühlung
Aller Winde behaucht, mit schwellender weisser Blüthe;
Plözlich brausend wirbelt daher ein wütender Windstoss,
Und entreisst ihn dem Graben, und streckt ihn nieder zur Erde:
Also tödtet den lanzengeübten Panthoïden
Menelaos Atreus Sohn, und raubt ihm die Rüstung.

4 Wie ein berggenährter Löwe mit trozender Stärke
Eine weidende Kuh, die besste der Heerden, erhaschet;
Ihren Nacken bricht er, mit starken Zähnen sie fassend,
Erst, dann schlürft er ihr Blut mit den Eingeweiden hinunter,
Immer zerfleischend; es rufen die Hirten, es bellen die Hunde,
Aber sie stehen von fern, und weigern sich, ihm zu begegnen;
Denn es hat sie alle der blasse Schrecken ergriffen:
Also wagten nicht die Herzen im Busen der Troer
Zu begegnen dem hochberühmten Menelaos.

gegen den Menelaus, [5] der, weil er allein ist und Hektor hingegen mit der Hülfe der Götter ficht, keinen Widerstand bieten darf, sondern gezwungen [6] ist, zurückzuweichen. Indess sucht

5 Sehr rührend ist hier die Rede des Menelaus:

Wehe mir, so ich hier die schönen Rüstungen lasse,
Und Patroklos, welcher für meine Ehre gestreckt liegt;
Jeder Danaer würde mir zürnen, welcher mich sähe!
So ich den Tadel scheuend, allein, die Troer und Hektor
Wollte bestehen; würden mich viele zugleich umzingeln.
Hierher führt mit wehendem Helmbusch Hektor die Troer!
Aber was bedenk' ich mich des in zweifelndem Herzen?
Unfall wird dem Krieger zu Theil, der gegen den Willen
Eines Gottes den Mann, den er verherrlichet, angreift;
Drum wird mich kein Danaer tadeln, so er mich siehet
Hektorn weichen; Hektorn helfen die Götter im Kampfe!
Könnt' ich hören die Stimme des edlen kriegrischen Ajas,
Siehe, so wollten wir beyde vereint der Feldschlacht begegnen!
Käm' ein Gott, wir wollten ihm doch den Todten entreissen,
Ihn Achilleus bringen; das wäre Labsal im Unglück!

6 Der unverzagte Muth, mit welchem Menelaus zurück weicht, war

— — — — gleich dem Löwen mit langem Barte,
Welchen Hund' und Männer zugleich von der Hürde vertreiben,
Mit Geschrey und Spiessen; das Herz des Starken erstarret,
Und unwillig weichet er langsam zurück von der Hürde.

Homer vergleicht mehrmals die Thaten seiner Helden mit den Handlungen wilder Thiere, und insbesondre des Löwen. Man sehe unter andern auch die Odyssee Ges. 4. V. 335 und

sucht er den Ajax auf, und [7] feuert ihn an, mit ihm die Leiche des Patroklus, dessen Waffen sich Hektor bereits bemächtigt hatte, zu erbeuten, und sie zum Achilles zu bringen. Der Macht dieser Helden weicht Hektor, zufrieden, dass

---

und Ges. 6. V. 130. allein immer findet man hierin etwas neues und eignes, das den vorhandnen Vorfall besonders charakterisirt. Unsre heutigen Dichter können daraus lernen, auf welch eine verschiedne Art man sich dieser Vergleichung bedienen könne, wenn sie nur so eingerichtet ist, dass durch die besondern Züge, die darin vorkommen, die verglichene Sache um so viel mehr Licht und Aufklärung bekommt. Ich habe davon schon in der 7ten Anmerkung zum zwölften Gesange etwas erwähnt.

7 Im Anfange dieses Gesanges verglich der Dichter die Sorge des Menelaus für die Leiche des Patroklus mit der einer zärtlichen Mutter für ihre Jungen im allgemeinen, itzt vergleicht er die Treue und den Muth, womit Ajax eben diese Leiche beschirmt, noch besonders mit der einer Löwin, die vor ihren Jungen sich hinstellt, und indem ein Hause Jäger ihr begegnet, bald trotzend umher die feurigen Augen rollet, bald sie mit niedersinkenden Augenbraunen deckt, um einem heftigen Anfall mit noch grösserer Gewalt sich zu widersetzen. Plutarch in seinem Buche von der Liebe der Eltern gegen ihre Kinder unterläst nicht, diese Stelle anzuführen, und er bemerkt zugleich, dass diese Liebe den Thieren so stark von der Natur eingepflanzt sey, dass diejenigen, die von Natur furchtsam sind, dadurch stark und muthig, die, welche faul und träge sind, arbeitsam und eifrig, und die, welche gierig und

dafs er die Waffen des Patroklus den Troern gebracht hat. Allein Glaukus, welcher behauptet, dafs man mit der Leiche des Patroklus die des Sarpedon mit allen feinen herrlichen Waffen hätte auslöfen können, [8] macht dem Hektor

und unerfättlich find, mäffig und fparfam werden. Diefs alles erhöht und veredelt das von der Löwin hergenommene Bild nicht wenig, der die Natur mit jenem mütterlichen Zuge zugleich Muth und Kraft gefchenkt hat.

8 Glaukus, der nichts von der befondern Sorgfalt weifs, die Jupiter für die Leiche des Sarpedon hatte, (man fehe die 17te Anm. zum vorhergehenden Gefange) und itzt glaubt, dafs Hektor die Gelegenheit vorbey laffe, fich der Leiche des Patroklus zu bemächtigen, um dagegen die feines geliebten Freundes von den Feinden einzulöfen, entbrennt vor Zorn, der gleichwohl allein aus dem Gefühl einer wahren Freundfchaft bey ihm entfteht, gegen Hektor, und fagt zu ihm:

Hektor, treflich bift du von Anfehn; aber es fehlt dir
Kriegsmut; eitel ift die Ehre, welche dich fchmücket.
Geh, bedenke, wie du die Burg und Troja erretteft,
Du mit deinen Kriegern allein aus Ilions Lande!
Denn kein Lükier wird hinfort mit Danaern ftreiten,
Eure Stadt zu fchüzen, dieweil es keinem verdankt ward,
Welcher unabläffig kämpfte mit feindlichen Männern.
Welchen geringern wirft du hinfort erretten im Treffen,
Da du deinen Gaft Sarpädon, deinen Genoffen,
Haft verlaffen, dafs er ein Raub der Danaër würde?
Mächtig hat er dich und Ilions Mauern gefchüzet,
Weil er lebte; nun konnteft du ihn von den Hunden nicht retten!

Welcher

Hektor darüber heftige Vorwürfe. 9 Dieser vertheidigt sich deswegen sehr billig, und nachdem er seine Waffen abgelegt und die des Patroklus

---

Welcher Lükier mir zu gehorchen bereit ist, der gehe
Heim; dann kommt gewisses Verderben über die Troer!
Hätten sie unerschrocknen Mut im Busen, wie Männer,
Welche fürs Vaterland streitend entgegen gehn den Gefahren;
Siehe, so würden wir gleich Patroklos gen Ilion ziehen.
So wir ihn dem Treffen entzögen, und seine Leiche
In die grosse Stadt des Königs Priamos käme;
Alsbald würden die Griechen erstatten die prächtige Rüstung
Sarpädons, dann trügen wir auch die Leiche gen Troja.
Denn es fiel der Gehülfe des Kriegers, welcher der stärkste
Ist vor allen Argeiern und ihren kühnen Genossen.

Dieser edelmüthige Charakter des Glaukus, der mitten in den Gefahren des Krieges dieselbe Achtung und Liebe für die Leiche seines Freundes beweist, die er ihm in seinem Leben bewiesen hatte, schildert uns vortreflich eine recht uneigennützige Freundschaft, diess edelste Glück der Menschheit.

9 Er giebt seine Verwunderung über die geringe Einsicht des Glaukus zu erkennen, und sagt unter andern, dass er nicht den ungeheuren Ajax scheue, und ihn auch nicht die Schlacht und der Rosse Getöse erschrecke:

Aber mächtiger ist der Rathschluss Zeus Kronions,
Welcher den mutigen Krieger schreckt, des Siegs ihn beraubet,
Sonder Müh', und dann ihn wieder zu kämpfen entflammet.

In der ganzen Iliade herrscht diese Vorstellung, und der Dichter lehrt deutlich dadurch, dass die Menschen unter allen Umständen ihres Lebens vom höchsten Wesen abhangen.

troklus angelegt hat, worüber [10] Jupiter, ſeines nahen Todes eingedenk, ihn beklagt, ruft er den Meſthles, Glaukus, Medon, Therſilochus, Aſteropaeus, Diſenor, Hippothous, Phorküs, Chromius und Ennomus, ſeine treuen Bundesgenoſſen, zu Hülfe, und ermahnt ſie ſehr eifrig, ſich mit aller Kraft der Leiche des Patroklus zu bemächtigen, und verſpricht dem, der den Ajax zurücktreibt und die Leiche herbey zieht, die Hälfte der ganzen Beute. Durch dieſes Verſprechen ermuntert, fallen die Troiſchen Bundesgenoſſen den Ajax ſehr hitzig an, der, beynahe verzweifelnd, den Menelaus aufmuntert, die übrigen Griechiſchen Helden zu Hülfe zu

---

* Man vergleiche die 3te Anm. zum 15ten, und die 23ſte zum 16ten Geſange.

10 Sehr rührend iſt die Sprache, womit Jupiter den elenden Zuſtand der Sterblichen mitten in ihrer Freude, wegen des Unheils, das ihnen unbekannt auf dem Fuſſe nachfolgt, andeutet. Er beklagt die Unwiſſenheit des jauchzenden Hektors, verkündet ſeinen Tod, und ſagt, daſs er ihn noch einige Augenblicke unterſtützen wolle, weil er doch nicht wieder zurück kehren und Andromache die Hofnung, daſs er in den prächtigen Waffen des Achilles aus dem Streit ſiegreich zurückkommen werde, nicht erfüllt ſehn würde.

zu rufen. Menelaus vollbringt diese Bitte, ruft alle zusammen, und so bald diese zum Vorschein kommen, so werden sie vom Hektor und den Troern [11] zum Gefecht genöthigt. Jupiter begünstigt einigermassen die Griechen in der Beschirmung der Leiche des Patroklus; insonderheit rückt [12] Ajax durch die vordersten Reihen der Krieger hin, und hindert die Troer, die

---

11 Hier bedient sich der Dichter einer Vergleichung, von der man das folgende erzählt. Solon und Plato hatten sich vorgenommen, die Gedichte des Homers nachzuahmen; wie sie aber bis zu dieser Stelle gekommen waren, fanden sie ihre Schönheit so gross und unnachahmlich, dass sie ihre Gedichte sogleich verbrannten. Der Ausdruck, Rhythmus, kurz alles ist hier so vortreflich und stark im Original, dass jede Uebersetzung dabey verlieren muss, und man dem, der das Griechische nicht versteht, die Schönheit und Kraft dieser Stelle nur unvollkommen darstellen kann. Das Geschrey und die Gewalt der einander anfallenden Griechen und Troer, die um die Leiche des Patroklus fechten, war, sagt Homer:

Wie wenn in der Mündung des himmelabstürzenden Flusses
Meereswogen begegnen dem Strom; es brüllen die hohen
Ufer umher, es schäumen und sprüzen die salzigen Fluten.

12 Ajax vertreibt die Troer von der Leiche des Patroklus;

— — — — — stark wie ein Keuler,
Welcher im Gebürge die Hund' und die blühenden Jäger
Sonder Mühe zerstreut, sich plötzlich wendend im Dickicht.

die Leiche zu ſich zu ziehn, und er nimmt dem Hippothous ſelbſt, dem berühmten Sohn des Lethus, der ſchon dazu um die Füſſe des Patroklus einen ledernen Riem gebunden hatte, das Leben. Ajax und Hektor ſtreiten unermüdet, und bringen [13] verſchiedne ums Leben. Doch endlich hätten die Troer vor der Tapferkeit der Griechen weichen müſſen, falls nicht Apollo die Geſtalt des Periphas angenommen, und den Aeneas ermuntert hätte. Dieſer verſichert darauf den Hektor und die übrigen Troiſchen Feldherrn von Jupiters Gunſt, und feuert ſie an, den Griechen ſich zu widerſetzen. Wie die Troer ſo wieder Muth bekommen haben, ſo fechten ſie mit den Griechen ſo gewal-

tig

---

13 Da Homer nichts vorbeyläſst, was den Leſer für ſeinen Gegenſtand mehr und mehr intereſſiren kann, ſo erzählt er hier nicht nur, auf welche Art jeder Krieger verwundet wird, und zur Erde fällt, ſondern auch, aus welcher Landſchaft er gekommen war, was ſeine Schickſale da geweſen waren u. ſ. f. Dieſs giebt eine angenehme Verſchiedenheit, und erregt zugleich beſtändig das Mitleiden fühlender Menſchen wie z. B. hier, da Schedius, der Sohn des Iphitus, vom Hektor, und Phorkus, der Sohn des Phaenops vom Ajax erlegt wird.

tig rund um die Leiche des Patroklus her, [14] daſs man weder Sonne noch Mond erkennen kann. Indeſs hatten Thraſymedes und Antilochus, denen Neſtor befohlen hatte, an einer andern Seite dem Feinde Widerſtand zu bieten, den Tod des Patroklus noch nicht vernommen. Auch wuſste Achilles, [15] während dieſes ſcharfen

14 In dieſem Geſecht bringt Aeneas dem Sohn des Arisbas, Leokritus, dem tapſern Gefährten des Lykomedes, eine tödliche Wunde bey. Lykomedes, von Mitleid und Zorn angetrieben, wirſt ſeine Lanze gegen Apiſaon, den Sohn des Hippaſus, der nächſt dem Aſteropaeus unter den Paeoniern der gröſte Kriegsheld war. Sein jammert den kriegriſchen Aſteropaeus, und um den Tod ſeines Freundes zu rächen, fällt er die Griechen an:

Aber umſonſt, die Danaer ſtanden um den Patroklos
Mit aneinander geſchloſsnen Schilden und drohenden Lanzen,

Wenn man die Menge von Fällen vergleicht, worin ſich fechtende Helden bey unſerm Dichter befinden, ſo muſs man ſich nicht nur über die groſſe Verſchiedenheit der beſondern Umſtände, ſondern hauptſächlich darüber wundern, daſs jede Vorſtellung an ſich ſelbſt ſo natürlich und ungezwungen iſt. Und das iſt die Urſache, daſs ich, zumal um unſrer heutigen Dichter willen, mehr als Einmal dieſe Fälle anführe.

15 Wie wenn eines Stieres Fell, das mit Fett getränkt ward,
Auszuſpannen übergiebt dem Geſinde der Landmann;
Viele ſtellen ſich rund umher, von allen Seiten
Ziehend;

ſen Gefechtes um die todte Leiche ſeines Freundes, noch nichts von deſſen unglücklichem Schickſal, weil man weit von den Schiffen unter den Mauern der Stadt focht, und [16] von beyden Seiten ſich aufmunterte, um nicht zu weichen. Inzwiſchen [17] ſtanden die Roſſe des Achilles, nachdem ſie ihren Führer verlohren hatten, unbeweglich und weinend; den Jupiter jammert

Ziehend; die Feuchtigkeit dringt heraus, und das Fett, ſo er drauf goſs,
Ziehet hinein, wenn das Fell von allen Seiten geſpannt wird:
Alſo zogen dieſe den Todten hierhin und dorthin,
Eingeſchränkt in engem Raum, mit hoffenden Herzen:
Dieſe, ihn zu bringen gen Ilion; aber die Griechen,
Ihn zu den hohlen Schiffen zu bringen. — —

16 Unter den Achaiern ſagte mancher:

O ihr Lieben, der Schmach, ſo wir nun wollten von hinnen
Kehren zurück zu den hohlen Schiffen! Die ſchwarze Erde
Möge lieber uns hier verſchlingen! Das wäre doch beſſer,
Als daſs wir die Leiche den roſsbezähmenden Troern
Ueberlieſſen, zur Stadt zu bringen, und Ruhm zu erwerben.

Und von den Troern ſagte mancher:

O ihr Lieben, wär' uns auch allen zuſammen beſtimmt,
Hier bey dieſem zu fallen; doch müſste nicht einer nun weichen!

17 Zu den ſchönen und gefälligen Beſchreibungen unſers Dichters gehört beſonders dieſe von Achillens unſterblichen Pferden.

jammert ihrer, und er giebt ihnen Kraft und Muth, den Automedon glücklich zu den Schiffen zu bringen. Doch Alkimedon, der Sohn des Laerkes und Enkel des Aemon, begegnet endlich dem Automedon, und tadelt ihn, daſs er allein ſich mit ſeinem Wagen in den Streit wagt. Automedon bittet ihn darauf, bey ihm zu kommen, und giebt dem Alkimedon die Zügel und Peitſche, um ſelbſt zu Fuſſe zu kämpfen.

Pferden. Da ſie ihren Führer vermiſſen, ſo ſucht Automedon ſie bald mit Schlägen der ſchnellenden Geiſſel, bald mit freundlichen, bald mit drohenden Worten aufzumuntern, um nach den Schiffen der Griechen zurückzueilen; aber

— — wie ein Pfeiler auf eines Todten Grabmal,
Blieben unbewegt ſie ſtehn vor dem prächtigen Wagen.
Ihre Häupter ſanken zur Erde; heiſſe Thränen
Floſſen herab von den Augenwimpern der Jammererfüllten,
Welche nach ihrem Führer ſich ſehnten; die wallenden Mähnen
Hingen über das Joch bis zu dem Boden herunter.

Ein Anblick, der ſelbſt dem Jupiter traurig iſt. — Es iſt eine aus Plinius und andern Schriftſtellern bekannte Meinung, daſs verſchiedne Thiere, und inſonderheit die Pferde, bey ſchweren Unfällen, die ihre Herrn treffen, weinen und Thränen vergieſſen, wie Pope, der hier dem Spondanus folgt, bey unſrer Stelle bemerkt hat. In wie weit dieſe Fälle mit der Wahrheit übereinſtimmen, will ich hier nicht unterſuchen, ſondern nur das bemerken, daſs Homer ſich ſehr verſtändig

pfen. Indem Hektor bemerkt, daſs die Wagen und Pferde des Achilles von ſchwachen Führern geleitet werden, ermahnt er den Aeneas, mit ihm dieſe anzugreifen, und ſich der Wagen und Pferde zu bemeiſtern. Chromius und Aretus fügen ſich bey ihnen, doch Automedon wird dieſs bald gewahr, ſtellt ſich grade vor die Pferde, ermahnt den Alkimedon, bey ihm zu bleiben, und ruft Ajax und Menelaus um Hülſe, während er ſelbſt dem [18] Aretus mit ſeiner Lanze das

verſtändig aller ſolcher auſſerordentlichen Erzählungen bedient hat, um ſo wie hier die Betrübniſs und das Mitleiden über den Tod des tapfern Patroklus zu vergröſſern, und an andern Stellen andre Affekten dadurch zu erregen. Und geſetzt, daſs auch die Vorſtellung nicht auf Wahrheit gegründet wäre, ſo iſt ſie gleichwohl ſo natürlich, daſs wir ſelbſt den Vorfall zu ſehn uns einbilden. So wunderbar alſo auch dieſe äuſſerlichen Proben der Traurigkeit der Pferde Achillens ſcheinen mögen, ſo haben ſie dennoch groſſe Wahrſcheinlichkeit, und enthalten ſelbſt einige Züge von Wahrheit. Und grade dieſs iſt in der Behandlung des Wunderbaren höchſt nothwendig, und darf nicht aus der Acht gelaſſen werden.

18 Aretus, vom Automedon tödlich verwundet, ſpringt zurück, und ſtürzt rücklings zur Erde:

Wie mit ſcharfer Axt ein Mann, in blühender Jugend,
Einen gewaltigen Stier auf den Nacken hinter den Hörnern
Trifft, die Sehnen zerſchneidend; es ſpringet der Stier und fällt
dann.

das Leben nimmt, und den Hektor zurückhält, der sich gezwungen sieht, vor Ajax und Menelaus zu weichen; worauf [19] sich Automedon mit Freuden der Rüstung des Aretus bemächtigt, und diese, auf seinen Wagen steigend, mit sich führt. Das Gefecht über des Patroklus Leiche bleibt noch gleich blutig; doch zeigt sich [20] Minerva unter der Gestalt des Phoenix im griechischen Lager, und feuert Menelaus an, nicht zuzugeben, dass der getödtete Patroklus unter den Mauern von Troja von den Hunden zerrissen werde. Dieser, ohne Minerva zu erkennen, sagt zu ihr, die er für den Phoenix hält: „Greis der Vorzeit, wollte „mir Pallas Kraft verleihn, und fernen von mir „die fliegenden Pfeile; siehe dann wollte ich „mich

---

19 — — — — — ihm troff von Händen und Füssen
Blut, dem Löwen gleich, der vom ermordeten Stier kommt.

20 Wie Kronion Zeus am Himmel den purpurnen Bogen
Spannet, dass er den Sterblichen sey ein Zeichen des Krieges,
Oder des kalten Winters, welcher die Arbeit der Menschen
Auf dem Felde vereitelt, und ihre Heerden beschädigt:
Also kam, gehüllet in eine purpurne Wolke,
Pallas herab, und entflammte den Mut von jedem Achaier.

„mich neben euch stellen und schützen die „Leiche!" — Minerva hört mit Freuden, dass sie die erste von allen Göttern und Göttinnen ist, welche er anruft, und sogleich beseelt sie ihn [21] mit ausnehmendem Muth und Kraft. — Von der andern Seite entflammt Apollo, unter der Gestalt des Phaenops, Hektorn in Wuth gegen Menelaus, der dem Podes, Aections Sohne und Hektors Genossen, das Leben genommen hatte, bis Zevs, der Ida's Gebürge mit düstern Gewölken umhüllt hatte, mit seinem Blitz und Donner zwischen beyden kommt, und [22] den Troern

---

21 Minerva gab dem Menelaus in die Brust

— — — — die Dreistigkeit einer Fliege,
Welche, wie oft sie auch ein Mensch vom Leibe gescheucht hat,
Dennoch zu stechen begehrt, nach süssem Blute sich sehnend.

So gering diese von einem kleinen verächtlichen Thiere hergenommene Vergleichung auch scheinen mag, so glücklich drückt sie das anhaltende, unverzagte Bestreben des Menelaus aus, die Leiche des Patroklus vor der Gewalt der Troer zu schützen.

22 Der erste von den Griechen, der hier zu fliehn gezwungen wird, ist Peneleus der Boeotier, der, indem er das Gesicht gegen die Troer richtete, vom Polydamas in der Schulter verwundet ward; der zweyte Leitus, des tapfern Alek-

Troern Sieg giebt. Wie Meriones und Idomeneus diess bemerken, begeben sie sich zu den Schiffen zurück. Auch [23] Ajax und Menelaus

---

Alektryons Sohn, den Hektor an der Hand verwundet; Idomeneus, der dem verwundeten Leitus zu Hülfe kommt, wird vom Hektor angegriffen, und das ist Ursache, dass Koeranus, der Waffenträger und Wagenführer des Meriones, der ihm von Lyktus gefolgt war, das Leben verlor. — Auch diess bestätigt wieder die Wahrheit dessen, was in der 14ten Anm. zu diesem Gesange gesagt ist.

23 Dieser Held erklärt hier unter andern sehr ernstlich, dass Zevs allein alles regiere, dessen itzt so deutlich geoffenbartem Willen zu widerstehn Thorheit seyn würde. Auch betet er:

Vater Zeus, entreisse der Nacht die Söhne der Griechen,
Lass uns nur das Licht mit unsern Augen erblicken,
Und verdirb uns bey Tage, wenn so beschlossen dein Sinn hat!

Wenn Longin zeigen will, mit welcher Stärke sich Homer zu erheben pflegt, wenn er die Grösse und den Edelmuth seiner Helden schildern will, so bedient er sich dieser Stelle, wo eine unerwartete Finsterniss entsteht, welche die Griechen unentschlossen macht und den Ajax zu jenem Gebet veranlasst. Er zeigt, dass die Gemüthsbewegungen des Ajax seinem Charakter und der Wahrheit gemäss hier geschildert sind, indem er nicht um die Erhaltung seines Lebens — eine zu kleine Bitte für einen so grossen Helden — betet, sondern, weil er sieht, dass ihm die dicke Finsterniss die Gelegenheit raubt, seinen Muth und seine Tapferkeit zu zeigen, so wird er mitten in der Gefahr unwillig, weil er vom Gefecht

aus erkennen den Willen Kronions, und jener ermahnt diesen, den Antilochus aufzusuchen, damit er dem Achilles die Nachricht vom Tode des

---

fecht zurück gehalten wird, und begehrt, dass ihm nur der Tag und das Licht wieder gegeben werde, um bey demselben, so abgeneigt auch Zevs ihm und seinen Freunden seyn mag, ein rühmliches Ende seines Lebens zu finden. Es lohnt der Mühe nicht, Terrasson und andre Tadler unsers Dichters hier umständlich zu widerlegen. Denn die Unbesonnenheit, womit der genannte Schriftsteller Th. 2. K. 3. den Longin tadelt, als ob er die Stelle Homers aus dem Gedächtnisse angeführt, und nicht in ihrer Verbindung angesehn hätte, zeigt schon, wie unwichtig sein Tadel ist. Terrasson sagt nehmlich, dass Ajax hier den Zevs allein deswegen um Licht bittet, damit er jemand suchen könne, um dem Achilles den Tod seines Freundes zu verkündigen, nicht aber um seine Tapferkeit zu zeigen; allein diess ist der wahren Meinung des Dichters grade zuwider, der auch hier den heldenmüthigen Charakter des Ajax vortreflich beobachtet. Dieser Held ficht für die Leiche des Patroklus, und indem er den Himmel in dicken und dunkeln Wolken verhüllt sieht, woraus zuweilen ein Blitzstrahl fährt, so macht er daraus den Schluss, dass Zevs den Griechen keinesweges günstig sey, und unter diesen Umständen bittet er also, dass das natürliche Tageslicht wieder erscheine, damit er, ungeachtet des Rathschlusses des Zevs, den Troern Sieg zu verleihn, den Achilles auf eine oder andre Art zu sich kommen lassen könne. Er selbst indess, weit von aller Furcht entfernt, beharrt im Gefecht, und zeigt, dass er weder durch einige Beschwerden noch Gefahren sich zurück halten lasse, die Leiche des Patroklus

des Patroklus bringe. Menelaus gehorcht, doch [24] nicht sehr willig, aus Furcht vor der Leiche des Patroklus, die er indeſs den griechischen Führern, den Ajaxen und dem Meriones zur Beschirmung empfiehlt. Er kommt zum

---

Patroklus bis zum letzten Augenblick seines Lebens zu beschirmen, wie das aus der Folge dieser Erzählung unwidersprechlich erhellt.

24 Menelaus, welchen Ajax gebeten hat, den Antilochus, den Sohn des Nestor, aufzusuchen, und diesen zum Achilles zu senden, verläſst seinen Posten mit Widerwillen, aus Furcht, daſs die Ajaxe und Meriones nicht im Stande seyn mögen, die Leiche des Patroklus zu beschirmen. Menelaus, sagt der Dichter, ging unwillig von Patroklus, wie ein Löwe:

— — — — welcher, nachdem er die Hunde
Und die Hirten lange gereizt hat, endlich die Hürde
Wieder, ermüdet, verläſst; die Nachtdurchwachenden wehrten
Ihm, das Fett der Heerde zu rauben; Fleisches begierig
Stürzt er, aber umsonst, auf sie zu; denn häufige Spieſse
Fliegen, und lodernde Fackeln, aus starken Händen geworfen
Gegen ihn; er weichet zurück im hizigsten Angriff,
Und geht in der Dämmrung von dannen mit traurigem Herzen.

Eben dieſs Bild kommt auch im eilften Gesange vor. Man sehe die 24 Anm. zu demselben. — Ob diese Wiederholung vom Dichter selbst herrühre oder ein fremder Zusatz sey, will ich nicht bestimmen; so viel ist gewiſs, daſs Homer an einigen Wiederholungen Gefallen gehabt zu haben scheint.

zum [25] Antilochus und bringt ihm jene Nachricht, die den Antilochus so schmerzt, daſs ihm die Thränen von den Wangen rollen und im Munde die Stimme stockt. Doch giebt er seine Waffen dem Laodokus, und geht zum Achilles. Menelaus, der statt des Antilochus den edeln Thrasymedes den Pyliern zum Führer verordnet, kehrt zum Leichnam des Patroklus wieder zurück, und überlegt mit den beyden Ajaxen, wie sie sich, weil Achilles keine Waffen hat und also nicht gleich kommen kann, am besten der Leiche des Patroklus bemeistern können. Ajax, Telamons Sohn, giebt den Rath, daſs Menelaus und Meriones die Leiche aufnehmen und wegführen sollen, und er und der andre Ajax dafür Sorge tragen wollen, daſs sich die Troer der Leiche nicht bemäch-

---

25 So bald Menelaus sich auf den Weg begiebt, schaut er von allen Seiten um sich nach dem Antilochus:

— — — — wie ein Adler, von welchem sie sagen,
Daſs er am schärfsten sehe vor allen Vögeln des Himmels;
Ihm ist nicht, wie hoch er auch fleugt, ein Hase verborgen,
Welchen die dichte Staude verdeckt; er stürzet von oben
Auf ihn zu, und hascht ihn bald, und entreiſst ihm die Seele.

bemächtigen. Menelaus und Meriones heben in ihren Armen den Todten hoch in die Höhe. [26] Die Troer fallen mit aller Gewalt sie an, doch so oft die beyden Ajaxe sich gegen diese wenden, ziehn sie sich zurück, und keiner vermochte sich hervorzuwagen, und um die Leiche zu kämpfen. — [27] Hektor und Aeneas fahren

26 — — — — — wie Hunde den Keuler
Treiben, welchen jagende Jünglinge haben verwundet;
Anfangs laufen sie zwar, und hoffen ihn bald zu zerreissen;
Aber so bald er, sich vertrauend, sich gegen sie wendet,
Weichen sie rückwärts, vor ihm fliehend, hierhin und dorthin:
So verfolgten schaarenweis' im Anfange die Troer,
Mit den Schwertern treffend und mit zweyschneidigen Lanzen;
Aber so oft die beyden Ajas sich gegen sie wandten,
Und still standen, wurden sie bleich, und keiner vermochte
Sich hervorzuwagen, und um die Leiche zu kämpfen.

27 Das Gefecht über das Wegführen der Leiche des Patroklus war schrecklich anzusehn. Um diess dem Leser recht anschaulich zu machen, häuft der Dichter hier einige Vergleichungen auf einander. Die Heftigkeit des Gefechts war:

— — — — wie wachsendes Feuer den Städten entlodert;
Plötzlich entsteht es, es stürzen in schrecklicher Lohe die Häuser,
Und es rauschet der tobende Wind durch die wehenden Flammen:
So verfolgte nun die beyden eilenden Ajas
Rasselnd Getöse der Ross' und der speergewapneten Männer.

Die Griechen tragen angestrengt den todten Patroklus:

 Starken

fahren indess beständig fort, die Griechen zu verfolgen, und des Gefechts ist kein Ende.

Starken Mäulern gleich, die mit vereinigten Kräften,
Vom Gebürg herab, und über steinichte Stege,
Ziehen einen Balken oder ein grosses Schiffholz;
Arbeit und Schweiss beschwert zugleich die angestrengten.

Und die beyden Ajaxe wehren von hinten den Anfall der Troer:

— — — — gleich einem waldichten Hügel,
Welcher übers Gefilde gestreckt die Wasser zurückhält;
Sieh' er hemmt die reissenden Fluten der starken Ströme,
Rückwärts sie stossend, dass sie entlang dem Gefilde fliessen;
Denn sie vermögen ihn nicht, mit ihrer Wut zu durchbrechen.

Indess fliehn mit lautem Geschrey die Griechen vor Aeneas und Hektor schnell:

Gleich der Wolke von ziehenden Schaaren oder von Dohlen,
Welche fliegen mit hellem Geschrey, so bald sie den Falken
Sehn; denn dieser bringet den Tod dem kleinen Gevögel.

✿

Inhalt des achtzehnten Gesanges.

Der schnelle Antilochus [1] bringt dem Achilles von dem Tode des Patroklus die Nachricht.

Erläuterungen zum achtzehnten Gesange.

1 Achilles, dem der Unfall seines Busenfreundes schon ahnet, steht vor den Schiffen, indem Antilochus mit heissen Thränen zu ihm kommt, und ihm die wichtige Nachricht mit den kurzen Worten bringt:

Wehe mir, Sohn des kriegrischen Päleus, traurige Botschaft
Wirst du hören; o wär' es nicht geschehen! Patroklos
Liegt; sie kämpfen nur um die nackte Leiche des Helden;
Denn es raubte die Waffen Hektor mit wehendem Helmbusch.

Quinctilian (Inst. orat. l. X. c. 1.) merkt an, dass der ein grosser Mann sey, der Homers Schönheiten — nicht nachahmen — denn das sey unmöglich, — sondern nur fassen und einsehn könne, und fragt: „wer kann kürzer erzählen, als Antilochus, wenn er den Tod des Patroklus berichtet?“ Und wer nur einiges Gefühl von wahrer Dichtkunst und Beredsamkeit hat, wird mit eben diesem Kunstrichter gestehn müssen, dass Homer allenthalben in allen Theilen dieser zwo edeln Künste alle Schriftsteller weit übertroffen habe, wie ich schon in der ersten Anm. zum ersten Gesange bemerkt habe.

richt, die er schon aus dem Zurückweichen der Griechen vermuthete, und die ihm schon einst seine Mutter verkündet hatte. [2] Achilles wird hierüber mit allen, die um ihn sind, in die tiefste Traurigkeit gestürzt, und kehrt sich in Staub und Asche. Seine Klagen hört seine Mutter Thetis, die sich bey allen [3] Meernymphen, die sie umringen, über das traurige Schicksal

---

2 Der innigst betrübte Held

— — fassete mit beyden Händen Staub von der Erde,
Goss ihn über sein Haupt und übers göttliche Antlitz;
Und sein Purpurgewand ward überstäubet mit Asche.
Ausgestreckt, bedeckt er selber den staubichten Boden,
Und zerrauft mit eignen Händen sein lockichtes Haupthaar.
Mägde, welche er und Patroklos hatten erbeutet,
Heulten laut mit traurigen Herzen; aus den Gezelten
Liefen sie um den kriegrischen Helden, schlugen mit Händen
Ihre Busen, und sanken all' in Ohnmacht nieder.
Auch Antilochos jammerte; heisse Thränen vergiessend,
Hielt er die Hände des tiefaufschluchzenden Päleionen,
Dass er mit dem Erze sich nicht die Kehle durchschnitte.

Diess Gemälde ist voll von den lebhaftesten Zügen einer mit Verzweiflung verbundnen Traurigkeit.

3 So wunderbar es auch scheinen mag, dass das Schreyen und Klagen des Achilles seiner Mutter zu Ohren kommt, die bey ihrem Vater dem Greise in der Tiefe des Meers sitzt, so macht gleichwohl der Dichter diesen Vorfall durch eine ungeschmückte Erzählung desselben sehr wahrscheinlich, da er unter

Schicksal ihres Sohns [4] beklagt, und, von ihnen begleitet, aus dem Meere, das sich vor ihr und ihrem Gefolge theilt, hervor und zum Achilles geht, um ihn über die Ursache seiner Betrübniſs zu befragen. Lautweinend erzählt ihr Achilles den Tod seines Freundes Patroklus, und zugleich, daſs Hektor ihn seiner herrlichen Rüstung beraubt habe, welche die Götter seinem Vater geschenkt hatten, da er Thetis zur Gemahlin bekam, und die er itzt dem Patroklus geliehn hatte. Auch beklagt er den Gram, der ihre Seele ihres Sohnes wegen erfüllt, und versichert, daſs er nicht länger leben möge, wenn er sich an Hektor nicht rächen dürfe.

---

unter andern vier und dreyſſig Meernymphen alle bey ihrem Namen und einige mit ihren besondern Eigenschaften anführt, die alle die silberschimmernde Halle der Thetis erfüllen, und weinend an Achillens Schmerz theilnehmen.

4 Die vornehmste Klage der Thetis, die lautaufweinend das Haupt des geliebten Sohnes umfaſst, ist diese:

Wehe mir Unglückseligen! wehe mir Heldenmutter!
Die ich den treflichen Sohn, den starken habe gebohren,
Ihn den kühnsten der Helden! er schoſs empor, wie ein Sprössling,
Und ich pflegte die Pflanze mit Sorgfalt im fruchtbaren Boden;

Sandte

dürfe. Thetis erinnert ihn darauf an seine vestbestimmte und kurze Lebenszeit nach Hektors Tode. Achilles beklagt sich, dass er in seinem Zorn so lange [5] beharret hat, und sagt, dass er Hektor aufsuchen wolle, und, mit Herkules Beyspiel über sein kurzes Leben sich tröstend, erklärt er, dass er zum Streit gehn und die Troerinnen zu Seufzern und Thränen zwingen wolle. Thetis, die keinesweges misbilligt, dass er seinen Gefährten, die in grosser Gefahr waren, zu Hülfe komme, räth ihm gleichwohl, nicht ehe ins Gefecht zu gehn, als bis sie ihm des folgenden Tages neue, vom Vulkan

---

Sandte ihn dann in krummen Schiffen gen Ilion, dass er
Mit den Troern stritte! Ich werd' ihn nimmer empfahen,
Wiederkehrend zum väterlichen Palaste des Päleus;
Und so lang' er lebend das Licht der Sonne noch schauet,
Wird er geängstet: dennoch vermag ich ihm nicht zu helfen.

5 Er wirft sich selbst vor, dass er dem sterbenden Freunde nicht half:

— — welcher entfernt vom Lande der Väter
Fiel, nach mir sich sehnend, dass ich den Tod von ihm fernte!
Sieh' ich kehre nicht wieder zurück zur geliebten Heimat,
Bin Patroklos nicht zum Heile gewesen, den andern
Auch nicht, deren viele dem edlen Hektor erlagen;
Hier sitz' ich bey den Schiffen, umsonst die Erde belastend,
Obgleich

Vulkan verfertigte Waffen gebracht hat. Sie befiehlt darauf ihren Nymphen, sich wieder ins Meer zu begeben, und ihrem Vater, dem Greise, alles zu erzählen; sie selbst aber geht zum Olymp. Indess blieb das Gefecht über die Leiche des Patroklus noch gleich heftig, da bald diese, bald jene die Oberhand zu haben schienen, und beyde Ajaxe alles anwandten, um [6] Hektor abzuhalten, der aber doch der Leiche des Patroklus sich würde bemächtigt haben, wenn nicht Juno, ohne Vorwissen des Jupiters, Iris aus dem Olymp zum Achilles abgesandt

---

Obgleich stark, wie keiner der erzgepanzerten Griechen,
In der Schlacht; als Redner im Rath sind andre berühmter.
Würde doch unter Göttern und Menschen die Zwietracht vertilget,
Und der Zorn, der auch die Herzen der Weisen empöret!
Süsser scheinend im Anfang als niederträufelnder Honig,
Steiget er, wallend wie Rauch, empor im Busen der Menschen.
Mich empört' er gegen den König Agamemnon!
Aber ich lass' das Vergangne fahren, wiewohl ich gekränkt bin,
Meinen Zorn aus Noth in meinem Herzen bekämpfend;
Und ich gehe, dass ich des theuren Freundes Vertilger,
Hektorn finde.

6 So wie nächtliche Hirten den hungrigen grimmigen Löwen
Nicht vom Körper, den er zerfleischt, zu treiben vermögen;
So vermochten auch nicht die beyden rüstigen Ajas,
Abzuschrecken Priams Sohn vom todten Patroklos.

gesandt und ihn ermahnt hätte, sich, obgleich ungewafnet, den Griechen und Troern zu zeigen, damit niemand die Leiche des Patroklus mishandeln möge. Achilles steht auf, wird von Minerva mit 7 ungemeinem Glanze bekleidet, und ohne sich unter die Griechen selbst zu

7 Im Anfange des fünften Gesanges sahn wir, wie Minerva den Diomedes im Gefecht auszeichnete, da aus seinem Helm und Schild Feuer und Gluth zum Vorschein kamen, und sein glanzreiches Haupt von hellen Stralen glänzte. Doch die Beschreibung des Achilles, der sich nun seinen Feinden wieder zeigen soll, ist noch viel vortreflicher. Minerva selbst

Hielt vor seinen starken Schultern die prächtige Aigis
Und mit einer goldenen Wolke kränzte die hohe
Göttin sein Haupt; ein leuchtendes Feuer loderte drüber,
Wie von einer Stadt der Rauch den Himmel hinanwallt,
Fern aus einem Eilande, welches Feinde bekriegen;
Siehe, sie streiten den ganzen Tag in schrecklicher Feldschlacht,
Stürzend aus den Thoren; so bald die Sonne hinabsinkt,
Brennen häufige Fackeln umher; die steigenden Flammen
Lodern hell, auf dass die benachbarten Völker sie sehen,
Und als Retter vielleicht zu ihnen kommen in Schiffen:
Also stieg gen Himmel der Glanz vom Haupte Achilleus.

Mit Recht wird der Ruhm und die Erwartung, die diesen Held, da er endlich wiederum in den Streit gehn soll, begleiten muss, so prächtig dem Leser vorgestellt. — Was insonderheit die Vergleichung des Dichters so schön macht, ist diess, dass sie zugleich eine Geschichte enthält, von welcher ein

zu mischen, läſst er [8] dreymal seine Stimme hören, welche Minerva begleitet. Dadurch entsteht unter den Troern ein solches Schrecken, daſs die Griechen sich der Leiche bemächtigen, die sie auf eine Bahre legen, und mit dem Achilles unter heissen Thränen begleiten. Die Sonne geht indeſs unter, und das Gefecht nimmt ein Ende. Den Troern, denen der Anblick des Achilles Furcht und Schrecken eingejagt hatte, und die darum nicht sitzend, sondern stehend, ehe sie das Mahl nehmen, eine Versammlung halten, giebt [9] Polydamas

---

ein besondrer Umstand zur Erläuterung der vorgestellten Sache dient, so wie hier das helle Licht der brennenden Fackeln in der belagerten Stadt in einer dunkeln Nacht unsre Vorstellung von der hellen Flamme, die das Haupt des Achilles umgiebt, ausnehmend lebhaft und stark macht.

8 Die Stimme des rufenden Achilles, die von Minerva wiederholt ward, erscholl laut:

Wie die schallende Stimme von hellen Drometen ertönet,
Um die Mauern der Stadt, die schreckende Heere belagern.

9 Von ihm sagt der Dichter:

— — — er allein sah Vorzeit und Zukunft,
Hektors Gefährte, mit ihm in Einer Nacht gebohren,
Einer durch Reden berühmt, und durch die Lanze der andre.

damas den Rath, das ofne Feld zu verlassen, sich in die Mauern der Stadt zurück zu ziehn, und diese vor dem Anfall des Achilles zu sichern, weil sie sonst der Wuth des nun wieder zum Vorschein gekommenen Achilles nicht würden widerstehn können. Allein Hektor, der itzt mehr als je auf Jupiters Hülfe traut, verwirft diesen Rath, und [10] ermahnt jeden, sich des Morgens

---

10 Hektor, der den Rath des Polydamas misbilligt, sagt unter andern:

Wär't ihr nicht lange genug in euren Mauern gesperret?
Ehmals ward von allen Menschen, als reich an Golde
Und als reich an Erz, die Stadt des Priams gepriesen;
Nun sind alle Kleinodien aus den Häusern geschwunden.
In dem schönen Maionien und Frügien wurden
Viele verkauft, dieweil der grosse Kronion uns zürnte.
Nun hat mir der Sohn des listigen Kronions gegeben,
Ruhm zu erwerben, und dicht zu drängen ans Meer die Achaier.
Darum wollest du, Thor, dem Volke solches nicht rathen!
Keiner der Troer wird dir gehorchen, ich werd' es nicht dulden!
Aber wohlan, gehorchet mir alle, wie ich euch rathe:
Haltet Schaarenweise nun im Lager die Mahlzeit,
Und gedenket der Hut, und bleibet munter ein jeder.
Wenn ob seiner Habe sich mancher Troer noch ängstet;
Ey der gebe sie Preis den Genossen; denn es ist besser,
So des einer der Unsern froh wird, als ein Achaier!
Früh bey der Morgenröthe wollen wir alle gerüstet
Bey den hohlen Schiffen die scharfe Feldschlacht erwecken.
Hat der edle Achill sich bey den Schiffen erhoben;

Desto

Morgens früh zum Streit zu wafnen, und er selbst versichert voll Muth, Achilles [11] bestehn zu wollen. Die Griechen beweinen indess die ganze Nacht durch den Tod des Patroklus; insonderheit thut diess [12] Achilles, der [13] weinend erklärt, dass er, da er doch dieselbe Erde bald

---

Desto schlimmer für ihn; ich werd' ihn warlich nicht fliehen,
In der wildertönenden Schlacht, ich will ihn bestehen:
Dass er mich, wo nicht, ich ihn besiege; denn Arès
Waltet beyder, und hat schon oft den Sieger getödtet.

11 So vielen Muth diese Rede des Hektors auch zu erkennen giebt, so bemerkt gleichwohl der Dichter, dass die Troer thörigt handelten, indem sie alle Hektors bösem Rath folgten, und Polydamas heilsamen Rath verwarfen.

12 Wie Achilles die Freunde und Gefährten des Patroklus anredete, seufzt' er voll Zorn

— — — — gleich dem starkgebarteten Löwen,
Dem ein Hirschverfolgender Jäger aus dichtem Gebüsche
Seine Jungen geraubt hat; er grämt sich, wenn er zurück kommt,
Viele Thale durchwandelt er, spürend die Tritte des Mannes,
Ob er endlich ihn finde; denn grimmiger Zorn ergreift ihn!

13 Erst macht er sich selbst den Vorwurf:

O des eitlen Worts, so ich jenes Tages gesprochen,
Als ich dem Helden Menoitios Muth einsprach im Palaste,
Sagend, ich würde, mit Ruhm gekrönt, ihm wieder gen Opus
Bringen seinen Sohn mit reicher Beute von Troja.

bald mit ſeinem Blute färben werde, die Leiche des Patroklus nicht eher beſtatten wolle, als bis er ihm Hektors Haupt und Rüſtung gebracht und vor ſeinem Scheiterhaufen zwölf Troiſche Jünglinge geſchlachtet habe. — Hierauf wird ein groſſer Dreyfuſs mit Waſſer gekocht, die Leiche des Patroklus gewaſchen, mit wohlriechendem Oel geſalbt, und auf ein Bett gelegt, das vom Haupt bis zum Fuſſe mit feiner Leinwand und weiſſem Teppich darüber bedeckt war. — Inzwiſchen iſt Thetis beym arbeitſamen Vulkan angelangt, der eben [14] Kunſtwerke verfertigte. Charis

---

Und dann ſetzt er ſo gleich hinzu:

Aber Kronion vereitelt manche Gedanken der Menſchen,

Eine Hinweiſung auf die Vorſehung, deren ſich Homer mehrmals bedient hat. Man ſehe die neunte Anm. zum vorigen Geſange.

14 Dieſe Kunſtwerke waren zwanzig Dreyfüſſe oder Gefäſſe; ſie waren beynahe fertig, um an der Wand der prächtigen Halle zu ſtehn:

Dieſe liefen auf goldenen Rädern, daſs ſie von ſelber
Zu der göttlichen Schaar der Gäſte zu rollen vermöchten,
Und auch wieder zurück; es war ein Wunder zu ſchauen.

— Eben wollte Vulkan die künſtlichen Henkel daran beveſtigen, da ihm Charis die Ankunft der Thetis meldete. —

Ariſto-

Charis heiſst ſie willkommen, und läſst ſie auf einen ſilbergezierten künſtlichen ſchönen Seſſel mit einem Schemel unter den Füſſen ſich ſetzen. Sie giebt darauf ihrem Gemahl Nachricht von der [15] Ankunſt der Göttin. Dieſer erinnert ſich der Wohlthaten, die er vormals von The-

tis

Ariſtoteles im erſten Buch K. 4. von der Einrichtung einer Republik ſagt, daſs man keiner Sklaven und Bedienten bedürfte, wenn man dergleichen ſich ſelbſt bewegendes Hausgeräthe hätte, als der Dichter hier erwähnt. Und es ſcheint daraus zu erhellen, daſs der Weltweiſe die freywillige Bewegung jener Dreyfüſſe im eigentlichen Sinn genommen habe. Man darf ſich alſo über die Bemühung ſpätrer Schriftſteller, das Wunderbare in der Bewegung dieſes Geräthes durch ein Uhrwerk oder ſonſt zu erklären, weniger wundern. Man ſehe Popens Anm. zu dieſer Stelle. Indeſs kommt es mir, ungeachtet des Anſehns eines Ariſtoteles und andrer Weltweiſen vor, daſs der Dichter mit dieſem von ſelbſt bewegen nichts anders als die Leichtigkeit und Schnellheit andeuten wolle, womit die Füſſe oder Räder dieſer Kunſtwerke ſich bewegen lieſſen.

15 Die Beſchreibung der Ankunſt der Thetis beym Vulkan iſt ſo gefällig als natürlich, und zeigt uns wieder den Dichter, der keine Gelegenheit zu ſchönen und treffenden Gemälden vorbeyläſst. Vulkans Haus war von ihm ſelbſt von Kupfer erbaut, prächtig und ſtralend. Der hinkende aber arbeitſame Künſtler war ſchwitzend und ämſig bey den Blaſebälgen beſchäftigt, da ihm ſeine Gemahlin die Ankunſt der Thetis meldet. Sogleich erhebt er ſich

tis und Eurynome genossen hatte, und trägt der Charis auf, während er sein Werkzeug bewahrt, ein freundschaftliches Mahl der Göttin vorzusetzen. Nachdem Vulkan sein Werk verrichtet, sich gewaschen und gereinigt hat, nimmt er Gewand und Zepter, und geht, von einigen Mägden begleitet, [16] zur Thetis. Diese erzählt ihm

---

Hinkend; unter ihm wankten seine schwächlichen Beine.
Aus dem Feuer nahm er die Blasebälg' und das Werkzeug,
Und schloss alles ein in einen silbernen Kasten;
Beyde Hände wusch er alsdann, das Gesicht und den starken
Nacken nebst der haarichten Brust mit einem Schwamme;
Nahm Gewand und Zepter, und ging heraus aus der Thüre
Hinkend; goldene Mägde begleiteten stützend den König.

Diese ganze Handlung kommt völlig mit dem Verfahren der Menschen überein, und man würde beynahe das göttliche Vermögen Vulkans ganz aus den Augen verlieren, wenn nicht der Dichter gleich hierauf die wunderbare Bereitung einer neuen Rüstung für den Achilles erzählte, die Vulkan so geschwind und künstlich verfertigt, dass es weit über alle menschlichen Kräfte geht. Durch diese Mischung von göttlichen und menschlichen Handlungen weiss Homer seinem Gedicht nicht nur beständig Leben und Bewegung zu geben, sondern auch mitten in der Vorstellung des Wunderbaren die Wahrscheinlichkeit zu beobachten.

16 Diese Mägde waren keine lebendige Geschöpfe, sondern Kunstwerke vom Vulkan aus Gold verfertigt:

Lebenden Menschen waren sie gleich, und blühten wie Jungfraun,
Ja sie hatten Verstand und Stimme des Menschen und Kräfte,
Hatten

ihm ihr und ihres Sohnes unglückliches Schicksal, und bittet ihn, wieder einen neuen Schild, einen neuen Helm und Stiefeln und Harnisch für Achilles zu verfertigen. Vulkan [17] erfüllt sogleich

Hatten von den unsterblichen Göttern Künste gelernet;
Diese unterstützten den König. —

Es ist, wie ich schon mehrmals erinnert habe, ein vorzüglicher Zweck der Dichtkunst, alles lebend und handelnd vorzustellen. Nicht genug, dass Vulkan zur Verfertigung des Schildes für den Achilles sich seiner Werkzeuge bedient; er gebraucht sie auch als Wesen, die ihm zu Gebot stehn und gehorsam sind; denn sobald er die Hand ans Werk schlägt, befiehlt er seinen Blasebälgen, mit aller Macht das Feuer anzublasen. Es ist also auch nicht unnatürlich, dass ein so mächtiger und göttlicher Künstler so wunderbare und erhabne Kunststücke verfertigt. Nichts ist leichter, als die Sachen beym Homer aus ihrem Zusammenhange zu reissen und damit zu spotten; so bemerkt Eustathius hier, dass diese Stelle dem Lustspieldichter Alexis Anlass gegeben habe, die Funken, die vom Amboss des schmiedenden Vulkans flogen, Hunde zu nennen, die ihn anbellten.

17 Vulkan lässt sogleich alle seine Blasebälge arbeiten, um Erz, Zinn, Gold und Silber zu schmelzen; mit der einen Hand ergreift er den starken Hammer, mit der andern die Zange, und nun fängt er an den künstlich gearbeiteten Schild zu schmieden. Eine sehr natürliche Beschreibung! — Zugleich beantwortet der dankbare Vulkan die Bitte der Thetis mit diesen Worten:

Sey getrost, und lass nicht dieses das Herz dir bekümmern!
O dass ich vor dem schrecklichen Tode so ihn verbergen

ſogleich ihre Bitte, verfertigt einen [18] groſſen Schild,

Könnte, wenn auch ihm das harte Schickſal herannaht;
Als ich ſchöne Waffen ihm werde geben, die jeder
Wird anſtaunen, der ſie erblickt von ſterblichen Menſchen.

18 Auf dieſem Schild bildete er

— — — — erſt die Erde, das Meer und den Himmel,
Und den vollen Mond und die unermüdete Sonne,
Rund um dieſe herum die Himmelkränzenden Sterne.
Pläiaden, Hüaden, und den ſtarken Orion,
Und die Bärin, welche das Volk den Wagen nennet,
Die in kleinen Kreiſen ſich dreht, Orion betrachtend,
Und nicht in die Fluten des Ozeanes ſich tauchet.
Ferner bildet' er zwo von Menſchen bewohnte ſchöne
Städte; Hochzeitfeyer und Schmäuſe in der einen.
Aus den Kammern wurden Bräute mit leuchtenden Fackeln
Durch die Stadt geführt, bey ſchallendem Brautgeſange;
Jünglinge tanzten in Kreiſen umher, es tönten die Flöten
Und die Saiten der Leyer; es ſtanden ſtaunende Weiber,
Jede in dem Vorſaal ihres eigenen Hauſes.
Auf dem Markte drängten ſich Haufen; denn es war ein
Zwiſt entſtanden zwiſchen Männern ob einer Buſſe
Wegen eines Ermordeten: dieſer bezeugte dem Volke,
Alles hab' er bezahlt; und jener läugnete ſolches.
Beyde wünſchten den Streit durch einen Richter zu enden,
Beyden erſchollen begünſtende Rufe des hörenden Volkes.
Herolde ſchweigten nun das Volk; es ſetzten ſich Greiſe
Rund umher in heiligem Kreiſ' auf geglättete Steine;
In den Händen hielten ſie der Herolde Zepter,
Richteten dann ſich auf und ſprachen nach einander.
Unter ihnen lagen zwey Pfunde Goldes, damit ſie
Der empfinge, welcher das Recht am billigſten ſpräche.
Glänzende Heere lagen vor den Mauren der zwoten

Stadt;

Schild, auf welchem verschiedne Sachen und

Stadt: das Heer der Belagernden, und der schützenden Bürger.
Jene heischten die Hälfte der sämtlichen Güter, und drohten,
Zu verheeren die Stadt, wofern sie nicht solches gewährte:
Diese weigerten sich und sandten laurende Schaaren.
Ihre Mauren bewachten indessen Weiber und zarte
Kinder, nebst den Männern, welche das Alter schon drückte.
Jene gingen; es führte sie Arâs und Pallas Athänâ.
Beyde waren von Gold, in goldnen Gewanden gekleidet,
Schön in ihrer Rüstung und groß; sie stralten als Götter
Sichtbar empor, doch nur ein wenig grösser als Menschen.
Als sie an die Stäte kamen, die ihnen die beste
Schien zum Hinterhalt, wo das Vieh zur Tränke geführt ward,
Lagerten sie sich am Fluss mit ihren schimmernden Waffen.
Aber das Heer der Belagernden hatte Späher gesendet,
Aufzulauern den Rindern, und den Heerden der Schafe.
Bald erschienen Heerden, geführt von Hirten, die beyde
Sich mit Flöten ergötzten, ohne Argwohn zu hegen.
Eilend stürzten Krieger hervor, entführten die Rinder
Und die Schafe, nachdem sie die Hirten hatten ermordet.
Da die Schaar am Flusse vernahm das laute Getöse,
Sprangen die Krieger auf flüchtige Ross', und erreichten die Feinde.
Bey den Ufern des Flusses standen sie nun und stritten,
Schwingend erzgeschärfte Lanzen gegen einander.
Eris war bey ihnen, Kâdoimos und die harte
Kär; die einem, wiewohl verwundeten, dennoch das Leben
Fristete, aber jenen todt bey den Füssen davon zog.
Ihre Schultern bedeckt ein Mantel triefend von Schlachtblut.
Lebenden sahn die Bilder gleich, als stritten sie würklich,
Und als zögen sie würklich zu sich die Leichen der Ihren.

Ferner bildet Häfaistos ein fettes und weiches Brachfeld,
Das zum drittenmale gepflügt ward. Viele Pflüger

und Begebenheiten sehr künstlich vorgestellt

Trieben auf und ab die angespannten Stiere;
Und so oft ein jeder erreichte das Ende des Ackers,
Reicht' ein Mann ihm einen Becher voll süsses Weines;
Eilig wandte sich jener dann wieder zur neuen Furche,
Wieder wünschend ans End' des breiten Neubruchs zu kommen,
Dunkel erschien die Erde hinter dem Pfluge, wiewohl sie
Golden war; gewiss, es war ein Wunder zu schauen.

Hier erhub ein Acker sich mit wankenden Saaten,
Schnitter hielten in den Händen die scharfe Sichel;
Reihenweise fielen die Schwaden hinter einander,
Und drey Garbenbinder banden sie ämsig zusammen;
Hinter den Schnittern sammelten Knaben und brachtens den Bindern
Unablässig in vollen Armen. Der König stand schweigend
Mit dem Zepter unter ihnen, und freute sich herzlich.
Unter einer Eiche bereiteten Diener die Mahlzeit,
Einen grossen geschlachteten Stier; geschäftige Weiber
Rührten weisses Mehl zum Abendschmause der Schnitter.

Man vergleiche hiemit die Geschichte der Ruth und des Boas, und man wird sogleich die Aechtheit der Erzählung aus den gleichen Sitten der alten Zeit erkennen.

Nun verfertigt er einen grossen güldenen Weinberg,
Welcher reichlich war mit schwarzen Trauben behangen;
Reihenweise schlangen sich Reben um silberne Pfäle.
Schwarz lief rund umher ein Graben, über dem Graben
Ein Gehege von Zinn; ein Fussteig führte zum Weinberg,
Diesen betraten die Träger, wenn sie die Weinlese hielten,
Frohgesinnte Mägdlein und Buben trugen die süsse
Honigfrucht der Reben in wohlgeflochtenen Körben.
Unter ihnen stand ein Knabe mit tönender Leyer,

Lieblich

stellt waren, und so auch Harnisch, Helm und

Lieblich spielend, hell erklangen die bebenden Saiten;
Ihn begleiteten Gesang und Jauchzen und tanzende Füsse.

Eine hochgehörnte Heerde verfertigt Häfaistos,
Einige Rinder waren von Gold, und von Zinn die andern.
Brüllend liefen sie aus dem Stalle zu der Weide,
Längst dem rauschenden reissenden schilfumsäuselten Strome.
Vier aus Gold gemachte Hirten folgten der Heerde,
Und sie würden von neun flüchtigen Hunden begleitet.
Zween erschreckliche Löwen stürzten gegen die Heerde,
Fassten einen stöhnenden Stier, und zogen ihn; dieser
Brüllte heftig, es folgten die Hund', es folgten die Hirten.
Aber die Löwen zerrissen das Fell des grossen Stieres,
Schlurfend im schwarzen Blute sein Eingeweide; die Hirten
Folgten umsonst, und hezten umsonst die eilenden Hund' an;
Diese scheuten sich zu beissen die Löwen, sie sprangen
Dicht hinan und bellten, sie dennoch immer vermeidend.

Eine Waldtrift bildete dann der hochberühmte
Hinkende Gott. Da sah man Heerden von weissen Schafen,
Ställe sah man und Hütten und voll gedrängte Hürden.

Einen Reigen bildet' der hinkende hochberühmte
Jenem ähnlich, welchen vordem in der grossen Knossos
Daidalos für Ariadnä erfand die lieblichgelockte.
Sieh' es tanzten Jünglinge hier und schöne Jungfraun,
Bey den Händen sich haltend; in feinen Gewanden von Leinwand
Waren die Jungfraun gekleidet; ein feiner schliessender Leibrock,
Welcher glänzte von Oel, bedeckte der Jünglinge Leiber.
Schöne Kränze schmückten die Jungfraun; goldene Schwerter
Hangend an silbernen Riemen, zierten der Jünglinge Hüften.
Kreisend liefen sie bald einher mit schwebenden Füssen,
Schnell wie die kreisende Scheib' in den drehenden Händen des Töpfers;

und Stiefel. Nachdem die ganze Rüstung

Bald auch liefen sie reihenweise gegen einander.
Dichte Haufen des Volks umstanden den lieblichen Reigen
Hochergötzt; zween wackre Tänzer waren darunter,
Die den Gesang anstimmten, und durch die Reihen sich drehten.
Endlich bildet Häfaistos am äussersten Rande des schönen
Schildes noch die mächtigen Fluten des Ozeanes.

Homers Tadler, die sich nicht vorstellen können, dass ein tragbarer Schild so viele und mannigfaltige Sachen abbilden könne, haben hier bemerkt, dass der Dichter alle Regeln der Wahrscheinlichkeit gänzlich vernachlässigt habe. Boivin in den *Act. Erudit. Lips.* vom Jahre 1716 hat diese Schwierigkeit wegnehmen, und durch eine Abbildung dieses Schildes, die auch Pope von ihm entlehnt hat, zeigen wollen, dass alle diese verschiedne Handlungen und Vorfälle sich sehr füglich in zwölf verschiedne Fächer vertheilen lassen. Die Arbeit dieses Gelehrten verdient Lob; indess muss ich doch erinnern, dass, wenn man auch der von ihm gemachten Abtheilung folgt, man dennoch nicht alles so vorstellen kann, dass Ein Mensch nur Eine Handlung thut, welches gleichwohl nach unsrer gegenwärtigen Denkungsart in Ansehung der Bildhauer-, Mahler- und Aetzkunst nothwendig ist. Wir werden also z. B. auf dem dritten Fach denselben Greis sitzen und aufstehn sehn, und an einer andern Stelle, dieselben Soldaten zum Vorschein kommen, zu Pferde steigen und fortreiten sehn, welches man doch in unsern Zeiten in einem und eben demselben Gemählde zu sehn nicht gewohnt ist. Allein brauchen wir wohl zu allen solchen zwar gut ausgedachten, aber gleichwohl sehr unsichern Vertheilungen unsre Zuflucht zu nehmen? Kennen wir die Manier der Alten im Aetzen, im Schmieden, in getriebner Arbeit genug?

stung fertig ist, übergiebt er sie der Thetis,

---

genug? Ist es nicht wahrscheinlich, dass sie gewohnt waren, die einmal angefangne und nun fortgesetzte Handlung eines Menschen mehrmals in Einem und demselben Gemählde in verschiedner Haltung vorzustellen? Die ältesten Ueberbleibsel der Kunst, die noch Spuren von mindrer Regelmässigkeit in der Anordnung und Stellung an sich tragen, veranlassen uns, wie es mir vorkommt, so zu denken. Eine genaue Vertheilung der Handlungen findet also hier nicht statt, indem man auf diesem künstlich gearbeiteten Schilde bald diese, bald jene That abgemahlt findet, wovon die eine freilich Wirkung der andern ist, deren jede aber für sich selbst besteht. — Nicht zu erwähnen, dass man hier voraussetzen muss, dass der Dichter alle jene unterschiedne und mannigfaltige Vorstellungen und Handlungen der Menschen, deren er erwähnt, vor seinem Geiste gehabt und voll von dichtrischer Einbildungskraft sie so geschildert habe, wie sie sich seinen Gedanken darstellten, wobey man oft hinzusetzen muss, e s w a r, a l s o b m a n s a h, oder etwas ähnliches, wie der gelehrte R o b i n s o n in seinen Anmerkungen über den Schild des Herkules beym H e s i o d u s S. 407. mit Recht bemerkt hat. — Unsre heutigen Dichter können hier wieder das fruchtbare Genie unsers Homers und seinen Scharfsinn kennen lernen, indem er die Stille der Nacht, nach deren Endigung Achilles mit allem Glanz und voll Kraft zum Vorschein kommen muss, vor unsern Augen verschwinden läst, und uns mit der Vorstellung von allerley Gegenständen unterhält, die man auf dem Schauplatz dieser Welt antrift, und die der künstliche Vulkan auf Achillens Schilde abbildet. Diess ist eine der

Thetis, die damit eilig den Olympus verläſst.

---

der Zierrathen, die zu der Haupthandlung des Heldengedichtes gehören, und aus der darin enthaltnen wunderbaren Geschichte von selbst herflieſſen, die der Seele des Lesers, welcher den Fortgang des wichtigen Gegenſtandes bemerkt, und auf deſſen Ausgang begierig wartet, gehörige Ruhe verschaffen, und von neuem geschickt machen, auf die folgende Erzählung des Dichters zwiefache Aufmerksamkeit zu richten.

Inhalt des neunzehnten Gesanges.

[1] Wie der Morgen anbricht, bringt Thetis die schönen Waffen dem Achilles, der beym Anblick derselben noch heftiger auf Hektor erbittert wird. [2] Indem er sich über die herr-lichen

Erläuterungen zum neunzehnten Gesange.

1 Daſs Homer seinen Gottheiten nicht nur menschliche Empfindungen, Leidenschaften und Mängel zugeschrieben, sondern sie auch den Gesetzen der Natur und dem regelmässigen Laufe der Himmelskörper unterworfen hat, erhellt aus verschiednen Stellen der Iliade. So sagt unter andern der Dichter im Anfange dieses Gesanges:

Aus den Fluten des Meers erhub sich im Safrangewande,
Um den Göttern und Menschen zu leuchten, die Morgenröthe.

Auch dieſs bestätigt wieder die Vorstellung, daſs das Leben der Götter uns hier nach dem Leben der Menschen abgemahlt werde, und daſs ihre Zwischenkunft, die vom Jupiter ausgenommen, welche hie und da erhabnere Zwecke hat, durchgängig dazu dient, um Verschiedenheit, Verwundrung und Ehrfurcht zu erregen.

2 Sehr treffend und schön ist hier wieder die Beschreibung des Verhaltens des Achilles, dessen Gemüth in demsel-ben

lichen Waffen ergötzt und mit ihnen rüstet, giebt er seiner Mutter seine Besorgniss zu erkennen, dass die Leiche seines Freundes Patroklus, während seines Gefechts mit Hektor [3] von den Würmern zernagt werden, und verwesen möge.

---

ben Augenblick durch unterschiedne, gegen einander streitende Leidenschaften in Bewegung gesetzt wird, indem bald Traurigkeit, bald Freude, bald wieder wütende Rachsucht bey ihm sich zeigen. Seine Mutter findet ihn bey ihrer Ankunft heftig weinend,

— — — — auf dem todten Patroklos
Liegend; viele seiner Genossen jammerten mit ihm.

Wie er die schönen glänzenden lautschallenden Waffen sieht, deren Anblick den übrigen Schrecken und Furcht verursachte, wird er innerlich erfreut, und da er nun im Stande sich sieht, den Tod seines Freundes zu rächen, wandelt stärkrer Zorn ihn an und

— — — — — — entsetzlich
Stralten unter den Augenwimpern, gleich Flammen, die Augen.

3 Achilles sagt eigentlich hier, er fürchte,

— dass dieser Tage den starken Menoitiaden
Mögen Fliegen befallen, die in die Wunden sich schleichen,
Dass sie Maden zeugen und seine Leiche noch schänden,
Bis den ganzen Körper Patroklos Verwesung ergreife.

Die Anmerkung von Bossü über diese Stelle in seiner Abhandlung über das Heldengedicht B. 3. Kap. 10. verdient hier einen Platz. „Man muss," sagt er, „Homer nach„ahmen,

möge. Doch Thetis verspricht ihm, diess zu verhindern, wenn die Leiche auch ein ganzes Jahr unbegraben bliebe; und sie träufelt darum Ambrosia und Nektar dem Patroklus in die Nase. Achilles, durch seine Mutter angefeuert, und

---

„ahmen, und die Sachen unter Namen und Handlungen er„dichteter Personen verstecken. Man muss als Dichter nicht „sagen, dass das Salz die Kraft habe, todte Körper vor dem „Verderben und der Verwesung zu bewahren, und ver„hindre, dass die Fliegen darin sogleich Würmer hervor„bringen; sondern man muss wie Homer verfahren, der „den Achilles, welcher den Tod des Patroklus rächen will, „ehe er seine Leiche zur Erde bestattet, als besorgt vorstellt, „dass die Hitze der Jahrszeit sie verderben, und die Fliegen, „die in die Wunden sich schleichen, Maden darin zeugen „werden. Er wird nicht einfältig sagen, dass ihm die See „ein Hülfsmittel gegen die Verwesung verschaft, die er be„fürchtet, sondern er macht aus der See eine Gottheit, die „er sprechen lässt, kurz, er wird sagen, dass die Göttin The„tis den Achilles tröstet und ihm sagt, dass er ihr diese Sorge „überlassen könne, dass sie die Leiche mit Ambrosia salben „und ein ganzes Jahr vor dem Verderben bewahren wolle. „Auf diese Weise lehrt Homer die Dichter über Künste und „Wissenschaften sprechen. Man sieht aus diesem Exempel, „dass die Fliegen Ursache der Fäulniss sind, und in dem „todten Fleische Maden zeugen. Man sieht hier die Natur „des Salzes, und die Kunst, Leichen vor der Verwesung zu „bewahren. Der ganze Ausdruck ist hier dichtrisch, und ist „von allen den nothwendigen Eigenschaften der Nachah„mung begleitet, die Aristoteles das Wesen der Dichtkunst „nennt.

und mit neuem Muthe beseelt, ruft alle Anführer, verwundete und unverwundete, auch die Steurer der Schiffe und andre, die sonst auf den Schiffen zu bleiben pflegten, zusammen; Achilles wendet sich an Agamemnon, beklagt sich über ihren Zwist unter einander, der den Griechen

---

„nennt. Alles ist hier in Bewegung gebracht. Man macht „aus der See eine Person, die redet und handelt, und diese „Personificirung ist mit Interesse, Rührung und Zärtlichkeit „verbunden; kurz, hier ist nichts, was nicht Manieren „hat." — Wenn man solche Metaphern unsern Dichter zuschreiben will, wiewohl sie mir zu gesucht vorkommen, so sind sie gleichwohl mit der Absicht nicht streitend, die ein Dichter zu erreichen suchen muss, und die unser Homer so glücklich erreicht hat. Merkwürdig ist die Anmerkung, die Aristoteles in seiner Dichtkunst Kap. 16. über unsern Dichter macht. „So wie Homer," sagt er, „in der Behandlung aller seiner Gegenstände alles Lob verdient, so ist er „besonders darin zu preisen, dass er von allen Dichtern der „einzige ist, der gewusst hat, was er aus sich selbst hervorbringen, und was er unter der Gestalt eines andern darstellen musste. Denn in seinen Gedichten sind wenig Sachen, „die er selbst ankündigt; und da andre Dichter sich beständig in dem, wovon sie handeln, selbst zeigen, und wenig „Dinge mit den Gesprächen andrer nachahmen, so bringt „Homer hingegen allenthalben einen Gott oder eine Göttin, einen Mann oder eine Frau zum Vorschein, welche „die Sache, von der die Rede ist, auf sich nimmt und ausführt, so dass bey ihm alles durch Thaten und Manieren „vollbracht wird."

chen einen so grossen, ihnen lange fühlbaren Nachtheil verursacht hätte, sagt ihm, dass er seinem Zorn ein Ende mache, und fodert Agamemnon auf, die Griechen wieder ins Gefecht zu führen. [4] Agamemnon antwortet hierauf im Beyseyn aller Griechischen Helden dem Achilles, und [5] schiebt die Schuld aller Uneinigkei-

4 Nichts entgeht der Aufmerksamkeit unsers Dichters. Einige der verwundeten Helden waren hinkend in diese Versammlung gekommen, andere, wie Diomedes und Ulysses, auf Speere sich stützend; zuletzt kam Agamemnon, schwer verwundet am Arme vom Koon, Sohn des Antenors, wie wir im 11ten Gesange sahn, so dass Agamemnon, wenn er die Rede des Achilles beantworten will, itzt nicht nach Gewohnheit in die Mitte tritt, um zu reden, sondern von der Stelle, worauf er sich niedergelassen hat, seine Rede hören läfst.

5 Der berühmte Herr Heyne in seiner Abhandlung über den Ursprung und die Ursachen der Erdichtungen Homers (Act. Goetting. T. VIII. p. 50.) behauptet, dass diese Stelle ein vorzügliches Beyspiel von der Gewohnheit der Dichter, selbst derer, die älter sind als Homer, uns darstelle, um Sittenlehren und wichtige Wahrheiten in Erzählungen von vorgefallnen Begebenheiten einzukleiden und so den Menschen vorzutragen. So wird, seiner Meinung nach, hier Ate, die Tochter Jupiters, sehr mahlerisch und lehrreich beschrieben, die durch bösen Rath und durch heftigen Zank, den sie erregt,

nigkeiten auf Zevs Tochter, die Göttin Ate, die unter Götter und Menschen nichts als Zwist erregt, und führt als einen Beweis hievon an, wie

---

erregt, Götter und Menschen zu verleiten gewohnt ist. Agamemnon beschreibt sie so:

Leichtes Fusses geht sie einher, und berührt nicht den Boden,
Sondern sie wandelt auf den Häuptern der Menschen, und trachtet
Schadend hie und da zu bestricken der Sterblichen einen.

Diese Göttin wird gefolgt von Bitten (Il. Ges. X, 480 fgg.) die auch Töchter des Jupiters sind, hinken und von Schmerz und Verdruss runzlicht sind, indem sie, ihrer Verschuldung sich bewusst, mit niedergeschlagnen Augen die Göttin Ate anschaun und ihr, die leicht und schnell zu Fusse ist und immer vorwärts eilt, in schlechter nachlässiger Kleidung hinkend nachfolgen, und sie erst nach langer Zeit wieder einholen. Ob Homer diese Vorstellung aus ältern Dichtern entlehnt oder selbst erfunden habe, kann ich nicht bestimmen. So viel ist ausgemacht, dass er sich verschiedner alter Sagen bedient, und diese unter Einkleidungen, die den angenommenen Begriffen seiner Zeit entsprachen, vorgestellt habe, ob es gleich sehr schwer hält, hierin etwas sicheres in einem besondern Falle zu bestimmen. Da tägliche Erfahrung uns lehrt, wie sehr zügellose Leidenschaften alle Menschen, Könige und Fürsten nicht ausgenommen, erniedrigen und endlich zur Verzweiflung bringen müssen, und wie die Reue dann hinkend und entstellt hinter her kommt; so können unsre heutigen Dichter aus dieser Beschreibung der Göttin Ate und ihrer unglücklichen Gefährtinnen lernen, wie sie sich solcher Verzierungen und Erzählungen bedienen müssen,

um

wie [6] Juno eben durch Ate bey Herkules und Eurystheus Geburt den Zevs betrogen habe, der deswegen auch Ate aus dem Olymp schleuderte. Zugleich bietet er dem Achilles alle die Geschenke an, deren Ulysses schon gegen ihn erwähnt hatte. Achilles überläſst dem Agamemnon, ob er die Geschenke geben oder behalten

um die Menschen vor Eigensinn, Trotz, Jachzorn, und allerley Untugenden zu warnen, da diese immer ihre gefährlichen Wirkungen diejenigen fühlen lassen, welche sich von ihnen hinreissen lassen. So lehrt hier Agamemnon, der die Schuld seines verkehrten Verfahrens entweder auf Jupiter, oder auf das Schicksal, oder die Schattenumwandelnde Erinnys, oder auf die heimliches Verderben bereitende Ate wirft, durch sein eignes Beyspiel deutlich, daſs die Verwerfung eines guten Raths und das Beharren in einem einmal übel gefaſsten Entschluſs die unglücklichsten Folgen haben. — Denn eben darin liegt die grosse Gabe der Dichtkunst, daſs sie unter verblümten Ausdrücken und unter glücklich erfundnen Dichtungen die Menschen sowohl zur wahren Tapferkeit ermuntert, als auch zugleich von einem ungesitteten und rohen Betragen zurück hält und sie zur Sanftmuth, zum Nachgeben gegen andre und zur Tugend auffordert. — Dieſs habe ich lieber so erklären, als mit Mad. Dacier diese Geschichte mit dem vergleichen wollen, was beym Propheten Jesaias K. XIV, 12. vom Morgensterne gesagt wird.

6 Der Dichter, immer darauf bedacht, sein Werk durch Mannigfaltigkeit von Thaten und Vorfällen angenehm zu machen,

ten wolle, und glaubt, es sey Zeit, die Feldschlacht zu beginnen. Ulyss stellt ihm indess vor, dass es nothwendig sey, die Schaaren erst mit Speise und Wein zu erquicken, denn kein Streiter vermöge nüchtern den ganzen Tag durch bis zu Sonnenuntergange beständig zu fechten. Er bittet also Achilles, das Volk das Frühmahl nehmen zu lassen, und räth dem Agamemnon, alle seine Geschenke und auch Briseis kommen zu lassen, um sie Achilles zu geben, und mit einem Eide zu beschwören, dass

---

machen, erzählt hier, wie die verderbliche Ate vormals den Zevs selbst betrogen habe, und zeigt damit ihr unendliches Vermögen und ihren starken Einfluss an, wodurch selbst weise, mächtige und erhabne Wesen hintergangen sind. Der Fall war nemlich dieser. Jupiter hatte an einem gewissen Tage, da Alkmene hochschwanger war, stolz zu allen Göttern gesagt:

Höret mich, ihr Götter, und hört, ihr Göttinnen alle,
Dass ich sage, was mir mein Herz zu sagen gebietet.
Heute bringet ans Licht die begünstende Eileithüia
Einen Knaben, der wird die benachbarten Völker beherrschen,
Deren Menschen einer, die stammen aus meinem Blute.

Die arglistige Juno bewegt hierauf den Zevs mit einem Eidschwur seinen Ausspruch zu bekräftigen. Zevs thut diess, und sogleich begiebt sich Juno nach Griechenland, und die Frau

dafs er nimmer noch nach Weise der Männer und Weiber der Briseis Bette bestiegen, sie niemals umarmt habe. Denn, setzt er hinzu, selbst Königen stehe es wohl an, wenn sie einen Mann beleidigten, dafs sie wieder ihn sühnen. — Agamemnon giebt Ulyssens Rede vollen Beyfall, bittet den Achilles und die übrigen Helden zu bleiben, und sendet den Ulyss mit einigen auserlesenen Jünglingen ab, um alle versprochne Geschenke aus seinem Schiffe zu bringen, und zugleich giebt er, um die Aussöhnung so viel feyerlicher zu machen, dem Thaltybius den Auftrag, einen Eber zum Opfer zu berei-

---

Frau des Sthenelus, die erst sieben Monate schwanger war, gebiert einen Sohn; und Alkmenens Geburt hemmt Juno. Da Jupiter hievon Nachricht erhielt, und sah, dafs nun durch seine Unvorsichtigkeit Eurystheus, der Sohn des Stheneleus, über seinen Sohn Herkules, den Alkmene einige Zeit nachher gebar, die Herrschaft führen musste, ward er so zornig, dafs er die Göttin Ate aus dem Himmel warf und sie nie wieder darin aufnehmen wollte. Wie nun Jupiter nachher, wenn er den Herkules unter den ihm vom Eurystheus aufgelegten Arbeiten leiden sah, sich über jenen Betrug immer beklagte; so sagt Agamemnon, dafs auch er, so oft er die Griechen vom Hektor angegriffen und verzagt sähe, sich immer mit Schmerzen seiner Verschuldung erinnerte, zu welcher ihn Ate verleitet hätte.

bereiten. [7] Achilles, der nichts als Rache in seinem Busen hat, will, dass man gleich ins Gefecht gehe, und versichert, dass er nicht ehe weder Speise noch Trank nehmen werde, bis er den Tod seines Freundes gerächt hat. Der weise Ulyss antwortet ihm darauf, dass er zwar minder stark und tapfer als Achilles sey, aber durch sein höheres Alter mehr Einsicht und Erfahrung besitze, dass man die Todten nur kurze Zeit beklagen müsse, da täglich so viele sterben, dass man aber die Lebenden auf-

muntern

---

7 Diess ist nach Achillens Charakter sehr natürlich. Itzt da er Gelegenheit erhalten hat, den Tod seines Freundes Patroklus zu rächen, will er sogleich diese brauchen. Er kümmert sich also nicht nur wenig um die ihm angebotnen Geschenke, sondern denkt auch nicht einmal darauf, um Speise und Trank zu nehmen. Indess hält der weise Ulyss diess für die übrigen Helden sehr nothwendig, die nicht so heftig aufgebracht waren, als Achilles. Der aufmerksame Leser sieht hier beständig die Leidenschaften der Menschen geschäftig, und, wie das gewöhnlich geschieht, entweder ausschweifend, oder durch Gründe einigermassen besänftigt. Diese besondre Abwechselung von Worten und Thaten, die auf Erfahrung und Wahrheit gegründet ist, und die Menschen so darstelle, wie sie sind, ist kein geringer Schmuck des Heldengedichts, und muss eben sowohl in Acht genommen werden, als alle übrige bekannte Eigenschaften desselben.

muntern müsse, Speise und Trank zu geniessen, um so viel tapfrer fechten zu können. Er nimmt darauf einige [8] vornehme Griechen mit sich, um Briseis mit allen übrigen Geschenken aus Agamemnons Zelte zu holen. Wie diese kommen, steht Agamemnon auf, [9] schneidet vom Kopfe des Ebers, den Thaltybius hielt, mit seinem Messer, das ihm immer an der grossen Scheide des Schwerdtes hing, einige Borsten, hebt seine Hände zum Himmel und [10] schwört feyer-

---

8 Diese waren die zwey Söhne des Nestor, Meges, der Sohn des Phyleus, Thoas, Meriones, Lykomedes, der Sohn des Kreon, und Melanippus. — Wie wichtig man die Aussöhnung des Achilles hielt, und wie sorgfältig man sie zu befördern trachtete, erhellt unter andern auch hieraus, dass Ulysses, der die im 9ten Gesange Anm. 9. angeführten Geschenke aus Agamemnons Schiffe holen soll, zu seinen Gefährten Männer vom ersten Range und von geprüfter Tapferkeit und Tugend wählt.

9 Allgemeine Stille herrscht in der Versammlung, und alle richten ihr Auge und Ohr auf Agamemnon, der unter feyerlichen Opfern und heiligen Gebeten itzt den Eid zu schwören im Begrif ist.

10 Der Eid selbst ist dieser:

Sey dess Zeuge, Vater Zeus, du mächtigster, bester!
Und du Erde! du Sonne! Erinnen! die unter der Erde,

Strafet

feyerlich, daſs er Briſeis unberührt dem Achilles wiedergebe. Darauf wird das Opfer gebracht, Achilles wirft die ganze Schuld des Zwiſtes auf Jupiter, und die Geſchenke werden in Achillens Zelt gebracht. — Briſeis erblickt da den getödteten Patroklus, und, indem ſie ſeinen Tod beklagt, beweint ſie zugleich ihr eignes Unglück. Auch [11] die andern Weiber beſeuf-

Strafet jeglichen Mann, der einen Meineid geſchworen:
Daſs ich meine Hand an Briſes Tochter nicht legte,
Nicht zum Beyſchlaf, nicht zu irgend einer Begierde;
Daſs ſie unberühret blieb in meinem Gezelte!
Wenn ich fälſchlich ſchwöre, ſo mögen die Götter mir Jammer
Häufen, wie ſie pflegen zu thun dem Schwörer des Meineids!

11 Indem Briſeis beym Anblick der Leiche ihres ſanften Freundes Patroklus, den ſie einige Tage zuvor geſund verlaſſen hatte, in laute Klagen ausbricht, und bey dieſer Gelegenheit den Verluſt ihres vorigen Mannes und ihrer drey Brüder, die alle vor den Mauern ihrer Vaterſtadt von den Griechen umgebracht waren, ſehr nachdrücklich beklagt, fangen auch die andern gegenwärtigen Weiber an, Patroklus zum Schein, in der That aber ihren eignen Jammer zu beklagen. Terraſſon, der wenig gutes im Homer findet, ſagt bey dieſer Stelle gleichwohl: „Dieſs iſt nach meinem „Geſchmacke der feinſte Zug in der ganzen Iliade. Nichts „iſt natürlicher als das Gemählde, das uns der Dichter von „dieſen armen jungen Mädchen hier giebt, die ſchon eine „Zeitlang unter den Händen eines Siegers ſich befinden, und „beym

beseufzen Patroklus zum Schein, in der That aber ihren eignen Jammer. Die Griechischen Helden sammeln sich indess um Achilles, und bitten ihn, Speise zu nehmen. Doch er weigert es, und obgleich beyde Atriden, Ulysses, Nestor, Idomeneus und der alte Phoenix ihn auf allerley Art zu trösten suchen, überlässt er sich doch ganz [12] dem Schmerz über den Tod seines

„beym Anblick neuer trauriger Gegenstände, die sie umringen, ihre Thränen erneuern, wenn sie gleich selbst an jenen keinen vorzüglichen Antheil nehmen.“ — Ich zweifle nicht, dass dieser Kunstrichter mehr feine Züge und Schönheiten im Homer entdeckt haben würde, wenn er ihn allenthalben gleich gut verstanden hätte. Doch wichtiger ist die Anmerkung der von der zweyten Teylerschen Gesellschaft herausgegebnen Abhandlung über die Regeln der Dichtkunst, die ich hier beyfüge: „Curtius oder wer sonst Verfasser des Lebens Alexanders des Grossen seyn mag, beschreibt uns denselben Umstand bey dessen Tode. Auch da bricht eine Frau bey der Nachricht vom Tode dieses Helden in Thränen aus, und beklagt bey der Gelegenheit von neuem den Tod ihres erst kurz verstorbnen Gemahls, Hephästion. Sie wiederholte, sagt der Geschichtschreiber, in der allgemeinen Betrübniss alle die Gründe, die ihr zur Traurigkeit besondern Anlass gaben.“ —

12 Bey der Ermahnung der griechischen Helden, dass Achilles Speise und Trank zu sich nehme, erinnert er sich, wie ämsig und treu Patroklus ihm sonst das liebliche Frühmahl

ſeines Freundes und [13] ſein eignes Unglück. Zevs bemerkt mit Mitleiden die trauernden Griechen und den weinenden Achilles, der weder eſſen noch trinken will; er ſendet daher Minerva zu ihm, um ihn mit Ambroſia und Nektar zu ſtärken. Die weiſe Göttin vollbringt den Auftrag bereitwillig und ſchnell, gleich dem fliegenden Adler. Darauf rücken die Griechen mit aller Geſchwindigkeit und voll edeln Eifers [14] gegen die Troer an. In ihrer Mitte

mahl täglich zu bereiten pflegte; eine ſehr natürliche Bemerkung, voll von dem zärtlichſten Gefühl.

13 Achilles ſagt unter andern:

Sieh' es könnte mir kein gröſſrer Jammer begegnen,
Selbſt nicht, wenn ich den Tod von meinem Vater vernähme,
Welcher helle Thränen vielleicht in Ftia vergieſſet,
Einen ſolchen Sohn vermiſſend, der fern in der Fremde
Wegen der ſchlimmen Helena kämpft mit den Schaaren von Troja;
Oder wenn ich den Tod von meinem Sohne vernähme,
Wenn er etwa noch lebet, der göttliche Neoptolemos.

Auch die übrigen Helden, die ſich derer erinnern, die jeder zu Hauſe gelaſſen, ſeufzen, und klagen mit Achilles, eben wie die erwähnten Frauen, über ihren Verluſt.

14 Wie wenn häufige Flocken von Schnee den Wolken entfallen,
Unter dem kalten Wurf des himmelerheiternden Nordwinds;

Alſo

Mitte befindet ſich Achilles, deſſen Augen wie Feuer flammten, und der durch ſeine herrliche Rüſtung, mit der er ſich [15] bekleidet, vor allen [16] ſich auszeichnet. Er nimmt eine Lanze, die vormals Chiron auf des Pelion Gipfel ſeinem Vater gehauen hatte, in ſeine Hand, beſteigt den von Automedon und Alkinous angeſpannten Wagen, muntert ſeine Roſſe Xanthos und Balios, Kinder der Podarga auf, und ermahnt ſie, Automedon, ihren Führer, glücklich

zu

Alſo ſtralten die häufigen glänzenden Helme der Griechen,
Ihre hochgewölbten Schild' und Panzer und Speere.
Siehe der Schimmer ſtieg himmelempor; es lachte die Erde
In des Erzes Glanz, und erſcholl von den Füſſen der Männer.

15 Erſt bindet er ſeine Stiefel mit ſilbernen Häklein an ſeine Füſſe, dann legt er den Harniſch an, darauf wirft er um die Schultern ſein ehernes Schwerd, und endlich ergreift er das groſſe und ſchwere Schild:

Welches fernhin ſchimmerte, wie das Antlitz des Mondes.

16 Wie wenn weit im Meere den Schiffern der Schimmer erſcheinet
Eines flammenden Feuers; es lodert hoch auf der Warte
Eines einſamen Bergs; ſie werden von Stürmen geworfen,
Tief in die Wogen des fiſchreichen Meeres, fern von den Freunden;
Alſo ſtralte gen Himmel der Glanz des künſtlichen, ſchönen
Schildes Achilleus. Er deckte ſein Haupt mit dem ſchweren Helme,

Welcher

zu den Griechen zurückzubringen, und nicht, wie Patroklus, todt auf dem Felde zu lassen. Eins der Pferde, [17] Xanthos, dem Juno die Sprache gab, und dem die wallende Mähne übers Joch auf die Erde floss, entschuldigt sich beym Achilles, dass nicht sein und Balios Trägheit, sondern der mächtige Apoll und das harte Verhängniss Ursach sey, dass die Troer sich der Waffen des Patroklus bemächtigten, und verkündet zugleich dem Achilles den nahen Tag seines Todes. Unmuthig antwortet der Held, dass ihm sein

---

Welcher strahlte, wie ein Gestirn, vom wallenden Rossschweif,
Und vom niederflatternden goldnen Faden umwehet.

Nun versuchte sich in den Waffen Achilleus der edle,
Ob sie ihm passten, und leicht sich seine Glieder bewegten:
Siehe sie waren wie Flügel, und huben den Hirten der Völker.

Alles diess liefert uns eine ausnehmend schöne Beschreibung eines Helden, der sich voll Lust und Muth ins Gefecht begiebt.

17 Im 17ten Gesange Anm. 17. sahn wir, dass die unsterblichen Pferde des Achilles beym Tode des Patroklus Thränen vergossen. Itzt bekommt das Pferd Xanthus durch die Macht der Juno, nicht aber der Pallas, wie der gelehrte Rittershusius in seinen Anmerkungen zum Oppian S. 24. unrichtig bemerkt, eine menschliche Stimme, entschuldigt sich, und verkündet dem Achill seinen nahen Tod. Heilige

sein Schicksal bekannt sey, dass er aber noch erst die Troer durch Fechten ermüden wolle. Und nun treibt er mit Geschrey die Rosse gegen die Feinde.

Heilige und weltliche Schriftsteller erzählen, dass Ochsen, Esel und Pferde bey besondern Gelegenheiten gesprochen haben, und in den ältesten Zeiten scheint es allgemeine Meinung gewesen zu seyn, dass einige Thiere bey besondern Veranlassungen das Vermögen empfingen, mit einer menschlichen Stimme ihre Gedanken an den Tag zu legen. Dieser Volksmeinung bedient sich Homer hier, um den mit vollem Muth ins Gefecht eilenden Achilles auf eine wunderbare und folglich so viel mehr Eindruck machende Art an sein nahes Ende zu erinnern.

Inhalt des zwanzigsten Gesanges.

Da bey der neuen Erscheinung des Achilles ein heftiges Gefecht von beyden Seiten zu erwarten ist, so läſst Zevs alle Götter und Göttinnen durch Themis zusammenrufen, und giebt ihnen allen Freyheit, zu der Parthey sich zu wenden, die sie begünstigten, und [1] er selbst verspricht, auf dem Olymp zu bleiben. Dieſs verur-

Erläuterungen zum zwanzigsten Gesange.

1 Der grosse und allmächtige Zevs, der auf Thetis Bitten die Troer so lange begünstigt hatte, als Achilles in seinem vorigen Glanze bey den Griechen nicht hergestellt war, hört itzt auf, sich dazu seiner unmittelbaren und göttlichen Zwischenkunft zu bedienen, und bleibt als unpartheyischer Zuschauer im Olymp sitzen, und mit seiner Einwilligung begeben sich alle übrige Götter und Göttinnen zu denen, welchen sie besonders geneigt sind. Diese verschiedne Theilnahme jener erhabnen Wesen, die, sich selbst überlassen, nun ihren vielvermögenden Einfluſs von beyden Seiten anwenden werden, erregt die Aufmerksamkeit des Lesers so viel mehr, weil er nun begierig ist, zu wissen, was für Thaten Achilles ausrichten werde, der zwar gleichgültig bey dieser Uneinigkeit der Götter und Göttinnen nur von Begierde brennt,

verursacht eine gewaltige Bewegung unter den Göttern und Göttinnen; Juno, Minerva, Neptun, Merkur und Vulkan begeben sich zu den Griechen, und Mars, Apollo, Diana, Latona, Xanthus und Venus zu den Troern. So lange diess nicht geschehn war, erhuben sich die Griechen in zuversichtlichem Stolze, weil sie Achilles, der eine geraume Zeit abwesend gewesen war, hatten wieder zum Vorschein kommen sehn, da hingegen bey den Troern sein Anblick Furcht und Entsetzen verursachte. Allein, so bald die Götter auf der Erde erscheinen, entsteht ein gewaltiger Streit unter ihnen, da ihre Absichten sehr verschieden sind. [a] Jupiter lässt von oben

---

brennt, dem Hektor das Leben zu nehmen und dadurch den Tod seines Freundes zu rächen, der aber doch die schädlichen Wirkungen dieser Uneinigkeit mitten unter seinen Heldenthaten fühlen muss, und eben dadurch mehrmals sein Vornehmen mislingen sieht. — So lässt Homer von Zeit zu Zeit andre Umstände entstehn, die den Antheil vergrössern, den man an seiner Erzählung nimmt, und zugleich bemerkt man mit Verwunderung und Vergnügen die wichtigen an einander geknüpften Folgen, die eine einzige That haben kann.

a Um den nahen Unternehmungen der gegen einander arbeitenden Götter und Göttinnen, und zugleich den nun bald

oben seinen schrecklichen Donner hören, und Neptun erschüttert von unten die Erde so gewaltig, dass Pluto besorgt wird, die Erde werde spalten, und seine düstre Behausung werde allen sichtbar werden; während Götter und Göttinnen wider einander aufstehn, und Apollo gegen Neptun, Diana gegen Juno, Merkurius gegen

---

bald zu verrichtenden Heldenthaten des Achilles so viel mehr Glanz zu geben, erzählt uns der Dichter, dass von oben herab Zevs fürchterlich donnerte.

— — — — von unten erschütterte Poseidaon
Die unendliche Erde bis zu den Häuptern der Berge;
Alle Füsse wankten des quellenströmenden Ida
Bis zu den Gipfeln; es wankte die Stadt und die Schiffe der Griechen.
Da erschrak in der Tiefe der Schattenbeherrscher Aidoneus,
Bebend entsprang er dem Thron, lautrufend, dass nicht von oben
Poseidon, der Gestaderschütterer, die Erde zerreisse,
Dass nicht erscheine den Menschen, dass nicht den Göttern erscheine
Seine düstre Behausung, für die auch Olümpier grauet.

Einige Kunstrichter haben diese Stelle des Dichters, worin er von den Göttern auf eine so menschliche Art redet, getadelt, andre hingegen sie als Proben dichtrischer Wohlredenheit gepriesen. Der weise Plato selbst (de republ. I. 3.) beschreibt sie als einen Ausspruch, der Abscheu wider den Tod erregt, und also von Kindern und Männern nicht gehört

gegen Latona, und Xanthus gegen Vulkan sich stellt. Nur Achilles brannte allein vom Verlangen, wider Hektor zu fechten. Apollo nimmt die Gestalt des Lykaon, Sohns des Priamus, an, und reitzt [3] Aeneas, den Achilles anzugreifen.

---

hört oder gelesen werden muss, die frey seyn und den Tod minder als die Sklaverey achten sollen. Ich sehe nicht ein, wie die Vorstellung von der schrecklichen Wohnung des Pluto in der Seele eines tapfern und rechtschafnen Mannes Schrecken oder Abscheu erregen könne, da diesem, nach dem Zeugnisse dieses Weltweisen und unsers Dichters, ganz andere und angenehmere Wohnungen nach ihrem Tode bereitet sind. Und was die Bösen betrift, so ist es diesen ja heilsam, wenn sie Strafen für ihre Uebelthaten fürchten. Doch Plato's Anmerkungen über Homer sind mir mehrmals nicht genau und treffend genug vorgekommen. Besser ist Longins Anmerkung: Kap. IX.) „Man sieht," sagt er, „wie „hier die untersten Theile und Stützen der Erde sich bewe„gen, und die Sitze der unterirdischen Götter sich öfnen, „wie die ganze Welt von einander gerissen und zerspaltet „wird, wie Himmel, Erde, Götter, die über und unter den „Wolken wohnen, alles, was sterblich und unsterblich ist, „zusammen in diesen Streit verwickelt wird, und dieselbe „Gefahr leiden muss." — Und das ist in der That sehr passend und schön, da der Dichter die Ankunft des grossen Achilles, mit den wunderbarsten Begebenheiten verbunden, beschreiben will.

3 Apollo, unter der Gestalt des Lykaon verborgen, fragt den Aeneas:

fen. Wie Juno diess bemerkt, giebt sie Neptun und Minerva Nachricht davon, und räth ihnen, entweder Aeneas zurück zu halten, oder sich dem Achilles zu zeigen und ihm Beystand zu bieten; doch sey es nothwendig, setzt sie hinzu, wenn sie sich ihm offenbaren wollten, dass

---

— — — — — wo bleibt die Verheissung,
Welche du Ilions Fürsten beym Becher des Mahles gegeben,
Zu bestehen die Lanze des Päleionen Achilleus?

Und Aeneas antwortet ihm darauf:

Priamide, was heischest du von mir, wider mein Wollen
Gegen den überwallenden Muth Achilleus zu kämpfen?
Heute würd' ich zuerst den schnellverfolgenden Helden
Nicht erfahren; er hat vordem mit drohender Lanze,
Eh' er gegen Lürnassos und Pädasos siegend sich wandte,
Mich vom Ida gejagt, um meine Rinder zu rauben.
Hätte mir Zeus nicht Kraft und fliegende Füsse verliehen,
O so wär' ich unter der Faust Achilleus gefangen,
Und Athänä's, welche vor ihm die Fackel des Sieges
Schwang, und mit ehernem Speere die Troer zu tödten entflammte!
Sterbliche Menschen vermögen es nicht, mit Achilleus zu kämpfen;
Ein die Gefahren entfernender Gott ist immerdar um ihn.
Sicher trift sein Geschoss, und rastlos fliegen die Pfeile,
Bis sie sich tauchen in Blut! O dass der Unsterblichen einer
So mich schützte! Fürwahr, er sollte mich schwerlich besiegen,
Wär' er bis zu der Ferse vom Scheitel geschmiedet aus Eisen!

Apollo behauptet dagegen, dass Aeneas aus edlerm Geschlecht, als Achilles, entsprossen sey, und sich also durch Drohungen nicht müsse schrecken lassen.

dass er dann vorher durch die Stimme der Götter davon Nachricht erhalte, weil dem Sterblichen 4 nichts gefährlicher und schrecklicher sey, als unerwartet die Götter zu erblicken. Neptun findet diess nicht gut, sondern wünscht, dass sie, die die Griechen begünstigen, sich bey einander niedersetzen, um den Streit der Menschen anzuschaun, und setzt hinzu, dass, so bald die Götter, es sey Mars oder Apollo, sich in den Streit begäben, auch sie von ihrer Seite

4 Dass ein unerwarteter Anblick der Götter Vorbote von allerley Gefahr und Unglück sey, ist eine sehr alte und allgemein angenommene Vorstellung. Man hielt sich einer so grossen Ehre unwürdig, und glaubte, sie diene nur dazu, um den Menschen nahes Unglück zu offenbaren, wie Grotius beym B. der Richter XIII, 22. angemerkt hat. Man vergleiche hiemit 2 B. Mos. XX, 19. Doch vornehmlich hatte nach der Idee der Griechen und Römer, das Anschaun der Götter die unglücklichsten Folgen, wenn es ohne ihren Willen geschah, wiewohl Homer Odyss. X, 573 fgg. sagt, dass niemand eine Gottheit, ohne ihr Zulassen, sehn könne. Das Gegentheil erhellt indess nicht nur aus der bekannten Geschichte des Aktaeon, sondern auch besonders aus der Stelle des Callimachus: (Hymn. in Lavacr. Pallad. v. 100 sqq.) „Die göttlichen Gesetze lehren, dass einen der „unsterblichen Götter, ohne sein Zulassen, anschaun, grosse „Gefahr und Verderben bringe“ Mehr Beyspiele findet man beym Spanheim zu dieser Stelle.

Seite ein gleiches thun wollten. Sie ſetzten ſich darauf alle, in Nebel verhüllt, auf eine Anhöhe der Mauer, um den Streit anzuſchaun; und eben das thun gegenüber alle die Götter, welche den Troern günſtig ſind. — Unter der Menge der fechtenden Helden kommen Aeneas und [5] Achilles voll Muth zum Vorſchein. Achill, der den Aeneas von vorigen Zeiten her kennt, ermahnt ihn, zurückzuweichen, weil ſonſt ſein Ende nahe ſeyn werde. Aeneas antwortet ihm hierauf, daſs er ſich nicht, wie ein Kind, durch Worte ſchrecken laſſe, daſs er eben ſo wohl, wie Achill, aus einem edeln, göttlichen Blute entſproſſen ſey. Er

---

5 Gleich dem verderbenden Löwen, nach deſſen Leben ein ganzer
Hauſe trachtet: da geht er einher, und achtet der Schaar nicht;
Aber wenn ihn die Lanze des rüſtigen Jünglings verwundet,
Krümmt er ſich wütend; es triefen vom Schaum des geöffneten Rachens
Ihm die Zähn', es ſtöhnt ſein Herz in der ſchwellenden Seite;
Seine Ribben geiſſelt der Schweif, und geiſſelt die Nieren
Rechts und links, und reitzet ihn ſelbſt zum blutigen Kampfe;
Vorwärts ſchieſst er mit flammenden Augen, wütet und tödtet
Wem er begegnet, oder ſtürzt hin in die vorderſten Lanze:
So entbrannte der Mut und die Kraft des groſſen Achilleus,
Gegen den edelmüthigen Sohn des Anchiſes zu kämpfen.

Er erzählt zugleich den [6] Ursprung seines Geschlechts, und fügt zum Schluss [7] hinzu, dass es beym Zevs stehe, den Sterblichen Stärke zu geben oder zu nehmen, dass es ihnen nicht ziemе,

---

6 Um von allen besondern Umständen, die hier erwähnt werden, nicht zu sprechen, so sagt Aeneas hier, dass Dardanus vom Zevs entsprossen sey, und den Erichthonius gezeugt, und dass Erichthonius den Tros, und Tros drey Söhne gehabt habe, Ilus, Assarakus und Ganymedes. Von Ilus wäre Laomedon geboren, der Vater des Tithonus, Priamus, Lampus, Klytius und Hiketaon, vom Assarakus Kapys, vom Kapys Anchises, der Vater des Aeneas. Durch diese Erzählung lernt man die Verwandschaft zwischen Aeneas und Priamus deutlich kennen.

7 Was Cornelius Nepos in der Vorrede zu seinen Lebensbeschreibungen sagt, dass einerley Thaten nicht zu allen Zeiten und unter allen Völkern für anständig oder schändlich gehalten wurden, sondern dass sie nach den besondern Sitten und Einrichtungen ihrer Vorväter beurtheilt werden mussten, so dass das, was bey dem einen Volke tugendhaft und löblich hiess, bey dem andern oft als lasterhaft und tadelnswerth angesehn ward; das läst sich zuweilen auf Homers Gedichte anwenden. In einem Heldengedichte würde man in unsern Zeiten keine so langen Anreden dulden, ehe das Gefecht beginnt, wie Homer zuweilen seinen Helden in den Mund legt. Achilles und Aeneas sind hier wieder ein Beyspiel davon. Beyde von göttlichen Müttern, Thetis und Venus, geboren, reden sich einander sehr muthig an. Aeneas erhebt sein Geschlecht, und beweist dadurch, dass er keine Ursache habe, vor dem Achill zu weichen.

zieme, gleich zankenden Weibern, Scheltworte gegen einander zu wechseln, sondern, daſs sie ihre Tapferkeit durch die Waffen versuchen müſsten. Hierauf fallen sie einander mit 8 aller Gewalt an, und Aeneas würde dabey

---

chen. Der Dichter wollte nehmlich seinen Leser von allen besondern Umständen seiner Helden, die entweder auf ihre Geburt, oder auf ihre Würden und Thaten eine Beziehung hatten, unterrichten; dazu wählte er diese Anreden, die immer für den Leser sehr wichtig sind. — Man muſs dieſs also nicht als etwas ganz ungewöhnliches und unbekanntes verachten, sondern vielmehr bedenken, daſs die Art zu kriegen, und alle dahin gehörenden einzelnen Handlungen ganz und gar verändert sind; daſs die Helden der alten Zeit, wie sie uns Homer beschreibt, gewohnt waren, einander entgegen zu gehn, um ihr verschiedenes Interesse und die Gründe, warum sie zum Streit gingen, sich einander bekannt zu machen. Auch bey den Römern war dieſs noch in spätern Zeiten gebräuchlich, wie man unter andern aus der wichtigen Unterredung zwischen Scipio und Hannibal sieht, die uns **Livius** B. 30. K. 30 und 31. aufbehalten hat. Und mir kommt vor, daſs unsre heutigen Dichter gerade hierdurch die beste Anleitung bekommen, alles, was ihre Helden angeht, dem Leser mitzutheilen, und so ausserordentlich auch dergleichen Gespräche und Raisonnements gegenwärtig scheinen mögen, oder so sehr man sie auch als charakteristische Gewohnheiten alter Völker ansehn mag, so scheinen sie mir gleichwohl allerdings zur Vervollkommung des Heldengedichts zu gehören.

8 Aeneas greift zuerst den Achilles an, der, von Schrecken

bey umgekommen seyn, wenn nicht Neptun aus Mitleiden mit ihm, der immer die Götter geehrt hatte, und dessen Nachkommen daher noch bey den Troern regieren sollten, es verhindert hätte, indem er über die Augen des Achilles einen Nebel goss, und den Aeneas von ihm weg in einen andern Theil des Lagers führte, wo er ihn warnt, nie wieder mit Achilles zu fechten. Da der Nebel von den Augen des

---

cken bebend, seinen Schild mit nervichter Linke weit von sich ab hält:

— — — — er wähnte, des mutigen Anchisiaden
Lange Lanze möchte den Schild und den Panzer durchdringen;
Thor, uneingedenk der Götter und ihrer Geschenke,
Die den schwachen Kräften der sterblichen Menschen nicht weichen!
Siehe, darum vermochte des kampferfahrnen Aineias
Stürmender Speer nicht ganz das Göttergeschenk zu durchdringen;
Aber dennoch durchdrang er zwo Schichten des Schildes; die goldne
Hielt ihn tönend zurück, zwo eherne waren durchboret.
Denn fünf Schichten hatte dem Schilde Häfaistos gegeben:
Aussen zwo eherne Schichten, von Zinn die inneren beyde,
Die in der Mitte von Gold; es prallte von dieser der Speer ab.

Solche Anmerkungen und genaue Beschreibungen einzelner Vorfälle erhalten unsre Aufmerksamkeit, und sind nothwendig, um eine dichtrische Erzählung angenehm und gefällig zu machen.

des Achilles weggenommen ist, so bemerkt er, dass Aeneas verschwunden ist; er trachtet, durch die Reihen der Troer hinzudringen, und feuert die Griechen beständig an, auch ihren Heldenmuth zu zeigen. Von der andern Seite muntert auch Hektor die Troer auf, und verspricht, mit Achilles zu kämpfen. Doch Apollo redet ihn an, und hält ihn davon zurück. Achilles, muthig fechtend, tödtet erst den tapfern Iphition, den Sohn des Otrynteus, dann den tapfern Demoleon, den Sohn des Antenor, und [9] Hippodamas, der von seinem Wagen springt, und zu entfliehn sucht, endlich auch den [10] Polydorus, den jüngsten Sohn des Priamus.

---

9 Auch hier bleibt keiner im Gefecht, von dem Homer nicht einige besondre Umstände anführt. So z. B. sagt er vom Hippodamas, der vom Wagen springt:

— — — — es eilet Achilleus
Hinter ihm mit dem Speer, und stösst ihn zwischen den Schultern;
Brüllend athmet er von sich den Geist: so brüllt der gebundne
Stier, den Jünglinge um den Altar des Meergottes ziehen;
Des erfreut sich der Gott: so entfuhr die Seele dem Jüngling.

10 Dieser Polydorus, der jüngste von Priamus Kindern, war seines Vaters Liebling, weswegen er ihm auch nicht gestatten wollte, sich ins Treffen zu mengen. Allein

Thörichte

mus. Hektor, der den Bruder in seinem Blute sich wälzen sieht, fliegt dem Achilles entgegen, der sich darüber freut, und den Hektor zum Gefecht herausfodert. 11 Hektor antwortet dem

---

Thörichte Lust zu zeigen, was seine Füsse vermögen,
Jagt' ihn durch's vorderste Treffen bis er sein Leben verscherzet.
Denn ihm wirft der schnellere Grieche, da er vorbeyläuft,
Seine Lanze grad' in den Rücken, wo sich des Gürtels
Goldne Spangen begegnen, und seinen Panzer verdoppeln.
Panzer und Rücken durchfleugt bis zu dem Nabel die Lanze;
Schreyend fällt er auf's Kniee; die Nacht des Todes umhüllet
Schnell sein Haupt; er fällt und fasst mit der Hand sein Gedärme.
Hektor sieht den Bruder in seinem Blute sich wälzen;
Dämmernde Nebel umschwimmen sein Auge: nun kann er nicht länger
In der Entfernung sich halten; er reisst sich, wie lodernde Flammen,
Mit der drohenden Lanze dem Päleionen entgegen.

Diess ist so natürlich geschildert, dass, wer nur je einige Empfindung für seine, zumal jüngern Brüder gehabt hat, hier den liebenswürdigen Hektor in Gedanken umarmen möchte, und ihn eben so sehr als rechtschaffnen Mann schätzen muss, wie er ihn als einen tapfern Held schätzt.

11 Der Edelmuth, welcher den Hektor beseelt, erhellt aus seiner Antwort an Achill. Er sagt zu ihm:

Sohn des Päleus, hoffe nicht mich durch Worte zu schrecken,
Wie ein Knäblein! ich könnte ja leicht durch Worte mich rächen.

 Sieh'

dem Achilles, und wirft voll Muth auf ihn einen Pfeil, der aber [12] von Minerva zurückgehalten wird. [13] Achilles fällt ihn darauf wüthend an, doch Apollo hüllt den Hektor in Nebel,

---

Sieh' ich weiss, wie tapfer du bist, viel tapfrer als ich bin!
Aber es liegt im Schoosse der Götter der Ausgang des Kampfes,
Ob ich vielleicht, zwar schwächer wie du, dir dennoch das Leben
Raube; dieser Speer ward auch zum Tode geschärfet!

12 Die wunderbare Zwischenkunft der Götter und Göttinnen, deren sich Homer zuweilen bedient, um seine Helden von einem nahen Unfall zu befreyen, vermehrt nicht wenig den Antheil, den man an ihrem Schicksale nimmt. Denn man erwartet beständig, dass sie von den Göttern oder Göttinnen auf eine oder andre Art gerettet werden sollen, zugleich aber sieht man auch den unglücklichen Zeitpunkt zum voraus, da sie umkommen werden. So wird hier, um nicht vom Achilles zu sprechen, der Leser allmählig auf die Nachricht von Hektors Tode vorbereitet.

13 Auf den Hektor, den Apollo mit einer finstern Wolke bedeckt, stürzt Achilles dreymal mit dem ehernen Speer, und dreymal trift er den Nebel:

Als er mit göttlicher Kraft zum viertenmal gegen ihn anlief,
Rief er zürnend mit donnernder Stimme die fliegenden Worte:
Wieder entrannst du dem Tode, du Hund; doch schwebte schon Unglück
Ueber dein Haupt, wofern dich nicht Foibos Apollon gerettet!
Gelt! du gelobest ihm viel, bevor die Lanzen erklingen?
O so einer der Götter auch mir als Helfer sich nahte,

Wollt'

Nebel, und befreyt ihn dadurch. Von Zorn entbrannt nimmt darauf Achilles [14] verschiednen Troern, ohne auf ihr Flehn zu achten, das [15] Leben, und indem er [16] allenthalben Verwüstung

Wollt' ich unfehlbar dich tödten, so bald ich dich wieder begegne;
Aber nun tödt' ich die übrigen Troer so viel ich erhasche.

Wie nachdrücklich mahlt uns hier der Dichter die Wuth seines Helden!

14 Unter den ersten, welche der wüthende Achilles anfällt, und denen er das Leben nimmt, befinden sich Driops, Demuchus, der Sohn des Philetor, Laogonus und Dardanus, die Söhne des Bias, Tros, der Sohn des Alastor, Mulius, Echeklus, Deukalion, Rhigmus, der Sohn des Pireus, der aus Thracien gekommen war, und sein Wagenführer Areithous, die alle zu den berühmtesten Troern oder ihren treuen Bundesgenossen gehörten.

15 Die fürchterliche Verwüstung, die der alles vernichtende Achilles hier anrichtet, konnte der Dichter nicht besser beschreiben, als wenn er sagt, daſs einige Troer, die den Tod vor Augen sahn, ohne alle Gegenwehr selbst dem Feinde entgegen gingen, ihm zu Fuſse fielen und auf ihren Knieen um Gnade flehten. Doch alles vergebens, denn weder Bitten noch Flehn halten Achilles in seiner zügellosen Wuth auf. Ohn' alles Gefühl des Mitleidens und ohne Rucksicht auf die Umstände der Ueberwundenen greift er alles an und vernichtet alles.

16 Wie die Flamme des Himmels im waldichten Thal des Gebürges

Wütet

wüstung anrichtet, so ist das Feld mit Schilden, Leichen und Blut bedeckt, und sein Wagen selbst ist von Blut besprützt.

Wütet durch alternde Stämme; von Grund aus lodert der
Wald auf,
Hierhin, dorthin athmet der Sturm die wehende Lohe:
So Achill, verfolgend und tödtend mit blinzendem Speere,
Stark wie ein Gott! es schwimmet der schwarze Boden in Blute,
Wie wenn zwey breitstirnige Stiere der fleissige Landmann
An einander gejocht, in der flachen Tenne zu dreschen;
Hüpfend fliegt um die Tritte der starken Thiere das Korn auf:
Also stampften die starkgehüften Rosse Achilleus
Leichen und Rüstung zugleich. Die Axen der rollenden Räder
Werden von unten besprüzt, mit ihnen der Sessel des Wagens;
Blutige Tropfen sprüzen empor von den Hufen der Rosse,
Staub und Blut von den Rädern empor; er dürstet nach Ehre;
Blutiger Staub bedeckt die unbezwingbaren Hände.

Diese herrliche Beschreibung mahlt uns die Verwirrung und das Elend, das der von Zorn entbrannte Achill im Lager der Troer anrichtet, mit den kräftigsten Farben.

Inhalt des ein und zwanzigsten Gesanges.

Einige Troer, von Achilles in die Flucht getrieben, fliehen nach Troja, andre hingegen, denen Juno durch dicke Nebel das Gesicht benommen hat, jagt der wüthende Held in den Fluſs [1] Xanthus, der Menschen und Pferde unter

Erläuterungen zum ein und zwanzigsten Gesange.

1 Pope bemerkt, daſs die Kraft der Phantasie, und der groſſe und unerschöpfliche Erfindungsgeist, mit welchem unser Dichter seine Werke verfertigt hat, am meisten in diesem Gesange sich zeigen. Und freilich ist hier das Wunderbare bis zu einer ansehnlichen Höhe gebracht. Indem Achilles Verfolgung, Mord und Verwüstung unter seinen Feinden anrichtet, so gerathen nicht nur Götter und Göttinnen in heftigen Zwist, sondern auch die Flüsse nehmen eine menschliche Gestalt an, um sich dem Achilles in seiner blutdürstigen Wuth zu widersetzen. Zwischen der Stadt Troja und den Schiffen der Griechen lagen zwey in einander laufende Flüsse, Xanthus oder Skamander, und Simois. Die Troer, deren Augen Juno durch einen dicken Nebel verdunkelt hatte, kommen, ohne daſs sie es gewahr werden, in ihrer Flucht vor Achilles ans Ufer des Xanthus, stürzen mit solchem Geschrey, daſs die umherliegenden Ufer davon wiederschallen, ins Wasser, und, setzt der Dichter hinzu:

Wie

unter einander mit seinen Wellen fortreisst. Achilles setzt seinen Speer am Gestade bey einem Baum, springt, mit dem blossen Schwerd in der Faust, in den Fluss, [2] tödtet alles, was er antrift, bis er endlich, von der angerichteten Verwüstung beynahe ermüdet, zwölf Troische Jünglinge, wie bebende Rehe, lebend aus

---

Wie Heuschrecken sich aus Furcht des Feuers erheben,
Und zum Strome fliegen; es lodert die strebende Flamme,
Plötzlich angezündet im Felde; sie fallen ins Wasser:
Also ward der rauschende Strom des strudelnden Xantos
Vor Achilleus erfüllt mit Rossen und Männern der Troer.

2 Wenn Homer von seinen Helden redet, die auf dem vesten Lande fechten, so nimmt er gewöhnlich seine Bilder von den zahmen oder wilden Thieren des Feldes her. Doch hier, wo er uns Achilles zeigt, der mitten in den von Blut rothen Wassern des Xanthus die fliehenden Troer vertilgt, nimmt er seine Vergleichung von Seethieren her:

Wie den ungeheuren Delfin die übrigen Fische
Fliehn, und in den schützenden Klüften der Bucht sich verbergen,
Voller Furcht: denn jeden verschlingt er, den er haschet:
Also suchten die bebenden Troer des hohen Gestades
Schuz. — — —

Plinius (H. N. l. IX. c. 7.) merkt an, dass der Delphin, wenn er, vom Hunger getrieben, einen andern Fisch in der Tiefe des Wassers verfolgt, schneller als ein schnell segelndes Schif fortfliege; ein Beweis, dass auch diese Vergleichung des Dichters in der Natur der Dinge gegründet ist.

aus dem Strom zieht, ihnen die Hände auf den Rücken mit den Riemen bindet, die sie um ihre schuppichten Panzer trugen, und sie seinen Genossen übergiebt, um sie in die Schiffe zu führen, und sie nachher Patroklus zur Ehre zu schlachten. Darauf begegnet er [3] dem Sohn des Priamus, Lykaon, den er schon vormals gefan-

---

3 Ich habe im vorigen Gesange gesagt, dass der Schrecken und die Furcht der Feinde nicht besser beschrieben werden konnte, als wenn der Dichter meldete, dass sie, ohne im mindesten auf ihre Vertheidigung zu denken, ihrem Sieger entgegen giengen, zu Fusse fielen, und ihn um Gnade flehten. Diess findet auch hier beym Lykaon, dem Sohn des Priamus statt, den er mit Laothoe, der Tochter des Königs Altes, gezeugt hatte. Doch da Homer die ähnlichen Fälle immer auf eine unterschiedne Art vorzustellen weiss, so macht ers auch hier bey der Erzählung vom Tode dieses Lykaon. Er bringt nemlich verschiedne besondre Umstände an, die dem ähnlichen Falle ein ganz neues Ansehn geben. Und ein Dichter, der wünscht, dass der Leser mit Theilnehmung sein Gedicht lese, muss darauf nothwendig achten. — Man sehe nur wie Homer hier erzählt. Achilles, sagt er, hatte diesen Lykaon:

Einmal schon gefangen, als er mit nächtlichen Füssen
Ueber den Acker des Vaters ging, mit schneidendem Erze
Sprossen des Feigenbaumes zu hauen, zum Reife des Wagens,
Damals begegnete unverhoft ihm der edle Achilleus,
Führte ihn in Schiffen zur wohlgebauten Lemnos,
Und verkaufte ihn; da kauft' ihn der Sohn des Jäson.
Endlich lösete ihn sein Gast Aetion wieder,

Imbriens

gefangen genommen und weggeführt hatte, aus dem Flusse fliehend, wehrlos, ohne Waffen, keichend und ermattet vom Schweifs. Dieser umfaſst mit der einen Hand die Kniee und mit der andern den Speer des Helden, und bittet

---

Imbriens König, und sandt' ihn hin zu den Mauren Arisba's;
Dort entrann er, und kam zum väterlichen Palaste.

Achilles wundert sich, da er ihn erblickt, und sagt, daſs er wohl dafür sorgen wolle, daſs Lykaon ihm nicht zum zweytenmal begegne. Er sagt mit vielem Spott:

Traun, ein Ebentheuer mit diesen Augen gesehen!
Siehe, nun werden die mutigen Troer, die ich getödtet
Habe, wieder sich aus dem schattichten Dunkel erheben;
So wie dieser wiedergekommen dem grausamen Schicksal
Ist entflohen, wiewohl ich ihn in der lieblichen Lämnos
Habe verkauft; es hielten ihn nicht die Wogen des grauen
Meeres, welches doch viele wider Willen zurückhält.
Aber er soll nun kosten von meinem Speere die Schärfe,
Daſs ich sehe mit meinen Augen, daſs ich vernehme,
Ob er auch von dannen entrinnen, oder ihn halten
Wird die allnährende Erde, die auch den Starken zurückhält.

Er erhebt darauf seinen Speer, um Lykaon zu durchstoſsen. Aber:

— — — — Lükaon duckte unter den Speer hin;
Ueber den Rücken des Jünglings flog er, und blieb in der Erde
Bebend stecken, des menschlichen Blutes immer noch dürstend.
Jener umfaſste mit der Hand die Kniee des Helden,
Mit der andern hielt er den scharfen Speer des Achilleus.

Er

bittet flehentlich um Gnade. Doch Achilles haut ihm den Kopf mit seinem Schwerte ab, sagt ihm, er sey willens, nach Patroklus Tode keinem Troer, und insonderheit keinem Sohne des Priamus das Leben zu schenken, und tröstet den Unglücklichen damit, daſs auch der so viel

---

Er fleht darauf feurig um seine Erhaltung, und sagt unter andern zum erbitterten Achilles, daſs er erst seit zwölf Tagen wieder in seines Vaters Haus zurückgekommen, nur ein Halbbruder des Hektor sey, und also den unversöhnlichen Haſs, den Achilles nach Patroklus Tode gegen diesen hegte, nicht theilen müsse. — Da Homer diese Fälle, die so häufig in seinem Gedichte vorkommen, und beständig die Aufmerksamkeit des Lesers erhalten, gewiſs erdichtet hat, so muſs man sich mit Recht über das Natürliche und Schickliche wundern, das in diesen Erzählungen vorkommt. Achilles hatte als Feind, durch keine besondre Rachsucht getrieben, einen Sohn des Priamus zufällig gefangen genommen und verkauft. Dieser fällt ihm wieder in die Hände, indem er den Tod seines geliebten, vom Hektor getödteten Patroklus rächen will. Der überwundne Jüngling bemerkt sogleich einen groſsen Unterschied in dem Betragen seines Feindes, der vorhin seines Lebens gütig geschont hatte, und itzt nichts als Blut und Mord athmet. Darum nimmt er zu zwey Dingen seine Zuflucht, welche die einzigen waren, die das erbitterte Gemüth des Achilles einigermaſsen besänftigen konnten, seinem kurzen Aufenthalt bey seinem Vater seit seiner Flucht, und seiner geringern Beziehung auf Hektor. Dieſs alles weiſs uns Homer mit so lebhaften Farben zu schildern,

viel grössere Patroklus hätte sterben müssen, und ihm selbst, so groß und tapfer er seyn möge, in kurzem ein gleiches Schicksal bevorstehe. Darauf wirft er den blutenden Leichnam in den Strom, um den Fischen zur Speise zu dienen. Dann fällt er den Asteropaeus an, den Sohn des Pälegon, der vom Flussgott Axius und Periboea, der ältesten Tochter des Akessamenus stammte. [4] So tapfer sich auch dieser gegen Achilles vertheidigt, so nimmt ihm doch Achill, der

dern, daß man bekennen muß, daß die Sache, sie mag nun so vorgefallen seyn oder nicht, wenigstens so hätte vorfallen müssen. Und da dieß oft viel von Kleinigkeiten abhängt, so kann ein Dichter nicht genau genug solche Vorfälle darstellen, die in der gewöhnlichen Wirkung der menschlichen Natur gegründet sind.

4 Auf diesen Asteropaeus, der vergebens zwo Lanzen gegen den Achilles geworfen hatte, um ihn zu besiegen, hatte Achilles auch eine Lanze geworfen, allein sie fehlte ihn und blieb im Strande stecken. Dreymal bemüht sich Asteropaeus vergebens, mit nervichter Faust sie dem hohen Ufer zu entreissen, und nun nimmt ihm Achill mit dem Schwerte das Leben, beraubt ihn nicht nur seiner Waffen, sondern, nachdem er den Adel seines Geschlechts, als vom Aeakus, Jupiters Sohn, abstammend, weit über das Geschlecht der Meere und Ströme erhoben hat, läßt er auch seinen Leichnam liegen:

— im

der sich beständig seines Heldenmuths und seiner Macht rühmt, das Leben. Der ergrimmte Held fährt fort, seiner Wuth freyen Zügel zu lassen, ermordet [5] verschiedne Päonier, und würde ihrer noch mehr getödtet haben, wenn nicht der zürnende [6] Skamander menschliche Bildung angenommen und sich beklagt hätte, dass

— — im Sande des Ufers, von schwarzen Wogen benetzet.
Fische sammelten sich um ihn und Aale des Flusses,
Dass sie über den Nieren das Fett vom Körper ihm frässen.

Es findet sich also immer in Homers Erzählungen vom Tode seiner Helden etwas sonderbares und eignes; eine Lehre für unsre heutigen Dichter, um auch solche einander ähnliche Erzählungen auf eine unterschiedne und gleichwohl ungezwungne Art ihren Gedichten einzuweben.

5 Thersilochus, Mydon, Astypylus, Mnesus, Thrasius, Aenius und Ophelestes waren unter den Paeoniern die vornehmsten Schlachtopfer der Wuth des Achilles.

6 In der Mythologie der Alten ist nichts gewöhnlicher, als aus allem, was nur einiges Vermögen zu wirken zu haben scheint, mächtige Personen zu bilden. Besonders werden auf diese Art Meere, Flüsse und Quellen vorgestellt. Kein Wunder also, dass Homer hier den Fluss Skamander als einen Mann vorstellt, der sich dem wüthenden Achilles widersetzt, welcher um seiner Leidenschaft, die Troer um des Patroklus willen zu vertilgen, freyen Zügel zu lassen, mitten in den Fluss springt.

dafs seine Fluthen mit Leichen angefüllt würden, und er sich nicht ins Meer ergiessen könnte. Achilles fällt darauf nicht weiter die Paeonier, aber wohl die Troer an. Skamander bittet Apollo, den Troern Beystand zu leisten, thürmt rund um Achilles, der voll Wuth vom hohen Ufer

— — — — Da flutete wütend,
Seine getrübten Waſſer verſammelnd, Skamandros; er wälzte
Häufige Krieger dahin, die Achilleus hatte getödtet,
Warf ſie brüllend, wie ein Stier, hinan ans Geſtade
Und verbarg in tiefen Strudeln die lebenden Troer.
Schrecklich umrauſchte die trübe Woge den Päleionen,
Stieſs an den Schild, und ſtieſs an die Füſſe. Nun konnt' er nicht länger
Stehen; da umfaſst' er eine mächtige, hohe
Ulme, zog ſie heraus mit den Wurzeln; das ganze Geſtade
Riſs ſie aus einander, und hemmte die ſchönen Gewäſſer
Mit dem dichten Gezweig', und ward dem Strome zur Brücke.

Aber erſchrocken entſprang Achilleus der Tiefe, mit ſchnellen
Füſſen flog er übers Gefilde: noch ruhte der groſſe
Xantos nicht; er machte ſich auf in ſchwärzlicher Wallung
Seiner Waſſer, damit er den edlen Achilleus im Kampfe
Möchte hemmen, und von den Troern den Untergang fernen.
Eines Speerwurfes weit entlief ihm der Päleione,
Mit dem Ungeſtüm des ſchwarzen raubenden Adlers,
Welcher der ſtärkſte zugleich von allen Vögeln und ſchnellſte.

Jeder erkennt hier, dafs diefs ganze Schauspiel, da Achilles weder den Widerstand gewafneter Helden noch breiter Ströme scheut, um seiner Rachgier Gnüge zu thun, uns eine sehr deutliche

Ufer herab mitten in den Strom gesprungen war, sein Gewässer, und [7] umstürmt ihn so heftig, daſs er der Gewalt der Wogen zu entfliehn sucht, aber beständig von ihnen zurück- gehal-

---

deutliche und lebhafte Vorstellung von seiner alles übertreffenden Wuth gebe. Pope bemerkt, daſs hier in der Zusammenfügung und Stellung der Worte und Verse, die durch ihre bald hohen, bald sanftlautenden Töne, bald schnell fortfliessendes bald langsam fortgehendes Sylbenmaaſs den Gegenständen, die der Dichter darstellt, natürlich nachahmen, eine grosse Schönheit zu finden sey. Doch da dieſs sehr häufig im Homer der Fall ist, der vom Gefühl jeder Begebenheit, die er in seine Materie einwebt, ganz durchdrungen ist, und es hiebey auf Kenntniſs des Wohllauts in der Griechischen Sprache ankommt, so kann ich dieſs unmöglich unsern, des Griechischen nicht kundigen, Dichtern jedesmal faſslich genug machen, wie ich schon in der Vorrede erwähnt habe. Doch habe ich noch Gelegenheit, im 23sten Gesange davon etwas zu bemerken.

7 Wie wenn ein Wasserleitender Mann aus dem schwärzlichen Borne
Eine Rinne führt durch seine Saaten und Gärten,
Und mit der Schaufel die hemmenden Stein' aus dem Graben herauswirft;
Siehe nun fleuſst das Wasser hervor, es löset die Kiesel,
Weil es von der Höhe mit rieselnder Welle herabrollt;
Bald ereilt es, nun läuft es zuvor dem leitenden Manne:
So erreichte, wie schnell er auch war, den Päleionen
Doch des Stromes Fluth; denn Götter sind stärker als Menschen.
Und wie oft der göttliche starke Achill es versuchte,

gehalten wird. [8] Er fleht also zum Zevs, ihn aus dieser Gefahr zu retten, und wünscht, lieber durch Hektors Hand, als auf diese Art sein Leben zu verlieren. Neptun und Minerva kommen unter menschlicher Gestalt sogleich ihm zu Hülfe, indem sie ihn bey der Hand fassen, und rathen ihm, nicht eher aus dem Streit zu weichen, bis er die Troer in ihre Mauern zurückgetrieben und Hektor getödtet hat. Achilles, hiedurch angefeuert, begiebt sich auf die Ebne, die Skamander mit seinen Wassern über-

---

Stille zu stehn, und um sich zu schaun, ob ihn die Götter
Alle, des weiten *Himmels* Bewohner, hätten verlassen;
So oft überspülte die Flut des mächtigen Stromes
Seine Schultern. Es sprang Achilleus wieder von dannen
Herzlich bekümmert; der Strom ermattete seine Kniee,
Reissend fliessend, den Sand ihm unter den Füssen entziehend.

8 In diesem Gebete beklagt sich Achilles unter andern beym Zevs, dass er von seiner Mutter Thetis getäuscht sey, die ihm gesagt habe, er würde unter den Mauern von Troja durch die schnellen Pfeile des Apollo umkommen. Er wünscht daher:

Hätte mich Hektor doch, der tapferste Troer, getödtet,
Siehe, so hätt' ein Starker dem Starken die Rüstung genommen.
Ach nun ward mir bestimmt, des schmählichsten Todes zu sterben,
Ueberflutet vom Strom, gleich dem säuhütenden Buben
Den ein Regenbach im späten Herbste dahinrafft.

Auch

überströmt, der zugleich seinen Bruder Simois aufmuntert, mit ihm diesen gewaltigen Held durch die Kraft aller ihrer Wogen zu bezwingen. Darauf fällt ihn der Fluss mit aller Gewalt an, so dass Juno, besorgt um seine Erhaltung, ihren Sohn Vulkan bittet, mit seinen lodernden Flammen dem Xanthus Einhalt zu thun, und sie selbst will den West- und Südwind bitten, um aus dem Meere brausenden Sturm zu erregen. [9] Vulkan lässt hierauf ein heftiges Feuer entstehn, wodurch nicht allein die

---

Auch diess, sagt Pope, entspricht wieder völlig dem Charakter des Achilles, dessen vornehmste Leidenschaft Ruhmgier ist; es würd' ihn nicht kränken zu sterben, aber ohne Ehre sterben, ist ihm unerträglich. — Man vergleiche die neunte Anm. zum neunten Gesange.

9 In dem gewöhnlichen Lauf der Natur fällt nichts vor, was nicht Homer durch eine dichtrische und wunderbare Vorstellung seinem Gegenstande anzupassen wüsste. Die Flüsse, die aus ihren Ufern treten, werden Personen, die den Achilles verfolgen: das heisse Feuer, das durch das Blasen des Windes Kräuter, Bäume und Büsche verzehrt, den Boden austrocknet und das Wasser allmälig verschwinden läst, ist Vulkan, der sich der Sache des Achilles annimmt, und durch seine vernichtende Flammen und brennende Kraft den wütenden Strom bezwingt.

die todten Leichname derer, die Achilles getödtet hat, verbrannt werden, und das ganze Feld verdorrt, sondern selbst die Flüsse austrocknen, und alle Bäume und Kräuter, welche die Gestade der Flüsse decken, durch diese Hitze verzehrt werden, so daſs die Fische mitten im Fluſs

---

Wie der herbstliche Nord den frischberegneten Garten
Leicht austrocknet; es freuet sich sein die Seele des Gärtners:
So ward ausgetrocknet das Feld, es brannten die Leichen.

Und

Wie ein Kessel zischt, durch vieles Feuer gehitzet,
Voll vom schmelzenden Fette des wohlgepflegeten Mastschweins;
Ueber dem dürren Holze siedet das Wasser und brauſst auf:
Also schäumten kochend die lieblichen Wasser des Stromes.
Vorwärts konnt' er nicht fliessen, ihm wehrte mit hizendem Qualme
Und mit Gewalt der Arm des kunsterfahrnen Häfaistos.

Diese Personificirungen haben hier eine ausnehmende Kraft, denn sie zeigen uns auf eine sehr mahlerische Art, wie die unterschiednen Elemente, Feuer und Wasser, gegen einander streiten, um Achilles zu verherrlichen. Der Leser glaubt den Streit beyder als Personen vorgestellter Elemente mit anzuschaun, und dieſs vergröſsert seine Bewundrung der Heldenthaten des Achilles. Aus natürlichen Ursachen mächtige Wesen zu schaffen, diese zwischen den Handlungen der Menschen zu stellen, und sie da aus allen Kräften wirken zu lassen, das ist es, was den Dichter vom Redner und Geschichtschreiber vorzüglich unterscheidet.

Fluſs nicht athmen können. Nun fleht Xanthus erst den Vulkan, mit seinem Feuer abzulassen, und da er hier kein Gehör findet, bittet er Juno darum, und verspricht, den Troern nicht weiter Beystand zu leisten. Juno ermahnt hierauf ihren Sohn, seine wüthenden Flammen zu hemmen, und Vulkan gehorcht. Doch itzt, da Xanthus wieder beruhigt ist, [10] entsteht unter den

10 — Heftiger Zwist entflammte die übrigen Götter,
Denn der Unsterblichen Herzen waren zwiefach gesinnet.
Mächtig rauschten sie gegen einander; es krachte die weite
Erde; der Himmel erscholl. — —

Das Wort, das hier erscholl übersetzt ist, ist im Griechischen eigentlich von dem Laute entlehnt, den Trompeten und Posaunen machen. Terrasson merkt hiebey an, „es „sey nicht natürlich, dem Himmel einen Laut von Trompe„ten zuzuschreiben, weil er keinen Mund habe noch haben „könne." Clarke nennt diese Anmerkung höchst lächerlich. Ich setze sie in die Reihe der ungegründeten Raisonnements, die man so häufig bey Kunstrichtern ohne Geschmack und Gefühl antrift, und beklage die Jünglinge, die solche Lehrer zu ihren Führern sich wählen. Das Geräusch, das man in der Luft zu hören glaubt, mit Ausdrücken vorzustellen, die von musikalischen Werkzeugen entlehnt sind, ist eine in der Dichtkunst so allgemein angenommene Sache, daſs es sich nicht einmal der Mühe verlohnte, es anzuführen, wenn ich nicht zu gleicher Zeit unsre jungen Dichter vor solchen kindischen Spitzfindigkeiten und ungereimten An-

 merkun-

den Göttern und Göttinnen ein heftiger Zwist, bey welchem [11] Zevs, auf dem hohen Olymp sitzend, lächelt. Mars stürzt auf Minerva mit seinem ehernen Speer, doch sie wirft ihn mit einem grossen Stein zu Boden, schlägt dann auch auf

merkungen Ein für allemal warnen und zugleich ihnen anrathen wollte, die Schönheiten und Fehler grosser Dichter nicht eher zu beurtheilen, als bis sie sich mit ihren vortreflichen Werken erst ganz vertraut gemacht haben. — Hardion in den *Memoires de l'Academie Royale des Inscriptions et Belles lettres* T. III. p. 151. hat diese Stelle sehr gut vertheidigt und erklärt.

11 Ausser Pope und Mad. Dacier, deren Anmerkungen über Homer bekannt genug sind, haben zwar einige Schriftsteller sich bemüht, die wahre Meinung dieses alten Dichters zu erklären; allein das meiste ist doch blos wörtliche Erklärung und Mythologie, wie aus den Anmerkungen des Eustathius und Didymus erhellt. Nur auf Entwiklung seiner dichtrischen Schönheiten hat sich fast kein einziger Ausleger eingelassen; und wenn es auch einige giebt, welche den eigentlichen Sinn unsers Dichters haben erforschen wollen, so nehmen sie meistentheils ihre Zuflucht zu geheimen Anspielungen und Ausdrücken. Mir ist wenigstens niemand bekannt, der es unternommen hätte, den ganzen Plan des Dichters in seinen besondern Endzwecken, um sein Werk zu einem vollkommnen Ganzen zu machen, darzulegen. Fast durchgängig hat man sich bey Kleinigkeiten aufgehalten, und die wahre Absicht des Schriftstellers wenig oder gar nicht begriffen. Ich besitze die Kühnheit nicht, um mich als den ersten,

auf Juno Anstiften Venus, und wirft sie nieder, da sie dem Mars zu Hülfe kommen will. Dann fodert Neptun den Apollo zum Gefecht heraus, und erinnert ihn zugleich, wie undankbar sie beyde

---

ersten, der diess unternommen hätte, anzukündigen. Inzwischen hab' ich keinen Ausleger gefunden, der diess Lächeln Jupiters vom Olymp, beym Anblick des Streites der Götter und Göttinnen, gehörig erklärt hätte. Alles hat hier, nach der Meinung der gelehrtesten und verständigsten Männer, seine Beziehung auf den Streit der Elemente gegen einander, der Erde, des Wassers, des Feuers und der Luft; eine Erklärung, die mir nicht sehr annehmlich vorkommt. Bisher haben wir in dem ganzen Fortgange der Ilias gesehn und auch hie und da angemerkt, dass der Dichter die göttliche Allmacht, der alle Götter und Göttinnen unterworfen sind, ganz allein in der Person des Jupiters wirken lässt. Von Anfang an sind seine Götter und Göttinnen unter einander getheilt, und begünstigen entweder die Griechen oder die Troer. Jupiter allein ist ganz unpartheyisch, allein um die Zusage, die er schon im ersten Gesange der Thetis gethan hat, heilig zu halten, unterstützt er die Troer, bis Achilles in seine volle Ehre wieder hergestellt ist. Itzt, da diess gänzlich vollbracht ist, setzt er sich ruhig auf den Olymp nieder, und da er nach seiner Vorsehung und Allmacht wohl weiss, welche Folgen diess alles haben werde, so lächelt er über den Streit, der itzt, ohne dass Menschen darin verwickelt sind, zwischen Göttern und Göttinnen entsteht. Aus dem allen, dünkt mich, können wir die Lehre ableiten, dass alle Handlungen und Unternehmungen auch der erhabensten und mächtigsten Wesen nichts sind, und mehr ein Lächeln als eine ernst-

beyde vom Laomedon und den Troern behandelt wären. Doch Apollo meynt, es sey besser, dass die [12] kurzlebenden Menschen mit einander fechten, und dagegen die Götter dem Kampf entsagen. Seine Schwester Diana [13] schilt ihn über

ernstliche Ueberlegung in den Augen dessen verdienen, von dessen Wink alles abhängt, und der mit seiner goldnen Kette, wie wir im Anfange des achten Gesanges sahn, alles was im Himmel und auf der Erde zu finden ist, an einander gekettet hält, bezwingt und regiert.

12 In der sechsten Anmerkung zum sechsten Gesange sahn wir, mit welchen nachdrücklichen Worten Glaukus den Diomedes von der Nichtigkeit und Vergänglichkeit des menschlichen Lebens überzeugt. Nicht minder kräftig sind die Worte, womit Apollo dem Neptun zeigt, dass es der Mühe nicht verlohne, um so nichtiger Geschöpfe willen als die Menschen sind, zu kämpfen. Er sagt:

Erderschütterer, du würdest ja selber des Unsinns mich zeihen,
So ich kämpfen wollte mit dir, der elenden Menschen
Wegen, welche grünen, gleich Blättern an Bäumen, der Erde
Früchte geniessend, und dann gleich Blättern an Bäumen verwelken.
Drum lass uns entsagen dem Kampf, lass Sterbliche fechten.

13 Madame Dacier sagt bey dieser Stelle, sie sey überzeugt, dass Homer, unter der Vorstellung des Streits zwischen Juno und Diana, auf eine dichtrische Art eine Mondfinsterniss beschreiben wolle, die durch den Schatten der Erde, welche mit Juno einerley sey, verursacht werde. Wenn man

über seine Feigheit. Juno nimmt sich des Apollo an, reisst Dianen von den Schultern den Köcher und giebt mit den eignen Pfeilen auf beyde Wangen ihr Streiche. Weinend flieht Diana zum Zevs ihrem Vater, und klagt ihm

---

man diese Meinung annehmen will, so kann man eben so leicht auch eine ähnliche Anspielung in dem Streit zwischen Mars und Minerva finden. Allein ich habe schon mehrmal bemerkt, dass es mir sehr ungereimt vorkommt, dergleichen Anspielungen zu suchen, und dass sie mir mit dem zwar erhabnen aber doch niemals dunkeln oder geheimnissvollen Vortrage der Sachen, dessen sich Homer hier und an andern Stellen bedient hat, durchaus zu streiten scheinen. Es war itzt, wie wir oben in der elften Anmerkung sahn, Zeit, dass die vorzüglich theilnehmenden Götter und Göttinnen sich entweder für die Griechen oder Troer erklären mussten, und da sie itzt darin nicht mehr durch die Uebermacht Jupiters zurückgehalten wurden, so musste daraus nothwendig ein sehr heftiger Zwist entstehn, den der Dichter nach seiner Gewohnheit, wiederum als völlig mit der Denkungsart und den Leidenschaften der Menschen übereinstimmend beschreibt, wo uns das Eigentliche und Natürliche des Vorfalls oft mit Jupiter zum Lächeln zwingt, wie das bey mir unter dem Lesen des Streits der Juno und Diana der Fall war, wo ich mir vorstellte, zwey erhitzte Frauen zu sehn, die mit einander zanken. — Doch da auch diese Beschreibung nicht ohne dichtrische Farben ist, so will ich etwas davon kurz anführen. Juno, auf Diana ergrimmt, weil sie den Troern ergeben war und Apollo zum Kampf gegen Neptun gereitzt hatte, sagt zu ihr:

Traun

ihm ihr Unglück. Die Götter kehren indeſs wieder zum Olymp zurück, während Apollo ſich nach Troja begiebt, um zu verhüten, daſs die Griechen ſich ihrer nicht wider den Willen des

---

Traun es wäre dir beſſer, die wilden Thiere zu tödten
Und die Hirſche, als mit mächtigen Göttern zu kämpfen!
Haſt du Luſt des Kampfes zu koſten; wohlan, ſo erfahre,
Wie viel ſtärker ich bin, wenn du es wageſt zu trozen!

Und ſogleich wird ſie ſo wütend, daſs ſie, ohne etwas mehr zu ſagen, mit der linken die beyden Hände Dianens ergreiſt und veſthält:

Mit der Rechten riſs ſie ihr von den Schultern den Köcher,
Gab mit den eignen Pfeilen auf beyde Wangen ihr Streiche;
Artemis wandte ſich hin und her, es fielen die Pfeile.
Weinend floh die Göttin, gleich einer ſchüchternen Taube,
Die, vom Falken verfolgt, in eine Felſenkluft flüchtet,
Denn noch will das Schickſal ihr das Leben erhalten;
Weinend floh' ſie und lieſs zurück die Pfeil' und den Köcher.

Indem Diana die Flucht nimmt, kommt ihre Mutter Latona, raſt die hie und da auf der Erde zerſtreuten Pfeile auf, und folgt ihrer Tochter, die weinend zum Vater Jupiter geht, und, auf ſeinem Schooſſe ſitzend, ihr Unglück ihm klagt:

Duftend zittert' ihr Stralengewand die Glieder herunter;
Zeus Kronion umarmte ſie freundlichlächelnd — —

Meiner Einſicht nach werden in dieſer Erzählung die Wirkungen des menſchlichen Herzens viel deutlicher als die der Himmelskörper beſchrieben.

des Schicksals bemächtigen. [14] Achilles verfolgt die Troer, und richtet grosses Unheil bey ihnen an. Wie Priamus ihn erblickt, so räth er den Troern, die Thore zu öfnen, und die Flüchtlinge aufzunehmen. Doch dann würden die Griechen sich der Stadt bemächtigt haben, hätte nicht Apollo es dadurch verhindert, dass er den edelmüthigen und tapfern [15] Agenor anfeuerte,

14 Wie aus einer brennenden Stadt den Himmel hinanwallt
Schwarzer Rauch, empor gesandt von zürnenden Göttern;
Allen Bewohnern bringt er Kummer, einigen Jammer:
Also brachte Kummer Achilleus den Troern und Jammer.

15 Dieser Held, der die Troer vom Achilles in die Flucht gejagt und gezwungen sieht, ihre Sicherheit in den offnen Thoren der Stadt zu suchen, überlegt bey sich selbst, was er in dieser äussersten Noth thun soll. Er fühlt sogleich die Schande, sich mit seinen Mitbürgern auf die Flucht zu begeben, und sieht auch zugleich ein, dass er, wenn er es auch thäte, dennoch vom Achilles könnte gefangen genommen und getödtet werden. Er überlegt also, ob er nicht die fliehende furchtsame Menge ihrem Schicksal überlassen und über Troja's Gefilde mit eilenden Füssen fliehn soll, bis er die buschichten Thale Ida's erreicht, um sich dort unter Stauden zu verbergen, und am Abend, im lautern Strome gebadet, abgekühlet vom Schweisse, nach Troja zurückzukehren. Und nun fährt er fort:

Doch was will ich solches in meinem Herzen erwägen?
Wenn er mich fliehen sieht von der Stadt her über's Gefilde;
Wird er bald mich erreichen, mit eilenden Füssen verfolgend;

Und

feuerte, dem Achilles Widerstand zu bieten. Agenor [16] wirst einen Speer nach dem Achilles, und da dieser ihn angreift, beschützt Apollo den Agenor, nimmt dessen Gestalt an, flieht vor Achilles, und entfernt dadurch den ihn verfolgenden Held von den Thoren der Stadt. Die Troer entrinnen indess haufenweise in die Stadt, ohne einander zu erwarten, oder sich um das Schicksal ihrer Gefährten zu kümmern.

Und dann kann ich nicht mehr dem Tod' und den Kären entrinnen,
Denn er ist der stärkste von allen sterblichen Menschen,
So ich vor den Mauren der Stadt entgegen ihm gehe;
Siehe, so weiss ich, auch er ist mit dem Erze zu treffen.
Denn auch sterblich ist er, hat eine einzige Seele;
Aber der waltende Zeus Kronion verleihet ihm Ehre!

16 — — — — die mutige Seele
War entschlossen zum Kampf. So steht im dicken Gebüsche
Gegen den Jäger ein Pardel; ihn schrecken die bellenden Hunde
Nicht, und hätt' ihn auch der Pfeil des Jägers getroffen,
Würd' er dennoch, vom Pfeile durchbort, dem Jäger nicht weichen
Bis er sich auf ihn stürzte, oder sein Leben verlöre:
Also wollte der mutige Sohn des edlen Antänor
Auch nicht fliehen, eh' er den Päleionen versuchte.

Inhalt

Inhalt des zwey und zwanzigsten Gesanges.

1 Während die Troer in die Stadt fliehn, bleibt Hektor

Erläuterungen zum zwey und zwanzigsten Gesange.

1 Dieser Gesang, der uns Hektors Tod durch Achillens Hand erzählt, wird von Kennern für den schönsten von allen gehalten. Von der einen Seite werden wir mit Schrecken, Furcht und Erstaunen erfüllt, wenn wir sehn, mit welchem gefühllosen Herzen der ergrimmte Achilles, um den Tod seines Freundes Patroklus zu rächen, dem braven Hektor das Leben nimmt und seine Leiche mishandelt; und von der andern Seite werden wir die zärtlichsten Rührungen gewahr, die Liebe und Mitleiden nur je in guten gefühlvollen Seelen erregt haben. Ein unglücklicher beklagenswürdiger Vater und eine sorgfältige zärtliche Mutter sind bekümmert über die Gefahr, worin das älteste und beste ihrer Kinder zur Vertheidigung der Stadt und Freyheit sich befindet. Das gefürchtete Unheil kommt. Hektor, ungeachtet seiner edeln Bemühungen, seinem trotzigen Feinde muthig die Spitze zu bieten, stürzt hin vor der Gewalt einer mächtigern Hand. Die unersättliche Rache, mit welcher der Sieger wütet, kennt keine Grenzen. Der ergrimmte Achilles greift selbst die blutige Leiche seines getödteten Feindes an, durchbort seine Füsse, zieht durch sie lederne Rieme, bindet ihn an seinen Wagen und jagt so mit der Leiche Hektors, dessen edles Haupt und zierliche Haarlocken auf der Erde in Sand und Staub

Hektor drauſſen. Apollo offenbart ſich dem Achil-

Staub ſchleppen, rund um Trojens Mauern. Die unglückliche Mutter reiſst ſich, bey dieſem Anblick die Haare aus, wirft ihre Kleider von ſich, und hebt Jammerklagen an, gleich als ob ganz Ilium durch Feuer verwüſtet und in einen Steinhaufen verwandelt wäre. Der verzweiflungsvolle Vater will aus dem Thore eilen, dem Ueberwinder zu Fuſſe fallen, und ihn um den theuren Ueberreſt ſeines geliebten Sohns anflehn. Doch das Trojaniſche Volk hält ihn davon zurück, und nun bedeckt er ſich mit Staub und Aſche, und beweint bitter das theuerſte Pfand ſeiner Ehe. Eine zärtliche Frau, die, unwiſſend, was ihr begegnet iſt, im innerſten Zimmer des Palaſtes einſam ſitzt und webt, und ihren Mägden befohlen hat:

> Einen groſſen Dreyfuſs am Feuer zu ſtellen, zum warmen
> Bade für Hektor, wenn er nun bald vom Streite zurück käm,

hört von fern lautes Geſchrey und Klagen. Vor Schrecken fällt ihre Arbeit ihr aus den Händen, ſie ſpringt auf, nimmt zwey Mägde mit ſich, und läuft wie unſinnig mit hochklopfendem Herzen, um zu vernehmen, was ihrem geliebten Gemahl begegnet iſt. Da ſie ihn hinter Achillens Wagen ſchleppen ſieht, fällt ſie in Ohnmacht, und wie ſie endlich wieder zu ſich kommt, bricht ſie tiefaufſchluchzend und weinend in Klagen aus, die auch die härteſte Seele zum Mitleiden bewegen können. Obgleich dieſs alles ein Schauſpiel liefert, wo ſich ein guter Dichter kaum mäſſigen kann, um die Empfindungen, welche die Menſchen in ſolchen Umſtänden hegen, recht umſtändlich zu ſchildern; ſo wundern wir uns doch hier über die Kürze und den Nachdruck, womit Homer dieſs traurige Schickſal Hektors und die für ſeine Familie daraus entſtehenden unglücklichen Folgen vorgeſtellt hat.

Achilles, der, weil ihm sein [2] Anschlag auf Agenor mislungen ist, sich darüber zu rächen wünscht, und [3] mit schnellen Schritten nach Troja

---

hat. — Man sieht daraus, dass es nicht auf die Menge von Ursachen, sondern auf die wahren, eigentlichen und einfachen Ursachen ankomme, um unsern Augen Thränen zu entlocken. Und es ist ein vortrefliches Talent eines Dichters, vortreflicher als alle noch so künstlich erdachte Regeln, sich ohne Zwang in die Umstände der Menschen setzen zu können, deren Schicksale man beschreibt, und dann die Empfindungen darzustellen, die nicht durch lange Arbeit und Kunst hervorgebracht, sondern durch die Natur selbst mitgetheilt werden.

2 Diese List des Apollo, wodurch er den Achilles von Trojens Mauern entfernt, hat der Dichter nicht ohne weise Ursachen angebracht; denn dadurch bekam er Gelegenheit, den Troern und ihren Bundsgenossen, die sonst nothwendig dem erbitterten und nichts schonenden Achill in die Hände gefallen wären, einen sichern Abzug zu verschaffen, und zugleich wird durch eben diesen Umstand die Tapferkeit und der Muth Hektors nicht wenig vermehrt. Er sieht jeden in die Stadt flüchten; seine Eltern brauchen die zärtlichsten Gründe, ihn zu bereden, dass er ein gleiches thun und sich vor Achillens Wuth in Sicherheit setze. Doch nichts von dem allen vermag itzt über sein edles Herz. Obgleich allein gelassen wünscht er doch mit Achilles zu fechten, um entweder zu siegen, oder rühmlich zu sterben.

3 — — wie ein Ross, das viele Palmen gewonnen,
Ausgedehnt mit fliegendem Wagen die Laufbahn durcheilet;
Also lief Achilleus einher mit fliegenden Füssen.

Troja fliegt. Kaum hat Priamus diesen [4] von Muth entflammten Held bemerkt, da er mit aufgehabnen Händen seinen Sohn Hektor, der voll Begierde ist mit Achilles zu fechten, [5] bittet, daſs er sich in die Stadt begebe. Dieſs Bitten

---

4 — — Schimmernd, wie der Stern der herbstlichen Tage,
Welcher in dunkler Nacht vor allen Gestirnen hervorstralt,
Und Orions Hund von sterblichen Menschen genannt wird;
Zwar er ist der glänzendste Stern, doch ist er ein böses
Zeichen, und bringet Hitze den mühbeladenen Menschen:
Also stralte das Erz an der Brust des laufenden Helden.

5 Erst beklagt sich der alte Priamus, daſs er wieder zwey Söhne, Lykaon und Polydorus vermiſſe, deren Schicksal ihm unbekannt sey, doch deren Tod gleichwohl den Troern nicht so traurig seyn würde, wie Hektors Tod, so sehr auch er und ihre Mutter Laothoe sich darüber grämen würde. Und dann setzt er hinzu:

Ach du wollest dich mein, des Unglückseligen, weil ich
Lebe, noch erbarmen, den auf der Schwelle des Alters
Zeus ins Elend verwickelt, und der viel Jammer noch sehn wird:
Meine Söhne getödtet, und die Töchter geraubet,
Ausgeplündert meine Gemächer, die stammelnden Kinder
In der Verheerung Gräuel auf den Boden geworfen,
Und die Schnüre geschleppt durch die grausamen Hände der Griechen.
Endlich werden mich zuletzt in den vordersten Thoren
Hungrige Hunde zerfleischen, nachdem auch mir mit dem Erze
Einer, hauend oder werfend, das Leben geraubt hat.
Hunde, die ich an meinem Tische zu Hütern mir nährte,
Werden saufen mein Blut, und dann mit wütendem Grimme

Liegen

Bitten des alten Vaters wird [illegible]n dem Flehn und Seufzen der Mutter unterstützt, die das Gewand vom Busen reisst, und mit der Hand auf die Brust zeigt, womit sie ehmals ihn säugte. Aber vergebens. Denn [6] Hektor erwartet muthig den tapfern Achilles, und [7] überlegt sehr ruhig,

---

Liegen in meinem Vorsaal. Dem schwertermordeten Jüngling
Steht es wohl, mit scharfem Erze zerrissen, zu liegen,
Auf dem Boden gestreckt, und alle Glieder zu zeigen;
Aber wenn die Hunde die graue Scheitel, den grauen
Bart des Greisen zerreissen, und seine Lenden entblössen,
Ach das ist dem elenden Menschen der schrecklichste Anblick.

6 Wie ein wilder Drache, genährt von giftigen Kräutern
In der Höhle laurend, den kommenden Wandrer erwartet;
Vor sich schaut er mit grimmigen Augen, und rollt sich im Kreise:
So ergriff der Zorn den Priami[illegible] Er wich nicht,
Lehnte den schimmernden [illegible]d an einen Thurm von der Mauer. —

7 Um den Leser ganz zu belehren und ihm selbst zu sagen, was in einigen wichtigen und gefährlichen Umständen einige Helden bey sich selbst überlegten, so hat Homerus verschiedne Selbstgespräche in sein Gedicht gebracht, aus welchen man die Gemüthsbeschaffenheit dessen, der in einem solchen entscheidenden Zeitpunkt sich befindet, völlig kennen lernen kann. Dazu dient auch z. B. das, was Hektor hier zu sich selbst redet. Im achtzehnten Gesange hatte ihm der vorsichtige Polydamas bey der Ankunft des Achilles gerathen, sich mit seinem Volke innerhalb den Mauern der Stadt

ruhig, was er in diesem entscheidenden Zeitpunkt zu thun habe. Doch, da er den Achilles

---

Stadt in Sicherheit zu setzen, und diesen Rath hatte Hektor verworfen. Darum sagt er nun bey sich selbst:

Wehe mir! so ich nun durch die Thore von Ilium ginge,
Würde mich Polüdamas mit höhnenden Worten empfangen,
Der mir rieth, das Heer gen Troia zu führen, in jener
Schrecklichen Nacht, da zum Kampf sich erhub der edle Achilleus.
Aber ich hört' ihn nicht, viel besser wär' es gewesen!
Nun ich habe das Heer durch meine Thorheit verloren,
Scheu' ich die Troer und Troerinnen mit langen Gewanden,
Dass da irgend der Schwächeren einer sagen mir möchte:
Seiner Stärke vertrauend hat Hektor die Schaaren verloren!
Also würden sie sagen; mir aber wäre viel besser,
Wieder zurückzukehren vom überwundnen Achilleus,
Oder rühmlich von ihm vor der Stadt ermordet zu werden.
So ich von mir legte den Schild mit gewölbtem Nabel,
Und den schweren Helm und [illegible]e den Speer an die Mauer,
Ginge dann entgegen dem t[illegible]sen Achilleus,
Und verspräche, Helena mit den sämmtlichen Schäzen
Welche Alexandros in hohlen Schiffen gen Troia
Brachte, (Helena war die erste Ursache des Zwistes!)
Wieder zu geben des Atreus Söhnen, und mit den Achaiern
Alle Schäze zu theilen, die Ilions Häuser verwahren,
Noch dazu die Männer von Troia heilige Eide
Schwören zu lassen, nichts zu verbergen, alles zu theilen,
Was die liebliche Stadt mit ihren Mauren umschliesset —
Aber wie kann ich solches in meinem Herzen erwägen?
Flehend muss ich ihm nicht begegnen; er würde sich meiner
Nicht erbarmen, und wär' ich gleich wehrlos, dennoch mich tödten,

Sonder

les zum Vorschein kommen sieht, [8] erschrickt er, ist gezwungen zurückzuweichen und wird [9] dreymal vom Achilles rund um die Mauern von

---

Sonder Müh', als wär' ich ein Weib. Wie Jüngling und Jungfrau,
Kann man nicht vom Felsen mit ihm, von der Eiche nicht schwatzen,
Wie in süssem Gespräch sich Jüngling und Jungfrau ergözen,
Besser ist's, ihm gleich zu begegnen, je eher je lieber
Zu erfahren, welchem den Sieg Kronion verleihet.

8 Wie ein Falk im Gebürge, von allen Vögeln der schnellste,
Leicht mit mächtigem Schwung der schüchternen Taube sich nachschwinget;
Jen' entschlüpft ihm seitwärts; aber mit tönenden Flügeln
Schiesst er immer ihr nach, von wilder Begierde getrieben:
Also stürmte vorwärts Achilleus, —

Dieses Gleichniss hat Virgil nachgeahmt in seiner Aeneis Ges. XI. V. 721 fgg.

9 Auch die Lage von Troja und die einzelnen Gegenden um die Stadt her lehrt Homer bey mehr als Einer Gelegenheit seine Leser kennen. So beschreibt er uns hier die Gegend, in welcher Achilles den Hektor um die Stadt her verfolgt, so:

Vor dem wehenden Feigenbaum und vorbey vor der Buche,
Liefen sie auf der Heerstrass beyde neben der Mauer,
Kamen zu den lieblichen Bornen, welchen die beyden
Quellen des silberwirbelnden Xantos rauschend entsprudeln.
Eine fliesset mit warmem Gewässer, ihr entdampfen
Immer steigende Rauche, wie von brennendem Feuer;
Aber kalt wie Hagel fleusst im Sommer die andre,

von Troja [10] getrieben. Indem alle Götter diess anschauen, fängt Zevs an zu reden, und beklagt Hektors Schicksal. Minerva tadelt ihn darüber, und Zevs sagt ihr, dass er nicht im Ernste geredet habe. Sie begiebt sich hierauf eilend aus dem Olymp, indem [11] Achilles noch immer

Wie des Winters Schnee, und wie das Eis auf dem Wasser.
Alhier waren schöne, steinerne Badewannen,
Wo der Troer Weiber vordem und die lieblichen Töchter
Ihre Schimmergewande wuschen in Tagen des Friedens.
Diesen liefen vorbey der Jagende und der Verfolgte.

Das Nennen und Andeuten solcher bestimmten Plätze bringt nicht nur Abwechselung in ein Gedicht, sondern stärkt uns auch in der Ueberzeugung von der Wahrheit der Geschichte, und vermehrt also unsern Antheil und unser Vergnügen daran. So spricht Virgil im zweyten Buche seiner Aeneis bestimmt von dem Hause des Deiphobus, das, durch die Flamme überwältigt, einstürzte, und von dem des Ukalegon, das nächst dran stand, und in Brand gerieth.

10 Achilles und Hektor fliegen so schnell um Trojas Mauer her:

— wie sieggewohnte, hufgeflügelte Rosse
Eilend umlaufen das Ziel für einen stattlichen Kampfpreis,
Ein Weib, oder Dreyfuss einem Erschlagnen zur Ehre.

11 Wie den jungen Hirsch ein Hund im Gebürge verfolget,
Durch die Thäler den aufgejagten, durch Triften ihn treibend;
Ob sich auch der erschrockne Hirsch in Stauden verbürge,
Würd' ihn dennoch der jagende suchen, bis er ihn fände:

Also

immer beschäftigt ist, [12] Hektorn zu verfolgen, der durch Apollo's Kraft in seiner Flucht beständig unterstützt wird, da Achilles nicht mit seinen Hülfstruppen, sondern, wahren Ruhm zu erwerben, allein den Hektor zu überwinden trachtet. Endlich legt [13] Jupiter das Schicksal beyder Helden in die Wage, um zu forschen, wer überwinden werde. Die Wage entscheidet für Achilles, und nun wird Hektor vom Apollo verlassen; Achilles empfängt von Minerva neuen Muth, und sie selbst ermahnt den Hektor unter der Gestalt seines Bruders Deiphobus stille

---

Also konnte Hektor dem eilenden Päleionen
Nicht entrinnen. So oft er zu den Dardanischen Thoren
Wollte laufen und zu den wohlgegründeten Thürmen,
Hoffend, die Seinen würden von dannen mit Pfeilen ihn schützen;
Kam ihm immer Achilleus zuvor, und wandt' ihn abwärts
Gegen das Feld, unfern der Mauer selber verbleibend.

Wie passend und natürlich ist auch diese Vergleichung und Beschreibung, um uns den Vorfall recht lebhaft vor Augen zu stellen.

12 Wie man oft in Träumen nicht den Fliehenden haschen
Kann, und weder entrinnen, noch den andern verfolgen;
Also konnte nicht Hektor entrinnen, Achilleus nicht haschen.

13 Ich habe schon in der zweyten Anmerkung zum achten Gesange bemerkt, dass, wenn man in den ältesten Zeiten das

ſtille zu ſtehn und dem Achilles die Spitze zu bieten. Hektor, erfreut über die Ankunft ſeines geliebten Bruders, der, da alle andre zurückbleiben, ihm zu Hülfe kommt, bleibt ſtehn, erwartet den Achilles, und bietet ihm den Vergleich an, daſs der Körper deſſen von ihnen, der überwunden und getödtet würde, ſeinen Freunden ungeſchändet zurückgegeben werden ſollte. Doch Achilles antwortet ihm, daſs, ſo wenig ſich Löwen mit Menſchen oder Wölfe mit Lämmern vergleichen, ſo auch ſie ſich nie mit einander vergleichen könnten, ſondern alles mit den Waffen entſcheiden müſsten. Achilles

das immer gerechte Verfahren des höchſten Weſens in zweifelhaften Fällen, bey welchen alle Unpartheylichkeit ſtatt finden muſste, den Menſchen ſinnlich vorſtellen wollte, man gewöhnlich ſich des Bildes bediente, daſs man der Gottheit eine Wage in die Hände gab, womit ſie das verſchiedne Schickſal der Sterblichen entſchied. — Sehr richtig und treffend macht Homer beym Tode Hektors, der mit Recht als die Haupthandlung der Iliade angeſehn werden kann, alle Götter und Göttinnen nicht nur zu aufmerkſamen Zuſchauern dieſes wichtigen Vorfalls, ſondern läſst auch den Jupiter ſelbſt auf die feyerlichſte Art, mit einer goldnen Wage in der Hand, dieſer intereſſanten Begebenheit ein entſcheidendes Ende machen.

les wirft dann eine Lanze auf Hektor, welcher dieser ausweicht, die aber von Minerva dem Achilles wieder gegeben wird. Darauf wirft Hektor auf Achilles seinen Speer, der weit vom Schilde abprallt. Er ruft also seinen Bruder Deiphobus, um ihm eine andre Lanze zu geben. Doch, da er ihn nicht findet, so erkennt er die List Minervens, [14] sieht seinen Tod zum voraus, und sorgt itzt nur dafür, um mit Ehre zu sterben. [15] Muthig greift er mit seinem Schwert den Achilles an, der sich mit Klug-

---

14 Hektors edler Charakter strahlt allenthalben durch. Itzt, da er sich von den Göttern, die ihm vorher günstig waren, verlassen und von Minerva getäuscht sieht, trägt er sein Schicksal geduldig, und nimmt alle seine Kräfte zusammen, um sein Leben durch einen rühmlichen Tod, dessen sich noch die Nachwelt erinnern soll, zu endigen. Er bedient sich dabey der Worte, die ich schon in der 4ten Anmerkung zum 7ten Gesange angeführt habe. Der liebenswürdige und tugendhafte Charakter Hektors, in welchem sich Menschlichkeit und Bescheidenheit mit Grösse der Seele vereinigen, ist Muster eines wahren Heldenmuths.

15 Hektors Angrif war:

— — — — wie ein hochfliegender Adler,
Welcher durch schwarze Wolken sich auf die Ebne herabstürzt,
Einen zitternden Hasen oder ein Lämmchen zu rauben.

Klugheit [16] vertheidigt, und ihm eine tödtliche Wunde beybringt. [17] Hektor ſinkt in den Staub hin, und fleht ſterbend den Achilles, daſs er ſeine Leiche nach Troja ſende und nicht von den Griechen entehren laſſe. Doch Achilles verweigert ihm ſeine Bitte ganz. Der ſterbende Hektor erkennt hierin das unerweichliche Herz des Achilles, und verkündet ihm ſeinen bevorſtehenden Tod. Achilles antwortet ihm, daſs ſein Tod von den Göttern abhange, und beraubt den Hektor, ſo bald er geſtorben iſt, ſeiner

16 Der ſcharſe Speer, den Achilles mit der Rechten ſchwang, um Hektor zu treffen, ſtralte:

> Wie in dunkler Nacht vor andern Sternen hervorſtralt
> Heſperos, der am Himmel von allen Sternen der ſchönſte.

17 Eben wie im ſiebenden Geſange (man ſ. die 4te Anm.) in dem Zweykampf des Hektor und Menelaus, der den Streit der Griechen und Troer entſcheiden ſoll, Hektor zum voraus ſorgfältig bedingt, daſs, falls er umkäme, ſein todter Körper ſeinen nächſten Verwandten ausgeliefert werden ſoll, um ihm ein feyerliches Leichenbegängniſs zu verſchaffen; ſo hat er auch hier noch ſterbend dieſelbe Sorge. Denn er weiſs, daſs dieſs allen den Unglücklichen, welchen als Verwandten oder in andrer nahen Beziehung ſein Tod heiſſe Thränen koſten wird, gleichwohl einigen Troſt geben werde.

seiner Waffen. [18] Hektors Leiche zu schaun, versammeln sich die Griechen, unter welchen fast niemand ohne Wunden ist. In ihrer Gegenwart redet erst [19] Achilles davon, Trojens Mauern zu überwältigen, doch bald erinnert er sich, daſs er seinem Freunde Patroklus noch die letzte Freundschaftspflicht schuldig sey, und dazu

---

18 Diese alle, welche Spuren der Tapferkeit und des Muths, womit Hektor focht, an sich tragen, beschaun mit Verwundrung die schöne Gestalt seines Körpers. Unter andern sagt Einer zu seinem neben ihm stehenden Genossen:

Traun, er ist nun weicher anzufühlen als vormals,
Da er unsre Schiffe mit loderndem Feuer besuchte.

Dieſs öffentliche Geständniſs des Feindes, mit den übrigen Umständen verbunden, enthält wieder ein unwiderlegliches Zeugniſs von Hektors Tapferkeit.

19 Er sagt:

O ihr Lieben, ihr Führer und Fürsten achaiischer Völker,
Da mir die Götter diesen Mann in die Hände gegeben,
Welcher mehr, als die übrigen alle, uns Schaden gethan hat;
Auf, so laſst uns die Stadt in voller Rüstung umwandeln,
Daſs wir nun den Sinn und den Mut der Troer erforschen:
Ob sie werden verlassen die Burg, da dieser gefallen;
Oder ob sie wagen es werden, uns doch zu bestehen.
Aber wie kann ich solches in meinem Herzen erwägen?
Liegt nicht unbeweint und unbegraben Patroklos
Bey den Schiffen? — —

So

dazu fodert er ſeine Genoſſen auf. Er durchbort darauf Hektors beyde Füſſe, zieht durch ſie lederne Riemen, bindet ihn ſo an ſeinen Wagen, mit welchem er forteilt, und das Haupt des Ueberwundnen wird durch den Sand geſchleift und mit Staub beſudelt. Hektors Vater, der ſich aus dem Thore begeben will, ſeine [20] Mutter, Freunde und Mitbürger brechen bey dieſem Anblick in die heftigſten Klagen aus, nicht anders als ob ſchon ganz Ilium in Aſche verwandelt wäre. Seine Frau, die zu

---

So muthig und unbändig Achilles auch ſeyn mag, ſo ſchreibt er gleichwohl ſeinen Sieg über Hektor nicht ſich ſelbſt ſondern der Gunſt der Götter zu, wie **Plutarch** in ſeiner Schrift vom Selbſtruhm (T. II. p. 963 der Stephaniſchen Ausg.) ſehr wohl bemerkt hat.

20 Sehr kurz, aber nicht minder rührend, iſt die Klage der Hekuba, und wir lernen daraus den liebenswürdigen Charakter Hektors noch näher kennen. Sie ſagt:

Kind, was ſoll ich ferner, ich Unglückſelige, leben,
Da du todt biſt, du, für den ich des Nachts und des Tages
Flehte zu den Göttern! Du warſt die Stütze von allen
Troern und Troerinnen der Stadt! Wie einer der Götter
Ehrten ſie dich; und lebteſt du nur, du würdeſt mit Ehre
Sie noch krönen! Nun hat dich der Tod und das Schickſal ergriffen!

zu Hause sitzt und webt, [21] und eben für ihren zurückkommenden Gemahl Wasser zum warmen Bade bereiten läſst, hört das laute Klaggeschrey, und eilt zitternd und bebend zum Thore hinaus. Da sie Achills unwürdige Behandlung ihres

---

21 Da die Klagen der Eltern des Hektors sehr zärtlich und rührend sind, so bedient sich der Dichter einer ausnehmend schönen Erfindung, um die Betrübniſs der Gattin des Hektors uns noch stärker zu schildern. Er stellt sie so vor, daſs sie von der ganzen Begebenheit noch nichts weiſs, und als eine eifrige Hausfrau, in ihrer Haushaltung beschäftigt, unter andern den Mägden befiehlt, Wasser zum warmen Bade für Hektor zu bereiten. Itzt hört sie von ferne einen unverständlichen Lerm, und ob sie gleich noch nicht weiſs, daſs ihr Gemahl allein vor den Thoren von Troja geblieben ist, um mit Achilles zu fechten, so erschrickt sie gleichwohl so heftig, daſs ihr Herz im Busen bis an den Hals klopft und die Kniee ihr starren; das Kleid, das sie webt, entfällt ihren Händen, und eilig fliegt sie zur Stadt hinaus, um zu vernehmen, was vorgeht. Dieser besondre Umstand von der Andromache, die, ohne noch von der Sache etwas zu wissen, auf ein bloſses Gerücht sogleich äusserst bekümmert und verlegen ist, ist so natürlich geschildert, daſs wir sie selbst zu sehn uns einbilden. Wer es so weit in Menschenkenntniſs gebracht hat, wie Homer, wird mehrmals Gelegenheit finden, um einzelne Handlungen und Vorfälle in einem verschiednen und zugleich immer wahren Lichte darzustellen. Und das ist doch sowohl in der Dichtkunst als in der Weltweisheit eine unentbehrliche Sache.

ihres Mannes gewahr wird, [22] fällt sie in Ohnmacht, und da sie wieder zu sich kommt, beklagt sie sehr treffend ihr Unglück, und [23] den künfti-

---

22 Zu dem, was ich im Anfange dieses Gesanges und in der vorigen Anmerkung über die Art gesagt habe, wie Homer das Betragen und den Zustand der Gemahlin des Hektors uns vorgestellt hat, muss ich hier noch fügen, dass, da Andromache in Ohnmacht sank, da entfiel ihren Haaren

— — — — der Schmuck, die schimmernden Binden,
Und die Haub' und der güldne Schleyer, den Afrodita
Ihr des Tages verehrte, da Hektor mit wehendem Helmbusch
Heim sie führt' aus Aetions Haus' und sie reichlich beschenkte.
Hektors Schwestern standen um sie, und die Weiber der Brüder,
Hielten sie in den Armen, die, wie im Tode, betäubt lag.

Nimmt man alle diese besondern Vorfälle zusammen, so wird man gewahr werden, dass der Dichter nichts vorbeygelassen hat, um diess Schauspiel der weinenden und vor Betrübniss ohnmächtigen Andromache wahr und vollständig zu machen.

23 Sie sagt unter andern von diesem ihren Kinde, das seines Vaters beraubt ist, wie unglücklich es ihm künftig gehn werde:

Niedergeschlagen geht es einher, mit Thränen im Antliz;
Dürftig wendet es sich zu seines Vaters Gefreundten,
Fasset flehend beym Mantel den einen, den andern beym Kleide.
Wenn sich einer erbarmt, so reicht er dem Knaben ein Schälchen,
Dass er seine Lippen und nicht den Gaumen ihm neze.
Ach ein Kind noch blühender Eltern stösst ihn vom Gastmahl,
Schlägt ihn mit der Hand, und sagt ihm schmähliche Worte:

Hebe

künftigen Zustand ihres beklagenswürdigen Kindes.

Hebe dich weg! du siehst, es schmauset dein Vater nicht mit uns!
Weinend gehet das Knäblein dann zur verwittweten Mutter,
Astüanax, der ehemals auf den Knieen des Vaters
Nur vom Fette der Lämmer und nur vom Marke sich nährte,
Der, so bald er, ermüdet vom Spiel, des Schlafes begehrte,
Sanft auf Betten schlummerte, in den Armen der Amme,
Und in weichen Küssen, mit freuderfülletem Herzen.
Ach was wird er leiden, des theuren Vaters beraubet!

Inhalt des drey und zwanzigsten Gesanges.

Ein allgemeines Wehklagen entsteht in Trojens Mauern und die Griechischen Heere kehren zu ihren Schiffen zurück. Achilles allein giebt nicht zu, dass sich sein Volk zerstreue, sondern begehrt, dass es nicht eher die Pferde von den Wagen spannen, oder die Waffenrüstung niederlegen soll, bis es den Tod des Patroklus gehörig beweint hat. Hierauf heben sie alle nach dem Beyspiel Achillens [1] eine Wehklage an, und Achilles verspricht, das Gedächtniss seines Freundes durch das feyerlichste Leichenbegängniss zu begehn. Nachdem auch seine Genossen ihre Klage geendigt haben, legen

Erläuterungen zum drey und zwanzigsten Gesange.

1 Es ist eine bekannte Sache, dass die Menschen, wenn sie in grosser Betrübniss sind, oft ihre gröste Zufriedenheit darin finden, dass sie ihren Schmerz äusserlich zu Tage legen, und dass gerade die, welche über den Unfall, der ihren Mitmenschen begegnet ist, am meisten gerührt sind, nachher die geschicktesten werden, um ihre bekümmerten Freunde mit

gen sie ihre Waffen ab, und spannen von den Wagen die Pferde. Achilles giebt ihnen darauf ein prächtiges Mahl. Mit Mühe bereden ihn einige vornehme Anführer der Griechen, zum Agamemnon zu gehn. Dieser bittet ihn, den blutigen Staub von den Gliedern zu waschen, allein Achilles weigert, diess eher zu thun, als bis er dem Patroklus ein feyerliches Leichenbegängniss gehalten hat, und fodert vom Agamemnon, dass er den Griechen, die itzt Speise zu sich nahmen, gegen den folgenden Morgen befehlen soll, Holz und andre Bedürfnisse herbeyzubringen, um das Leichenbegängniss des Patroklus recht feyerlich zu begehn; und diess wird ihm so gleich zugestanden. Nachdem die Griechen gespeist haben, begeben sie sich zur Ruhe. Achilles, der auch vom Gefecht mit Hektor ermüdet ist, legt sich in freyer Luft am Strande des Meers nieder.

Wäh-

mit Trost aufzurichten. So handeln hier die Gefährten des Achilles. Sie sind mit ihm voll der innigsten Betrübniss, und indem sie klagend ihre muthigen Rosse dreymal um die Leiche des Patroklus treiben, benetzen sie den Sand und ihre glänzende Rüstung mit Thränen.

Während er schläft, [a] erscheint ihm im Traume Patroklus, der ihn bittet, ihn ohne Säumen begraben zu lassen, und dafür zu sorgen, dass Eine Urne ihrer beyder Gebeine beschliesse. Achilles verspricht ihm diess, und trachtet vergebens,

---

a Immer bedient sich Homer in seiner Iliade sehr glücklich, so wohl bey den vorkommenden Umständen und Begebenheiten, als in seinen Sittenlehren, der politischen und religiösen Grundsätze seiner Zeit. — Die wilden Völker gesittet zu machen, haben weise und vorsichtige Männer von je her die besten und schicklichsten Mittel gebraucht. Weit entfernt, durch stolze Befehle die Menschen zur Beförderung ihres Wohls zu zwingen, richteten sie sich vielmehr nach ihren angenommenen Begriffen, und machten davon einen solchen Gebrauch, dass die Menschen selbst in der Befolgung der Vorschriften ihrer Gesetzgeber ein Vergnügen fanden, und so ihr wahres Wohl beförderten. Von der Art war unter andern auch die Volksmeinung, auf welche Homer hier zielt. Patroklus erscheint dem Achilles im Traum, und bittet ihn für sein Begräbniss zu sorgen, weil er bis dahin umher irren und aus dem Reiche der Schatten ausgeschlossen bleiben müsste. So ungereimt und unphilosophisch diese Meinung auch an sich scheinen mag, so kommt sie gleichwohl, wenn ich nicht irre, mit dem Gefühl der menschlichen Natur sehr wohl überein, und ist in ihm gegründet. Sie machte in den frühesten Zeiten den stärksten Eindruck auf die Gemüther, und jeder sah es als eine der ersten Pflichten der Menschheit an, nicht nur für das Begräbniss seiner Freunde und Anverwandten gehörig zu sorgen, sondern auch, wenn er auf dem Wege oder am Strande einen unbegrabnen Leichnam fand, ihn nach

gebens, den Patroklus zu umarmen, der von ihm flieht. Achilles bricht darüber in laute Klagen aus. So bald der Morgen angebrochen ist, sendet Agamemnon den Meriones, den Knecht des Idomeneus und andre Männer mit Beilen, [3] um aus den nahen Wäldern Holz zu holen;

---

nach seinem Vermögen mit Erde, Sand oder Steinen zu bedecken. Dieser einfältigen Sitte und heiligen Gewohnheit thun verschiedne Griechische und Lateinische Dichter, die nach Homer gelebt haben, darum gewiss Meldung, weil sie überzeugt waren, dass diese Vorstellung, die bey wilden, im Stande der Natur lebenden Völkern, so glückliche Wirkungen gehabt hatte, die Gemüther milder zu machen und ihnen einen Abscheu an Grausamkeit und Unmenschlichkeit einzuflössen, auch dann noch nützliche Folgen haben und Anleitung geben müsste, das Andenken verstorbner Helden und Menschenfreunde um so viel dankbarer zu feyern.

3 Ich habe schon in der Vorrede gesagt, dass es nicht wohl möglich ist, Lesern, die des Griechischen unkundig sind, eine deutliche Vorstellung von der Kunst zu geben, womit Homer seine Verse zusammengesetzt hat, so dass sie durchgängig nach der Art und Natur der Sachen, die in den Worten vorgestellt werden, fortfliessen. Ich gebe gern zu, dass einige Gelehrte darin oft zu spitzfindig gehandelt und diese Anmerkung an Stellen gemacht haben, wo Homer unstreitig nicht darauf besonders dachte, sondern die Worte und Töne nach der Beschaffenheit der Sache, wovon er spricht, einrichtete. Das scheint mir hier der Fall, da Meriones mit den Seinigen in die Waldungen des Ida geht, um

holen; das abgehauene Holz wird auf Mäuler gelegt und an den Platz geführt, wo Achilles die Leiche des Patroklus auf den Holzstoss zu legen gedachte. Die Leiche wird mit der grössten Traurigkeit 4 der Begleiter dahin gebracht, und die Griechen, ja Achilles selbst schneiden ihr Haar ab, um den Todten damit zu bedecken. Der Tag würde mit Trauern durchgebracht

---

Holz zu fällen und es mit sich zu nehmen, um darauf die Leiche des Patroklus feyerlich zu verbrennen. Den mühsamen Gang dieser Männer drückt der Dichter so aus:

Πολλα δ'ἀναντα, καταντα, παραντα τε, δοχμια τ' ἠλθον
Also gingen sie auf und ab, in die Queer, in die Richte.

Der Laut und die Stellung der Griechischen Worte drücken das Mühsame und Beschwerliche dieses Zuges nicht minder aus, als Vondels Verse das Läuten der Domglocke nachmachen, da der Pabst die Kirche verläst:

— — — Dan stapt hy op't gebrom,
Het grof gebrom der domkerk uit den dom
Van 't om en om vermaard en roemryck Romen.

4 Um die Sorgfalt und Liebe, womit Achill den Leichnam seines Freundes behandelt, zu zeigen, sagt Homer, dass Achilles, indem seine Gefährten die Leiche tragen, von hinten das Haupt des Patroklus in den Händen hält; ein glücklicher Zug von der Treue und Fürsorge des Helden für seinen verstorbnen Freund.

bracht seyn, wenn Achilles den Agamemnon nicht ermahnt hätte, das Volk abziehn, und Speise nehmen zu lassen, während die Vornehmsten bey ihm bleiben sollten. Diess geschieht. Nun wird ein grosser Holzstoss errichtet, auf ihn die Leiche des Patroklus gelegt, die Achilles allenthalben mit dem Fett geschlachteter Thiere bestreicht; darauf wirft er in den angezündeten Scheiterhaufen vier schöne Pferde, zwey seiner Hunde, und auch die zwölf Troischen Jünglinge, die er [5] gefangen genommen hatte und itzt tödtet. Die Leiche des Hektors will er den Hunden übergeben, um sie zu zerreissen, doch Venus bewahrt sie und salbt sie mit himmlischem Rosenöle, und Apollo umhüllt sie mit einer grossen herrlichen Wolke, damit die Hitze der Sonne sie nicht verletze.

Da

---

5 Hievon giebt er selbst dem Schatten des Patroklus Nachricht. Denn nachdem er den Scheiterhaufen angezündet hat, redet er seinen Freund so an:

Sey, Patroklos, gegrüsst, auch in der Behausung des Aidâs!
Sieh' ich vollend' es alles, was ich dir habe verheissen,
Auch zwölf starke Söhne der edelmütigen Troer
Soll zugleich das Feuer verzehren; den Priamiden
Hektor nicht, den geb' ich den Hunden, und nicht der Flamme.

Da der Scheiterhaufen nicht genug brennen will, so thut Achilles, mit einem goldnen Becher in der Hand, den Nord- und Westwinden Gelübde, dass sie kommen und die Flamme entzünden mögen. [6] Wie Iris diess hört, fliegt sie

6 Auch hier will ich lieber den unerschöpflichen Erfindungsgeist unsers Dichters bewundern, als untersuchen, in wiefern er nach der natürlichen Erscheinung des Regenbogens, nach welchem sich die Winde erheben, seine ganze Erzählung gebildet habe. Ich bemerke nur, dass die Erfindung dieses Zwischenvorfalls, dass der Scheiterhaufen nicht brennen will, dem Dichter wieder Gelegenheit giebt, dass er die schnelle Iris, die sich in die Wohnung des Zephyrs begiebt, unsrer Einbildungskraft vorstellt und sie auf folgende Art handeln läst. Sie bleibt auf der steinernen Schwelle der Halle, wo die Winde alle beym Schmause versammelt sind, stehn:

— — — — So bald sie die Göttin erblickten,
Standen sie alle auf, es nöthigte jeder sie zu sich;
Aber die Göttin weigerte des sich, und sagte zu ihnen:
Nein ich kann nicht; ich kehre zurück zu des Ozeans Fluten,
Zu dem Lande der Aithiopen, welche den Göttern
Hekatomben opfern, auf dass ich theile die Ehre.

Schon am Ende des ersten Gesanges sahn wir, dass Zevs mit den übrigen Göttern bey den Aethiopiern zum Gastmahle ging, und hier wünscht Iris bey demselben Volke einen Besuch abzulegen, um einen Theil ihrer Opfer zu empfangen. Dieser Umstand verdient, meiner Meinung nach, bemerkt zu werden, zumal da Homer der Aegypter, die man doch durch-

sie als Bote hin zu den Winden, die eben das Mittagsmahl hielten, und bringt ihnen die Both-

---

durchgängig für das älteste Volk hält, so viel ich weiss, nirgends in der Iliade erwähnt, ausser im neunten Gesange, wo er von der in Aegypten liegenden Stadt Thebe spricht. Aeltere und neuere Schriftsteller, die ich zu Rathe zog, geben auch hier sehr gesuchte und künstliche Erklärungen an. — Weil Homer im ersten Gesange der Odyssee erzählt, dass Neptun, um den feyerlichen Opfern beyzuwohnen, zu den ferngelegnen Aethiopiern gegangen sey, „die am äussersten Ende der Welt wohnen und in zwey Theile vertheilt „sind, wovon der eine in Osten und der andre in Westen „wohnt," so meint der gelehrte Schmidius Orat. de America p. 258. dass der Dichter unter den Aethiopiern, die sich in Westen befinden, die Bewohner der Insel Atlantis oder des itzigen Amerika verstanden habe, und dass ihm also die so genannte neue Welt nicht unbekannt gewesen sey. Wahrscheinlicher ist die Anmerkung des Strabo, der diess von den Aethiopiern versteht, deren Grenzen von beyden Seiten, östlich und westlich, bis an das äusserste Meer sich erstrecken. Wer näher hievon sich unterrichten will, den verweise ich auf diesen vortreflichen Schriftsteller selbst. Andre, wie z. B. G. Cuperus Apoth. Hom. p. 90. glauben mit Makrobius, dass diess Reisen der Götter zu den Aethiopiern natürlichen Ursachen seinen Ursprung zu verdanken habe, und dass man es auf den Lauf der Sonne und der Sterne anwenden müsse, die ihre Nahrung aus dem Wasser ziehen. — Der berühmte Herr Heyne in seiner Abhandlung über den Ursprung und die Ursachen der im Homer vorkommenden Erdichtungen (Nov. Comment. Soc. Reg. Goetting. T. VIII. p. 34 sqq) ist der Meinung, dass Homer diese Erzählung aus einem alten natur-

 kundigen

Bothschaft, worauf der Nord und der West so gleich kommen, und den Scheiterhaufen des Patroklus in volle Flammen setzen. — Achilles

---

kundigen Dichter entlehnt habe, der, nach dem gewöhnlichen Lauf der Himmelskörper, den Umlauf des nach zwölf Monaten in seinen Zirkel wiederkehrenden Jahrs auf eine solche Art vorgestellt hat. — Ich gestehe gern, dass ich mich nicht entschliessen kann, Homers Ideen durch solche zu weit gesuchte Erklärungen zu entwickeln. Dass unser Dichter sich bey der Vorstellung menschlicher Handlungen des Einflusses erhabner und mächtiger Wesen bedient habe, läst sich nicht läugnen. Immerhin mag Apollodorus nach dem Eratosthenes beym Strabo S. 298 fg. behaupten, dass Homer keine hinlängliche Kenntniss von fremden Völkern gehabt habe; aus demselben Strabo S. 30. erhellt gleichwohl, dass Homers Kenntniss sich keinesweges blos auf Griechenland einschränkte, sondern auf die ganze damals bekannte Welt erstreckte. Die Religiosität der Aethiopier war allgemein bekannt. Der Dichter nennt sie ἀμυμονας, d. i. unschuldige, brave, religiöse Menschen, und Diodorus Siculus (L. 3. p. 143.) bemerkt, dass selbst die hier angeführten Homerischen Stellen den Völkern die von ihnen allgemein angenommenen Ideen bestätigten: „Dass die Aethiopier die ersten „gewesen sind, bey welchen die Verehrung der Götter, prächtige Opfer und feyerliche gottesdienstliche Zusammenkünfte „statt gefunden haben, ja dass selbst alle andre Dinge die „zur Verherrlichung des höchsten Wesens dienen, von ihnen „eingeführt sind, so dass die Religion der Aethiopier bey „allen Menschen sehr berühmt und es allgemeiner Glaube „war, dass die heiligen gottesdienstlichen Uebungen dieses „Volks

les ist die ganze Nacht beschäftigt, aus einem goldnen Becher Wein auf die Erde zu giessen, und 7 den Geist des Patroklus anzurufen. Beym Anbruch des folgenden Morgens schwand allmählig die Flamme, und die Winde kehren in ihre Heimath zurück. Achilles, der vom Scheiterhaufen seitwärts sich niedergelegt hat und eingeschlafen ist, erwacht durch das Getöse der ihn umgebenden Griechen, und räth ihnen, den Scheiterhaufen mit Wein auszulöschen, die

„Volks den Göttern die allerangenehmsten wären." — Wenn man nun annimmt, dass die Menschen bereits zu Homers Zeiten so vortheilhafte Vorstellungen von den religiösen Grundsätzen der Aethiopier hatten, so ist nichts natürlicher, nichts der Absicht des Dichters, um religiöse Empfindungen fortzupflanzen, gemässer, als seine Götter so vorzustellen, dass sie sich mit Vergnügen in die Wohnplätze und zu den Altären der gottesdienstlichen Aethiopier begeben. Ich brauche kaum hinzuzusetzen, dass diese ganze hier eingewebte Erzählung, wo wir erhabne Wesen die Thaten gutherziger Menschen auf eine wunderbare Weise verrichten sehn, nicht nur auf einige Augenblicke uns aufheitere, sondern auch unsre Aufmerksamkeit auf jeden Vorfall verdopple.

7 Wie ein Vater jammert, wenn er verbrennt die Gebeine
Eines verlobten Sohns, der sterbend die Eltern betrübt hat:
Also jammerte Päleus Sohn, die Gebeine verbrennend,
Und umschlich den Scheiterhaufen mit steigenden Seufzern.

die Gebeine des Patroklus zu sammeln, und sie wohl zu unterscheiden, (welches leicht war, weil sie in der Mitte des Haufens brannten) sie dann in eine goldne Urne zu legen, bis sie mit seinen eignen Gebeinen einmal vereinigt und in Ein Grab gelegt werden könnten. Alsdann sticht man den Platz ab, wo des Patroklus Leiche verbrannt ist, und erhöht die Erde rund umher zu einem Hügel. Achilles hält das Volk, das nun von dannen gehn will, zurück, lässt es in einem grossen Kreise sitzen, [8] und aus seinen Schiffen

8 Um den Leser den innigsten Antheil an dem traurigen Schicksal des Patroklus nehmen zu lassen, wodurch allein Achilles bewogen ward, die Waffen wieder zu ergreifen, (was also die merkwürdigste Begebenheit in der Iliade ausmacht,) beschreibt der Dichter nicht nur das Verbrennen der Leiche dieses Helden sehr genau, sondern lässt auch sein Begräbniss mit den grösten Feyerlichkeiten vor sich gehn. Und während die Troer, durch Hektors Tod in die äusserste Traurigkeit versunken, sich muthlos innerhalb der Mauern aufhalten, so stellt Achilles so gleich, nachdem er die Gebeine seines Freundes gesammelt und verwahrt hat, Schauspiele an, in welchen er gleichwohl nicht selbst um den Preis mit kämpft, sondern Richter ist. Mit vieler Beurtheilungskraft wählt Homer zu diesen Spielen den füglichsten und besten Zeitpunkt, und lässt sie so wohl zur Ehre des Patroklus als des Achilles gereichen. Denn auch der letzte zeigt dadurch

Schiffen ansehnliche Geschenke bringen, schöne Dreyfüsse, Opferkessel, Mäuler, gewaltige Stiere, schöngegürtete Weiber, blankgeglättetes Eisen und einige Talente Gold, und stellt zur Ehre seines verstorbnen Freundes verschiedne Spiele an, in welchen den vier oder fünf Vorzüglichsten Preise von den herbeygebrachten Gütern ausgetheilt werden. Zu dem ersten Wettstreit mit den Pferden, von welchem Achilles selbst sich ausschliesst, weil [9] seine unsterblichen Pferde sehr leicht den Preis erhalten würden, erbietet sich zuerst Eumelus, der Sohn des Admetus, dann Diomedes, weiter [10] Menelaus,

---

durch seine Achtung und sein Ansehn, das er im Griechischen Lager hatte, da die ersten und vornehmsten Befehlshaber und Fürsten der Völker sich freywillig erbieten, nach den ausgesetzten Preisen zu kämpfen.

9 Diese Pferde standen still, und liessen, eben wie im 17ten Ges. (Anm. 17.) ihre schönen Mähnen zur Erde herabhängen, den Tod ihres treflichen Führers betrauernd, der sie so oft mit klarem Wasser gewaschen und die Mähnen mit glänzendem Oele gesalbt hatte.

10 So wie Homer gewöhnlich im Anführen so genannter Kleinigkeiten sehr genau ist, so erzählt er auch hier die Namen und Schicksale der Pferde, die nach dem Preis laufen sollen.

laus, und darauf Antilochus, der von seinem Vater Nestor [11] ausnehmende Lehren empfängt, um

---

sollen. Unter andern hiess das eine Pferd des Menelaus, Aethe, und das andre Podargus. Das letztre war sein eignes, Aethe hingegen gehörte dem Agamemnon, der es von Echepolus, dem Sohn des Anchises, zum Geschenk empfangen hatte:

— — — dass er nicht müsste gen Ilion ziehen,
Sondern daheim ergözen sich könnte; mächtigen Reichthum
Hatte in der grossen Sikiion Zeus ihm gegeben.

11 Ich nenne diese Lehren ausnehmend, zuerst darum, weil der brave Nestor die Geschicklichkeit seines Sohns nicht seiner eignen Weisheit, sondern der Gunst der Götter zuschreibt, die den Antilochus von Jugend auf geliebt, und in der Kunst, die Pferde zu regieren, unterwiesen hatten. Dann aber auch, weil er seinen Sohn vor allem, was ihm in Erlangung des Sieges hinderlich seyn könnte, weise warnt. Er sagt unter andern:

Jener Rosse sind schneller als deine; aber sie selber
Keinesweges erfahrner, als du, den Wagen zu führen.
Darum, liebes Kind, bewahre, was ich dir rathe,
Tief im Herzen, auf dass dir nicht entgehen die Preise.
Mehr vermag durch Rath der Fäller der Bäum' als durch Stärke;
Und der Steurer führet durch Rath auf den Wogen des Meeres
Sein von Winden geworfnes Schif in eilendem Laufe.
Auch durch Rath führt einer den Wagen besser als andre.

Alsdann bezeichnet er ihm das Ziel sehr genau:

Einer Klafter hoch steht über dem Boden ein dürrer
Hölzerner Pfahl, von Fichtenholz oder vom Holze der Eiche,

Welcher

um mit Kunst das Ende der Laufbahn zu erreichen und den Sieg zu erhalten. Auch Meriones gesellt sich zu diesen. Alle besteigen ihren Wagen und losen über den Rang. Phoenix, als Aufseher des Kampfs, nimmt seinen Platz ein, und nun rennen alle im vollen Laufe, so dass eine Wolke von Staub aufsteigt; jeder ermuntert seine Rosse und strebt nach dem Sieg. Eume-

---

Welcher nimmermehr vom Regen des Himmels verfaulet.
Grosser Steine stehn zween auf beyden Seiten,
In der engen Wendung, wo glatt die Bahn sich umkrümmt;
Ob es ist ein Mal von einem vormals Erschlagnen,
Oder ob schon Männer der Vorzeit zum Ziel es bestimmten,
Weiss ich nicht; nun hat's zum Ziel Achilleus gesetzet.
Trachte dicht hinan die Ross' und den Wagen zu treiben;
Beuge dich dort, und halt dich links auf dem Sessel des Wagens,
Mit nachschiessenden Zügeln und Dräuung und Streichen das rechte
Ross ermunternd; es drehe sich kurz das linke Ross um,
Dass da scheine die Axe des wohlgeründeten Rades
Zu berühren das Ziel. Doch müssest du klüglich vermeiden,
Zu verwunden die Ross', und zu zerbrechen den Wagen;
Denn es würde solches zur Schmach dir selber, und andern
Nur zur Freude gereichen. Wohlan, bedenke das alles.

Und zuletzt giebt er ihm die Versichrung, dass, wenn er auf eine so vorsichtige und künstliche Art das Ziel erreicht haben würde, niemand ihm vorbey kommen könnte, wenn er auch den schnellen Arion, der göttlichen Ursprungs war und itzt dem Adrastus gehörte, oder die vortreflichen Rosse des Laomedon, die besten in Troja erzognen, führte.

Eumelus [12] war der vorderſte, doch nahe bey ihm kam Diomedes, und würd' ihn vorbey gekommen ſeyn, hätte Apollo es nicht verhindert. Da Minerva dieſs bemerkt, kommt ſie dem

---

12 Auſſerordentlich ſchön ſchildert der Dichter dieſen Wettlauf:

Alle ſchwangen zugleich die Geiſſel über die Roſſe,
Schlugen mit den Riemen, und ſchrieen ermunternde Worte,
Eifrig entflammt; es flogen die Roſſe über's Gefilde.
Siehe, ſchon waren ſie fern von den Schiffen; Staub erhub ſich
Wie ein Gewölk' um ſie, als würd' er von Stürmen gewirbelt.
Aufwärts flatterten nun im Winde die Mähnen der Roſſe;
Bald berührten die Wagen die allernährende Erde,
Und bald flogen ſie hoch in die Luft; die Führer der Wagen
Standen vor den Seſſeln, und jeglichem klopfte der Herzſchlag
Siegbegehrend, jeder ermahnte ſchreyend die Roſſe,
Welche mit ſtäubenden Sprüngen das lange Gefilde durchflogen.

Als die zwote Hälfte des Laufs die Roſſe nun liefen
Wieder zurück zum grauen Meer, da zeigte ſich jedes
Roſſes Kraft. Es erſchienen zuerſt des Färätiaden
Schnelle Stuten; es kamen nach ihnen des Diomädäs
Troiſche Hengſte, nicht fern von jenen, nah bey Eumälos;
Denn es ſchien, als würden ſie ſeinen Wagen beſteigen,
Und von ihrem Odem ward der Rücken Eumälos
Mit den breiten Schultern gewärmt; ſie berührten ihn immer.
Und ſie wären vorbeygeeilet, oder ſie hätten
Zweifelhaft für beyde gemacht die Ehre des Sieges,
Hätte nicht Foibos Apollon dem Diomädäs gezürnet,
Und ihm aus den Händen die glänzende Geiſſel geriſſen.
Sieh' es ſtürzten Thränen aus des Zürnenden Augen,

Als

dem Diomedes zu Hülfe, und erzürnt zerbricht sie die Deichsel des Eumelus, der dadurch vom Wagen herab zur Erde stürzt und verschiedne Wunden am Kopf und an der Nase empfängt. Diomedes, dessen Pferden Minerva Kraft und Schnellheit verleiht, fliegt weit voraus vor den andern. Dann kommen [13] Antilochus und Mene-

---

Als er jene so weit voran, und der Geissel beraubet
Folgen sah die seinen. Der schadende Foibos entging nicht
Pallas Blicken; sie eilte schnell zum Hirten der Völker,
Gab die Geissel ihm wieder, und kräftigte seine Rosse.
Zürnend ging die Göttin nun zum Sohn des Admätos,
Und zerbrach der Rosse Joch; da liefen die Stuten
Hin und her auf der Bahn, es fiel die Deichsel zur Erde.
Neben dem Rade war Eumäl aus dem Wagen gewälzet;
Seine Ellenbogen wurden verwundet, die Nase
Und die Stirn' und der Mund; es erfüllten Thränen sein Auge,
Und in seiner Kehle stockte ihm die Stimme.
Diomädäs flog vorbey, mit eilenden Rossen,
Weit voraus vor den andern; es kräftigte Pallas Athänä
Seine Ross', und krönte den Helden selber mit Ehre.

13 Alle Umstände dieses Wettlaufs sind so natürlich und eigentlich beschrieben, dass wir selbst dabey zugegen zu seyn uns vorstellen. Antilochus, ein muthiger Jüngling, sieht, dass er dem Diomedes nicht zuvorkommen kann, er treibt also seine Pferde mit aller Kraft, um wenigstens Menelaus zu erreichen und vorbey zu eilen. Und hiezu bekommt er eine schickliche Gelegenheit. Auf dem Wege, wo er fährt, sieht er in der Erde eine grosse Spalte, die voll Wasser steht, und

Menelaus auch sehr nahe bey einander. Menelaus warnt den Antilochus auf einer engen Stelle, ihm nicht zu nahe zu kommen, damit nicht einer den andern umwerfe, doch dieser kehrt sich daran nicht, und zwingt den Menelaus, seine Pferde zurück zu halten. [14] Idomeneus, der auf einer Anhöhe sitzt, vermisst den Eumelus, erkennt von weitem den Wagen und die Rosse des Diome-

---

den Platz, durch welchen er musste, eng machte. Hier fährt er dem Menelaus auf die Seite. Dieser redet ihn ernstlich an, und warnt ihn, dass sie nicht an einander stossen. Antilochus thut, als ob er es nicht hört, und rennt nur eifrig fort. Dadurch ist Menelaus, der älter und vorsichtiger ist, und nicht will, dass einer den andern umwerfe, gezwungen, seine Pferde zurückzuhalten, so dass Antilochus ihm vorbey kommt. Doch sagt ihm Menelaus:

— du sollst mir ohne zu schwören den Preis nicht gewinnen!

14 Auch dieser Zwist des Idomeneus mit Ajax ist sehr malerisch und natürlich beschrieben. Der neugierige Idomeneus sitzt ausser dem Kreise der Griechischen Helden auf einer Anhöhe, und da er von weitem die Pferde ankommen sieht, entdeckt er, dass die ersten nicht des Eumelus Pferde sind, die es doch gewesen waren, sondern aus einer geründeten weissen Blässe, ähnlich dem Monde, die auf der Stirn eines der Rosse zu sehn ist, bemerkt er, dass es Diomedens Pferde sind. Das sagt er zu den Griechen, bey welchen sich Ajax befindet, der es nicht glauben will, und sich darüber mit Idomeneus entzweyt.

Diomedes, und sagt diess den Griechen. Ajax, der Sohn des Oileus, schilt ihn darüber, und behauptet, dass Eumelus noch der vorderste ist. Idomeneus, hierüber erzürnt, will mit Ajax wetten, und es würde zwischen beyden Helden ein heftiger Zwist entstanden seyn, wenn [15] Achill es nicht verhindert und gesagt hätte, dass man so gleich die Wahrheit erfahren würde. Auch erscheint Diomedes, dessen Pferde zwar ihren Führer mit Staub bedeckten, doch dessen prächtiger Wagen kaum die Erde berührte, zuerst, und ihm ward ein Mädchen und ein gehenkelter Dreyfuss [16] zum Geschenke zu theil. Nach ihm kommt Antilo-

---

15 Obgleich eigentlich die Entscheidung dieses Streites für Agamemnon, den Obersten des Volks, gehörte, so überlässt dennoch der Dichter hier, mit sehr vielem Urtheil, es dem Achilles, für den man itzt eine vorzügliche Achtung hatte, und den man auch nur im mindesten zu beleidigen sich scheute, um allein, und mit wenig Worten diese ganze Sache zu entscheiden.

16 Auch der Zug, dessen sich der Dichter beym Austheilen dieser Geschenke an Diomedes bedient, ist sehr treffend und schön. Indem Diomedes vom Wagen herabsteigt, dessen Rossen von ihrem Nacken und von ihrer Brust der schäumende Schweiss auf die Erde fliesst, und der seine Peitsche zur Seite legt, eilt der tapfre Sthenelus hinzu, um die Ge-

Antilochus, eben vor Menelaus, dem er durch List zuvorgekommen war, der ihn aber doch würde überwunden haben, wenn die Bahn länger gewesen wäre. Hinter Menelaus kommt Meriones, und nach ihm Eumelus, der Sohn des Admetus; diesem will Achilles aus Mitleiden mit seinem Zustand den zweyten Preis zuschicken; doch [17] dem widersetzt sich Antilochus, der zum Achilles sagt, dass er dem Eumelus wohl andre Geschenke geben könne. Achilles

schenke für seinen werthen Freund zu empfangen, und da er sie empfangen hat, übergiebt er sie seinen Gefährten und spannt selbst die Pferde vom Wagen. An der Einen Seite sieht man hier in dieser einfachen Erzählung die Sorge eines guten Reuters für muthige Pferde, und an der andern den innigsten Antheil, den Sthenelus am Siege seines Freundes nimmt.

17 Der Muth und Eifer des jugendlichen Antilochus zeichnet sich hier vorzüglich aus. Er behauptet, dass Eumelus durch eigne Schuld abgeworfen und zurückgeblieben sey, weil er nicht genug zu den Göttern gefleht hätte, und sagt, dass er das Geschenk nicht fahren lassen wolle, sondern den tapfersten Griechen herausfodre, mit ihm darüber zu fechten:

> Sprach's; es lächelte ihm der edle schnelle Achilleus,
> Sein sich freuend; er liebt' ihn als einen werthen Genossen.

Und er erfüllt sein Verlangen.

les thut dieſs, und giebt dem Eumelus einen ehernen Panzer, den er vormals dem Aſteropaeus abgenommen hatte. Hierauf ſteht Menelaus auf, und nachdem ein Herold den Griechen Schweigen geboten hat, beklagt er ſich über das Betragen des Antilochus, und behauptet, daſs ihm der zweyte Preis zukomme, falls nicht Antilochus, vor ſeinem Wagen und Roſſen mit der Peitſche in der Hand ſtehend, feyerlich ſchwört, daſs er ihn nicht aus Muthwillen und durch Liſt im Wettlauf' aufgehalten habe.
18 Doch Antilochus übergiebt ſo gleich den zweyten

---

18 Homer verſteht nicht nur die Kunſt meiſterhaft, um gute Lehren zu geben, ſondern er iſt auch im Schildern der Charaktere ſeiner Helden vorzüglich glücklich. Das edelmüthige Betragen des Antilochus iſt davon ein Beweis. Noch eben war Antilochus auf Achilles zornig, weil er ihn ſeines Geſchenks berauben wollte; doch itzt, da er die billigen Gründe des Menelaus hört, und ſich ſcheut, auf immer die Freundſchaft dieſes vortreflichen Mannes zu verlieren, und durch einen falſchen Eid den Zorn der Götter zu erregen, ſo bekennt er ſeine Schuld, ſchreibt ſie ſeiner jugendlichen Unbeſonnenheit zu, übergiebt ſelbſt dem Menelaus das Pferd, das er zum Geſchenk empfangen hat, und bietet ihm zum Beweiſe ſeiner aufrichtigen Reue noch andre Geſchenke an. Man erkennt in dieſem Betragen die gute Erziehung, die der weiſe Neſtor ſeinem Sohne gegeben hat.

zweyten Preis, ein schönes Pferd, dem Menelaus, der sich darüber freut, [19] diese Bereitwilligkeit des Antilochus preist, ihm das Pferd wiedergiebt, und sich mit dem dritten Preise, einem herrlich glänzenden Kessel begnügt. Meriones empfängt darauf zwey Talente Gold, und den fünften Preis, der noch übrig blieb, eine doppelte Schaale gab Achilles dem Nestor, um sie zum Andenken des Patroklus zu verwahren. Der Greis, der nicht mehr in den Wettstreit sich einzulassen vermag, zeigt darüber seine grosse

---

19 Sehr edel und sanft ist auch hier das Betragen des Menelaus:

> Wie wenn glänzender Thau sich über Achren verbreitet,
> Wenn die wachsende Saat in allen Aeckern emporstarrt;

so erheitert sich das Herz des Helden beym Anerbieten des Antilochus. Und diese Freude entsteht nicht bey ihm aus Habsucht, sondern aus dem offenherzigen Geständniss des Jünglings, und er setzt hinzu:

> Traun es hätte mich schwerlich ein andrer Achaier erweichet;
> Aber du hast vieles gethan und vieles gelitten
> Meinetwegen, mit dir dein treflicher Vater und Bruder:
> Darum geb ich dir Flehenden nach, und will dir die Stute
> Geben, wiewohl sie mein ist; damit auch diese erkennen,
> Dass nicht übermüthig mein Herz, nicht unerbittlich.
> Sprachs und gab Noämon, des Nestoriden Genossen,
> Wegzuführen das Ross. Er nahm den schimmernden Kessel.

grosse Zufriedenheit, und [20] erzählt zugleich, wie oft er vormals gekämpft und den Sieg davon getragen habe. — Darauf bestimmt Achilles Preise für den Kampf mit den Fäusten, ein grosses schönes sechsjähriges Maulthier für den Ueberwinder, und einen schönen runden Becher für den Ueberwundnen. Hierzu erbieten sich als Kämpfer, Epeus, der Sohn des Panopeus, der seine Hände aufs Maulthier legt, und einen jeden herausfodert; und Euryalus, der Sohn des [21] Mekisteus. Epeus schlägt den Eurya-

20 Wie die Epeer ihren König AmaryncEus begruben, und dessen Söhne in den zur Ehre ihres Vaters angestellten Spielen Geschenke aussetzten, so hatte Nestor im Faustkampf den Klytomedes, den Sohn des Enops, im Ringen den Ancaeus, im Wettlauf den Iphiklus, und im Werfen mit dem Speer den Phyleus und Polydorus überwunden, und nur die zwey Söhne des Akters waren ihm mit dem Wagen vorbeygerennt. Aus dem Eifer und der Genauigkeit, womit der alte Held diess alles erzählt, sieht man, welch einen hohen Werth man damals auf Fertigkeit und Schnelligkeit setzte, wodurch die Jünglinge sich zu grossen, heldenmüthigen Thaten geschickt machten. — (Und wie genau beobachtet auch hier Homer den Charakter des alten, gern die Thaten seiner Jugend umständlich erzählenden Helden! M.)

21 Mekisteus, der Vater des Euryalus stammte vom Könige Talaus ab, und hatte vormals, da er grade nach The-

 ben

[22] Euryalus, daſs er zur Erde niederſtürzt, und erhält den Sieg; beyde empfangen die ihnen beſtimmten Preiſe. Hierauf folgt das Ringen, worin Achilles dem Ueberwinder einen groſſen Keſſel, und dem Ueberwundnen ein Weib, in mancherley Arbeiten wohlgeübt, beſtimmt. Kämpfer ſind hier Ajax, der Sohn des Telamon, und Ulyſſes, die beyde [23] im Kampfe ſich

---

ben kam, wie man zur Ehre des erſchlagnen Oedipus Spiele anſtellte, alle Thebaner überwunden. Man ſieht daraus, daſs Euryalus, der ſich allein gegen Epeus ſtellt, auch ein Sohn der Edeln war.

22 Er fiel, und ſo gleich ſucht er wieder aufzuſpringen:

Wie am meergrasvollen Uſer, wenn Boreas weher,
Auſſpringt noch ein Fiſch, ihn wieder die Woge bedecket;
So ſprang auf der Geſchlagne, und fiel. Ihn richtet Epeios
Bey den Händen auf; es ſtanden um ihn die Genoſſen,
Welche durch der Schauenden Kreis den wankenden führten.
Blut ausſpeyend ging er, ihm hing das Haupt auf die Schulter;
Und ſie ſetzten ihn zwiſchen ſich nieder, betäubt und kraftlos;
Einige aber gingen, den runden Becher zu nehmen.

23 Ajax und Ulyſſes ſchlingen die Arme veſt um einander:

Sparren des hohen Hauſes gleich, die ein trefflicher Zimmrer
Wohlgefugt hat, daſs ſie widerſtehen den Winden.

Einer trachtet den andern zu überwinden; auch bekommt Ulyſſes unter dem Ringen einigermaſſen die Oberhand; allein der

sich gleich sind, und gleiche Preise empfangen. Alsdann bestimmt Achilles die Preise des eilenden Wettlaufs. Der erste ist ein künstlicher silberner Becher, der vom Thoas abstammte, und welchen Euneus, der Sohn des Jason, dem Patroklus gegeben hatte, um Lykaon, den Sohn des Priamus, dafür zu lösen. Der zweyte ist ein grosser feister Stier, und der dritte ein halbes Talent an Gold. Zum Laufe erbieten sich Ajax, der Sohn des Oileus, Ulysses, und Antilochus. [24] Ajax und Ulysses kommen einander

---

der Dichter läßt sehr weise den Achilles nicht entscheiden, wer von den beyden grossen Helden den Sieg davon getragen habe, weil diess für ihre Ehre zu empfindlich würde gewesen seyn.

24 Diese zwey Helden kommen einander so nahe:

Wie dicht an der Brust des schöngegürteten Weibes
Fleugt das hin und her geworfne eilende Webschiff,
Wenn sie den Eintrag mit Faden bewebt und dicht an der Brust hält:
Eben so nahe war Odüß dem Aias, in seine
Stapfen tretend, eh' wieder der Sand zusammen stürzte;
Seinen Oden hauchte Odüsseus stets auf des Aias
Haupt, in eilendem Lauf. — — —

Wie glücklich beschreibt uns der Dichter hier den gleich schnellen Lauf der beyden Helden! Und auch seine schnell

 fort-

der sehr nahe. Doch Ajax [25] strauchelt am Ende der Laufbahn über den Unflath von Stieren, und Ulysses, von Minerva unterstützt, die er in der Stille um ihren Beystand gefleht hat, erhält den ersten Preis. Den zweyten bekommt Ajax, und den dritten Antilochus, der, voll von Ehrsucht, seine Nebenbuhler Ajax und Ulysses zwar preist, aber ihre grössre Geschicklichkeit allein ihren höhern Jahren zuschreibt, und dabey fügt, dass keiner unter den Griechen, ausser Achill, ihn im Lauf übertreffe. Um dieses Lobes willen schenkt ihm Achilles noch ein halbes Talent an Gold. Nun bringt Achilles eine lange Lanze, einen Schild, und einen Helm, Waffen, die Patroklus dem Sarpedon genommen hatte, in den Kreis der Helden, fodert die Tapfersten auf, sich in einen Zweykampf einzulassen, und verspricht dem Ueberwinder ein schönes mit Silber beschlagnes Schwert,

fortfliessenden Verse drücken diess im Original sehr treffend aus.

25 Diesen Unfall des Ajax so viel natürlicher zu machen, setzt Homer hinzu, dass es Unflath von den Stieren war, die Achilles zur Ehre seines Freundes getödtet hatte.

Schwert, die Waffen hingegen sollten beyde besitzen, und zugleich gelobt er ihnen ein Gastmahl in seinem Gezelte. Zu diesem Kampf erbieten sich Ajax der Telamonide, und Diomedes, die voll Muth fechten. Doch die Griechen, besorgt für Ajax, heissen beyde vom Kampfe zu ruhn und zu nehmen die Preise. [26] Nur das Schwert giebt Achilles dem Diomedes. Hierauf wirft Achilles eine grosse eiserne Scheibe, womit Aetion vormals, eh ihn Achilles umbrachte, sich zu üben pflegte, in die Versammlung, damit man auch daran seine Kräfte übe. Polypoetes, Leonteus, Ajax der Telamonide, und Epeus erbieten sich dazu. [27] Polypoetes

---

26 Wenn die Griechen nicht zu Hülfe gekommen wären, so würde Diomedes den Ajax schwer verwundet haben, und also ohne Zweifel Sieger geworden seyn. Doch da diess für den grossmüthigen Ajax beleidigend gewesen wäre, so lässt Homer mit Recht die Griechen zwischen beyden kommen, um dem gefährlichen Kampfe ein Ende zu machen. Achilles giebt indess dadurch, dass er dem Diomedes das versprochne Schwert reicht, stillschweigend deutlich genug zu erkennen, wen er für den Sieger hält.

27 Der streitbare Polypoetes nimmt die Scheibe auf, und wirft sie weit über den Kampfplatz:

— wie

poetes erhält die Ueberwindung, und empfängt die grosse Scheibe zum Kampfpreis. Achilles verspricht hierauf wieder andre Geschenke für die besten Bogenschützen, nemlich zehn grosse und zehn kleine Beile. Er lässt darauf einen grossen Mastbaum errichten, woran er eine Taube mit dünnem Faden am Fuss hängt, und verspricht dem, der die Taube trift, die zehn grossen Beile, und dem, der den Faden trift, die zehn kleinen. Hiezu erbieten sich Teucer und Meriones, und losen über den ersten Schuss. Teucer, den das erste Loos trift, schiesst seinen Bogen ab, ohne dem Apollo ein Gelübde zu thun, er trift also nur den Faden, so dass die Taube sich in die freye Luft schwingt. Meriones entreisst darauf der Hand des Teucer den Bogen, thut dem Apollo [28] Gelübde, und trift die

— wie der Hirtenstab des küheweidenden Mannes
Aus geschwungner Hand die irrenden Rinder erreichet.

28 Unstreitig wollte Homer durch die Vorstellung, dass der religiöse Meriones den Sieg über den wilden Teucer erhält, die Menschen belehren, dass Tapferkeit und Geschicklichkeit von Ehrfurcht gegen die Götter begleitet seyn müssen, wenn sie anders glückliche Folgen haben sollen.

die taumelnde Taube in der Luft. Meriones erhält also die zehn grossen und Teucer die kleinen Beile. Endlich setzt Achilles eine lange Lanze und einen noch neuen Kessel zu Preisen für die aus, die am besten mit dem Speer werfen. Hiezu erbietet sich Agamemnon mit Meriones. [29] Doch Achilles will nicht, dass Agamemnon diess unternehmen soll, sondern giebt dem

---

29 Endlich zeigt sich hier auch Agamemnon, um im Werfen des Speers mit andern zu kämpfen; und man sieht daraus, dass zwischen ihm und Achilles itzt eine völlige Aussöhnung statt fand. Da es indess für den Obersten des Volks nicht schicklich seyn würde, von minder ansehnlichen Helden in irgend einem Streite überwunden zu werden, so nimmt Achilles hier sehr weise das Wort, und sagt:

Atreus Sohn, wir wissen, du bist vor allen erhaben,
Und im Wurfspiesskampfe bist du von allen der stärkste;
Darum gehe mit diesem Preise hinab zu den Schiffen.
Märionäs dem Helden lass uns schenken die Lanze,
So es dir also gefällt; es scheinet solches mir billig.

Agamemnon stimmt dem völlig bey, und nun endigen sich zur rechten Zeit die Spiele, die Achilles zur Ehre seines Freundes Patroklus angestellt hat. In der ganzen Beschreibung derselben zeigt Homer so viel Scharfsinn und Urtheil, dass es der Mühe verlohnt, ihm in jedem besondern Umstande zu folgen. Denn eben daraus kann der Dichter die grosse Kunst lernen, durch Schilderung verschiedner Gemählde,

dem Helden so gleich das gröſste Geschenk, und das zweyte dem Meriones, die dieſs alles mit Freuden annehmen.

---

mählde, in denen Fertigkeit, Tapferkeit, Heldenmuth, Verachtung der Gefahr, edle Ruhmbegierde, und alles was wohl lautet, dem Herzen der Jugend eingeprägt wird, seine Werke nicht nur angenehm, sondern auch nützlich für die menschliche Gesellschaft zu machen.

Inhalt

Inhalt des vier und zwanzigsten Gesanges.

Itzt, da die Spiele geendigt sind, eilen alle zu ihren Schiffen, das Abendessen zu nehmen und zu ruhn. Doch Achilles, trauernd über den Tod seines Patroklus, [1] kann nicht schlafen. Am frühen Morgen also bindet er die Leiche Hektors

Erläuterungen zum vier und zwanzigsten Gesange.

1 Da Achilles das Leichenbegängniss des Patroklus auf die feyerlichste Weise verrichtet hat, so begiebt er sich zur Ruhe; allein die rühmlichen Eigenschaften seines Freundes, die Mühe, die Gefahren und Unfälle, die er mit ihm ausgestanden hat, schweben ihm beständig vor Augen, und er kann nicht schlafen. Er vergiesst dabey heisse Thränen, und

Auf die Seite legt' er sich bald, und bald auf den Rücken,
Bald auf den Bauch, dann sprang er auf; voll trauriges Unmuths
Irrt er am Gestade des Meers, als über den Wogen
Und den hohen Ufern die Morgenröthe sich zeigte.

Wer hier mit Plato diese heftigen Gemüthsbewegungen des Achilles misbilligt, der versteht, meines Bedünkens, die wahre Meinung unsers Dichters nicht. Es war eben so wenig seine Absicht, aus seinen Helden ganz vollkommne Geschöpfe, als aus seinen Göttern und Göttinnen ganz vollkommne Wesen zu machen. Sein Hauptaugenmerk war, die guten

Hektors an seinen Wagen, und schleift sie dreymal um das Grab des Patroklus, worauf er wieder in seinem Gezelt sich niedersetzt, da inzwischen Apollo sorgt, dass die auf der Erde liegende Leiche nicht verletzt werde. Die Götter, welche des ergrimmten Achilles Verfahren bemer-

---

guten und schlimmen Leidenschaften der Menschen nach Wahrheit und so zu beschreiben, wie sie sich im menschlichen Leben bey besondern Vorfällen entwickeln. Achilles ist heftig in seinen Leidenschaften, so wohl in seiner Freundschaft, als in seinem Hass. Sein Betragen entspricht also seinem Charakter völlig. Das Verschönern der menschlichen Eigenschaften ist nicht grade das, was uns am meisten rührt, sondern die einfache Vorstellung von dem, was wir durch eigne Erfahrung für Wahrheit erkannt haben. Plato und andre Weltweise mögen also immerhin auf Vollkommenheit der menschlichen Natur dringen. Ein Dichter kann, mit nicht minder Nutzen, ihre Schwachheit und Unvollkommenheit darstellen. Denn nichts zieht unsre Aufmerksamkeit so sehr auf sich, als das, worin wir uns selbst abgemahlt finden. In dieser Menschenkenntniss haben Homer, Euripides, und andre alte Dichter oft den Weltweisen vortreflich den Weg gezeigt, und unsre heutigen Dichter müssen hierin ihren Fusstapfen folgen. Und ob man gleich in der Dichtkunst sich so vieler Unwahrheiten, die allen Schein der Wahrheit haben, ruhig bedienen kann, so muss man doch im Schildern der mehr oder minder heftigen Gemüthsbewegungen der Menschen immer ungezwungen der reinen Wahrheit folgen.

bemerken, haben Mitleiden mit dem Todten, und muntern Merkur auf, Hektors Leiche heimlich wegzunehmen. Doch dawider setzen sich Juno, Neptun und Minerva. Nachdem Achilles noch einige Tage die Leiche seines überwundnen Feindes so gemishandelt hat, ermahnt Apollo die Götter, den Hektor aus den Händen des Achilles, der gleich einem nach Raub gierigen Löwen wütet, zu retten. Juno erzürnt sich über diese Rede des Apollo, doch Zevs besänftigt sie, indem er sie an Hektors Ehrfurcht gegen die Götter erinnert. Und zugleich sendet er Iris zu Thetis, um sie in den Olymp zu rufen. [2] Thetis, wiewohl sehr traurig

2 Jeder, der die Iliade bis hieher gelesen und die wunderbaren Handlungen des Achilles gesehn hat, muss nothwendig an den fernern Schicksalen dieses unüberwindlichen Helden Theil nehmen. Da indess das Gedicht mit Hektors Begräbniss sich endigt, und man vom Achill weiter nichts hört, so unterlässt gleichwohl Homer nicht, den Leser zu Zeiten von Achillens nahem Tode einen Wink zu geben. So z. B. hier, wo Thetis, bey der Ankunft der Iris, umgeben von ihren Nymphen, in ihrer Halle sitzt und über ihres treflichen Sohnes Schicksal bitter weint, welchem bestimmt war, fern vom Vaterland in Troja's Fluren zu sterben. Um ihre Betrübniss noch mehr zu Tage zu legen, thut die Göttin

rig über das bevorstehende Schicksal ihres Sohns, begiebt sich dahin, und sie wird sehr freundlich, insonderheit von Juno empfangen, die ihr einen schönen goldnen Becher reicht. Jupiter, der, ausser den übrigen Göttern, insonderheit das Verfahren des Achilles misbilligt, ersucht Thetis, zu ihrem Sohne zu gehn, und ihm zu sagen, dass er die Leiche des Hektor vom Priamus lösen lasse. Thetis gewährt ihm seine Bitte, und [3] ermahnt den Achilles, Hektors Leiche

---

tin einen schwarzen Schleyer um, und kleidet sich in Trauer. So geht sie unter Iris Begleitung zum Olymp, und vor ihren Füssen trennen sich die Wogen des Meeres.

3 Sie sagt zu ihm:

Liebes Kind, wie lange willst du seufzend und klagend
Dir verzehren das Herz, des Tranks und der Speise vergessend,
Und des Schlafs? Es wäre dir gut, ein Mägdlein zu herzen!
Siehe du wirst nicht lange mehr leben, sondern es nahet
Dir schon ietzt die Stunde des Todes, des harten Schicksals.
Aber vernimm mich nun, ich komm' ein Bote Kronions.
Sohn, er spricht, dir zürnen die unsterblichen Götter,
Er vor allen am meisten, dass du mit wütendem Herzen
Hektor bey den Schiffen zurückhältst, nicht lösen ihn lässest!
Darum gieb ihn los, und nimm die Lösung der Leiche.

Diese Aufmuntrung der Thetis an ihren Sohn, noch am Ende seines Lebens sich mit einer Frau zu vereinigen, haben alte

Leiche auszuliefern. Und da dieser vernimmt, daſs dieſs Jupiters Wille sey, willigt er so gleich darein. Iris wird hierauf vom Zevs nach Troja zum Priamus gesandt, um ihm zu rathen, allein, nur von Einem Herold, der seinen Wagen

---

alte Kunstrichter und Weltweise zu vertheidigen gesucht, da sie gegen die guten Sitten zu streiten scheint. Plutarchs und andrer Schriftsteller Anmerkungen kann man bey Mad. Dacier und bey Pope finden. Ohne diese zu wiederholen oder zu widerlegen, will ich nur meine Gedanken dem Leser kurz mittheilen. Es ist unnöthig, hier umständlich zu beweisen, daſs Homer kein Schriftsteller ist, der Wollust und Weichlichkeit anpreist; das Gegentheil sahn wir bisher in der ganzen Iliade. Eingezogenheit, Männlichkeit, Grösse der Seele, Verachtung der Gefahren, das sind die Tugenden, auf die er beständig dringt. Ueberdem findet sich bey ihm, wenn ich nicht sehr irre, grosse und tiefe Kenntniſs des menschlichen Herzens, und eben aus ihr läſst sich manche Stelle unsers Dichters und auch diese, sehr füglich erklären. Wer den unterschiedlichen Gemüthsbewegungen der Menschen mit einiger Aufmerksamkeit nachdenkt, wird bald gewahr werden, daſs Ruhm und Herrschsucht grade die Leidenschaften sind, die in den Herzen der Menschen die tiefsten Wurzeln schlagen und also auszurotten am schwersten sind. Denn laſst irgend jemand noch so verständig, noch so einsichtsvoll und groſs von Seele seyn, so sind gleichwohl ausserordentliche Umstände und grosse Begebenheiten nöthig, um seine Ruhm- und Herrschsucht ganz zu sättigen; und grade dieser Fall fand itzt bey Achilles statt Nun wünscht' ich wohl durch einen Weltweisen unterrichtet zu werden, ob in

gen führe, begleitet, zum Achilles zu gehn und ihm Geschenke anzubieten, die Leiche seines Sohns zu lösen, und zugleich verspricht er dem Priamus alle Freyheit und Sicherheit, indem Merkur ihm den Weg bahnen soll. Da Iris zum Priamus kommt, findet sie sein ganzes Haus [4] voll Wehklag' und Trauer. Sie überbringt

---

in diesem Leben etwas angenehmers seyn könne, als, nachdem man jene Leidenschaften gesättigt hat, Speise und Trank mit Vergnügen zu geniessen, ruhig zu schlafen, und mit einer angenehmen Frau unschuldigen und vergnügten Umgang zu haben. Von diesem wahren Genusse des Lebens werden, wie wir in dem Laufe dieses Gedichts gesehn haben, Könige und Unterthanen durch ihre zügellosen Leidenschaften abgehalten, und zu ihm sucht Thetis ihren Sohn noch am Ende seines Lebens wieder zurückzuführen. — Wie sehr wär es zu wünschen, dass die Menschen minder Ehrsucht für Dinge bewiesen, die beym ersten Anblick etwas zu seyn scheinen, aber, so bald man sie näher kostet, bitter werden, und ehelich und tugendhaft die wesentlichen Bedürfnisse der Natur befriedigten. Dann würde das herrschsüchtige Streben über seine Naturgenossen zu triumphiren, das die Menschen in wilde Thiere umschafft, bey vielen von selbst aufhören!

4 Die Söhne sassen rund um ihren Vater

Ihre Gewande mit Thränen nezend; der Greis in der Mitte
War in einen Mantel gehüllet, der Nacken des Alten
War, es war sein Haupt mit Staub und Unrath besudelt,

Den

bringt die Bothschaft des Zevs [5] dem betrübten Greise. Dieser läſst seine Söhne einen Wagen einspannen, und überbringt Hekuba seiner Gemahlin die empfangne Nachricht. Diese bricht darüber in bittre Thränen aus, und beklagt sich über die Unvorsichtigkeit ihres Mannes, der sich einem so wilden Manne, als Achilles, den sie zu zerreissen wünscht, anvertrauen will. Priamus giebt ihr die Versichrung, daſs er dazu durch eine Göttin, die er selbst gesehn habe, aufgemuntert sey, [6] holt aus seinen Kisten allerley

---

Den er, sich wälzend, hatte mit Händen auf sich gestreuet.
Im Palaste klagten die Töchter, es klagten die Schnüre,
Deren gedenkend, welche so viel an der Zahl und tapfer
Lagen, durch die Hände der Griechen des Lebens beraubet.

5 Der unglückliche Priamus, seiner vornehmsten Stütze in seinem ältesten Sohne beraubt, fängt an, beym Anblick der Iris zu zittern und zu beben, weil er nicht weiſs, was ihm weiter bevorsteht. Diese seine Gemüthsbeschaffenheit ist sehr natürlich, da jeder, den schweres Unglück getroffen hat, bey dem kleinsten Gerücht vor neuen Unfällen besorgt ist.

6 Unter diesen Geschenken waren verschiedne kostbare Kleider, zwölf Talente an Gold, viel köstliches Hausgeräthe, und ein Becher, den die Thracier dem Priamus geschenkt hatten, da er als Gesandter zu ihnen gekommen war. Diess ausneh-

ley köstliche Geschenke, 7 treibt die Troer, die

---

ausnehmende Kleinod, worauf er einen grossen Werth setzte, sparte er nicht einmal, um nur die Leiche seines Sohns zu lösen. Diese einfache Erzählung schildert uns den innigen Wunsch des Vaterherzens und die vorzügliche Liebe, die Priamus fur Hektor hegte, sehr treffend.

7 Wie die Menschen bey schwerer Betrübniss gewöhnlich grämlich sind und an allem sich ärgern, so handelt auch hier Priamus. Kaum hat er die Hofnung, die Leiche seines geliebten Hektor zu empfangen, und er weiss nicht, wie sehr er eilen und welche prächtige Geschenke er dazu mit sich nehmen soll. Er treibt die, welche ihn umringen, und ihn, seiner Meinung nach, aufhalten, mit zornigen Geberden aus dem Wege. Verächtlich redet er sie an:

Weg, Elende! Schmachbedeckte! Fehlt es euch selber
Etwa daheim an Trauer, und wollt ihr noch mehr mich bekümmern?
Achtet ihr klein den Jammer, den mir Kronion gegeben,
Einen solchen Sohn zu verlieren? Ihr werdet es fühlen!
Leichter seyd ihr nun zu ermorden den Söhnen der Griechen,
Da Er todt ist! Aber ich will, eh' ich Ilion sinken
Sehe, sehe Troia verheeret, wandeln hinunter
Zu der dunkeln Behausung der Schatten, hinunter zum Aidas.

Diess alles kommt mit dem Zustande, worin sich der alte Priamus befindet, vollkommen überein. Indem er die Thaten andrer tadelt und in ein gehässiges Licht stellt, so sucht er sich dadurch einigermassen an dem unglücklichen Schicksal, das ihn drückt, zu rächen.

die ihm im Wege stehn, von sich, ruft [8] neun seiner Söhne, [9] verweist ihnen ihre Feigheit, Wollust, Faulheit und Räubereyen, und wünscht, dass sie lieber alle zusammen, als Hektor allein, umgekommen wären; auch befiehlt er ihnen, ihm sogleich seinen Wagen zu bereiten, und die Geschenke darauf zu legen. Diese gehorchen so fort seinem Befehl und bringen den Wagen mit den Geschenken in Bereitschaft. Da Priamus und der Herold zur Abreise fertig sind, opfert Hekuba Wein, und ermahnt ihren Mann [10] zum Zevs zu flehn, dass er ihn glücklich wiederkehren lasse, und ihm einen Adler zu einem guten Vorzeichen sende.

---

8 Diese waren Helenus, Paris, Agathon, Pammon, Antiphonus, Polites, Deiphobus, Hippothous und Dius.

9 Dieser Vorwurf, den Priamus hier seinen Kindern macht, kommt aus eben der Quelle des Misvergnügens, deren ich in der siebenten Anmerkung erwähnte. Der alte Held gedenkt zugleich noch zwey braver und streitbarer Söhne, die er verloren hatte, des Mestor und Troilus, wodurch er die Schande der ihm übrig gebliebnen feigen Söhne noch vergrössert.

10 Die Religiosität beyder Eltern zeigt sich hier sehr deutlich. Hekuba will nicht zugeben, dass ihr Mann weggehe, bis

sende. Priamus läſst sich darauf durch eine Magd ein Becken mit klarem Waſſer bringen, wäſcht ſeine Hände, nimmt den Becher mit Wein von ſeiner Frau an, richtet ſeine Augen gen Himmel, gieſst heiligen Wein aus, [11] und betet, daſs er ſeinen Weg glücklich vollbringen, und dazu ein gutes Vorzeichen empfangen möge. Jupiter erhört das Flehn des alten Vaters, und ſendet ihm einen Adler, worüber die Troer ſich erfreun. Hierauf geht Priamus ab, allein vom Herold Idaeus begleitet, und ſeine weinenden Freunde und Blutsverwandte begleiten ihn bis vor die Thore von Troja. Zevs, gerührt über das Schickſal des Priamus, befiehlt dem Merkur, den alten Held zu den Schiffen

---

bis er Jupiter um Beyſtand gefleht hat. Priamus iſt dazu ſogleich bereit, und erkennt, daſs es Pflicht ſey, um Erbarmung zu Zevs die Hände zu heben.

11 Er betet ſo:

Vater, herrſchend vom Ida herab, du Mächtigſter, Beſter,
Laſs mich Gunſt vor Achilleus, laſs Erbarmung mich finden!
Wolleſt zur Vorbedeutung den ſchnellen Boten mir ſenden,
Der dir vor allen Vögeln der liebſte, der ſtärkſte von allen;
Daſs er mir rechts erſchein', und ich, geſtärkt durch das Zeichen,
Möge gehen getroſt zu den Schiffen der kriegriſchen Griechen!

Schiffen der Griechen zu führen, ohne dass er von jemand gesehn wird. Merkur gehorcht so gleich dem Befehl, [12] begiebt sich auf den Weg nach Troja, und da er nahe an einen Fluss kommt, wo Priamus seine Pferde trinken lässt, erblickt ihn der Herold. Er vermuthet, es sey ein Feind, und räth dem Priamus, zu fliehn. Der Greis erschrickt sehr, doch Merkur [13] nimmt ihn bey der Hand, und fragt ihn, warum er selbst, hoch bejahrt, und von niemand, als noch einem alten Mann begleitet, bey Nacht mit so vielen Schätzen sich unter seine Feinde, die Griechen wage, und verspricht ihm zugleich seinen Beystand. Priamus erkennt aus der schönen

---

12 Ehe Merkur sich auf den Weg begiebt, bindet er an die Füsse die geflügelten Solen:

> Die, unalternd und golden, ihn tragen über die Wogen,
> Ueber die ungemessne Erde mit Eile des Windes.
> Dann ergriff er den Stab, der Sterblicher Augen bezaubert,
> Wenn er will, und wieder die Eingeschläferten aufweckt.

Diese Beschreibung macht uns eine grosse Vorstellung von dem treuen Führer des alten Priamus.

13 Der sogenannte Heraclides Ponticus zweifelt keinesweges, dass der Dichter sich hier der Person des Mer-

 kur

nen jugendlichen Gestalt des Merkur, dass er aus göttlichem Geschlechte ist, und ihm durch eine Gottheit zum Begleiter gesandt wird. Merkur läugnet diess nicht, und fragt den Priamus, ob er alle die prächtigen Gaben irgend wohin in Sicherheit bringen wolle, oder ob Troja vielleicht ganz von Einwohnern verlassen sey, nachdem der tapferste Held, der Sohn des Priamus, getödtet ist. Der Alte fragt ihn hierauf, wer er sey, der so ehrenvoll des Sohnes Tod ihm erwähne? — Merkur antwortet, er sey ein Knecht des Achilles, ein Sohn des Polyktor, er habe mit seinen sechs Brüdern geloset, und ihm sey das Loos zugefallen, mit Achilles vor Troja zu ziehn. Und zugleich erzählt er ihm, dass

kur dazu bedient habe, um anzuzeigen, dass keine Geschenke, von welcher Art sie auch seyn mögen, sondern allein beredte und treffende Gründe im Stande sind, das verbitterte Gemüth eines Menschen zu besänftigen. Allein ist es wohl nöthig, dass wir zu solchen weit hergeholten Auslegungen unsre Zuflucht nehmen? Haben nicht die Gedanken gelehrter Männer, dass Homer viele alte auf Natur und Sittenlehre gegründete Erdichtungen und Ueberlieferungen vor sich gehabt habe, ihren guten und sichern Grund? und ist es nicht beynahe ausgemacht, dass er sich ihrer, so verborgen sie uns auch

dafs die Griechen beschlossen haben, am folgenden Tage das Treffen wieder zu beginnen. Priamus fragt ihn darauf, ob die Leiche seines Sohns noch ungeschändet geblieben sey, und Merkur antwortet ihm, dafs die Leiche des Hektors, ob sie gleich schon zwölf Tage hindurch vom Achilles ums Grabmal des Patroklus grausam geschleift werde, dennoch unversehrt und unverwest geblieben sey. Der alte Priamus, darüber erfreut, schreibt diefs der Frömmigkeit seines Sohns zu, den die Götter noch nach seinem Tode liebten. Er schenkt dem Merkur, als dem Knecht des Achilles, einen Becher, um ihn seinem Herrn zu bringen. Merkur weigert sich, irgend ein Geschenk anzunehmen, besteigt den Wagen des Priamus, und

auch itzt seyn mögen, zuweilen bedient habe, das Wunderbare, diefs nothwendige Stück eines Heldengedichts, dadurch vorzustellen? War die Zwischenkunft erhabner Wesen, der Engel, nicht in frühern Zeiten ein allgemein angenommener Volksbegriff, wie man aus der heil. Schrift an mehr als Einer Stelle ersieht. Man kann also auch hier immerhin annehmen, dafs der Dichter den Merkur als Engel vorstellt, der, eben wie einst dem jungen Tobias und andren, so auch hier dem alten unglücklichen Priamus zum Führer dient.

und bringt ihn, nachdem er ihm viele unzugängliche Wege geöfnet hat, zum Gezelt des Achilles. Hier offenbart sich Merkur dem Priamus, und sagt ihm, daſs es der Würde der Götter nicht entspreche, einen sterblichen Menschen so öffentlich zu begünstigen. Er räth dem Priamus, Achillens Knie zu umfassen, und ihn zu bitten, daſs er ihm die Leiche seines Sohns schenke. Nachdem Merkur verschwunden ist, geht Priamus, der den Herold Idaeus mit dem Wagen und mit den Geschenken warten läſst, zum Achilles, bey welchem sich allein Automedon und Alcimus befanden, und ohne daſs fast jemand seine Ankunft bemerkt hat, [14] fällt er dem Achilles zu Fusse, und bittet

14 Wie wann seiner Heimat ein Mann, nach begangener Mordthat,
Muſs entflüchten; er kommt, in einem fremden Gebiete,
Hin zu eines Mächtigen Haus; man sieht ihn erstaunt an:
Also staunte Achill, den göttlichen Priam erblickend.

Dieses Gleichniſs bekommt noch mehr Stärke, wenn man erwägt, daſs in alten Zeiten die, welche jemand umgebracht hatten, aus ihrem Vaterlande fliehn, und sich zu irgend einem mächtigen Manne begeben muſsten, um bey ihm, nach Verrichtung einiger schicklichen Feyerlichkeiten, von ihrer Missethat gesäubert zu werden.

tet ihn [15] mit den kräftigsten Gründen und um der Liebe willen zu seinem eignen Vater, um die Leiche seines Sohns. Achilles, das Schicksal seines Vaters und den Tod seines Freundes beklagend, während Priamus um Hektor weint, steht

---

15 Die Bitte des Priamus ist ungemein rührend. Er sagt gleich anfangs zum Achilles:

Deines Vaters gedenk, o göttergleicher Achilleus!
Auch ein Greis, wie ich, auf der äussersten Schwelle des Lebens!
Ach es drängen vielleicht den alten Päleus die Nachbarn,
Und kein Sohn ist zugegen, von ihm das Unrecht zu fernen;
Aber dennoch hört er von dir und freuet sich herzlich,
Und von einem Tage zum andern labt ihn die Hoffnung,
Seinen geliebten Sohn von Troia kommen zu sehen.
Ich nur bin ganz trostlos! Ich hab' in der mächtigen Troia
Tapfre Helden gezeuget, und deren ist keiner mehr übrig.
Funfzig Söhne hatt' ich, als ihr von Griechenland herzogt,
Deren waren neunzehn von Einer Mutter geboren,
Und die andern hatt' ich mit Nebenfrauen gezeuget;
Vielen von diesen löste die Glieder der stürmende Aräs.
Einen hatt' ich, er war der Brüder und Ilions Bollwerk,
Den erschlugst du neulich, indem er fürs Vaterland kämpfte,
Hektorn! Seinetwegen komm' ich zu den Schiffen der Griechen,
Und ich bring', ihn zu lösen von dir, unendliche Gaben.
Wollest scheuen die Götter! wollest mein dich erbarmen,
Deines Vaters gedenkend! Mich drückt ein schwererer Jammer!
Ach ich leide, was nimmer der Erdebewohnenden Einer
Litt; ich küsse die Hände, die meine Söhne vertilgten!

steht [16] auf, fasst den Greis bey der Hand, und sucht ihn durch [17] die Vorstellung des menschlichen Schicksals zu trösten. Zugleich bittet er

16 Gerührt vom traurigen Schicksal seines Vaters, und voll von Betrübniss über den Tod seines Freundes, fasst er den alten weinenden Priamus erst bey der Hand, und stösst ihn dann gelinde von sich. Wie natürlich schildert uns diess die Gemüthsbeschaffenheit, worin sich Achilles itzt befand.

17 Die besondre Vertheilung von Leid und Freude, von Glück und Unglück, war immer ein wichtiger Gegenstand für die philosophische Untersuchung. Auch Homer sucht seine Leser auf diese wunderbare Erscheinung dadurch zu leiten, dass er dem Achilles, der sich erst über die Kühnheit des Priamus, vor ihm zu erscheinen, gewundert hat, die folgenden Trostgründe in den Mund legt:

Lass den Kummer ein wenig ruhen, wiewohl wir betrübt sind;
Denn es frommet doch nicht der niederdrückende Jammer.
Sieh', den mühebeladnen Sterblichen haben die Götter
Traurige Tage bestimmt, sie aber selber sind sorglos.
Denn es stehn zwo Urnen vor der Schwelle Kronions,
Voll von Gaben: von bösen die eine, die andre von guten.
Wen der Donnerergözte aus beyden Urnen beschenket,
Dem wird wechselsweise begegnen Unglück und Freude;
Wen er nur aus der bösen beschenkt, dem folget Verachtung,
Und auf der heiligen Erde verfolgt ihn nagender Jammer.

Er beweist diess unter andern aus den Umständen, worin sein Vater Peleus und Priamus selbst sich itzt befanden:

Die

er ihn, sich zu setzen, doch Priamus weigert diess, bis er die Leiche des Hektors empfangen hat. Hierauf wird [18] Achilles zornig, und sagt, dass schon seine Mutter Thetis ihn aufgemuntert habe, die Leiche des Hektor zu geben, und dass er wohl einsehe, dass Priamus auch unter dem Beystand einer Gottheit in sein Gezelt gekommen

---

Edle Geschenke haben die Götter dem Päleus gegeben
Bey der Geburt, und ihn vor allen Menschen mit Gütern
Und mit Reichthum begabt: die Mürmidonen beherrscht er,
Und dem Sterblichen legten sie die Göttin ins Bette.
Aber auch Unglück hat ihm Gott gegeben: er hat ihm
Künftig herrschende Söhn' in seinem Palaste versaget.
Einen gab er ihm nur, frühzeitigem Tode bestimmten;
Fern vom Vaterlande kann ich des Alten nicht pflegen,
Und bin hier, um dich und deine Kinder zu grämen.
So auch hab' ich, o Greis, von deinem Reichthum gehöret:
Was des Makars Sitz und Lesbos in sich umschliessen,
Frügien hier, und dort der unendliche Hellaspontos,
Hast du alles, o Greis, mit deinen Söhnen besessen.
Aber nun haben dir Unglück gegeben die Himmelsbewohner,
Haben dich mit Schlachten umringt und Menschenermordung.
Dennoch duld', und jammre nicht unablässig im Herzen;
Denn was kann der Harm ob deinen Hektor dir frommen?
Kannst ihn doch nicht erwecken, und neuen Kummer dir zuziehn!

18 Da Priamus sich nicht eher setzen will, als bis er die Leiche seines Sohnes erhalten hat, so wird Achilles, der längst in die Bitte seiner Mutter, Hektors Leiche zurückzugeben,

kommen sey. Achilles geht darauf mit seinen zwey Freunden Automedon und Alcimus, die er nach Patroklus Tode am meisten liebte, hinaus, lässt den Herold Idaeus ins Gezelt kommen, und nimmt die mitgebrachten Geschenke in Empfang, zween Mäntel und ein künstlich gewebtes Kleid ausgenommen, um Hektors Leiche damit zu decken. Zugleich befiehlt er seinen Mägden, [19] Hektors Leiche zu waschen, legt

---

geben, ohne allen Widerstand eingewilligt hatte, darüber zornig, droht, den alten Priamus bey sich zu behalten, und Jupiters Befehle zu vernachlässigen. Denn er kann nicht leiden, dass Priamus ein Mistrauen in ihn setzt. Diese heftige Antwort des Achilles, der sich schon auf höhern Befehl zur Vollbringung jener That verpflichtet hatte, ist sehr treffend und natürlich.

19 Mit vieler Vorsichtigkeit befiehlt Achilles den Mägden, die Leiche des Hektors an einem besondern Platze zu waschen und zu salben:

— — — — doch so, dass Priam der keines vernähme:
Dass ihn nicht der Zorn beym Anblick des Sohnes ergriffe;
Dass er nicht das Herz des Peleionen erregte,
Ihn zu tödten, und Zeus Kronions Befehl zu verletzen.

Diess ist sehr weise von einem Mann gehandelt, der es weiss, dass er seiner Leidenschaften nicht Meister ist.

legt sie selbst mit seinen Freunden auf den Wagen, fleht zum Schatten des Patroklus, ihm diess zu vergeben, ermahnt alsdann den alten Priamus, Speise zu sich zu nehmen, und sich zu trösten, und erinnert ihn dabey an das Beyspiel der Niobe. Indem sie zusammen essen, wundert sich Priamus über die schöne und göttergleiche Gestalt des Achilles, und dieser über das ehrwürdige Ansehn und die Reden des Priamus. Dieser, der seit dem Tode seines Sohns seine Augen noch nicht geschlossen hat, bittet den Achilles um eine Ruhestätte, die auch für ihn bereitet wird. [20] Achilles fragt

---

20 Er sagt erst scherzend zum Priamus:

Schlafe draussen, du guter Alter, dass nicht der Griechen,
Deren viele kommen zu mir, um Rath mich zu fragen,
Einer dich hier in eilenden schwarzen Stunden erblicke,
Und es Agamemnon, dem Hirten der Völker, verkünde;
Solches möchte vielleicht der Leiche Lösung verzögern.

Mit diesem Scherz zeigt Achilles nicht nur an, dass er im Lager der Griechen einer der Ersten und Ansehnlichsten sey, sondern er giebt auch nicht undeutlich seine volle Ueberzeugung zu erkennen, dass Agamemnon, erfreut über ihre Aussöhnung, nichts von dem misbilligen werde, was Achilles

fragt indess den Priamus, wie lange die Feyerlichkeiten zu Hektors Begräbniss dauern werden? Und da Priamus ihm sagt, dass dazu zwölf Tage nöthig sind, [21] verspricht er während dieser Zeit einen Waffenstillstand. Nachdem sich Priamus mit seinem Herold zur Ruhe begeben hat, giebt ihm [22] Merkur den Rath, je

---

les thut. Man muss also diese Warnung, die Achilles dem Priamus giebt, nicht ernstlich, sondern scherzhaft verstehn, und zugleich ist sie eine Probe seiner Achtung für den Alten, indem er ihm einen besondern Ruheplatz anweist, worin er in seiner ihm so nöthigen Ruhe nicht gestört werden und zugleich Gelegenheit haben kann, um von da in der Stille mit seines Sohnes Leiche wegzugehn. Diess geschieht auch, nachdem er vom Merkur vor Agamemnons und der Griechen Verfolgung gewarnt ist.

21 Dieser Waffenstillstand war dem alten Priamus sehr angenehm, zumal da die Troer, die in ihrer Stadt eingeschlossen waren, und aus ihr herauszukommen sich fürchteten, dadurch Gelegenheit erhielten, sich sicher aus der Stadt zu begeben und von den nahegelegnen Bergen Holz zu holen, um die Leiche des Hektor zu verbrennen. Achilles bekräftigt diesen Vertrag dadurch, dass er des Alten rechte Hand ergreift, und sie treuherzig ihm drückt.

22 Indem alles in tiefem Schlaf ist, hält Merkur die Wache, und ob er gleich vom Zevs nur den Auftrag hat, den

je eher je lieber das feindliche Lager zu verlassen, weil er Hektors Leiche nicht sicher nach Troja bringen würde, falls Agamemnon und die übrigen Griechen seine Ankunft erführen. Priamus weckt also gleich seinen Gefährten, Merkur spannt den Wagen ein, und führt sie beyde nach Troja. Wie sie der Stadt sich nähern, verläſst Merkur beym Anbruch des Tages den Priamus, der, da er ans Thor kommt, zuerst von Casandra erkannt wird. Weder Mann noch Frau, so bald die Sache in Troja bekannt wird, bleibt zu Hause. Die ganze Stadt läuft hinaus, den todten Hektor zu sehn. Wie seine Mutter, seine Frau und seine

---

den Priamus sicher zum Achilles zu bringen, so wendet er doch nicht weniger Sorgfalt an, um den alten Mann wieder glücklich nach Troja zu leiten. Das kühne Unternehmen des Priamus wird durch diese göttliche Zwischenkunft des Merkur in sein rechtes Licht gesetzt, und findet stillschweigend Glauben bey dem Leser, der bereitwillig voraussetzt, daſs ein so guter und unglücklicher Vater, als Priamus ist, einen vorzüglichen Beystand der Gottheit verdiene.

seine übrigen Freunde die Leiche erblicken, entsteht ein allgemeines Wehklagen, welches den ganzen Tag würde gedauert haben, wenn nicht Priamus sich einen Durchzug gemacht und die Leiche in seinen Pallast gebracht hätte. Hier beweint ihn zuerst [23] Andromache, die zugleich ihr und ihres Sohnes Schicksal innigst beklagt. Auch Hekuba beklagt ihren

---

23 So wie wir bisher im ganzen Gedichte gesehn haben, dass Homer seine Personen immer ihren besondern Umständen gemäss sprechen und handeln lässt, so nehmen wirs auch hier am Ende des Gedichts wahr. — Andromache, Hekuba und Helena sind die drey Frauen, die hier den braven und tapfern Hektor beweinen, und deren Klagen ganz unterschieden sind, da jede von ihnen dessen erwähnt, was sie am meisten Gelegenheit hatte, am Hektor kennen zu lernen. Das Ganze liefert uns eine Schilderung des ausnehmenden Charakters des Helden. Andromache, als eine zärtliche Gattin, hält in ihren Händen das herabhängende Haupt des Helden, preist die Tapferkeit und den Muth, womit er, der der einzige Vertheidiger der Stadt und ihrer Bewohner war, immer, wenn er in den Streit ging, sie verliess, und wodurch so viele Griechen umgekommen waren, deren Tod man nun an ihrem Kinde rächen würde. Und insonderheit beklagt sie, dass er ihr nicht sterbend die Hand vom Bette gereichet,

ren Sohn, und Helena ihren Schwager, von dem sie immer so viele Liebe und Freundschaft genossen hatte. Alsdann bereiten die Troer, auf Priamus Rath, neun Tage lang, alles, um Hektors Leiche mit der grösten Feyerlichkeit zu verbrennen. Wie diess geschehn ist, sammlen sie seine Gebeine, und legen

---

thet, und ihr kein zärtliches Wort zugesprochen habe, dessen sie sich bey Tag und bey Nacht erinnern könnte. — Seine Mutter Hekuba preist weinend seine Tugend, um derentwillen nicht nur seine Eltern, sondern selbst die Götter ihn so liebten, dass sie durch ihre Macht veranstaltet hatten, dass der erbitterte Achilles, der ihre übrigen von ihm gefangen genommnen Söhne verkauft hatte, gezwungen war, Hektors Leiche ungeschändet seinen Eltern zurück zu geben. — Helena endlich bezeugt in ihrer Klage, dass nun schon zwanzig Jahre verflossen sind, da sie ihr Vaterland verliess und nach Troja kam, und sie gleichwohl in aller der Zeit keinen einzigen Vorwurf von ihm hörte, ja dass er selbst, wenn einer der Schwäger oder der Schwiegerinnen sie schalt, die scheltenden immer ermahnte, immer gütig ihr war und freundliche Worte redete. Und dann endigt sie:

Dich und mich bewein' ich zugleich mit traurigem Herzen!
Nun hab' ich nicht einen Freund in Ilion übrig;
Alle wenden sich weg, und schaudern, wenn sie mich sehen!

legen sie, klagend, ins Grab. So ward nach zwölf Tagen, da das Gefecht wieder beginnen sollte, das feyerliche Leichenbegängniss Hektors vollendet.

Die traurige doch feyerliche Leichenbestattung dieses immer tapfern und immer tugendhaften Helden macht den Schluss der Iliade.

Leipzig,
gedruckt mit Hollischen Schriften.

Nachschrift

des Verfassers an den Uebersetzer.

Ich danke Ihnen, lieber Freund, für die Mittheilung des 128sten Stücks der Göttingischen Anzeige dieses Jahres, worin die erste Hälfte Ihrer Uebersetzung von meiner Schrift beurtheilt ist. Sie wissen, wie empfänglich ich für jede mich belehrende Wahrheit bin, und wie gern ich mich über jeden Punkt zurecht weisen lasse, den ein andrer besser fasst als ich, und daher würde auch die schärfste Kritik von der Hand eines Kenners mir immer äusserst willkommen seyn. Ihr Göttingischer Herr Recensent hat nun freilich von dem Inhalt meiner Schrift nicht viel ausführliches gesagt, das meinen Wunsch um nähre Belehrung befriedigen könnte. Aber er hat doch ein paar Anmerkungen gemacht, worüber ich mich bey Ihrem deutschen, und auch bey unserm Publikum, dem vielleicht die Recension zu Gesichte kommt, näher zu erklären verpflichtet halte. Lassen Sie, wenn meine Bitte noch zeitig genug kommt, diess Wenige dem Schlusse der zwoten Abtheilung beyfügen. Vielleicht giebt es dem Göttingschen Recensenten zugleich Gelegenheit, mich näher und verständlicher zu belehren. Ich mag so gern von grossen Männern belehrt seyn! „Der Herr Recensent glaubt 1) dass mehrere, insonderheit die in die Mythologie einschlagenden Bemerkungen „eine

„eine Berichtigung erlauben dürften, z B. dafs Briareus ein „Held gewefen fey." Ich geftehe Ihnen, lieber Freund, dafs ich bisher noch nicht weifs, was hier zu berichtigen ift, d. h. ich weifs nicht, wie Briareus anders als Held heiffen foll. Alles, was nicht nur Euftathius zur Iliade A, 402 fgg. und Paufanias in der von mir angeführten Stelle B. 2. S. 112 und 121 der Kühnifchen Ausgabe fagt, fondern was Sie auch beym Hefiodus Theogon. 149. 616. 734 und 816 vom Briareus finden, berechtigt mich, ihn für einen Helden zu halten. Wenn Sie — denn der Göttingifche Herr Recenfent kennt gewifs ohne meine Anweifung diefe und vielleicht mehr Stellen — wenn Sie aber noch mehr Gründe haben wollen, um fich in diefem Glauben zu ftärken, fo verweife ich Sie auf den Scholiaften des Aefchylus zum Prometh. vinct. V. 351. auf den Zenobius Cent. V. 48. ὀυτος ἀλλος 'Ηρακλης (Herkules war doch wohl Held?) auf den Aelian V. H. l. V. c. 2. περι των 'Ηρακλειων στηλων und auf Perizons und Kühns Anm. zu d. St. und endlich auf Apollodors Bibliothek l. I. c. 1. 1. gleich im Anfange, (wo, beyläufig gefagt, Herr Hofr. Heyne ftatt Κοιον beffer Κοττον in den Text aufnimmt, eine Verbefferung, die fchon vor ihm mein Landsmann Munker zum Hyginus in Mythogr. lat. p. 3. nota l, hat.) — So gut man nun die Cyclopen oder Titanen Helden nennt, eben fo gut kann und mag meines Bedünkens auch Briareus (centumgeminus Briareus! wie ihn Virgil nennt) fo heiffen. Oder mufst' ich etwan nothwendig Riefe fagen? Aber ift denn der Riefe kein Held? Noch einmal: ich Kurzfichtiger fehe nicht, welcher mythologifche Umftand hier zu berichtigen ift. Aber gern will ich mich, ungeachtet aller jener Zeugniffe der Alten, von einem Meifter in der Kunft belehren laffen, was ich aus Briareus hätte machen follen, oder künftig zu machen habe, wenn er nun einmal kein Held mehr feyn foll! —

Der

Der Herr Recensent fragt 2) wer wird noch die armselige Grille des Boivin über den Olymp anführen? S. 108. — Meine Antwort ist: auch ich halte mit meinem Recensenten Boivins Meinung für armselige Grille. Das zeigt nicht nur die ganze Anmerkung, in der ich meine Gedanken über Jupiters goldne Kette mittheile, sondern auch der Zusatz: Er sucht diess auch aus astronomischen und geographischen Grundsätzen, worin er gleichwohl nach seiner eignen Versichrung nicht sehr bewandert ist, näher zu beweisen. — Und, aufrichtig gesagt, ich hätte sie nicht angeführt, wenn nicht der mit seinen Anmerkungen zum Homer sonst so sparsame Ernesti grade an dieser Stelle Il. Θ, 25. es gethan und hinzugefügt hätte: quod probat Cl. Riccius Diss. Hom. T. II. p. 210. Nur hatte ich für den Schatten des grossen Mannes — hoffentlich mag er ja in Deutschland auch noch nach seinem Tode so genannt werden — zu viel Achtung, um dabey zu setzen: Ernesti hätte diese Boivinsche Grille, die er zu billigen scheint, wohl weglassen können. Aber der aufmerksame Leser, der etwan zufällig bey meiner Anmerkung Ernestis Homer vor sich hat, kann sich das hinzudenken, auch wenn ich es nicht dabey sage.

Uebrigens hat der Herr Recensent am Schluss seiner Anzeige den Nutzen meiner Schrift für Ihre deutschen Leser grade so bestimmt, wie auch Sie lieber Freund in Ihrem Vorbericht ihn angegeben haben, nemlich für solche Dichter und Leser, die der alten Sprache unkundig sind, und wie die Worte weiter lauten. Und immerhin lassen Sie uns zufrieden seyn, wenn Sie und ich unser geringes Scherflein dazu wenigstens beytrugen. Um Ihrer aufgeklärten deutschen Landsleute willen freut's mich aus nachbarlicher Freundschaft herzlich, dass für sie, nach der Versichrung des Herrn Recensenten, keine neue und unbekannte Bemerkungen in meiner Schrift zu erwarten sind. Bey uns armen Niederländern, wo, wie der Recensent sagt, „terras Astraea reliquit," findet,

wie

wie Sie wissen, nicht ganz derselbe Fall statt. So klein unsre Zahl auch gegen Deutschlands Bewohner ist, so beschäftigen sich doch unter uns manche, selbst viele Unstudirte, die nie Gelegenheit hatten, so wenig bey Valkenaer, Rhunken oder Wyttenbach, als bey Ernesti oder Heyne über den Homer zu hören, zu ihrem Vergnügen, und oft nicht unglücklich, mit der Dichtkunst. Und warum sollte man diesen Leuten ihr unschuldiges Vergnügen nicht gönnen, und es selbst so viel möglich erhöhen? Diesen also wird noch manches in meiner Schrift neu und unbekannt und nicht unwillkommen seyn. Nur Adlersflügel versprech ich unsrer Niederländischen Dichtkunst durch meine Schrift nicht! Oder heisst: „Dichtern, die der alten Sprache nicht kundig sind, „eine Anleitung geben, das Schöne im Homer kennen zu „lernen," etwan mit einem poetischen Ausdruck in Ihrer Muttersprache: der Dichtkunst Adlersflügel anlegen? So wärs freilich ein anders. — Ihre Uebersetzung meiner Schrift aber mögen Sie, lieber Freund, im aufgeklärtern Deutschland selbst verantworten. Meine Schuld ist sie ja nicht!

Ich bin u. s. w.

www.ingramcontent.com/pod-product-compliance
Lightning Source LLC
Chambersburg PA
CBHW031813270326
41932CB00008B/406

* 9 7 8 3 7 4 4 7 0 1 2 7 3 *